国家社科基金社科学术社团主题学术活动资助

BLUE BOOK OF CHINESE CRIME GOVERNANCE

ANNUAL RESEARCH REPORT ON CRIME TRENDS（2022）

中国犯罪治理蓝皮书

犯罪态势与研究报告

（2022）

中国犯罪学学会　组织编纂

主　　编：万　春

执行主编：应培礼

副 主 编：王永全　徐　然　虞　浔

上海人民出版社

编 委 会

序　言

犯罪学以观察犯罪现象、归纳犯罪规律、验证犯罪原因、提炼犯罪对策为主要研究内容，是社会科学领域中的重要学科门类。犯罪学以“上医治未病”的基本理念，重点聚焦犯罪生成的机理、被害预防的策略、防控政策的效果等核心议题，通过对“犯罪—被害”“个体—社会”“失范—控制”“犯罪人—犯罪场”等主要研究范畴的研究，积极参与并有效地推动刑事政策的科学化，从而实现“合理地组织对犯罪的反应”。党的二十大报告擘画了中国式现代化的宏伟蓝图，实现国家治理体系和治理能力现代化是当前和今后的奋斗目标，犯罪治理科学化是中国式现代化应有之义。犯罪学研究应紧紧围绕这一重大任务深入展开。

犯罪现象是犯罪学研究的问题起点，犯罪统计数据则能直观反映一段时期犯罪发展态势的高低起伏、不同犯罪类型的此消彼长，是犯罪学得以观察犯罪现象、分析犯罪特征的基础素材。因此，犯罪统计数据的精准与公开，对开展具有本土性、实证性的犯罪学研究至关重要，是犯罪治理科学化的前提条件。2019 年 10 月，最高人民检察院首次按季度对检察业务统计数据进行公开发布，此后定期公开发布相关业务数据成为了常态。这些数据动态展现全年检察业务运行态势，不仅为各级检察机关科学决策提供参考依据，也为人民群众了解检察工作提供基础平台，为学界理论界研究检察工作提供数据素材。此外，每年的“两高”在两会所作报告、公安司法机关相关新闻发布会中也会公布一些司法统计数据。公安司法机关从早期公开案例到当下公布犯罪数据，实现了从个案样本数据到大样本数据的公开，极大地推动犯罪研究的科学性、犯罪治理的科学化。

然而,也应当看到,我国犯罪数据公开的全面性、精准性、具体性都存在局限性,诸如不同犯罪类型中加害人、被害人的年龄、职业等个体信息,犯罪的时间、地点、加害人与被害人互动、行为类型等犯罪实施信息,加害人被定罪量刑、减刑假释、再犯率等刑罚处遇信息,都没有全面公开。犯罪数据的全面性、精准性和具体性,有利于提高犯罪研究的科学性,有利于强化犯罪对策的针对性,有利于提升犯罪治理的有效性。只有不断实现全面、精准、具体的犯罪数据公开,才能有效推动犯罪治理体系科学化的转型。

有鉴于此,中国犯罪学学会依托华东政法大学犯罪学学科基础和研究团队,吸纳校内外专家学者组成项目团队,于2019年1月正式启动《中国犯罪治理蓝皮书》的编纂工作,力求通过线上检索和线下实地查阅资料等多种形式和渠道,对公开发布的全国以及各省、自治区和直辖市的犯罪相关数据进行收集、整理、分类和整合,并充分考虑到不同地区治理犯罪时的先决条件差异,摸索一套评估各地犯罪治理情况的指标体系,从而更加科学地评估各地区的犯罪治理水平。学会先后推出了2018、2019、2020、2021四年度《中国犯罪治理蓝皮书》,《中国犯罪治理蓝皮书(2022)》虽因各种原因延宕至今,终于顺利付梓面世,都离不开研究团队的不懈努力,研究团队能够接力研究、久久为功,殊为不易、值得肯定。

《中国犯罪治理蓝皮书(2022)》在延续以往"犯罪治理之刑事立法与刑事司法""中国犯罪态势分析""犯罪治理典型案例的犯罪学分析""中国犯罪学学科发展动态"等编写惯例的同时,将"2022年度犯罪学研究评述"作为特别主题,立基于犯罪学基础理论范式、犯罪现象、原因规律、治理对策等多个角度,系统性地呈现相关犯罪学研究成果,为理论研究和司法实务提供学术索引和理论参考,有利于推动理论和实务形成争鸣、达成共识。

犯罪学研究要坚持系统思维,融合发展,善于聚合各方力量,以实现国家治理体系和治理能力现代化为目标,加强系统性研究,推动有效惩防犯罪与良好社会治理并重。《中国犯罪治理蓝皮书》是学会持续打造的体现中国犯罪学研究现状和学术水平的权威平台,努力为学术研究和刑事实务提供基础素材和案例样本。我们希望可以尽最大可能地吸引中国犯罪学学人参与其中,同时也能走进刑事法学人、刑事司法工作者的视野之中,还期待能引发社会学、心理学、政治学等相关跨学科学者关注,避免出现闭门造车,力图打破学科堡垒,推动系统研究、实现综合治理。因此,我恳请所有关心犯罪治理的读者朋友不吝赐教,就体系章节的调整和具体问题的阐释,给予我们宝贵的建议。同时,我也诚挚欢迎所有热心犯罪治理的同仁能够加入我们的研究团队,形成中国犯罪学学人的合力,共同推动中国犯罪治理现代化的进程。

万　春
中国犯罪学学会会长
2024 年 6 月 20 日

目　录
Contents

第一章 / Chapter 1

犯罪治理之刑事立法与刑事司法

第一节 刑事立法与司法解释

2022 年，刑事立法工作在习近平新时代中国特色社会主义思想的指导下高质量展开，《中华人民共和国反电信网络诈骗法》（以下简称《反电信网络诈骗法》）的出台有力回应了反电信网络诈骗工作的实践需要，切实维护人民群众生活利益，最高人民法院、最高人民检察院出台的一系列司法解释和指导意见，既保障有关法律的统一实施和正确衔接，又兼顾法律效果、政治效果、社会效果的三者平衡。

一、颁布《反电信网络诈骗法》

2022 年 9 月 2 日，中华人民共和国第十三届全国人民代表大会常务委员会第三十六次会议通过《反电信网络诈骗法》，共计七章五十条，明确规定了总则、电信治理、金融治理、互联网治理、综合措施、法律责任以及附则，将于 2022 年 12 月 1 日起正式施行。《反电信网络诈骗法》是我国第一部专门、系统、完备规范反电信网络诈骗工作的法律，[①]为打击治理电信网络诈骗犯罪工作提供了有力的法律保障，标志着将具有鲜明中国特色的反电信网络诈骗犯罪制度纳入法律体系，对在法治轨道上推进

① 谢俊思：《依法而治，推动反电信网络诈骗工作深入健康发展》，载《人民公安报》2022 年 12 月 2 日，第 2 版。

我国治理体系和治理能力现代化具有重要意义。

近年来,电信网络诈骗活动日渐猖獗,成为目前案发率最高、群众损失最严重的突出犯罪,①为有效遏制多发高发态势,我国立法、司法机关围绕《中华人民共和国刑法》(以下简称《刑法》)中相关条文已作出修改完善,多次出台司法解释,《中华人民共和国治安管理处罚法》(以下简称《治安管理处罚法》)也有相关规定,充分阐明电信网络诈骗违法犯罪分子应当承担的法律责任。总体而言,我国过去反电信网络诈骗犯罪的法律规定虽已初具规模,但是总体上仍呈现分散状态,立法层级不高且种类繁多,既有法律,又有行政法规,内容缺乏针对性,无法精准、严厉打击相应犯罪;而且,随着新型电信网络技术手段的发展,电信网络诈骗呈现灵活化、隐蔽化、智能化趋势,使得取证抓捕等更加困难,如果继续坚持对其采用法律条文中的"末端司法管控治理模式",很难在将来达到良好的治理效果,因此,在现有法律条文的基础上,专门制定《反电信网络诈骗法》是切合当下迫切需求的。《反电信网络诈骗法》的颁布既有助于电信网络诈骗犯罪研究在理论上进一步深入,又能成为司法实践的坚实基础。

首先,《反电信网络诈骗法》首次对电信网络诈骗的含义作出界定,明确了电信网络诈骗的手段和方式,即"以非法占有为目的,利用电信网络技术手段,通过远程、非接触等方式,诈骗公私财物的行为"。电信网络诈骗的含义界定是有效打击治理此类犯罪的前提,但是,在已有的规范性文件、法院文书和媒体的相关报道中,理论界和实务界对称谓都不统一,更何况是具体含义,这种混乱导致电信网络诈骗与传统诈骗难以区分,模糊界定罪与非罪的关键点、法律适用不一致等难题。理论界对电信网络诈骗的定义大体上是从刑法学和犯罪学两个角度出发的,实务界则是形成了约定俗成的语境,一般认为是"主要利用网络、电信手段实施诈骗的犯罪"。②《反电信网络诈骗法》则兼采理论和实务二者之长,在《刑法》第266条普通诈骗罪的基础上,对"电信网络诈骗"作出围绕犯罪特征、治理导向的犯罪学界定,明确核心内涵并合理划定外延,使其适用范围最终确定。除此之外,本法规定适用范围不限于中国境内发生的犯罪活动,也适用于中国公民在境外实施的犯罪活动,

---

① 李宁:《关于〈中华人民共和国反电信网络诈骗法(草案)〉的说明》,载《中华人民共和国全国人民代表大会常务委员会公报》2022年第5期。

② 吴加明:《"电信网络诈骗"的概念界定与立法运用》,载《学海》2021年第3期。

还适用于境外组织、个人针对境内实施的犯罪活动或为他人实施犯罪活动提供产品、服务的行为。可见，一切危害中国国家和公民利益的电信诈骗活动都在本法管辖内，这不仅有助于我国全面落实打防管控的工作原则，而且可以推动惩治电信网络诈骗的国际合作，实现对电信网络诈骗犯罪境内境外的全面治理。

除此之外，《反电信网络诈骗法》的亮点还在于将电信网络诈骗犯罪的治理中心从打击犯罪转向预防犯罪。传统的司法末端治理模式具有事后反应的弊端，无益于电信诈骗数量的减少，而且随着科技进步，电信网络诈骗中的资金流也更加难以管控，导致被害人损失难以挽回。因此，立法机关立足源头治理、综合治理，始终坚持问题导向和结果导向，最终在《反电信网络诈骗法》中呈现出前、中、后的全流程治理模式。

第一，前端引入主体、宣传预防。就立法定位而言，《反电信网络诈骗法》是一部面向电信网络诈骗犯罪治理的急用先行的预防性法律制度，[①]能够实现“预防性”的关键在于引入多层面的市场主体，开展前端防范。相比公检法的被动回应，直接提供平台服务的市场主体在反诈预防措施的实施上有更为便利的条件，电信网络诈骗分子实施活动需要利用金融、通信、互联网来开展骗术、移动资金等实施活动，强化这些行业领域的监管可以实现对诈骗活动的日常性治理。因此本法专门从“电信治理”“金融治理”和“互联网治理”规定三个方面，规定了以“反诈预防”和“技术反制”为中心的各项措施，这成为前端防范模式区别于以往一般性犯罪预防的亮点之一。除此之外，根据反电信网络诈骗工作的实践经验，有针对性的宣传教育和防范预警是预防犯罪的有效措施之一，因此在此次立法中也将其转化为相关法律条文，不仅为各级政府和部门，有关基层组织、企业，新闻信息服务单位等规定了宣传防范责任，还明确了社会面上的单位、个人也要加强内部防范和提升防范意识。

第二，中端综合治理、双重保护。作为网络黑产下游犯罪的电信网络诈骗犯罪，其实施离不开背后隐藏的庞大的网络黑产犯罪市场，如果将治理局限于单个案件的事实层面，起到的效果只能浮于表面，恐怕无济于事。全国人大常委会副委员

① 单勇：《数字社会走向前端防范的犯罪治理转型——以〈中华人民共和国反电信网络诈骗法（草案）〉为中心》，载《上海师范大学学报》2022年第3期。

长吉炳轩表示,“当前电信网络诈骗等网络犯罪上下游分工协作,已经形成链条化、系统化和集成化,各部门、各单位、各地区只有齐抓共管,在信息共享、快速联动等方面完善体制机制,才能适应这类犯罪的特点,斩断犯罪链条”。①立法者也充分意识到急需改变当前部门单打独斗的困局,在《反电信网络诈骗法》中明确应当以国务院为主导,建立反电信网络诈骗工作机制,地方各级政府组织领导反电信网络诈骗工作,通过各部门、地区之间的协同配合来开展综合治理。同时,对公安部门、各行业主管部门、各企业等在反电信网络诈骗工作中的相关职责也作了规定。此外,电信网络诈骗的成功实施和诈骗者掌握被害人的个人信息密切相关,特别是在“杀猪盘”、冒充亲属等需要精准锁定诈骗对象的案件中。对此,《反电信网络诈骗法》采取对个人信息双重保护的措施,既从上游阻断提供的信息源,又防止治理工作中导致的个人信息二次泄露,实现与《中华人民共和国个人信息保护法》(以下简称《个人信息保护法》)的衔接实施。

第三,后端明确责任、加大惩处。徒法不足以单行,《反电信网络诈骗法》中主体责任和预防控制义务能否全面落实与法律责任的保障息息相关。全国人大常委会委员韩晓武强调,“要让相关人员意识到,不按照反电信网络诈骗法的规定办,后果是相当严重的,不单是要被罚款,还有可能坐牢”。②在原有法律条文对诈骗分子规定的法律责任基础上,《反电信网络诈骗法》补充完善了其他相关惩处措施。这些措施包括:对危害程度不足以构成犯罪的行为进行专门的行政处罚;将从事电信网络诈骗犯罪及其关联犯罪的人员按照国家有关规定记入信用记录;从事电信网络诈骗违法犯罪的人员如果造成他人损害,应依法承担民事责任;对于前往电信网络诈骗活动严重地区且出境活动存在重大涉诈嫌疑的人员,以及从事电信网络诈骗活动且受过刑事处罚的人员,可以限制其出境。可见,《反电信网络诈骗法》形成了严密的法律责任体系,能够更有力地遏制电信网络诈骗行为,从而牢牢守护住人民群众的“钱袋子”。

全国人大常委会法制工作委员会刑法室主任王爱立表示,《反电信网络诈骗法》是“小快灵”立法的重要立法实践,条文数量不求太多,立法节奏紧、进程快,急

---

① 陆茜坤:《霹雳手段治顽疾:反电信网络诈骗法草案初审》,载《人民法院报》2021年10月26日,第6版。

② 李倩文:《悬顶之剑 严惩电信网络诈骗》,载《中国人大》2021年第22期。

用先行，对电诈分子规定了有效预防惩处措施，严厉打击各类涉诈黑灰产行为。[①]有关部门应当认真履行法律赋予的责任，将打击治理电信网络诈骗违法犯罪工作真正落到实处，通过不断提升电信网络诈骗治理能力，实现对违法犯罪行为更有力打击，牢牢守护人民群众的“钱袋子”，始终坚持习近平总书记要求的“坚持以人民为中心，全面落实打防管控措施，坚决遏制电信网络诈骗犯罪多发高发态势”。[②]

二、相关司法解释

（一）持续推进自然资源犯罪治理

1.《最高人民法院、最高人民检察院关于办理破坏野生动物资源刑事案件适用法律若干问题的解释》

2021 年施行的《中华人民共和国刑法修正案（十一）》（以下简称《刑法修正案（十一）》）在《刑法》第 341 条中增加一款作为第 3 款：“违反野生动物保护管理法规，以食用为目的非法猎捕、收购、运输、出售第一款规定以外的在野外环境自然生长繁殖的陆生野生动物，情节严重的，依照前款的规定处罚。”从而扩大了野生动物资源的刑法保护范围，因此亟须对相关的司法解释内容进行调整，确保能够无障碍地正确统一适用法律。此外，随着网络技术和物流行业的迅速发展，野生动物的交易平台逐渐从线下转移到线上，呈现出犯罪地域广、交易场所流动性强、交易渠道多样化的特点，原先的司法解释难免出现无法兼容当下现实状况的问题。2022 年 4 月 7 日，最高人民法院、最高人民检察院联合发布《最高人民法院、最高人民检察院关于办理破坏野生动物资源刑事案件适用法律若干问题的解释》（以下简称《破坏野生动物资源解释》），作为对司法机关在野生动物资源保护实践中遇到的现实问题的回应，同时也为客观审查野生动物资源刑事司法实践提供了新契机。

《破坏野生动物资源解释》是在习近平新时代中国特色社会主义思想的指导下，对习近平生态文明思想、习近平法治思想的具体贯彻，以破坏野生动物资源犯

① 王春霞：《反电信网络诈骗法：“小快灵”立法重预防管要害》，载《中国妇女报》2022 年 9 月 14 日，第 5 版。

② 《习近平对打击治理电信网络诈骗犯罪工作作出重要指示强调　坚持以人民为中心　全面落实打防管控措施　坚决遏制电信网络诈骗犯罪多发高发态势　李克强作出批示》，载《中国刑事警察》2021 年第 2 期。

罪的新情况和新问题为重点,在司法环节为惩治野生动物资源犯罪提供有力保障。《破坏野生动物资源解释》对破坏野生动物资源犯罪的定罪量刑和法律适用标准作出了全面系统的规定,以期能够通过法律手段切实维护生物多样性和生态平衡。第一,调整破坏野生动物资源犯罪的定罪量刑标准。一方面从严设置,如《破坏野生动物资源解释》对走私珍贵动物制品罪、非法捕捞水产品罪、非法狩猎罪等犯罪就低设置入罪门槛,另一方面灵活认定定罪量刑标准,将基本定罪量刑标准从"唯数量论"改为"价值标准",从而解决案件情况复杂的问题,体现罪责刑相适应原则。第二,突出对特定破坏野生动物资源犯罪的从严惩治,充分体现了宽严相济的刑事政策要求。例如,《破坏野生动物资源解释》第 2 条:"实施前款规定的行为,具有下列情形之一的,从重处罚……"第三,对破坏野生动物资源犯罪进行全链条惩处。破坏野生动物资源犯罪背后通常有"捕猎—收购—贩卖"的利益链,因此要想彻底根除不法行为,必须实现前后端统一治理,对此,立法者充分考虑到后续销赃环节的惩治,例如,《破坏野生动物资源解释》第 9 条:"……以掩饰、隐瞒犯罪所得罪定罪处罚。"第四,推动完善行刑双向衔接机制。《破坏野生动物资源解释》第 14 条明确规定:"对于实施本解释规定的相关行为被不起诉或者免予刑事处罚的行为人,依法应当给予行政处罚、政务处分或者其他处分的,依法移送有关主管机关处理。"立法者通过推动行政执法与刑事司法的无缝对接,从而避免相关案件处理的不了了之,确保行为人承担应有的法律责任。第五,明确人工繁育野生动物案件的处理规则。随着科学技术的发展,人工繁育技术日趋成熟,不少珍贵濒危野生动物已经形成了稳定的人工繁育种群,因此用刑法规制涉人工繁育野生动物案件已经成熟,立法者认为不宜将人工繁育野生动物与自然生长的野生动物同等看待,如《破坏野生动物资源解释》第 13 条规定:"……涉案动物系人工繁育,具有下列情形之一的,对所涉案件一般不作为犯罪处理;需要追究刑事责任的,应当依法从宽处理……"

《破坏野生动物资源解释》的公布实施,对依法惩治破坏野生动物资源犯罪、引导广大群众树立和谐共生生态理念、加强生态文明建设,必将起到重要作用。"两高"应当在《破坏野生动物资源解释》的基础上,指导地方各级人民法院、人民检察院严格贯彻执行刑法和其他相关规定,从而充分发挥司法职能作用,不断加大对野生动物资源的刑事司法保护力度。

2.《最高人民法院关于充分发挥环境资源审判职能作用　依法惩处盗采矿产资源犯罪的意见》

矿产资源作为我国持续消耗的重要不可再生资源，具有经济价值和生态价值双重属性。盗采矿产资源犯罪在严重妨害矿产资源管理秩序的同时，也极易严重破坏生态文明建设。因此，我国对矿产资源犯罪一向采取从严惩治的刑事政策，也取得了显著成效。但近几年，在国内外多种影响因素作用下，盗采矿产资源违法犯罪活动频繁发生，导致我国矿产资源和生态环境受损问题较为突出。因此，最高人民法院在2022年7月1日发布《最高人民法院关于充分发挥环境资源审判职能作用　依法惩处盗采矿产资源犯罪的意见》（以下简称《惩处盗采矿产资源犯罪意见》），在现行法律及司法解释规定范围之内提出惩治盗采矿产资源的犯罪对策。

《惩处盗采矿产资源犯罪意见》共分三大部分十八条。第一部分作为总纲，准确把握依法惩处盗采矿产资源犯罪的根本要求；第二部分是重点，就审判实践存在的突出问题提出具体指导意见；第三部分提出坚持多措并举，健全完善惩治矿产资源犯罪的制度机制。具体而言，可以分为以下六点：一是关于未取得采矿许可证的认定，如第6条作出原则性规定，即对是否构成"未取得采矿许可证"情形，要在综合考量案件具体事实、情节的基础上依法认定。二是关于多种法定量刑情节的把握，如第7条强调要综合考虑各情节，精准量刑。三是关于加强生态环境司法保护，如第8条，明确对具有破坏生态环境情节但非依据生态环境损害严重程度确定法定刑幅度的，要酌情从重处罚。四是关于矿产品价值认定规则的把握，如第9条规定，为获取非法利益而对矿产品进行加工、保管、运输的，其成本支出一般不从销赃数额中扣除。五是关于加强经济制裁力度，如第10条规定，依法用足用好罚金刑，提高盗采矿产资源犯罪成本，要综合考虑矿产品价值或者造成矿产资源破坏的价值、生态环境损害程度、社会影响等情节决定罚金数额。六是关于正确适用缓刑，如对正确适用缓刑提出指导意见，其基本思路是，从严把握《刑法》第72条规定的缓刑适用条件，而非超越刑法增加不适用缓刑的情形。

（二）有效开展网络犯罪治理

1.《最高人民法院、最高人民检察院、公安部关于办理信息网络犯罪案件适用刑事诉讼程序若干问题的意见》

随着我国信息技术快速发展和数字支付广泛应用，信息网络犯罪数量迅猛增加,而且其后果连锁性、地域广泛性、技术复杂性的犯罪特征更是日益突出。比如,在电信网络诈骗中往往已经形成了技术支持、引流、资金转移、保管现金等分工明确的行为链条,不仅受害者居住在全国各地,各个环节的犯罪负责人也遍布各地,其中不少甚至在境外,案件侦查中大量的异地取证工作无疑会制约案件侦查效率;立法者在充分的调研和论证后,认为信息网络犯罪案件的诉讼程序规则必须与时俱进,以相应的调整和完善来提供有力惩处犯罪的司法保障。因此,最高人民法院、最高人民检察院、公安部制定的《最高人民法院、最高人民检察院、公安部关于办理信息网络犯罪案件适用刑事诉讼程序若干问题的意见》(法发〔2022〕23 号)(以下简称《信息网络犯罪案件适用刑事诉讼程序若干问题意见》),自 2022 年 9 月 1 日起施行,《最高人民法院、最高人民检察院、公安部关于办理网络犯罪案件适用刑事诉讼程序若干问题的意见》(公通字〔2014〕10 号)同时废止。

《信息网络犯罪案件适用刑事诉讼程序若干问题意见》共计二十三条,内容主要围绕信息网络犯罪案件的管辖和取证展开。

首先,《信息网络犯罪案件适用刑事诉讼程序若干问题意见》根据《中华人民共和国刑事诉讼法》(以下简称《刑事诉讼法》)以及有关规定,结合当下处理信息网络犯罪的实践经验,进一步明确了管辖规则。一是明确信息网络犯罪案件的犯罪地。信息网络犯罪的实施通常是远程匿名,使得被害人报案多有不便,因此应当依法确定多个管辖地,该意见第 2 条规定,用于实施犯罪行为的网络服务使用的服务器所在地、网络服务提供者所在地等都属于信息网络犯罪案件的犯罪地。二是明确信息网络犯罪案件的并案规则。例如第 4 条指出,多个犯罪嫌疑人、被告人实施的犯罪行为存在关联,并案处理有利于查明全部案件事实的,公安机关、人民检察院、人民法院可以在其职责范围内并案处理。三是明确信息网络犯罪案件的分案规则。例如第 5 条规定,并案侦查的共同犯罪或者关联犯罪案件,犯罪嫌疑人人数众多、案情复杂的,公安机关可以分案移送审查起诉。

其次,由于信息网络犯罪涉及地域广泛、证据数量庞大,《信息网络犯罪案件适用刑事诉讼程序若干问题意见》新增异地取证和按照一定比例或者数量取证的规定。具体而言:一是明确跨地域调取电子数据的规则。《信息网络犯罪案件适用刑事诉讼程序若干问题意见》明确跨地域调取电子数据的,可以通过公安机关信息化系统传输相关数据电文。同时,要求采用数据电文形式提供电子数据的,应当保证电子数据的完整性。从而解决异地调取电子数据成本高和安全性差的问题。二是明确异地询(讯)问的规则。例如询(讯)问异地证人、被害人以及与案件有关联的犯罪嫌疑人的,可以由办案地公安机关通过远程网络视频等方式进行并制作笔录。三是规定证据选取规则。例如第20条指出,对于数量特别众多且具有同类性质、特征或者功能的物证等证据材料,确因客观条件限制无法逐一收集的,应当按照一定比例或者数量选取证据,并对选取情况作出说明和论证。

习近平总书记强调,“网络犯罪已成为危害我国国家政治安全、网络安全、社会安全、经济安全等的重要风险之一”。①《信息网络犯罪案件适用刑事诉讼程序若干问题意见》深入贯彻推进网络治理的新部署和新要求,进一步完善相关程序规则,对于依法惩治信息网络犯罪,深化网络生态治理,推进网络文明建设,维护正常网络秩序起到了至关重要的作用。②最后,徒法不足以自行,“两高一部”应当严格依法办案、强化工作衔接,同时不断加强普法宣传,实现事后治理和事前预防的双管齐下。

2.《最高人民法院刑事审判第三庭、最高人民检察院第四检察厅、公安部刑事侦查局关于“断卡”行动中有关法律适用问题的会议纪要》

自2020年起,国务院主导的打击整治非法开办贩卖电话卡、银行卡违法犯罪行动(简称“断卡”行动)在全国范围内展开。随着“断卡”行动的深入推进,电信网络诈骗犯罪高发态势被有效遏制,社会治安大局得到基本维护,但是电信网络诈骗犯罪的滋生土壤并未被完全铲除,各级人民法院、人民检察院和公安机关面对复杂严峻的犯罪形势和不断发展的犯罪类型,应当积极作为、加强配合、统一认识。为此,2021年11月26日和2022年1月7日,最高人民法院刑事审判第三庭、最高人民检察院第四检察厅和公安部刑事侦查局先后召开联席会议,就当前“断卡”行动中各地反映的突出法律适用问题进行研究,就相关问题形成共识。③

会议纪要的重点内容围绕“断卡”行动存在的突出法律适用问题进行详细解读,明确出租、出售“两卡”主观上“明知”如何判断、诈骗数额如何认定、违法所得

---

① 《习近平:没有网络安全就没有国家安全》,载中国法院网2022年9月6日,https://www.chinacourt.org/article/detail/2022/09/id/6900550.shtml。

② 单鸽:《依法惩治信息网络犯罪 有效维护清朗网络空间》,载《检察日报》2022年8月31日,第2版。

③ 胡公枢:《“断卡”行动案件之涉罪解析》,载《中国检察官》2022年第9期。

如何确认、支付结算行为如何确定等细节问题,把握帮助信息网络犯罪活动罪入罪标准,准确区分帮助信息网络犯罪活动罪,掩饰、隐瞒犯罪所得、犯罪所得收益罪及诈骗罪等罪名。会议中提出,各级人民法院、人民检察院和公安机关应当有效提升办案质效,切实做到理念先进、办案精细、素能过硬,以高度担当精神守护好老百姓的“钱袋子”。

(三)加强打击涉民生犯罪治理

1.《最高人民法院、最高人民检察院关于办理危害药品安全刑事案件适用法律若干问题的解释》

药品安全责任重大,事关人民群众生命健康,事关健康中国建设。①从党的十八大起,以习近平同志为核心的党中央高度重视人民群众的用药安全。最高人民法院和最高人民检察院先后制定了《关于办理生产、销售假药、劣药刑事案件具体应用法律若干问题的解释》(法释〔2009〕9号,已废止)、《关于办理危害药品安全刑事案件适用法律若干问题的解释》(法释〔2014〕14号)(以下简称《2014年解释》)、《关于办理药品、医疗器械注册申请材料造假刑事案件适用法律若干问题的解释》(法释〔2017〕15号)(以下简称《2017年解释》),对生产、销售假药罪,生产、销售劣药罪等危害药品安全犯罪的定罪量刑标准和有关法律适用问题作出规定。上述司法解释的发布施行,对于依法严惩危害药品安全犯罪,保障人民群众生命健康安全发挥了重要作用。但是随着《中华人民共和国药品管理法》(以下简称《药品管理法》)和《刑法修正案(十一)》先后出台,《2014年解释》和《2017年解释》中的相关条文已经无法与之相合。

2022年3月3日,最高人民法院、最高人民检察院联合发布《最高人民法院、最高人民检察院关于办理危害药品安全刑事案件适用法律若干问题的解释》(以下简称《危害药品安全解释》)。《危害药品安全解释》坚持以人民为中心,首先,要考虑如何保障人民群众用药安全,将依法严惩危害药品安全犯罪的基本立场贯穿整篇。具体落实到法律条文中,体现在《危害药品安全解释》第1条、第4条、第5条、第15条和第17条。其次,为与《刑法修正案(十一)》中的“妨害药品管理罪”

---

① 周加海、喻海松、李静:《〈关于办理危害药品安全刑事案件适用法律若干问题的解释〉的理解与适用》,载《人民司法》2022年第10期。

相衔接,《危害药品安全解释》中对"妨害药品管理罪"的定罪量刑标准和法律适用问题进行明确,例如《危害药品安全解释》第7条和第8条。而且针对当下日趋猖獗的医保骗保犯罪,第1条也专门作出规定。司法机关在《危害药品安全解释》中贯彻宽严相济的刑事政策,彰显了对危害药品安全刑事犯罪的全方面惩治立场,绝不放任犯罪分子危害老百姓的切身利益。

2.《最高人民法院关于进一步加强涉种子刑事审判工作的指导意见》

"农业问题一向是保障国家发展的根本问题",①近些年我国种业发展成就显著,为粮食和重要农产品稳产保供提供坚实基础,但种质资源保护利用不够、市场环境需优化等问题依然突出,为了妥善处理司法实践中的难题,2022年3月2日,最高人民法院发布《最高人民法院关于进一步加强涉种子刑事审判工作的指导意见》(以下简称《加强涉种子刑事审判意见》)。《加强涉种子刑事审判意见》共计八条,主要从加强涉种子刑事审判工作总体要求、明确相关法律适用、健全完善工作机制三个方面作出具体规定。

第一,加强涉种子刑事审判工作总体要求,《加强涉种子刑事审判意见》提出要求各级人民法院切实提高政治站位,深刻认识进一步加强涉种子刑事审判工作的重要意义。法院要充分发挥刑事审判职能作用,坚持依法从严惩处的基本要求。依法加大对制假售假、套牌侵权和破坏种质资源等涉种子犯罪的惩处力度,重拳出击,形成震慑,有效维护种子生产经营者、使用者的合法权益,净化种业市场,维护国家种源安全,为种业健康发展提供有力刑事司法保障。第二,明确相关法律适用,主要从以下五个方面入手,一是准确适用法律,依法严惩种子制假售假犯罪。如《加强涉种子刑事审判意见》第3条规定,对生产、销售伪劣种子,使生产遭受较大损失的,以生产、销售伪劣种子罪定罪处罚。二是立足现有罪名,依法严惩种子套牌侵权相关犯罪;同时,应当将种子套牌侵权行为作为从重处罚情节,加大对此类犯罪的惩处力度。如《加强涉种子刑事审判意见》第4条:"立足现有罪名,依法严惩种子套牌侵权相关犯罪。""同时,应当将种子套牌侵权行为作为从重处罚情节,加大对此类犯罪的惩处力度。"三是保护种质资源,依法严惩破坏种质资源犯罪。根据《加强涉种子刑事审判意见》第5条,"非法采集或者采伐天然种质资源,

① 《农业问题是关系党和国家全局的根本性问题》,载《发展研究》1994年第5期。

符合刑法第三百四十四条规定的,以危害国家重点保护植物罪定罪处罚”。四是贯彻落实宽严相济刑事政策,确保裁判效果,在《加强涉种子刑事审判意见》第6条中明确规定,曾因涉种子犯罪受过刑事处罚,或二年内曾因涉种子违法行为受过行政处罚的,应当酌情从重处罚。五是依法解决鉴定难问题,准确认定伪劣种子。《加强涉种子刑事审判意见》第7条提出:“……可以依据具有法定资质的种子质量检验机构出具的鉴定意见、检验报告,农业农村、林业和草原主管部门出具的书面意见,农业农村主管部门所属的种子管理机构组织出具的田间现场鉴定书等,结合其他证据作出认定。”第三,健全完善工作机制,不仅各级人民法院要坚持多措并举,健全完善相关工作机制,加强与行政主管部门、公安机关、检察机关等相关部门的协作配合,建立健全涉种子行刑衔接长效工作机制,而且同时要延伸审判职能,及时梳理问题、通报情况,必要时发送司法建议,积极参与综合治理、源头治理,共同推动种业健康发展。

《加强涉种子刑事审判意见》的出台不仅满足了严惩涉种子犯罪和推动种业健康发展的现实需求,而且有利于各级人民法院切实增强工作责任感,更高效地推进涉种子刑事审判工作,是实现我国种业振兴的重要一环。

(四)深化妨害社会管理秩序犯罪治理

1.《最高人民法院、最高人民检察院、公安部、国家文物局关于办理妨害文物管理等刑事案件若干问题的意见》

2022年9月5日,最高人民法院、最高人民检察院、公安部、国家文物局联合发布《最高人民法院、最高人民检察院、公安部、国家文物局关于办理妨害文物管理等刑事案件若干问题的意见》(以下简称《妨害文物管理意见》)。为司法实践中的准确理解与适用,《妨害文物管理意见》进一步明确“古文化遗址、古墓葬”的范围,规定古建筑、石窟寺等不可移动文物中包含的古文化遗址、古墓葬部分,也应认定为盗掘古文化遗址、古墓葬罪的犯罪对象;而且盗掘对象是否属于古文化遗址、古墓葬,应当不以已经公布为不可移动文物的古文化遗址、古墓葬为限。从而解决实践中对于盗掘古建筑、石窟寺等不可移动文物中的古文化遗址或古墓葬部分应该如何定性的认识分歧问题。同时,《妨害文物管理意见》指出对于“以被确定为全国重点文物保护单位、省级文物保护单位的古文化遗址、古墓葬为盗掘目标”的盗掘未遂案件,应当追究刑事责任。

《妨害文物管理意见》的发布是对《最高人民法院、最高人民检察院关于办理妨害文物管理等刑事案件适用法律若干问题的解释》和《涉案文物鉴定评估管理办法》内容的细化与补充，通过对司法实践中急需解决的法律适用问题作出回应，来体现我党对文物保护工作的高度重视、对文物犯罪应当依法从严惩治的立场。

2.《关于依法惩治妨害国（边）境管理违法犯罪的意见》

改革开放以来，我国经济飞速发展、对外开放持续深化，在便利我国与各国往来的同时也导致妨害国（边）境管理犯罪高发多发，并且呈现飞速增长趋势。2012年至2021年十年间，全国法院审理的妨害国（边）境管理刑事案件持续增长，2021年的案件数量、生效判决人数分别较2012年增长超过10倍、23倍。[①]另外，为了应对主管部门日益提升的打击水平，妨害国（边）境管理犯罪者的手段不断更新，犯罪组织者不仅擅于利用网络"黑话""暗号"等在网上发布偷渡信息，并且在内部分工明确、组织严密的基础上，在境外即可远程操纵犯罪进程，这让司法人员在法律定性时存在分歧。更为重要的是，新冠疫情防控期间，屡禁不止的"带疫偷渡"现象严重加剧境外疫情输入风险，妨害我国疫情防控工作开展秩序，威胁边境地区人民群众的人身健康安全。

针对妨害国（边）境管理犯罪实践中的新问题，6月30日，最高人民法院、最高人民检察院、公安部、国家移民管理局联合发布《关于依法惩治妨害国（边）境管理违法犯罪的意见》（法发〔2022〕18号）（以下简称《惩治妨害国（边）境意见》）。《惩治妨害国（边）境意见》分为五部分，共二十六个条文，从犯罪认定、案件管辖、证据收集审查、刑事政策把握等方面对妨害国（边）境管理案件的办理提出要求，以《刑法》《刑事诉讼法》《中华人民共和国出境入境管理法》《最高人民法院、最高人民检察院关于办理妨害国（边）境管理刑事案件应用法律若干问题的解释》（法释〔2012〕17号）等有关规定为基础，广泛征求建议，反复完善论证，尤其重点考虑相关案件高发地区办案一线的意见建议，不仅就重点罪名内容细化完善，而且对妨害国（边）境管理犯罪所有的网络组织化、国际合作化等新特点，作出了针对性规

① 徐日丹：《深化妨害国（边）境管理犯罪治理切实维护人民群众人身和财产安全》，载《检察日报》2022年7月1日，第3版。

定。第一,细化组织他人偷越国(边)境罪的认定规定,《惩治妨害国(边)境意见》第2条明确以下情形都应当认定为组织他人偷越国(边)境:一是组织“持证”人员骗取出入境边防检查机关核准出入境的行为,二是组织依法限定在我国边境地区停留、活动的人员,违反国(边)境管理法规,非法进入我国非边境地区的行为;第二,针对近年来偷越国(边)境犯罪呈现的动机、手段、危害后果等情况,进一步明确了偷越国(边)境犯罪的认定问题。如《惩治妨害国(边)境意见》将破坏边境物理隔离设施作为偷越国(边)境“情节严重”的适用情形;第三,开展对犯罪分子的精准化打击,进一步提升治理效能,比如强化对共同犯罪的惩治,重点惩治犯罪团伙的首要分子、主犯和积极参与者,通过加大财产刑的执行力度来最大限度剥夺犯罪分子重新犯罪的能力和条件,但同时也应当分析案件的具体情况,做到当宽则宽,从而最大限度减少社会对立面,避免锐化社会矛盾,方可实现国家的长治久安。

(五)严厉打击危害金融安全犯罪

金融安全牵涉国家安全,①关乎民众的切实利益。近年来,检察机关不断加大对非法集资案件的惩处力度,希望能够以严惩非法集资为手段遏制下游犯罪。2011年1月,最高人民法院颁布《最高人民法院关于审理非法集资刑事案件具体应用法律若干问题的解释》(法释〔2010〕18号),明确《刑法》条文中对于非法集资活动的规制标准,敦促各地区各部门采取严厉的打击措施,从而化解存量、遏制增量,取得显著成效。但是,由于非法集资犯罪属于危害严重的涉众型经济犯罪,在司法实践中的认定与量刑还存在着一些疑难问题。

随着互联网产业的蓬勃发展,非法集资案件的犯罪手段从以往的建筑类、商贸类更新到互联网领域,使得机械化标准难以适用,更加需要的是在分析案情与适用法律条款的基础上进行针对性处理,避免“一刀切”现象。同时,《刑法修正案(十一)》对非法吸收公众存款罪刑法条文作出重大修改,对其集资诈骗罪的定罪量刑产生重大影响。结合社会经济发展状况和司法实践需要,《最高人民法院关于审理非法集资刑事案件具体应用法律若干问题的解释》(法释〔2010〕18号)处于迫切需

① 简洁、何海燕、汪珮琳、王博、李莎莎、刘宇:《斩断洗钱上下游犯罪链条》,载《检察日报》2022年12月13日,第5版。

要修改完善的状态。2022 年 3 月 1 日，最高人民法院开始实施《最高人民法院关于修改〈最高人民法院关于审理非法集资刑事案件具体应用法律若干问题的解释〉的决定》（以下简称《非法集资解释》），同时明确《最高人民法院关于审理非法集资刑事案件具体应用法律若干问题的解释》（法释〔2010〕18 号）与《非法集资解释》不一致的，以《非法集资解释》为准。《非法集资解释》共计十五条，在内容上，首先重点修改完善非法吸收公众存款罪的定罪量刑标准，如在原第 3 条后增加一条，作为第 4 条："非法吸收或者变相吸收公众存款，具有下列情形之一的，应当认定为刑法第一百七十六条规定的'数额巨大或者有其他严重情节'……"；其次增加新型非法吸收资金的行为方式，如将第 2 条第 8 项"以投资入股的方式非法吸收资金的"修改为"以网络借贷、投资入股、虚拟币交易等方式非法吸收资金的"，将第 2 条第 9 项"以委托理财的方式非法吸收资金的"修改为"以委托理财、融资租赁等方式非法吸收资金的"；而且加强对养老领域非法集资问题的治理，如在原第 2 条增加一项作为第 10 项："以提供'养老服务'、投资'养老项目'、销售'老年产品'等方式非法吸收资金的"；同时通过明确积极退赃退赔情节的适用，有效减少损害结果发生，促进追赃挽损，如在原第 5 条后增加一条，作为第 6 条："在提起公诉前积极退赃退赔，减少损害结果发生的，可以从轻或者减轻处罚；在提起公诉后退赃退赔的，可以作为量刑情节酌情考虑。非法吸收或者变相吸收公众存款，主要用于正常的生产经营活动，能够在提起公诉前清退所吸收资金，可以免予刑事处罚；情节显著轻微危害不大的，不作为犯罪处理。"

（六）严厉打击拐卖妇女儿童犯罪

近年来，我国对打击拐卖妇女、儿童犯罪持续保持高压态势，取得了显著成果。但是由于种种原因存在，相关部门机关尚未能完全铲除滋生犯罪的土壤，再加上新形势下的拐卖犯罪呈现出新特点，使得司法实践中的新问题层出不穷。对此，为公安部能顺利推进打击拐卖妇女儿童犯罪专项行动，实现打击拐卖妇女、儿童犯罪活动的源头治理，全方面维护妇女儿童生命健康安全，最高人民法院、最高人民检察院、公安部于 4 月 24 日联合发布《关于敦促拐卖妇女儿童相关犯罪嫌疑人投案自首的通告》（以下简称《通告》）。

《通告》指出，实施或者参与拐卖妇女、儿童，收买被拐卖的妇女、儿童以及关联犯罪行为的犯罪嫌疑人，自本通告发布之日起至 2022 年 6 月 30 日前自动投案，如实供述自己罪行的,可以依法从轻或者减轻处罚;犯罪较轻的,可以依法免除处罚。《通告》还指出,对于窝藏、包庇拐卖妇女、儿童的犯罪人员,帮助转移、藏匿被拐卖妇女、儿童,或者为拐卖妇女、儿童犯罪提供出具虚假结婚证明、虚假亲子鉴定、虚假出生医学证明等帮助的,将依法严厉打击。对聚众阻碍解救被收买的妇女、儿童的,将会依法追究刑事责任。不仅鼓励个人和有关组织积极举报、控告拐卖妇女、儿童犯罪,规劝在逃犯罪嫌疑人投案自首,而且对举报人、控告人及其他有关证人,司法机关依法予以保护。

(七)适时调整公安机关刑事案件立案标准

近年来,我国经济犯罪手段不断更新,涉案数额持续增长,再加上《刑法》《中华人民共和国公司法》《中华人民共和国证券法》(以下简称《证券法》)等法律的陆续修改以及相关司法解释和司法解释性质文件相继出台,同时国家还改革监察体制、调整公安部刑事案件管辖分工,《最高人民检察院、公安部关于公安机关管辖的刑事案件立案追诉标准的规定(二)》及其补充规定(以下简称《立案追诉标准(二)》)已经无法满足当下执法司法办案实际需要,适当的修改完善已迫在眉睫。

在细致深入的调查研究、广泛听取各方一线人员和学者的意见后,修订后的《最高人民检察院、公安部关于公安机关管辖的刑事案件立案追诉标准的规定(二)》(以下简称《标准(二)》)于 2022 年 5 月 15 日起施行。《标准(二)》的名称和体例依然采用《立案追诉标准(二)》的模式,内容上对《立案追诉标准(二)》中公安机关管辖的七十八种经济犯罪案件的立案追诉标准进行调整,分为以下四类情况:一是根据法律和司法解释的修改,对二十一种案件的立案追诉标准作了修改完善。例如,从《刑法修正案(十一)》及《证券法》的修改内容出发,对九种证券期货犯罪案件的立案追诉标准作了调整。二是结合实践经验,强化条文可操作性,对十五种案件的立案追诉标准修改完善。例如,综合考虑经济社会发展状况和类罪协调等因素,对票据诈骗案等七种案件立案追诉标准中的数额标准作了修改。三是配合"两高"正在研究起草的司法解释,对二十五种案件的立案追诉标准尽心修改完善。实现与司法解释最新稿的规定的协调适用,从而推动相关司法解释的出台。四是对相关法律、司法解释保持原样或者能够充分满足司法实践需要的妨害清算案等十七种案件的立案追诉标准沿用原规定。

第二节 刑事司法

公正的刑事司法系统是维护人民基本权益的强有力防线。2022年,我国以公安机关为主的侦查机关、检察机关、审判机关和执行机关在分工负责的基础上,互相配合制约,坚持以人民为中心,切实加强人权司法保障。其中公安机关开展多次专项打击活动,全力以赴、攻坚克难,切实维护社会大局稳定,全力确保人民群众生命财产安全;检察机关在稳步推进司法改革的同时,用切实行动回应时代需求,增强对民营经济发展、大数据战略支持的关注力度;审判机关适应新时代新要求的刑事司法理念,把尊重和保障人权贯穿刑事审判全过程。

另外,刑事执行方面成果显著,各地的社区矫正工作分别从管理的模式、手段、举措、政策等方面进行探索,真正做到法理情高度融合,让公平正义更加可触可感。

一、公安机关开展多项专项行动打击多发犯罪

2022年,在公安部的总体指挥下,全国各地公安机关坚决贯彻党中央、国务院决策部署,牢固树立总体国家安全观,坚持以人民为中心的发展思想,严格遵守"全环节、全要素、全链条"打击的工作要求,依法严厉打击食品药品、养老诈骗、证券期货、文物犯罪、走私违法等领域的突出犯罪,先后开展"昆仑2022""百日行动"、"断号"行动等专项行动,不断增强人民群众获得感、幸福感、安全感。

(一)深入开展"昆仑2022"专项行动

2022年,我国疫情防控逐渐进入常态化管理,公安部在保持对涉疫犯罪高压打击态势、满足疫情防控需要的同时,聚焦百姓"舌尖上的安全"、药品领域安全、生态环境保护、知识产权保护,以雷霆之势全力开展"昆仑2022"专项行动。

第一,依法严厉打击危害食品安全犯罪,及时消除食品安全隐患,深入开展"昆仑2022"专项行动。食品安全作为保障民生的关键内容,公安部始终对危害食品安全的违法犯罪行为秉持"零容忍"立场和高压打击态度,尽全力保障群众"舌尖上的安全"。当前,我国食品安全态势总体逐渐向好,但问题隐患仍然存在,此次全国公安机关开展的"昆仑2022"专项行动,重点聚焦打击农兽药残留超标、非法添

加、“网红”假劣食品等危害食品安全犯罪,深化部门配合,强化联动协作,共破获食用农产品犯罪案件1800余起,抓获犯罪嫌疑人2800余名;侦破保健食品犯罪案件2400余起,抓获犯罪嫌疑人4800余名;受理行政部门移送涉嫌食品犯罪案件2000余起;还会同海关等部门大力打击销售来源不明进口冷链食品犯罪,迅速侦破多起重大案件。①

第二,依法严厉打击制售假劣新冠疫情防疫保供物资犯罪活动、保障疫情防控常态化顺利进行。2022年我国多地持续面临疫情防控的严峻考验,核酸检测试剂、抗原检测试剂、检测棉签、口罩等各类防疫物资成为核酸防控常态化的必需品,这也让犯罪分子有可乘之机,涉防疫物资制假售假违法犯罪活动频频发生,他们迅速形成了采购、加工、存储、运输、包装等环节的犯罪利益链条,严重影响我国防疫防控工作的顺利推进和市场经济秩序。因此,各级公安食药侦部门紧密结合“昆仑2022”专项行动、打击假药劣药违法犯罪重点攻坚等专项工作,对本地可能影响疫情防控的突出违法犯罪问题深入分析调查,积极采取有针对性的措施,加大打击力度,有效防控风险。

第三,依法打击药品领域违法犯罪活动,全力保障人民群众生命健康和用药安全。为深入贯彻习近平总书记关于药品安全工作的重要指示精神,2022年以来,全国公安机关按照公安部部署要求,深入推进“昆仑2022”专项行动,将销售假药劣药等药品犯罪列入重点攻克工作中,各地公安机关通过仔细研究制售假药劣药犯罪规律特点,有效提升线索排查能力,因地制宜展开集中整治工作,有力推动专项工作深入开展,成果显著。据统计,仅仅是上半年,公安机关共侦破药品犯罪案件1500余起,捣毁黑工厂、黑窝点920余处,打掉犯罪团伙380余个,涉案总价值47.8亿元。②

第四,依法打击知识产权侵权违法犯罪活动,全力服务高质量发展和高水平对外开放。2021年,在公安部的带领下,全国公安机关贯彻落实习近平总书记关于全面加强知识产权保护的重要指示精神,在群众反映强烈、社会舆论重点关注、侵权假冒频发的领域,依法开展各类严打侵犯知识产权犯罪,共侦破侵犯知识产权和

---

① 公安部:《公安机关打击危害食品安全犯罪取得明显成效》,载中华人民共和国公安部网2022年3月28日,https://www.mps.gov.cn/n2254314/n6409334/c8426497/content.html。

② 公安部:《公安机关依法严厉打击制售假药劣药违法犯罪》,载中华人民共和国公安部网2022年8月24日,https://www.mps.gov.cn/n2254314/n6409334/c8668319/content.html。

制售伪劣商品犯罪案件2.1万起，公安部挂牌督办的83起重大案件全部告破，取得阶段性显著成果，同时为下一阶段的工作开展奠定坚实基础。2022年，全国公安机关在“昆仑2022”行动指导下，持续增加对各类侵犯知识产权犯罪的治理力度。各地公安机关围绕“3·15”国际消费者权益日、“4·26”世界知识产权日等时间节点，通过媒体采访宣传、公共场所设点宣传等方式，普及知识产权保护相关法律知识，充分发动群众力量，鼓励广大群众检举揭发违法犯罪线索，形成全民共同携手抵制知识产权违法犯罪的良好态势。据统计，仅云南省曲靖市公安局在2022年里，共侦破侵犯知识产权违法犯罪案件107起，抓获犯罪嫌疑人118名，涉案金额1亿余元，①大批侵权假冒犯罪案件被破获，此类违法犯罪活动被有力打击震慑，为促进对外经济高质量发展、服务保障民众智慧成果作出突出贡献。

第五，依法打击危害生态和生物安全犯罪，保障生态文明建设和生物安全体系建设大局。2022年3月3日是第9个“世界野生动植物日”，全国公安机关深入学习贯彻习近平生态文明思想，终牢记责任意识，将“昆仑2022”专项行动作为抓手，依法重点治理各类危害生态环境违法犯罪，与有关部门携手合作，打赢蓝天碧水、净土清空保卫战，将公安力量贡献给建设人与自然和谐共生的美丽中国。在专项行动中，公安机关以生物多样性长远保护为目标，贯彻长江经济带高质量发展、黄河流域生态保护、国家公园及自然保护地体系建设等重大战略部署，重点打击危害珍贵濒危野生动物和国家重点保护植物、非法捕捞、盗伐滥伐林木等危害生态和生物安全犯罪活动。其中，仅针对危害珍贵、濒危野生动物和重点保护植物案件就侦破了5900余起。

（二）扎实推进治安整治“百日行动”

2022年6月起，公安部党委部署开展夏季治安整治“百日行动”，不仅以具体实践积极回应人民群众的关切呼声，而且通过展开各项举措来巩固已取得的维稳成果。据统计，“百日行动”开展以来，全国公安机关共破获刑事案件64万余起，抓获违法犯罪嫌疑人143万余名，挂牌整治治安乱点7442个，全国刑事案件实现了立案同比下降、破案同比上升。②

---

① 张瑜、韩璐：《山东严打侵犯知识产权犯罪保护营商环境》，载《人民公安报》2023年1月3日，第5版。

② 邬春阳：《向人民报告！“百日行动”成绩单公布》，载《人民公安报》2022年9月28日，第1版。

1. 公安禁毒部门深入推进“百日行动”

在公安部统一部署下,全国公安禁毒部门将夏季治安打击整治“百日行动”与禁毒“清源断流”行动紧密结合,保持对毒品犯罪高压打击态势的同时,深入调研当下毒品犯罪的新特点,有针对性地攻克实践难题,全力剿灭吸贩毒犯罪网络,破获多起跨省贩毒案件,强制隔离多名吸毒人员,专项行动取得阶段性显著成效。自全国公安机关夏季治安打击整治“百日行动”开展以来,全国共破获毒品犯罪案件8657起,抓获毒品犯罪嫌疑人1.26余万名,缴获各类毒品5.19吨,查处吸毒人员3.8万人次,我国毒品治理的良好态势得到进一步的巩固拓展。①

禁毒工作是与国家兴衰、民族安危、人民幸福息息相关的要事,近年来,我国一直对毒品犯罪采取严打高压政策,有效降低了相关案发数,遏制了毒品犯罪的高发势态,但是在百年变局和世纪疫情影响下,全球毒品产量居高不下,境外毒品势力不断渗透,网上毒品交易日益活跃,毒品滥用人数不断上升,在超额暴利、新型毒品成瘾性强等因素的影响下,中国禁毒斗争面临更加复杂的外部环境,新情况新变化出现在国内毒情形势中。截至2021年底,全国现有吸毒人员112.4万名,全年共破获毒品犯罪案件3.5万起,抓获犯罪嫌疑人5.3万名,缴获各类毒品21.9吨,查处吸毒人员19.7万人次,同比分别下降28.6%、24.3%、18.7%和39.7%。②因此,为进一步筑牢禁毒防线,巩固来之不易的斗争成果,各级禁毒部门以“百日行动”为开展禁毒工作的总抓手,结合“清源断流”行动,主要从以下几个方面入手展开具有中国特色的毒品治理行动。

第一,打击零包贩毒和摧毁贩毒团伙行动并进。公安部在行动中综合使用统一收网集群战役、挂牌督办案件等各种形式,先后铲除制贩毒团伙五百多个,指挥上海、江苏、浙江、江西等十省市对多起部级毒品目标案件发起两波次集群战役,抓获吸贩毒人员2000名。③第二,持续深化“净边”行动,加强边境毒品管控。其中云南公安采用立体化智慧防控体系,结合疫情封控政策,周密毒品搜查网络,缴获毒品1.85吨,④大幅降低边境毒品贩运量。第三,重点打击国内制毒链条。通过加强

---

① 常汝:《我国毒品治理良好态势得到进一步巩固》,载《人民公安报》2022年9月15日,第1版。

② 《2022年中国毒情形势报告》,载中国禁毒网2023年6月21日,http://www.nncc626.com/2023-06/21/c_1212236289.htm。

③ 公安部:《“百日行动”开展以来,破获毒品犯罪案件8657起,缴获各类毒品5.19吨 我国毒品治理良好态势得到进一步巩固》,载中华人民共和国公安部网2022年9月15日,https://www.mps.gov.cn/n2254536/n2254544/n2254552/n8692013/n8692052/c8694445/content.html。

④ 常汝:《我国毒品治理良好态势得到进一步巩固》,载《人民公安报》2022年9月15日,第1版。

要素管控、场所彻查、精神药品管控力度、切断毒品贩运渠道等方式，实现对制毒犯罪的全链条打击，例如各单位禁毒民警对重点行业加强管控，对易制毒化学品企业开展实地检查，深化“寄递物流禁毒”行动等。第四，综合采取各种手段让吸毒人员回归社会，避免戒毒人员再次复吸。公安机关通过多环节吸毒人员服务管理体系的建构，来完善集生理脱毒、身心康复、救助服务、回归社会于一体的康复模式，充分发挥基层组织力量作用，并重对戒毒人员实施关心帮扶与救助管理，保障禁毒“平安关爱”行动顺利推进。

2. 海关缉私部门纵深推进“百日行动”严打走私违法犯罪

经济全球化虽然给当代世界带来诸多积极变化，但其迅速发展产生的负面影响也无可避免，涉外经济案件迅速增加，诱发走私犯罪的潜在因素进一步增多。由于走私犯罪对公民个人的切身利益没有直接侵害，又可以获得巨额利润，当下走私犯罪日益增多，此次“百日行动”中海关缉私部门重点治理突出的走私违法犯罪活动，切实维护平稳健康的经济环境、国泰民安的社会环境、风清气正的社会环境。第一，严厉打击食品走私犯罪活动，海关缉私部门借助“守重点、掏窝子、打团伙”“市场倒查”“打两头、挖幕后”等调查手段，严防严管严控食品走私安全风险；第二，严厉打击成品油走私犯罪活动，海关缉私部门采取依法严管严查严惩，围绕重点地区，将集中打击和常态化打击相结合，对成品油走私采取高压打击态度，充分保障经济贸易秩序；第三，严厉打击骗取出口退税、骗取留抵退税违法活动，海关缉私部门利用自身职能优势，将打击骗取留抵退税作为常态化打击虚开骗税工作的重点，加强与税务、银行等相关部门的协作配合，以零容忍态度坚持“露头就打”，坚决抵制职业骗税犯罪集团。

全国公安机关夏季治安打击整治“百日行动”开展以来，全国海关缉私部门按照公安部党委决策部署，以打击走私“国门利剑 2022”联合行动为抓手，重拳打击突出走私违法犯罪活动，切实维护国家经济安全、税收秩序和社会稳定。截至 7 月底，共立案侦办走私犯罪案件 800 余起，立案侦办涉税走私犯罪案件 320 余起，案值 41.7 亿元，涉嫌偷逃税款 6.4 亿元，侦办非涉税走私犯罪案件 480 余起，①有效打

① 公安部:《海关缉私部门纵深推进“百日行动” 严打走私违法犯罪》，载中华人民共和国公安部网 2022 年 8 月 31 日，https://www.mps.gov.cn/n2255079/n8310277/n8568134/n8568141/c8677856/content.html。

击了走私犯罪的大规模蔓延趋势,联合协同各警种各部门深挖彻查走私关联犯罪,以实实在在的打私成绩切实保障了国家安全和群众利益。

(三)稳步保持常态化扫黑除恶

2021年是常态化扫黑除恶斗争开局之年,全国公安机关以高压态势持续打击黑恶犯罪,扫黑除恶专项斗争成果得到有效巩固,老百姓切实感受到身边的公平正义。2022年,常态化扫黑除恶工作进入第二年,同年7月25日,中宣部在"中国这十年"系列主题新闻发布会上指出,2018年以来公安部共打掉黑恶势力组织集团1.66万个,扫黑除恶斗争成为党的十九大以来最得人心的大事之一。①黑恶势力为非作歹,人民群众深恶痛绝,常态化扫黑除恶在2022年继续作为公安机关工作内容的重中之重强力推进,全国各地公安机关在充分认识到扫黑除恶斗争的长期性与复杂性的基础上,保持工作的责任感、使命感,以《中华人民共和国反有组织犯罪法》(以下简称《反有组织犯罪法》)为抓手,重点攻克疑难案件,重点打击涉网新型和农村黑恶势力,切实将常态化扫黑除恶斗争走深走实。

以若干件实事为抓手,重点攻克专项问题,有效保护群众切实利益,是全国扫黑办推进常态化扫黑除恶斗争的重要战略。陈一新在研究部署2022年常态化扫黑除恶工作会议中强调:"要抓好2022年十件实事,推动常态化扫黑除恶斗争走深走实",全国各地公安机关努力回应,深入学习《反有组织犯罪法》相关内容,提升常态化扫黑除恶法治水平;落实专项行动阻击战,对各类突出黑恶犯罪重拳打击,深挖"沙霸""矿霸"幕后黑恶势力及其"保护伞";开展打击涉网黑恶犯罪专项行动,坚决遏制网络黑灰产业链发展壮大;重点攻坚重大案件、深挖重点线索、推动重点地区整改提升,始终坚持除恶务尽,将依法严惩贯穿始终,让社会大众牢牢记住"扫黑除恶永远在路上";全力缉捕涉黑恶"漏网之鱼",力争尽快捉拿归案;"继续推进全国扫黑办督促各地对照问题清单逐项整改工作,适时评估调度,保证整改逐项落实到位;做好黑恶犯罪刑释人员安置帮教专项工作,不仅要定期评估黑恶罪犯的服刑改造效果,还要对刑满释放人员开展长期的教育帮扶和适时的社会救助,严防再次入狱"。②最后,要注重发动群众力量,动员全社会支持常态化扫黑除恶斗

① 公安部:《细数平安中国背后的公安非凡十年》,载中华人民共和国公安部网2022年7月26日,https://www.mps.gov.cn/n2254314/n6409334/c8638808/content.html。

② 史兆琨:《2022年检察机关扫黑除恶斗争如何抓如何干》,载《检察日报》2022年4月28日,第1版。

争，积极探索新形势下专群结合、依靠群众的新途径，严格贯彻“三同步”机制，通过严格把控对重大敏感问题的舆论导向，保证政治效果、法律效果和社会效果相统一。

（四）依法从严打击证券期货犯罪

在经济金融环境深刻变化、资本市场改革开放不断深化背景下，操纵市场、内幕交易、利用未公开信息交易等证券期货犯罪愈演愈烈，犯罪手段趋向隐秘化、复杂化、多样化，不仅严重影响证券期货资本市场健康发展，而且对广大投资者的合法权益造成诸多损害。为全面贯彻对证券期货犯罪行为“从严整治”的政策要求，有力遏制资本市场违法犯罪行为的高发态势，有效维护市场管理秩序，公安部部署各地公安机关依法严厉打击各类证券期货犯罪，立案数量及抓获犯罪嫌疑人数均创新高，侦破多起重特大证券犯罪案件，共侦办证券期货犯罪案件 82 起，涉案总价值 13.6 亿元，抓获犯罪嫌疑人 227 名；侦办非法经营证券、期货犯罪案件 89 起，涉案总价值 0.8 亿元，抓获犯罪嫌疑人 102 名。①

2021 年 7 月，中共中央办公厅、国务院办公厅公布了《关于依法从严打击证券违法活动的意见》，扎实推进具有中国特色的证券期货执法司法体制建设，明确提出建立协调配合机制、通畅投资者权利救济渠道、大幅提高证券违法犯罪成本，为下一阶段证券期货犯罪工作的开展指明了方向。2022 年以来，各级公安机关深入贯彻落实《关于依法从严打击证券违法活动的意见》要求，始终坚持底线思维和零容忍态度，统筹协调，推陈出新，各项工作获得显著成效，主要做法有：一是挂牌督办重点案件，针对舆论关注度高、社会影响力大的上市公司欺诈发行、信息披露违规、恶性操纵市场等犯罪案件进行重点督办。二是公安部通过采用挂牌督办方式，集中攻坚，提高质效。建设证券犯罪办案基地，让办案基地办理的重大疑难案件起到引领示范作用，提高线索分析研判能力，将“传统接力式”移送办案调整为“主动同步式”研判核查，逐步完善现有的办案机制模式。三是强化部门协作，逐步形成“行刑衔接、上下联动、区域协同、多警合成”的一体化工作格局，在信息交流、预防宣传、法律选择等方面，主动与证监和检法部门探讨沟通，联合提高案件督办效率，

---

① 昝秀丽：《依法严惩证券期货犯罪　维护资本市场健康稳定》，载《中国证券报》2022 年 9 月 23 日，第 2 版。

仅仅是2022年上半年,中国证监会依法向公安机关移送涉嫌证券期货犯罪案件60余起、犯罪嫌疑人200余名。①

(五)深入推进打击防范文物犯罪专项行动

文物犯罪已经成为当前严重损害中华文化传承的刑事犯罪,不法分子本身缺少文化传承理念和文物保护意识,在巨大经济利益的刺激下,敢于以身试法,盗掘、盗窃、倒卖、走私等文物犯罪案件呈现迅速增长趋势,非法交易、非法收藏等不法行为在文物流通领域屡禁不止,公安部积极开展打击防范文物犯罪专项行动,自2020年8月公安部、国家文物局在全国部署开展打击防范文物犯罪专项行动以来,截至2022年10月,共破获文物犯罪案件4200余起,抓获犯罪嫌疑人9700余名,追缴涉案文物9.3万余件。破获的案件数、抓获的犯罪嫌疑人数和追缴的文物数大幅增加,有力遏制了文物犯罪多发势头。2022年10月,公安部、国家文物局部署开展新一轮三年专项行动,将重点打击盗掘古文化遗址古墓葬,盗窃石窟寺石刻、古建筑及其构件、博物馆纪念馆,盗拓碑刻石刻等犯罪活动。②

此次专项行动中,公安部在对当前文物犯罪活动新动向新特点深入调研的基础上,将打击防范文物犯罪专项行动向纵深发展,紧盯文物流通关键环节,追捕在逃罪犯,收缴流通文物,调查资金流向,摧毁犯罪网络,力争实现全链条打击。各地公安部门还通过对文物市场、拍卖行等相关重点区域定期检查管控的方法来提升预防能力,同时结合当下文物犯罪的新趋势,灵活运用互联网技术,清查直播带货平台等网络交易途径,成功缴获上千件违法文物。除此之外,各地公安部门有意识地增强与法检机关、文物保护、海关缉私等的配合力度。其中各级公安和当地文物部门协力攻坚,以案件、人员和文物为三条主线,不断提高线索收集整理、文物品质鉴定等多项工作流程效率;刑侦部门不仅抽调各部门警力组成打击文物犯罪工作部门领导小组,而且形成“7×24小时”响应办案提请,有效斩断文物流通链条,追缴万余件涉案文物,破获多起倒卖文物案等,有力维护了国家文物安全。

(六)集中打击整治网络账号黑色产业链“断号”行动

2022年9月起至12月底,公安部网络安全保卫局开展以集中整治网络账号黑

① 《重拳打击证券期货犯罪　护航资本市场健康发展》,载《中国防伪报道》2022年第9期。

② 袁猛:《全国打击防范文物犯罪专项行动推进部署会召开》,载《人民公安报》2022年10月29日,第1版。

色产业链为主要内容的“断号”行动，实现对网络违法犯罪活动的源头整治，切实保障人民群众的合法权益。

近年来，电信网络诈骗犯罪高发，以卡商、号商、“猫池”窝点、接码平台、养号平台等为主的网络账号黑色产业链条，造成大量人民群众财产损失，严重扰乱社会公共秩序。公安机关以此次“断号”行动为契机，与工信部加强协同，以“不良 APP 安全治理”为主要行动内容，将实名制严格落实，对虚商卡、短信端口、语音专线、云服务等重点业务加大排查清理力度，同时，进一步将主体责任落实到互联网企业上，督促互联网企业主动查处恶意注册的网络账号、重新核验现存的网络黑号，对管理上具有明显纰漏的涉案企业依法严惩，通过强化行业整治来夯实网络安全管理根基。除此之外，公安部联合中宣部组织开展“全民反诈在行动”集中宣传月活动，组织各类反诈宣传“进社区、进农村、进家庭、进学校、进企业”活动，而且向社会大众发送反诈宣传短信 30.7 亿条，加大普法宣传，引导广大群众、企事业单位共护网络安全管理秩序，将广泛宣传和精准宣传巧妙融合，推动形成打击整治网络账号黑色产业链共治格局。

2022 年，全国公安机关以习近平总书记关于打击治理电信网络诈骗犯罪工作的重要指示精神为指导，公安机关网安部门持续加大开展“断号”行动的工作力度，严打网络黑产违法犯罪，将《关于加强打击治理电信网络诈骗违法犯罪工作的意见》中的部署要求和《反电信网络诈骗法》的条文内容落到实处。至 11 月底，全国共破获电信网络诈骗案件 39.1 万起，同比上升 5.7%，抓获犯罪嫌疑人数同比上升 64.4%，立案数同比下降 17.3%，造成财产损失数额同比下降 1.3%，实现了“两升两降”工作目标，打击治理电信网络诈骗犯罪取得显著成效，①切实维护网络秩序和群众合法权益。

（七）三部门联合部署开展打击破坏古树名木违法犯罪活动专项整治行动

保护古树名木资源对提高城市生态系统的稳定性和保证城市生态的可持续发展具有重要意义。2022 年 9 月，公安部、住房和城乡建设部、国家林业和草原局以视频会议形式，联合部署开展打击破坏古树名木违法犯罪活动专项整治行动，会议

① 公安部：《公安机关打击治理电信网络诈骗违法犯罪取得显著成效》，载中华人民共和国公安部网 2022 年 1 月 12 日，https://www.mps.gov.cn/n2254314/n6409334/c8812434/content.html。

上明确要以高压震慑态势从严打击破坏古树名木违法犯罪,切实维护古树名木资源和生态环境安全。各级公安机关与有关部门携手合作,联合部署,绝不姑息犯罪利益链条上的任何组织者、经营者和获利者。

会议召开后,各级公安机关迅速按照要求开展有力行动,依法严厉打击破坏古树名木违法犯罪。第一,各地各级公安机关与绿化委员会、林草部门积极配合,顺利开展行业整治工作,多方法建立了保护古树名木长效机制。其中,广西通过建立分级保护和定期普查、建档、挂牌制度,借助日常巡查、动态更新等保护管理措施,开展城市古树名木保护工作,取得明显成效。吉林省在近几年已开展过三次较大规模的古树名木普查,基本将全省古树名木资源底数统计完毕,对列入保护名录的古树名木逐棵确定责任单位和责任人,对散生古树名木和古树群实行挂牌保护,坚持属地管理原则,充分发挥林长制"一长两员"作用,严格落实管护责任制。第二,加强宣传教育,积极营造全社会保护古树名木的良好氛围。古树名木资源不仅是自然生态的重要组成部分,也是每座城市人文历史的典型代表,具有极高的生态价值和人文价值,但大多数民众并没有意识到古树名木的重大意义,在日常生活中缺少主动保护意识。因此,各地公安开展各种各样的宣传教育活动,科普有关知识。天津采取网络直播、科普展览等形式,广泛深入宣传古树名木保护价值和法律法规等;云南通过发倡议书、古树征文、制作宣传展板等多种方式,鼓励省市级机关、社会团体、市民积极投身古树名木保护行动;山东发放宣传册和《山东省古树名木保护办法》,以千佛山古树群为例开展专题访谈,掀起古树名木保护热潮。①

(八)公安部部署推进打击性侵犯罪专项行动

2022年8月12日,全国打击性侵犯罪专项行动推进会召开。杜航伟在会议中指出,我国现阶段打击性侵犯罪必须坚持"零容忍"态度,处理性侵未成年人案件时,必须借助重大案件侦办机制,集中优势警力资源"攻坚克难",最大限度保护妇女儿童的合法权益。专项行动开展以来,全国公安机关,共破获性侵案件(含积案)2.86万起,抓获违法犯罪嫌疑人3.22万名,有力维护了妇女儿童合法权益。②

目前,在遏制性侵犯罪形势总体向好的背景下,性侵未成年人犯罪问题仍然突

① 亓玉昆、寇江泽:《保护古树名木　维护生态安全》,载《人民日报》2023年1月3日,第14版。

② 公安部:《公安机关部署推进打击性侵犯罪专项行动》,载中华人民共和国公安部网2022年1月13日,https://www.mps.gov.cn/n2254314/n6409334/c8812434/content.html。

出。性侵未成年人案件在实践中的侦破难度居高不下，原因在于犯罪证据收集难度高、被害人记忆准确度低、案发场所隐秘性强。因此，公安机关在此次行动中特别明确，一方面，在处理未成年人性侵案件时要启动重大案件侦办机制，公安机关集中优势资源，把握破案黄金时间，无论案情是否严重，涉案人员有多少，一律“特事特办”，严惩不贷；另一方面，着重打击网络交友类性侵案件，最近几年，随着网络的发展，大量未成年人可以接触到社交平台，打着“个性交友”“童星招募”等幌子，通过诱骗、胁迫未成年人进行“裸聊”或发送“裸照”“裸体视频”等方式进行“隔空”猥亵的违法犯罪行为呈多发态势。公安机关在对当下犯罪的新形势深入调研后，加大摧毁相关犯罪网的力度，同时根据现有线索不断追查，直到找出最终的源头。

同时，性侵案件的解决，仅仅依靠公安机关事后追查是远远不够的，更需要的是事前预防、事后疏导的综合治理模式。过去一年，公安机关积极加强与教育、民政、卫健、妇联等相关部门联动配合，建立健全从案件侦办到法律援助、心理疏导、救助帮扶、教育预防等多方配合处理机制，缓解心理创伤，增强社会支持，避免二次伤害。同时，各级公安机关还有针对性地通过“讲座”、情景模拟、视频等开展普法教育，充分发挥“一村一警”“一村一法律顾问”作用，做好性侵风险防范体系建立工作。

（九）公安部部署开展打击整治养老诈骗专项行动

2022 年 4 月以来，全国公安机关打击整治养老诈骗专项行动全面展开，此次行动重点打击以提供“养老服务”、投资“养老项目”、销售“养老产品”、宣称“以房养老”、代办“养老保险”、开展“养老帮扶”等名义实施的养老诈骗犯罪，坚持全面打击、宣传预防、整治规范“三箭齐发”，切实维护广大老年人的身心健康，国家统计局调查显示，82%的群众认为养老领域各种乱象减少了，群众对专项行动的满意度达 86%，①全国共立案侦办养老诈骗刑事案件 41090 起、破案 39294 起，打掉犯罪团伙 4735 个，抓获犯罪嫌疑人 6.6 万余人，②大批欺诈老年人的违法犯罪被高效侦破，养老领域问题企业得到规范整治，老年群体识骗防骗能力明显增强。

---

① 《陈一新在全国打击整治养老诈骗专项行动总结会上强调：全面总结专项行动成效经验　常态化推进打击整治工作　更好维护老年人合法权益》，载《中国公证》2022 年第 10 期。

② 蔡长春：《持续书写平安中国建设亮眼答卷》，载《法治日报》2023 年 1 月 7 日，第 1 版。

全国各地公安认真领会全国打击整治养老诈骗专项行动部署会和推进会精神,围绕以下三个方面展开行动。第一,强化事前预防,规范行业乱象。实现养老诈骗的源头治理,仅仅依靠公安机关的事后打击是远远不够的,应当从事前宣传预防、排查行业隐患入手。各地公安机关在2022年共发出公安提示函5538份,①督促各行业主管部门尽快解决打击过程中发现的漏洞。同时会同全国老龄委共同编写《老年人预防养老诈骗手册》,并配合相关媒体宣传,提高老年群体防骗识骗能力,实现预防手段多样化。第二,加强线索排查,强化案件侦办。各地公安机关充分发掘110举报电话、反诈APP、群众信箱的作用,引导群众树立积极主动提供违法犯罪线索的意识,同时对全国专项办"12337智能举报平台"上提供的线索全部核查、及时与举报人沟通联系、定时办结到期线索,确保没有忽视任何一条,对确有其事的重大疑难案件挂牌督办,精准打击突出犯罪,各级公安机关抽调骨干力量组成专案调查组,重点攻坚克难。第三,全力追赃挽赃,尽量减少损失。养老诈骗严重危及老年群体的物质生活保障,帮老百姓追回他们的养老钱是公安机关此次专项工作的重点内容。对此,公安机关主动联系市场监管、银保监等部门,控制被骗资金流向,及时查封、扣押、冻结被骗资金,实现高效追缴赃款赃物,最大限度挽回受害群众的经济损失。截至目前,多起重大案件的赃款已被追回,太原市公安机关破获孟某生等人涉嫌非法吸收公众存款案,追赃挽损金额达4174万余元,长治市公安机关破获刘某斌诈骗案,追赃挽损金额达677.1万元,晋城市公安机关破获王某兰等人涉嫌非法吸收公众存款案,追赃挽损金额达430余万元。②

(十)公安部部署开展"猎狐2022"专项行动

"猎狐2021"专项行动中,公安机关成功抓捕大批外逃经济犯罪嫌疑人,追赃约14亿元,③公安机关以坚决态度、果断行动、务实作风,始终保持国际追逃追赃高压态势,切实维护国家利益和经济安全,在社会上形成了强大的震慑力。2022

---

① 公安部:《公安机关打击整治养老诈骗工作战果显著 共侦破养老诈骗案件3.9万余起 追赃挽损300余亿元》,载中华人民共和国公安部网2023年1月17日,https://www.mps.gov.cn/n2253534/n2253535/c8844337/content.html。

② 山西省人民政府:《省政府新闻办举行新闻发布会介绍我省公安机关打击整治养老诈骗专项行动的举措和工作成效》,载中国政府网2022年7月15日,https://www.shanxi.gov.cn/ywdt/xwfbh/szfxwbxwfbh/202207/t20220715_6932385.shtml。

③ 公安部:《打防并举 严打扰乱市场经济秩序有关违法犯罪行为》,载《中国防伪报道》2022年第6期。

年，公安机关乘胜追击深入开展“猎狐 2022”专项行动，充分发挥自身职能作用，牢固树立大局观念，深入贯彻落实党中央决策部署，以更加精准有效的措施全力缉捕出逃境外的经济犯罪嫌疑人，不放过任何“漏网之鱼”，成果显著。据统计，全国公安机关全力推进缉捕外逃经济犯罪嫌疑人“猎狐 2022”专项行动，共从 39 个国家和地区抓获各类外逃经济犯罪嫌疑人 395 名，协助抓获“百名红通人员”1 名，追赃 10 余亿元。①

自 2014 年“猎狐”行动开展以来，公安机关持续深入打击各类虚假信息诈骗犯罪活动，公安部指挥各地公安机关先后开展九轮为期一年的专项行动，向不法分子利用发布虚假信息进行的诈骗犯罪活动发起凌厉攻势，将“境外追逃追赃永远在路上”牢记心中，全力夺取境外追逃追赃更大胜利，为反腐败国际追逃追赃事业作出了突出贡献。亮眼成果的取得与公安部实施强化国际合作的措施密不可分，近年来，在公安部和我国驻外使馆的大力支持、协调统筹下，各地警方都逐步强化国际警务协作，通过汇聚整合资源，不断优化已有机制、摸索突破点。仅上海一地，累计报请国际刑警组织对 170 余名出逃境外的经济犯罪嫌疑人发布红色通报，向他国执法部门发起查缉电 70 余件、协查 500 余件，取得了丰硕的追逃成果。

近年来，一些非法集资等涉众型经济犯罪案件的嫌疑人携资金潜逃出境，给群众财产造成巨大损失。对此，“猎狐 2022”专项活动中公安机关将贯彻落实部署要求，通过各种方式拓宽追赃渠道，协助纪检监察部门开展对外逃职务犯罪嫌疑人的追逃追赃工作，配合中国人民银行继续开展预防、结合打击利用离岸公司和地下钱庄向境外转移赃款专项行动，动态排查在逃人员非法转移资金的渠道，及时冻结涉案账户，精准开展境外追赃。公安人员将始终秉持着案件侦办和追逃追赃并重的理念，在不断加大打击查处力度的同时，坚持有逃必追、有赃必追，切实维护群众权益。

（十一）公安部部署开展打击拐卖妇女儿童犯罪专项行动

2022 年 1 月，“丰县生育八孩女子事件”引发社会广泛关注；同年 3 月，陕西“铁笼女”事件被披露后，社会舆论一片哗然。据调查，两起案件中的受害人均为被拐卖妇女，被拐过程中她们的基本人权遭受严重践踏、人格尊严被完全无视。

---

① 公安部：《打防并举　严打扰乱市场经济秩序有关违法犯罪行为》，载《中国防伪报道》2022 年第 6 期。

2022 年 3 月 2 日,公安部牵头成立打击拐卖妇女儿童犯罪专项行动领导小组,在全国开展打击拐卖妇女儿童犯罪专项行动,紧密结合夏季治安打击整治“百日行动”,破获拐卖案件 900 余起,抓获违法犯罪嫌疑人 1340 余名,找回失踪被拐妇女儿童 1810 余名。①

20 世纪 70 年代以来,我国拐卖犯罪率逐年上升,极大影响公共安全和社会稳定。为此,公安机关多次开展专项行动,取得显著成效。②但在多种因素影响下,拐卖犯罪形势仍然严峻,公安部在全国公安机关打击拐卖妇女儿童犯罪专项行动动员部署电视电话会议上指出要“深刻认识当前拐卖犯罪新形势新特点,坚决铲除拐卖犯罪滋生土壤”。③一方面,公安机关充分总结“团圆行动”的经验,持续宣传发动社会各界力量,充分运用网络、新闻报纸、广播等手段加大宣传力度,鼓励群众揭发检举涉拐线索,提高群众防范意识,巧妙借助民政、卫健等部门的职能优势,深入挖掘福利救助、卫生健康服务、走访慰问等日常工作中的拐卖犯罪线索。其中,青海省公安厅不断拓宽涉拐案件线索来源,在公安部儿童失踪信息紧急发布平台上即时发布失踪被拐儿童信息,通过手机钉钉 APP 自动推送给失踪地周边相关人群,发动更多群众提供案件线索。④同时,公安部将免费采血点数量增至 5000 余个,并通过公安部新媒体平台、公安部刑侦局微信公众号和官方微博即时更新相关信息,实现免费采血点覆盖面的进一步扩大。另一方面,公安机关大力推动落实网格化管理措施,增强涉拐犯罪的预警能力,支撑专项行动纵深推进。⑤其中,河北省公安厅制定《涉拐线索排查工作方案》,明确列举十类排查重点,实现线索的拉网式排查。凡涉及失踪儿童、未成年少女和疑似被拐卖被侵害妇女,一律立案侦查,确保不漏掉任何被拐妇女儿童。⑥各地公安部还持续深化“百万警进千万家”活动,利用

---

① 熊丰、翟翔:《“百日行动”已侦破拐卖妇女儿童案件 124 起》,载《新华每日电讯》2022 年 8 月 6 日,第 4 版。

② 尚旭哲:《拐卖妇女儿童犯罪侦查取证研究》,载《江西警察学院学报》2022 年第 6 期。

③ 谢俊思:《公安部部署全国公安机关开展打击拐卖妇女儿童犯罪专项行动》,载《人民公安报》2022 年 3 月 3 日,第 1 版。

④ 祁增蓓:《青海黄男警方:20 小时紧急搜寻,找回丢失儿童》,载光明网 2022 年 11 月 22 日,https://m.gmw.cn/baijia/36179046.html。

⑤ 公安部:《公安部公布全国 5000 余个免费采血点信息》,载中华人民共和国公安部网 2022 年 7 月 4 日,https://app.mps.gov.cn/gdnps/pc/content.jspid=8674411。

⑥ 公安部:《河北持续发力打击拐卖儿童》,载中华人民共和国公安部网 2022 年 5 月 6 日,https://www.mps.gov.cn/n2255079/n4242954/n4841055/c8480594/content.html。

深入群众家庭，走访福利院、救助管理机构等机会，及时发现制止拐卖犯罪，强化流动人口管理。①

二、检察机关充分发挥职能保社会安全、促司法改革

2022年以来，检察机关深入学习贯彻习近平法治思想，紧紧围绕经济社会发展大局，以“依法能动履职”为导向，全面推进各项检察工作扎实开展。检察机关在深入落实少捕慎诉慎押刑事司法政策，深化认罪认罚从宽制度适用，全面推开涉案企业合规改革的同时，持续加大对未成年人保护力度，实现打击犯罪和保障人权相统一，并且以“数字革命”驱动新时代法律监督整体提质增效，大数据战略成为新时代检察工作高质量发展的重要保障之一。

（一）落实少捕慎诉慎押司法刑事政策

少捕慎诉慎押刑事司法政策是检察机关立足我国当下重罪减少、重刑占比下降的刑事犯罪结构变化，主动提出的一项新司法检察理念。其中，“慎诉”有慎重把握诉与不诉的意思，但政策的核心要求是减少不必要的追诉，关键在于严格把握起诉标准，依法慎重适用起诉。特别是要加强起诉必要性审查，正确行使起诉裁量权，依法、审慎作出起诉或不起诉决定。②

在积极贯彻落实少捕慎诉慎押刑事司法政策的层面上，全国各级检察机关主要从以下方面贯彻落实：一是积极转变司法理念。检察机关通过召开工作推进会、检察官研讨会、学习典型案例等活动，坚决破除办案检察官固有的“重打击轻保护”“构罪即捕”“以押代刑”的传统办案理念，以“惩治犯罪与保障人权并重”观念取代。检察机关应当严格依法履行审查逮捕和审查起诉职能，充分发挥不起诉的过滤作用，通过酌定不起诉、附条件不起诉以及特殊不起诉等方式来实质化解决刑事案件、提升诉讼效率。二是深入开展羁押必要性审查专项活动。各地检察院综合审查法定刑情况、认罪认罚态度、退赔、有无前科等情节，同时根据犯罪原因、家庭情况等特殊情形，根据犯罪嫌疑人的人身危险性程度，对符合条件的依法启动羁押必要性审查程序。其中，荔波县检察院建立了捕后动态跟踪制度，实时关注捕后

① 公安部：《甘肃兰州“百万警进千万家”走出平安访出满意》，载中华人民共和国公安部网2022年3月16日，https://www.mps.gov.cn/n2255079/n4242954/n4841045/n4841079/c8405503/content.html。

② 王渊：《深入落实少捕慎诉慎押促进社会治理》，载《检察日报》2022年9月26日，第3版。

社会危险性变化情况,对不需要继续羁押的及时依法变更强制措施,释放司法温度,实现动态开展羁押必要性审查工作。①三是通过全面推广非羁押数字监管系统,让政策的展开更具实操性和高效性。当前轻罪案件发生率大幅上升,对羁押强制措施的过度依赖已经不适应我国新时代罪刑结构的变化。上海市闵行区人民检察院为保障少捕慎诉慎押刑事司法政策的落地见效,联合公安机关设计研发了上海市首个非羁押人员报告平台,通过数字技术,对取保候审等非羁押人员实施有效监管,确保犯罪嫌疑人在接受必要管控、及时到案的前提下,能够及早回归正常生活。②

少捕慎诉慎押刑事司法政策的深入落实,能够最大程度减少社会对立性,促进社会和谐稳定发展。2022 年认罪认罚从宽制度适用率超过 85%,量刑建议采纳率 98.3%;一审服判率 97%,高出其他刑事案件 29.5 个百分点,从源头减少了大量上诉、申诉案件,有力实现司法办案政治效果、社会效果和法律效果的有机统一。

(二)全面推开涉案企业合规改革

为充分发挥检察机关在社会综合治理中的作用,实现国家治理现代化目标,一些地方检察机关开始尝试在审查起诉程序中引入企业合规机制,推行了一种颇具特色的"企业合规不起诉制度"。所谓"企业合规不起诉制度",是指检察机关对于那些涉嫌犯罪的企业,发现其具有建立合规体系意愿的,可以责令其针对违法犯罪事实,提出专项合规计划,督促其推进企业合规管理体系的建设,然后作出相对不起诉决定的制度。这一制度的推行符合我国当下强化对民营企业的司法保护这一重要法律政策理念,是推动依法治理、惠企利国的有力举措。从 2020 年 3 月起,最高人民检察院就开始在上海浦东、金山,江苏张家港,广东深圳南山等 6 家基层检察院开展企业合规改革第一期试点工作;2021 年 4 月起,最高人民检察院启动第二期企业合规改革试点工作,涉及北京、上海等 10 个省市;2022 年 3 月第二批试点结束,最高人民检察院将总结经验,在全国检察机关全面推开涉案企业合规改革试点。

2022 年,作为企业刑事犯罪诉源治理的重要抓手,涉案企业合规改革的制度

① 龙婷:《荔波县检察院深入落实"少捕慎诉慎押"》,载《法制生活报》2023 年 1 月 13 日,第 6 版。
② 余东明、张海燕:《打好少捕慎诉慎押落地见效组合拳》,载《法治日报》2022 年 11 月 7 日,第 3 版。

价值与办案成效进一步彰显。根据最高人民检察院发布的2022年全国检察机关办案数据,2022年对非国有公司企业工作人员不起诉3万人,同比上升18.6%;坚持"应用尽用",办理涉案企业合规案件5150件,其中适用第三方监督评估机制3577件,占69.5%,企业合规适用主体更加多元,案件类型不断丰富。对整改合规的1498家企业、3051人依法作出不起诉决定,引导一批企业重获"新生",走上合规经营之路。①2022年4月,涉案企业合规改革试点全面推开。2022年6月,人力资源和社会保障部、应急管理部、海关总署、中国证监会四部门也加入了最高人民检察院会同有关部门组建的第三方监督评估机制管委会,涉案企业合规改革推进的领域更加多元,涉案类型更加丰富,部门协作更加有力。目前,涉案企业合规改革探索正在向社会治理层面纵深发展,涉案大型企业越来越多地适用这项改革制度。但是落实到具体实践中,各个企业状况各异,检察机关如何才能避免出现"纸面合规"等流于表面的"形式整改"情况,成为急需解决的问题。对此,一方面,检察机关充分落实"第三方监督评估机制"建设,借助第三方监管力量对涉案企业合规承诺、整改进行客观、公正、有效的监督评估。实现从企业合规计划的提出、审查,到对企业合规计划完成情况的监督考察,评估考核全过程的监督评估的实质化、专业化。例如江苏部分地区结合本地案件特点,因地制宜将政法委、发改委、海关等单位纳入第三方机制管委会成员单位,扩大机制覆盖范围。目前,第三方机制已覆盖全省三级检察机关,涵盖基层院79家。另一方面,合规计划的有效执行是合规监管的核心任务,但想达到将监管工作嵌入企业日常工作中的理想状态又很困难。为此,镇江、无锡、南通等地检察机关尝试独立监管人制度,通过嵌入式、沉浸式监管,确保合规计划全面完整落实。同时,2022年4月19日,中华全国工商业联合会办公厅、最高人民检察院办公厅、司法部办公厅、财政部办公厅、生态环境部办公厅、国务院国有资产监督管理委员会办公厅、国家税务总局办公厅、国家市场监督管理总局办公厅、中国国际贸易促进委员会办公室制定的《涉案企业合规建设、评估和审查办法(试行)》和最高人民检察院发布的《涉案企业合规典型案例》都为依法推进企业合规改革试点工作,规范第三方监督评估机制工作有序开展进

---

① 徐日丹、常璐倩:《"数"说检察这一年,能动履职维护公平正义》,载《检察日报》2023年3月8日,第3版。

一步指明了方向,确保企业合规整改的针对性和有效性。

(三)持续推进未成年人综合保护

近年来,我国检察机关对未成年人的保护力度逐步增强,为未成年人的安全健康成长营造了良好氛围。但经济社会的快速发展,也让未成年人实施犯罪和侵害未成年人犯罪(以下合称涉未成年人犯罪)呈现出新的复杂态势。对此,2022 年,检察机关实现未成年人司法保护工作全过程参与,全国各级检察机关充分发挥能动性,落实《中华人民共和国未成年人保护法》(以下简称《未成年人保护法》)、《中华人民共和国预防未成年人犯罪法》中对涉未成年人诉讼活动、未成年人重新犯罪预防等工作的法律监督职责。仅 2022 年上半年,全国检察机关共批准逮捕未成年犯罪嫌疑人 6988 人,不捕 12223 人,不捕率为 63.6%,同比增加 17.9 个百分点,高于总体刑事犯罪不捕率 24.4 个百分点。①

由于未成年人大多心智幼稚、人格尚未定型,所以思想极易受外界条件的影响,即所谓"近朱者赤,近墨者黑",因此违法犯罪的未成年人通常具有易于接受教育改造的一面。检察机关根据未成年人自身特性,始终坚持教育感化方针,将"保护、教育、管束"一体落实到位,尽量避免再次犯罪。一方面,全国各级检察机关坚持从最有利于教育挽救涉罪未成年人出发,统筹落实宽严相济刑事政策和少捕慎诉慎押刑事司法政策,对涉罪未成年人依法能不捕的不捕、能不诉的不诉、能不判实刑的提出适用缓刑建议,对涉罪未成年人坚持教育、感化、挽救方针,对涉嫌轻微犯罪、有悔罪表现的,附条件不起诉 7.1 万人,适用率由 2018 年 12.2%升至 2022 年 36.1%;对犯罪较严重的起诉 17.9 万人,比前五年下降 36.9%;另一方面,坚持宽容不纵容,对性侵、伤害、虐待等侵害未成年人犯罪"零容忍",从严追诉性侵、虐待、暴力伤害等侵害未成年人犯罪 29 万人。②处理涉未成年人案件,仅满足于个案的妥善处理远远不够,事后的救济不过是亡羊补牢,更重要的是探究类案发生的背后原因,做实诉源治理,从源头力预防类似案件反复发生。例如,针对校园安全问题,检察机关携手教育行政部门、学校等"没完没了"抓落实,积极参与校园安全专项整治,促推建立完善预防性侵害、性骚扰、防控校园欺凌等工作机制,协同查访中小

① 《2022 年 1 至 6 月全国检察机关主要办案数据》,载《检察日报》2022 年 7 月 21 日,第 2 版。
② 张军:《最高人民检察院工作报告》,载《人民日报》2023 年 3 月 8 日,第 4 版。

学校、幼儿园11万所，监督整改安全隐患1.5万个。针对侵害未成年人犯罪发现难、发现晚问题，推广浙江、河南、湖北等地经验，会同教育部、公安部等建立强制报告、入职查询制度，《未成年人保护法》修订纳为法律规定。通过强制报告，已办理侵害未成年人案件3700余件，对不履行报告义务的督促追责400余人；推动密切接触未成年人行业开展入职查询1000余万人次，解聘有前科劣迹人员4400余人。①还部署开展"检爱同行——法治进乡村"全国巡讲活动，重点面向国家乡村振兴重点帮扶县，促进增强乡村儿童自护意识及家庭法治意识。深化治理、源头预防，是对每一个未成年人最真实最有力的保护。

2022年，检察机关继续落实"双向保护"理念，实现帮教未成年犯罪人和关爱未成年被害人并重。一方面，把"教育为主、惩罚为辅"原则贯穿未成年人犯罪案件办理始终，力促涉罪未成年人真心悔改、迷途知返，重新回归正常生活。最高人民检察院直接组织对2个未成年犯管教所开展跨省交叉巡回检察，既监督监管执法问题，更督促提升帮教质效。而且，检察机关会在充分了解涉罪未成年人家庭环境、成长经历、一贯表现等情况的基础上，有针对性地制定帮教方案，积极开展诉前观护帮教、不起诉跟踪帮教，用心用情感化挽救。另一方面，注重未成年被害人权益保护，避免对其造成二次伤害，最大程度保证身心的健康成长。检察机关会同公安机关、妇联等推行"一站式"询问、救助机制，检察官、警察、医务人员、心理咨询师等同步介入，一次性完成证据收集、受害身体检查等工作，及时开展心理疏导，针对一些未成年人遭受犯罪侵害后家庭生活陷入困境的情况，专门出台检察政策，加强司法救助工作。2022年检察机关救助未成年被害人1.7万余人，发放救助金2225万余元，与2021年相比，救助人数和救助金额均大幅度增加，帮助未成年被害人尽快走出困境，回归正常生活。②

（四）理解运用检察大数据战略

运用检察大数据战略，其具体思路是，从办理个案中发现规律性问题，通过归纳特点、要素，开发应用性监督模型，从海量数据中筛选出批量类案监督线索，并交

---

① 张军：《最高人民检察院关于人民检察院开展未成年人检察工作情况的报告——2022年10月28日在第十三届全国人民代表大会常务委员会第三十七次会议上》，载《中华人民共和国最高人民检察院公报》2023年第1期。

② 最高人民检察院：《检察机关制发7.6万余份"督促监护令"保护未成年人合法权益》，载中华人民共和国最高人民检察院网2023年2月22日，https://www.spp.gov.cn//zdgz/202302/t20230222_603451.shtml。

办监督,再从类案问题中归纳分析发现执法司法、制度机制、管理衔接等方面存在的系统性漏洞,提出对应的检察建议,促进社会治理。对此,可概括为“个案发现—类案监督—系统治理”。最终实现由传统的“数量驱动、个案为主、案卷审查”个案办理式监督,向“质效导向、类案为主、数据赋能”的类案治理式监督转变。①

早在2022年5月,最高人民检察院党组理论学习中心组集体学习《中共中央关于加强新时代检察机关法律监督工作的意见》,并且就检察机关如何进一步落实检察大数据战略、用好大数据推进“四大检察”“十大业务”等相关问题进行研讨。一方面,海量数据的支撑是大数据研判的基础,检察机关的业务数据虽然庞大,但仍有局限性和封闭性,外部数据的补充必不可少,因此《中共中央关于加强新时代检察机关法律监督工作的意见》中提出应当推进公安机关、检察机关、审判机关、司法行政机关等跨部门大数据协同办案,实现数据的共享关联。比如,目前,在浙江省委和省委政法委的领导下,浙江省行政执法数据通过大数据局已与检察数据系统实现贯通关联,实现了公安机关的刑事拘留、涉企“挂案”等数据共享,并在湖州市开展执法司法数据共享试点,这一举措有力优化法律监督模型,促进最终实现社会溯源治理。但在充分发挥主观能动性从各方沟通协调获得数据的同时,也要收集和挖掘利用好现有的或能查询到的数据,把监督需求与现有数据串联碰撞起来,浙江省检察机关将强制戒毒决定书的数据与刑事判决书的数据进行碰撞比对,成功办理了一系列徇私枉法串案;通过检索增值税抵扣进项税数据,成功办理了“非标油”全链条监督案,上述案例的数据,均来自中国裁判文书网数据或从行政部门获取的数据。坚持“数据共享”和“实战”两手抓战略,充分挖掘现有数据、线索的潜力。另一方面,在具体运用大数据思维时,各地各级检察院充分发挥主观能动性,主动树立大数据思维,把大数据作为解决检察工作中线索发现难、监督工作碎片化、监督质效不明显的“灵丹妙药”,将个别、偶发、被动、人工的检察监督转变为全面、系统、主动、智能的检察监督,充分发挥大数据在惩防违法犯罪、监督纠正违法、保护国家利益和社会公共利益方面的作用,重塑法治监督体系模式。例如,近年来,浙江省检察机关抢抓数字化改革机遇,找准检察能动司法新路径,通过“典型个案分析→案发规律梳理→数据共享归集→数据碰撞比对→类案线索研判→移送

① 陈章:《以检察大数据战略赋能新时代法律监督》,载《检察日报》2022年5月20日,第3版。

线索核查→开展精准监督→跟踪督促落实→推动社会治理”的基本路径，大批量类案监督线索被发现，法律监督模式也逐步实现从被动监督到主动监督、从个案监督到类案监督、从单兵作战到内外融合、从监督办案到社会治理的转变，监督质效不断提升。

（五）从严打击拐卖收买妇女儿童犯罪

拐卖、收买妇女儿童作为侵害人身权益的恶性犯罪，严重危害社会秩序和社会稳定。最高人民检察院工作报告中提出：检察机关将继续从严从重追诉拐卖收买人口犯罪，同时与有关部门形成合力、综合整治，对收买、不解救、阻碍解救被拐卖妇女儿童犯罪坚决依法追诉、从严惩治。①打击拐卖、收买妇女儿童犯罪不仅是检察机关的职责所在，更体现了检察机关维护社会安宁、保障公民基本人权的主动担当。②

2022 年，对于打击涉拐犯罪，检察机关积极贯彻“检警协作”模式，积极配合公安部开展的打击拐卖妇女儿童专项行动。各地检察机关在充分发挥自身侦查监督职能的基础上，助力公安机关的证据收集与固定，促使其“按照裁判的要求和标准收集、固定、审查、运用证据”，③大幅提高案件办理质量和效率，真正做到高质量“快侦快破快捕快诉”。同年 3 月，最高人民检察院与全国妇联联合开展了“关注困难妇女群体，加强专项司法救助”专项活动，明确增加遭受拐卖这一违法犯罪行为侵害的儿童为重点救助对象，检察机关会协同妇联组织加大对被拐妇女儿童的帮扶力度，帮助其尽快摆脱生活困境。④

此外，检察机关注重强化对群众的宣传发动。各地检察院以《关于敦促拐卖妇女儿童相关犯罪嫌疑人投案自首的通告》发布为契机，将打拐宣传在社区、学校等地全面展开，通过挂横幅、发放材料、广播播报等多种形式，让群众了解防止走失、防范拐卖的相关知识，各地检察院还重点在乡村开展专题宣传教育，有效提升全民

---

① 张军：《最高人民检察院工作报告——2022 年 3 月 8 日在第十三届全国人民代表大会第五次会议上》，载《中华人民共和国最高人民检察院公报》2022 年第 2 期。

② 来宇、姜保忠：《检警协作的实践展开：以惩治拐卖妇女、儿童犯罪为例》，载《广西警察学院报》2022 年第 5 期。

③ 詹肖冰：《对于重大涉黑案件公检法联合挂牌督办》，载《人民公安报》2009 年 11 月 28 日，第 1 版。

④ 张吟丰、肖文婕：《湖南：与妇联建立对困难妇女儿童司法救助工作协作机制》，载《检察日报》2023 年 3 月 28 日，第 1 版。

的反拐意识和法治观念,增强未成年人的自我保护能力。

三、人民法院充分发挥刑事审判职能

2022年标志着党和国家发展史上的重要转折。党的二十大成功召开,擘画了全面建设社会主义现代化国家和实现中华民族伟大复兴的宏伟蓝图。在以习近平同志为核心的党中央坚强领导下,全国法院在全国人大及其常委会的有力监督下,致力于筑牢政治忠诚、维护安全稳定、服务发展大局、保障民生权益,并深化司法体制改革,全面贯彻总体国家安全观,持续实施宽严相济的刑事政策,审结一审刑事案件590.6万件,判处罪犯776.1万人。①

(一)持续推进未成年人司法保护工作

2022年9月14日下午,全国法院第七次少年法庭工作会议以视频方式召开。会议中,周强强调,要充分发挥法院审判职能作用,不断完善中国特色社会主义少年司法制度,推动新时代少年法庭工作实现高质量发展,为未成年人健康成长提供有力司法服务和保障。

未成年人的健康成长关系国家和民族的未来,2022年全国各级法院继续扎实推进未成年人司法保护,坚决维护少年儿童权益、保障少年儿童身心健康。其中,湖南法院发起2022年"利剑护蕾"专项行动,坚持"零容忍、严惩处"立场,依法严厉打击性侵未成年人犯罪。出台专门工作方案,成立"一把手"牵头的领导小组,设立专门办公室,建立领导包案负责工作机制;组建性侵未成年人犯罪审判专业合议庭,邀请有教育、医疗、心理学知识的人员,担任人民陪审员参与审理;与省妇联联合设立"涉国家赔偿与司法救助案件妇女儿童权益保护心理工作站",提供心理危机干预服务;对遭受性侵害的未成年人,符合司法救助条件的,人民法院优先给予司法救助。上海静安区人民法院未成年人与家事案件综合审判庭的法官们,在家庭教育宣传周开启了电话回访活动,共回访了39组家庭,坚持最有利于未成年人原则,督促家长履行责任义务,确保未成年人得到特殊、优先保护。法官们将司法的爱和关怀带给曾有裂痕的家庭,希望能帮助更多家庭"让爱回家",给未成年

---

① 最高人民法院:《最高人民法院工作报告》,载中华人民共和国最高人民法院网2023年3月8日,https://www.court.gov.cn/zixun/xiangqing/391381.html。

人更多温暖。

同时,最高人民法院印发《关于充分发挥少年法庭巡回审判点职能作用的意见》(以下简称《少年法庭意见》),进一步有力推进在2021年3月成立的少年法庭专业化建设,推动中国特色社会主义少年司法制度不断完善,切实做好人民法院未成年人保护和犯罪预防工作。各巡回审判点在《少年法庭意见》的指导下积极发挥职能,强化未成年人案件审判和指导、加强少审工作专项调研、开展青少年法治教育等方面不断探索,取得良好效果。

(二)继续常态化开展扫黑除恶专项斗争

2022年9月29日,人民法院常态化扫黑除恶斗争重点工作推进会在北京召开。大会肯定了人民法院常态化扫黑除恶工作取得的成绩,同时对持续推动常态化扫黑除恶斗争走深走实,确保实现预期目标提出明确要求:各级法院应当以更加有力的举措推动常态化扫黑除恶斗争深入发展。

扫黑除恶是一项长期性工作。一方面,人民法院充分发挥审判职能作用,加快未结案件清理,另一方面,人民法院积极延伸职能,深入参与行业整治,通过案件审理查找行业漏洞、风险隐患,提出有针对性、操作性的司法建议,进一步增强了人民群众的获得感、幸福感、安全感,使扫黑除恶进行得更彻底,成效更突出。如广东省高级人民法院通过在群众举报、办案中摸排线索,揪出背后更多的黑恶犯罪,让黑恶荡除得更彻底;将开展扫黑除恶斗争与全民禁毒工程、整治涉枪涉爆、特殊人群管理、扫黄打非等专项工作整体推进,并通过案件审理发现治理监管漏洞。同时,人民法院坚持为民理念,注重财产执行顺序,将保障被害人合法权益放在首位。加强涉案企业的政府托管,维护当地经济健康发展,以公正司法彰显扫黑除恶法治成色。

2022年作为常态化扫黑除恶斗争深化推进的关键之年,各级法院全面提升涉黑恶案件审判执行质效、健全防范打击黑恶势力的制度机制,共审结涉黑涉恶犯罪案件3409件、18360人。推进黑财清底,执行到位财产刑及追缴、没收违法所得405.7亿元。①

(三)严惩电信网络诈骗犯罪

电信网络犯罪是当下高发犯罪,且犯罪类型多样、犯罪手段隐蔽,对人民群众

---

① 《数说最高人民法院工作报告》,载《人民法院报》2022年3月9日,第3版。

财产安全构成极大危险。依托2022年开始实施的《反电信网络诈骗法》,全国各级法院扎实开展打击治理电信网络诈骗犯罪工作,依法惩处电信网络诈骗及其关联犯罪。2022年9月6日,最高人民法院召开新闻发布会,通报人民法院依法惩治电信网络诈骗犯罪的相关工作情况。

当下众多电信网络诈骗犯罪集团,利用公司化运作模式实施诈骗,集团内部各个环节分工明确、结构固定,将作案窝点设在境外,从国内招募人员并组织偷越国境,对我境内居民大肆实施诈骗,被骗人数众多,涉案金额特别巨大,社会危害性极大,系打击重点,因此人民法院对集团首要分子和骨干成员依法从严惩处,一般判处十年以上有期徒刑,充分体现刑罚的功效。还有犯罪集团利用未成年人欠缺社会经验、容易相信别人等特点实施诈骗,严重侵害未成年人合法权益,对此,"两高一部"发布的《关于办理电信网络诈骗等刑事案件适用法律若干问题的意见》中规定,诈骗残疾人、老年人、未成年人、在校学生、丧失劳动能力人的财物,或者诈骗重病患者及其亲属财物的,酌情从重处罚。人民法院对此类犯罪人员也依法从重处罚,充分体现了人民法院坚决保护未成年人合法权益,严厉惩处针对未成年人犯罪的鲜明立场。但是由于电信网络诈骗犯罪的涉案人员在共同犯罪中的地位作用、行为的危害程度、主观恶性和人身危险性等方面有一定区别,因此人民法院对电信网络诈骗犯罪在坚持依法从严惩处的同时,也注重宽以济严,对于初犯和及时悔罪人员坚持教育、感化、挽救方针,彰显司法温度,进而增加社会和谐因素。

同时人民法院在处理电信网络诈骗犯罪时还注重与公安、检察机关的协调配合,及时查扣、冻结涉案赃款,并灵活运用刑罚调整功能,在依法审判案件的同时,坚持司法为民和全力追赃挽损,及时将赃款返还被害人,最大限度挽回被害群众的经济损失,取得了良好的法律效果和社会效果。

(四)深入推进智慧法院建设

2022年11月,周强出席全国法院第八次网络安全和信息化工作会议暨互联网司法工作推进会并指出,2022年要深入推进智慧法院建设,加快推进审判体系和审判能力现代化,推进互联网审判专业化建设。落实人民法院在线诉讼、在线调解、在线运行"三大规则",构建更加成熟定型的互联网司法机制,积极塑造数字时代智慧法院发展新优势。

2021 年，人民法院坚决贯彻落实党中央决策部署，紧紧围绕“努力让人民群众在每一个司法案件中感受到公平正义”目标，坚持司法体制改革和智慧法院建设双轮驱动，推动司法工作质量变革、效率变革、动力变革，初步实现审判体系和审判能力现代化。2022 年以来，广西横州市人民法院推动信息化与审判管理深度融合，依托智能管理系统，重塑审判流程，打造“高效、智慧、绿色”的审判管理新模式，为加快实现人民法院信息化 4.0 版的转型升级，推进市域社会治理现代化提供了坚实有力的司法保障，创造了更高水平的“数字”正义。2022 年 10 月底，为提升执行质效，横州市人民法院全面实行执行“无纸化”办案新模式，打破执行空间壁垒，提升办案质效，打造“智慧执行”新品牌。数据显示，截至 2022 年 11 月，横州市人民法院“无纸化”试点的民商事案件平均审理周期 55.03 天，同比缩短 32.15 天；诉讼案件结收比为 99.32%，同比提高 13.92%；在案件数量相比十年前大幅增长 4 倍的趋势下，结案率从 2012 年的 78.87%提升到 87.1%，增长近 10 个百分点。①2022 年 12 月，内蒙古包头市首个“融合法庭”在包头稀土高新区人民法院正式落成。在该院原有“科技法庭”“智慧庭审”的框架基础上，“融合法庭”将互联网、政法专网、“三方庭审”专线融为一体，实现了各类远程端任意组合进行跨网系、跨地域进行庭审。在“融合法庭”助力下，案件实现收送达无遗漏、应诉无障碍、记录无缺项、卷宗同步化、签章一体化，给各环节的工作效率带来了巨大的提升。②

四、社区矫正工作高质量发展

自 2020 年 7 月 1 日《中华人民共和国社区矫正法》（以下简称《社区矫正法》）正式施行以来，全国各地司法行政机关认真落实中央决策和司法部部署，不断提升社区矫正执法规范化、精细化和智能化水平，取得显著成效，社区矫正对象在矫期间再犯罪率一直处于较低水平。2022 年，各地司法行政机关继续全面贯彻执行《社区矫正法》，在社区矫正机构建设、分类教育模式、社区智能化发展等方面都进行了卓有成效的探索，着力推进构建社区矫正精准体系，全力维护社会和谐稳定。

---

① 刘琪：《“科技”赋能：助力司法服务“零距离”》，载《内蒙古法制报（汉）》2023 年 1 月 13 日，第 14 版。

② 章宁旦：《疫情期间广州法院坚持“智慧”办案》，载《法治日报》2022 年 12 月 5 日，第 8 版。

第一,依法加强社区矫正规范化。其一,制定权责清单,明确执法权限。2022年,江西省、陕西省、甘肃省、山西省、黑龙江省等地对社区矫正执法全过程各环节职责进行全面梳理,陆续印发《社区矫正机构刑事执行权责清单》,明确规范省级、市级、县级社区矫正机构以及受委托司法所在社区矫正工作中的执法权限。其二,明确成员单位职责和考评体系。如浙江省社区矫正委员会各成员单位积极深化责任和考评体系,制定出台包括公安、检察、法院等部门在内的《浙江省社区矫正委员会第二次全体会议重点任务落实清单》,明确 15 个成员单位工作任务 22 项;全省各地矫正委员会也充分发挥组织协调作用,统筹推进并落实成员单位工作任务共 320 多项;省委政法委、省妇联、省公安厅分别将参与社区矫正工作纳入其考核范围。其三,不断健全专项制度规范。例如,四川省印发《社区矫正社会服务工作规范》《社区矫正教育矫正规范》《未成年人社区矫正规范》等三项地方标准,出台《关于村(居)民委员会依法协助做好社区矫正工作的实施意见》;浙江省出台了《浙江省社区矫正调查评估办法》《浙江省社区矫正对象考核奖惩办法》等规范性文件,进一步细化执法程序,统一执法标准,规范执法行为。①

第二,提高社区矫正精细化水平。根据《社区矫正法》的规定,社区矫正工作应当采取分类管理、个别化矫正等方法,有针对性地消除社区矫正对象可能重新犯罪的因素,帮助其成为守法公民。对此,2022 年各地不断健全完善社区矫正地方制度体系,积极稳妥开展分类管理、个别化矫正,提高教育帮扶的针对性和实效性。其中,广东省积极打造"1+6"未成年人社区矫正广东模式,即实施"伙伴同行"计划,打造一个品牌;落实组建一个矫正小组、量身定做一个矫正方案、上好入矫第一课、强化一对一心理辅导、开展一系列主题教育、编制一套专门教材等"六个一"措施。②江苏省南通市崇川区社区矫正机构针对女性社区矫正对象犯罪类型特点以及女性固有的注重家庭、关注情感等心理特点,通过政府购买服务链接优势资源,引入专业化社会组织通过项目化运作,积极探索女性社区矫正对象损害修复新模式。③云南省社区矫正管理局与交警总队采用"订制项目化"针对醉驾社区矫正对

① 彭磊、葛白:《浙江省贯彻落实〈社区矫正法〉的实践与探索》,载《中国司法》2022 年第 4 期。

② 《打造"1+6"广东模式全面提升未成年人社区矫正质量》,载中华人民共和国司法部网 2022 年 5 月 31 日,http://www.moj.gov.cn/pub/sfbgw/jgsz/jgszjgtj/jgtjsqjzglj/sqjzgljtjxw/202205/t20220531_456248.html。

③ 夏晓莲、白红霞:《破茧成"蝶"重新出发——记江苏省南通市崇川区女性社区矫正对象损害修复新模式》,载《人民调解》2022 年第 3 期。

象开展社区矫正交通安全教育试点工作。①河南省引导各地持续打造教育矫正亮点品牌,如郑州市女性向阳新生计划、南阳市"又见彩虹—金融助矫"防范非法吸储犯罪项目、濮阳市"账本式"教育矫正等优秀项目。

第三,持续推动社区矫正智能化发展。2022年1月,广东省在省级统一平台基础上,总结省级心理矫正项目经验,再投入217.58万元研发"粤知心"心理矫正评估分析子系统,提高全省心理矫正工作精准化、智能化水平。②2022年4月,在司法部社区矫正管理局的指导下,浙江省制定《浙江省"智慧矫正中心"建设技术标准》《浙江省社区矫正中心建设标准》,形成以"四规范、三统一、三联动"为特色的浙江"433"创建模式,在全国13个省市、109个县(市、区)申报首批"智慧矫正中心"创建中,浙江申报29家、通过26家,实现申报和通过数量双丰收,同时,形成"1+6"智慧矫正理论框架,建成"中心监控、司法所监控、移动监控、电子定位监控、视频点名"五位一体的智慧指挥调度中心,为形成创建品牌打下坚实基础。③2022年7月,山西省朔州市司法行政机关与公安机关加强信息协同交互,实现社区矫正对象入矫、解矫、实时监管等基本信息的同步推送和及时共享;晋城市泽州县在全省率先对接"天网""雪亮"工程,对重点社区矫正对象进行监管,有效提升社区矫正监管水平。④

《社区矫正法》实施两年来,全国各地的社区矫正工作在各级司法行政机关的监督管理和规范执法下取得了明显成效。社区矫正工作人员重点攻克社区矫正工作中遇到的困难和问题,更加注重针对性、协调性、灵活性,让更多的相关部门和社会力量参与到工作进程中,实现了工作质效的不断提升。2022年社区矫正工作实现高质量发展。

---

① 张帆:《"订单式"教育矫治,让醉驾者成为平安"驾者"——云南省开展社区矫正交通安全教育试点工作》,载《人民调解》2022年第4期。

② 《充分发挥社区矫正委员会统筹协调指导作用 推动广东社区矫正工作高质量发展》,载《中国司法》2022年第6期。

③ 彭磊、葛白、张增富:《浙江省贯彻落实〈社区矫正法〉的实践与探索》,载《中国司法》2022年第4期。

④ 《坚持问题导向 强化统筹协调 稳步推进山西社区矫正工作规范运行》,载《中国司法》2022年第6期。

第二章 / Chapter 2

2022年度中国犯罪态势分析

第一节 全国犯罪状况统计与分析[①]

我国犯罪案件总量经过2017年至2020年连续三年的下降后转而上升,2021年的刑事立案总数与2018年相差无几,略低于2018年的刑事立案总数。从立案情况看,诈骗和盗窃两类财产犯罪仍然是我国最为高发的两类犯罪,盗窃罪的立案数量持续下降,在犯罪案件总量整体升高的情况下,盗窃罪的立案数依旧相较上年度下降了约3%;诈骗罪的立案数则相较上年度上升了约2%,在总立案数中占比约39%,这与当前互联网技术不断发展,电信网络诈骗犯罪呈现高发态势相关。除诈骗罪数量有所上升之外,"其他"类型犯罪数量延续2017年以来态势持续上升,在总立案数中占比约26%。科技是把双刃剑,在带来社会生活上的便利的同时,也会助长犯罪的火苗。

近年来,以"惩恶扬善,维护正义"为主旨的扫黑除恶影视作品受到越来越多的关注,2017年播出的《人民的名义》是扫黑反腐的高人气电视剧,2019年的《破冰行动》改编自广东"雷霆扫毒12·29专项行动"特大缉毒案件的真实案例,2020年《三叉戟》到2021年《扫黑风暴》再到2023年的《狂飙》,荧幕上聚焦于扫黑除恶、缉毒反腐的剧集引起广泛讨

---

① 截至本书完稿时,部分省、自治区、直辖市及其他有关单位未公布2022年度犯罪数据,故撰写本节时采纳的数据为2021年度数据或更早版本。

论，其中部分改编于真实案例，体现了国家打击有组织犯罪的决心，也向人民展现了公安机关打击有组织犯罪的阶段成果。2022年5月1日，《反有组织犯罪法》正式施行。“制定反有组织犯罪法是总结扫黑除恶专项斗争经验，加强制度建设，保障在法治轨道上常态化、机制化开展扫黑除恶工作的重要举措。”全国人大常委会法工委刑法室主任王爱立指出，《反有组织犯罪法》的出台，对于建设更高水平的平安中国、法治中国，不断增强人民群众的获得感、幸福感、安全感，确保人民安居乐业、社会安定有序、国家长治久安，具有重大意义。

信息社会高速发展，传统犯罪持续下降，以电信网络诈骗为代表的新型网络犯罪已成为当前的主要犯罪形态。犯罪分子非法获取公民个人信息，利用网络黑灰产业交易进行精准诈骗，组织化、链条化运作，跨境跨地域实施，使得电信网络诈骗成为当前发案高、损失大、群众反响强烈的突出犯罪。2022年12月1日，《反电信网络诈骗法》正式施行，这是我国第一部专门、系统、完备规范反电信网络诈骗工作的法律，《反电信网络诈骗法》针对电信网络诈骗发生的信息链、资金链、技术链、人员链等各环节，加强防范性制度措施建设，深入推进行业治理，强化部门监管责任和企业社会责任，体现国家打击电信网络诈骗犯罪的决心和力度。

本章继续沿用2021年《中国犯罪治理蓝皮书》提出的犯罪指数模型对犯罪治理情况进行分析。依照2021年的分类方法，按照公安司法机关查处违法犯罪的情况数据和已有的全国部分省市和地区的犯罪相关资料数据，对犯罪治理情况进行统计分析。

从上述各个渠道收集到的数据来看，近年来我国的犯罪情况总体呈现出如下趋势：

1. 五年间犯罪率有波动起伏，总体社会治安秩序维持良好

2018年至2022年，全国各级人民法院全面贯彻总体国家安全观，坚持宽严相济刑事政策，共审结一审刑事案件590.6万件，判处罪犯776.1万人。2018年至2022年，全国检察机关共办理各类案件1733.6万件，比前五年上升40%；其中，2022年受理审查逮捕83.7万人，受理审查起诉209.2万人，比2018年分别下降38.6%、上升2.8%。最高人民检察院工作报告指出，检察机关坚决维护国家安全和社会安定，严厉打击敌对势力渗透、破坏、颠覆、分裂活动；全力投入扫黑除恶专项斗争；从严惩治、有效遏制严重暴力犯罪和涉枪涉爆、毒品犯罪；严惩拐卖人口犯

罪。2021 年起检察机关协同公安机关以专项行动深挖历史积案,两年间起诉拐卖和收买被拐卖的妇女儿童犯罪 3152 人,比前两年上升 16%,其中发生在五年前的积案占 31%。依法惩治促社会秩序持续向好,2022 年受理审查起诉杀人、放火、爆炸、绑架、抢劫、盗窃犯罪为近二十年来最低。①

2. 新型犯罪数量持续增长,警惕科技双刃剑

从 2021 年公安机关立案刑事案件数量及构成情况来看,"其他"类案件仍然呈现增长态势,占比达到 26.34%,仅次于两大传统犯罪盗窃和诈骗,其中很大一部分是涉网新型犯罪。科技是一把双刃剑,在给社会生活带来便利的同时也会为犯罪提供滋生的土壤。可以推测的是,伴随着大数据、人工智能、区块链等科学技术的进一步成熟,新型犯罪数量在未来一段时间可能会进一步增长。

3. 网络犯罪层出不穷,专项治理效果显著

近年来,各类传统犯罪加速向互联网蔓延,网络犯罪已成为危害我国数据安全、经济安全、社会安全的重大风险之一。2022 年,公安机关深入推进"净网 2022"专项行动,侦办案件 8.3 万起,抓获一大批犯罪嫌疑人,切实维护网络秩序和群众合法利益。公安机关聚焦防范化解各类网络安全重大风险隐患,以保护关键信息基础设施、重要网络和大数据安全为重点,深化落实网络安全等级保护制度、关键信息基础设施安全保护制度和数据安全保护制度,全面加强网络安全防范管理、监测预警、信息通报、应急处置和侦查打击等各项措施,有力维护了我国网络空间安全,取得了显著成效。

2021 年 6 月,《中华人民共和国数据安全法》正式颁布,数据作为一项独立的保护对象已经获得立法上的认可。2021 年 11 月 1 日,《个人信息保护法》正式施行,展示我国对于个人信息保护的法律立场,充分尊重和保护个人信息。2023 年 6 月 9 日,最高人民法院、最高人民检察院、公安部起草了《关于依法惩治网络暴力违法犯罪的指导意见(征求意见稿)》,向社会公开征求意见,旨在依法惩治网络诽谤行为、网络侮辱行为,网络暴力行为等扰乱网络秩序,破坏网络生态,致使网络空间

---

① 《最高人民法院工作报告》,载最高人民法院公报网,http://gongbao.court.gov.cn/Details/0cf2ab48a3d2a9cd604af4991aa7d7.html?eqid=f841cfd60002b0d1000000036462d40c;

《最高人民检察院工作报告》,载中华人民共和国最高人民检察院网 2023 年 3 月 17 日,https://www.spp.gov.cn/spp/gzbg/202303/t20230317_608767.shtml, 2023 年 8 月 24 日最后访问。

戾气横行，严重影响社会公众安全感的违法犯罪行为，尽可能保护公民个人信息。

截至 2022 年底，互联网用户规模已达 10.67 亿人，网上合法权益是增强群众获得感、幸福感、安全感的重要方面。公安机关聚焦网络攻击活动新动向，跟踪网络攻击技术新特点，组织开展打击危害网络和数据安全犯罪等系列专项行动，依法严惩非法侵入、控制、破坏计算机信息系统等行为，并加强国际执法合作，联合打击境外黑客对我国网络攻击活动，有力保障了关键信息基础设施、重要信息系统和数据安全。

尽管当前打击网络犯罪成效显著，但由于网络技术自身特点，犯罪滋生土壤仍然存在且难以清除，网络犯罪情况依旧严峻，任重而道远。

4. 扫黑除恶斗争常态化开展，维护公民和组织的合法财产权益

截至 2021 年底，各地共打掉涉黑组织 160 余个、恶势力犯罪集团 1000 余个，破获各类刑事案件 1.5 万起，抓获违法犯罪嫌疑人 1.4 万余名。2022 年 3 月，最高人民检察院印发《2022 年检察机关常态化开展扫黑除恶斗争工作要点》，对 2022 检察机关常态化开展扫黑除恶斗争工作作出部署。

2022 年是常态化扫黑除恶斗争深化推进之年，检察机关常态化开展扫黑除恶斗争，依法严惩涉黑涉恶犯罪，深挖彻查黑恶势力“保护伞”，推动在法治轨道上常态化开展扫黑除恶斗争，切实做到“是黑恶犯罪一个不放过，不是黑恶犯罪一个不凑数”。同时，扫黑除恶行动也与打击网络犯罪紧密相连，2022 年常态化扫黑除恶斗争工作紧盯黑恶势力犯罪在信息网络空间的延伸发展态势，与打击治理电信网络新型违法犯罪等工作紧密结合，依法严厉打击惩治利用信息网络实施“裸聊”敲诈、“套路贷”、舆情敲诈、恶意索赔、软暴力催收、网络水军滋事等犯罪活动的黑恶势力组织，坚决斩断非法软件开发、“吸粉引流”“跑分洗钱”等上下游犯罪不法利益链条，强力整治网络水军、造谣炒作、恶意营销、网络暴力等网络空间问题乱象，建立完善网上网下一体化打防管控模式等长效治理机制，坚决铲除信息网络空间滋生黑恶势力的“土壤”，推动常态化扫黑除恶斗争进一步走深走实。

5. 对经济犯罪持续打击，在网络领域打赢反诈战争

2022 年，全国公安机关共破获各类经济犯罪案件 7.4 万起，挽回经济损失 236 亿余元。近年来，针对经济犯罪新形势新特点，公安机关积极创新机制手段，依法严厉打击各类经济犯罪活动，持续组织开展了“猎狐”行动和打击非法集资、涉税、地下钱庄犯罪等专项行动，成功侦破了一大批经济犯罪重特大案件。通过国际执

法合作从境外缉捕遣返各类潜逃经济犯罪嫌疑人700余名,维护国家经济安全、社会稳定和群众合法权益。

2022年,各地区各部门全面加强"四专两合力"建设,狠抓打击治理电信网络新型违法犯罪各项措施和行业监管主体责任的落实,全社会反诈局面初步形成,依法严打严惩战果丰硕,法律政策不断完善,全年共破案46.4万起,缉捕电信网络诈骗犯罪集团头目和骨干351名,有力维护了人民群众财产安全和合法权益。公安部建立分级分类预警劝阻机制,推动"厦门经验"落地生效,累计向各地推送预警指令2.4亿条;工信部持续提升行业监测、预警、处置能力,累计拦截诈骗电话21亿次、短信24.2亿条,处置涉案域名网址266万个;中央网信办封堵境外涉诈网址79.9万个、IP地址3.8万个;人民银行持续优化涉诈资金查控,协助公安机关紧急拦截涉案资金3180余亿元;中宣部、公安部、教育部、财政部等坚持广泛宣传和精准宣传相结合,组织开展"五进"宣传活动,不断提升群众识骗防骗能力。

一、侦查机关犯罪数据①

(一)公安机关立案的刑事案件和构成情况(2021年)

刑事案件是指犯罪嫌疑人或者被告人被控涉嫌侵犯了《刑法》所保护的社会关系,国家为了追究犯罪嫌疑人或者被告人的刑事责任而进行立案侦查、审判并给予刑事制裁(如罚金、有期徒刑、死刑、剥夺政治权利等)的案件。

1. 刑事案件情况综述(2017—2021年)

2017年,公安机关共立案刑事案件5482570件;2018年,公安机关共立案刑事案件5069242件;2019年,公安机关共立案刑事案件4862443件;2020年,公安机关共立案刑事案件4780624件;2021年,公安机关共立案刑事案件5027829件。(见图2-1)2018年公安机关共立案刑事案件数量相较于2017年下降7.54%;2019年公安机关共立案刑事案件数量相较于2018年下降4.08%;2020年公安机关共立案刑事案件数量相较于2019年下降1.68%;2021年公安机关共立案刑事案件数量相较于2020年上升5.17%;2021年公安机关共立案刑事案件数量相较于

① 本部分中因大部分省、自治区、直辖市未单独公布监察机关犯罪数据,经研究该数据已被合并入检察机关和审判机关的犯罪数据中,故不再另外展示。下同。本部分数据除特别注明外,均来自《中国统计年鉴2022》,载国家统计局网,http://www.stats.gov.cn/sj/ndsj/2022/indexch.htm,2023年8月24日最后访问。

2019 年上升 3.40%；2021 年公安机关共立案刑事案件数量相较于 2018 年下降 0.82%；2021 年公安机关共立案刑事案件数量相较于 2017 年下降 8.29%。

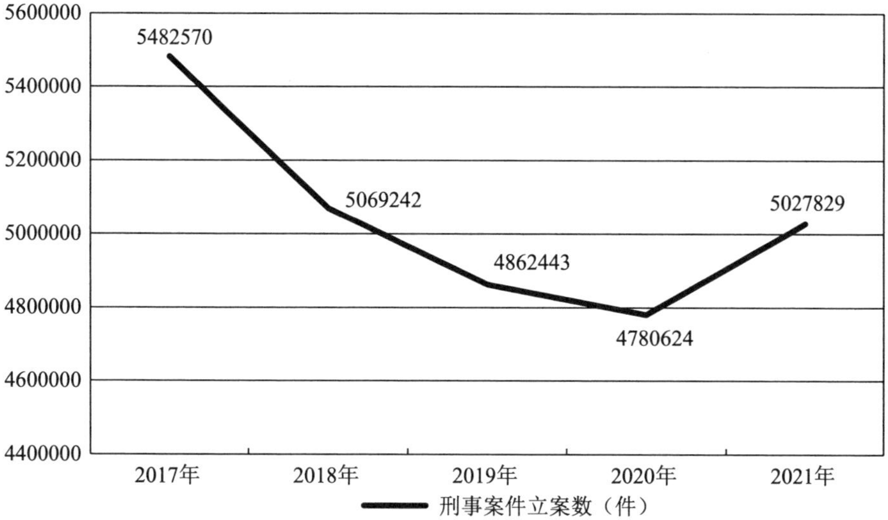

数据来源:《中国统计年鉴 2022》。

图 2-1　2017 年至 2021 年刑事案件立案总数

2017 年,公安机关共立案刑事案件中,按照案件类别以及在当年刑事案件中的份额,具体排名和份额如下:第一,盗窃,63.10%;第二,诈骗,16.92%;第三,其他,16.37%;第四,伤害,2.03%;第五,抢劫,0.72%;第六,强奸,0.50%;第七,杀人,0.15%;第八,拐卖妇女儿童,0.12%;第九,走私,0.06%;第十,伪造、变造货币,出售、购买、运输、持有、使用假币,0.03%。

2018 年,公安机关共立案刑事案件中,按照案件类别以及在当年刑事案件中的份额,具体排名和份额如下:第一,盗窃,54.97%;第二,诈骗,22.81%;第三,其他,18.85%;第四,伤害,1.92%;第五,强奸,0.59%;第六,抢劫,0.50%;第七,杀人,0.15%;第八,拐卖妇女儿童,0.11%;第九,走私,0.08%;第十,伪造、变造货币,出售、购买、运输、持有、使用假币,0.02%。

2019 年,公安机关共立案刑事案件中,按照案件类别以及在当年刑事案件中的份额,具体排名和份额如下:第一,盗窃,46.44%;第二,诈骗,29.49%;第三,其他,20.90%;第四,伤害,1.75%;第五,强奸,0.70%;第六,抢劫,0.35%;第七,杀人,

0.15%;第八,拐卖妇女儿童,0.10%;第九,走私,0.10%;第十,伪造、变造货币,出售、购买、运输、持有、使用假币,0.02%。

2020 年,公安机关共立案刑事案件中,按照案件类别以及在当年刑事案件中的份额,具体排名和份额如下:第一,诈骗,40.07%;第二,盗窃,34.69%;第三,其他,22.30%;第四,伤害,1.67%;第五,强奸,0.70%;第六,抢劫,0.24%;第七,杀人,0.15%;第八,走私,0.10%;第九,拐卖妇女儿童,0.06%;第十,伪造、变造货币,出售、购买、运输、持有、使用假币,0.02%。

2021 年,公安机关共立案刑事案件中,按照案件类别以及在当年刑事案件中的份额,具体排名和份额如下:第一,诈骗,38.87%;第二,盗窃,31.87%;第三,其他,26.34%;第四,伤害,1.64%;第五,强奸,0.79%;第六,抢劫,0.19%;第七,杀人,0.13%;第八,走私,0.10%;第九,拐卖妇女儿童,0.06%;第十,伪造、变造货币,出售、购买、运输、持有、使用假币,0.01%。(见图 2-2)

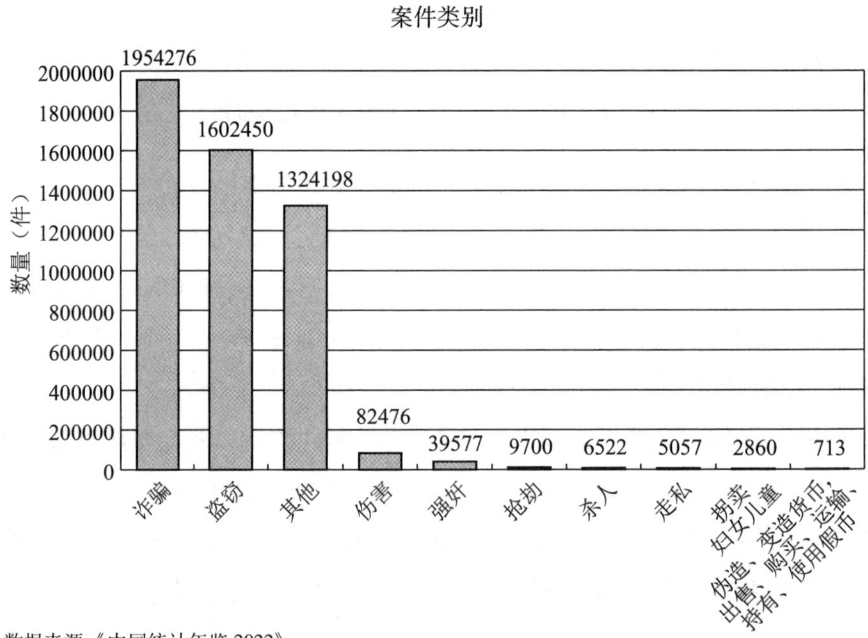

数据来源:《中国统计年鉴 2022》。

图 2-2　2021 年全国公安机关刑事立案情况

2. 刑事案件情况分述(2020—2021 年)

杀人案件,2021 年相较于 2020 年减少 635 件,下降幅度达 8.87%。

伤害案件,2021年相较于2020年增加2814件,上升幅度达3.53%。

抢劫案件,2021年相较于2020年减少1603件,下降幅度达14.18%。

强奸案件,2021年相较于2020年增加5998件,上升幅度达17.86%。

拐卖妇女儿童案件,2021年相较于2020年减少175件,下降幅度达5.77%。

盗窃案件,2021年相较于2020年减少56159件,下降幅度达3.39%。

诈骗案件,2021年相较于2020年增加38847件,上升幅度达2.03%。

走私案件,2021年相较于2020年增加402件,上升幅度达8.64%。

伪造、变造货币,出售、购买、运输、持有、使用假币案件,2021年相较于2020年减少37件,下降幅度达4.93%。

其他案件,2021年相较于2020年增加257753件,上升幅度达24.17%。

(二)公安机关受理和查处治安案件(2021年)

治安案件是指违反治安管理行为构成的案件。根据《治安管理处罚法》之规定,违反治安管理的行为必须是:(1)情节轻微,尚不够刑事处罚。如果情节严重,已经触犯了刑律并够刑事处罚的,则按刑法处理。(2)依照条例应当受到处罚的行为。

1. 治安案件犯罪情况综述(2021年)

2021年,公安机关合计受理治安案件9060768起,查处8205100起,查处率为90.56%,每万人口受理案件数为64.2起;2021年公安机关合计受理治安案件数相较于2020年上升5.02%,合计查处治安案件数相较于2020年上升6.23%,每万人口受理案件数相较于2020年上升5.07%(见图2-3)。

2021年公安机关合计受理治安案件,按照案件类别及各自数量、占比,具体排名如下:第一,盗窃,2337264起,25.80%;第二,殴打他人,2316131起,25.56%;第三,其他,2276942起,25.13%;第四,诈骗,657489起,7.26%;第五,赌博,275765起,3.04%;第六,毒品违法活动,241500起,2.67%;第七,扰乱公共场所秩序,165149起,1.82%;第八,卖淫、嫖娼,135171起,1.49%;第九,违反房屋出租管理,128215起,1.42%;第十,寻衅滋事,111555起,1.23%;第十一,故意伤害,109959起,1.21%;第十二,违反旅馆业管理,68205起,0.75%;第十三,敲诈勒索,60934起,0.67%;第十四,扰乱单位秩序,47843起,0.53%;第十五,违反危险物质管理规定,46364起,0.51%;第十六,阻碍执行职务,34780起,0.38%;第十七,非法携带枪

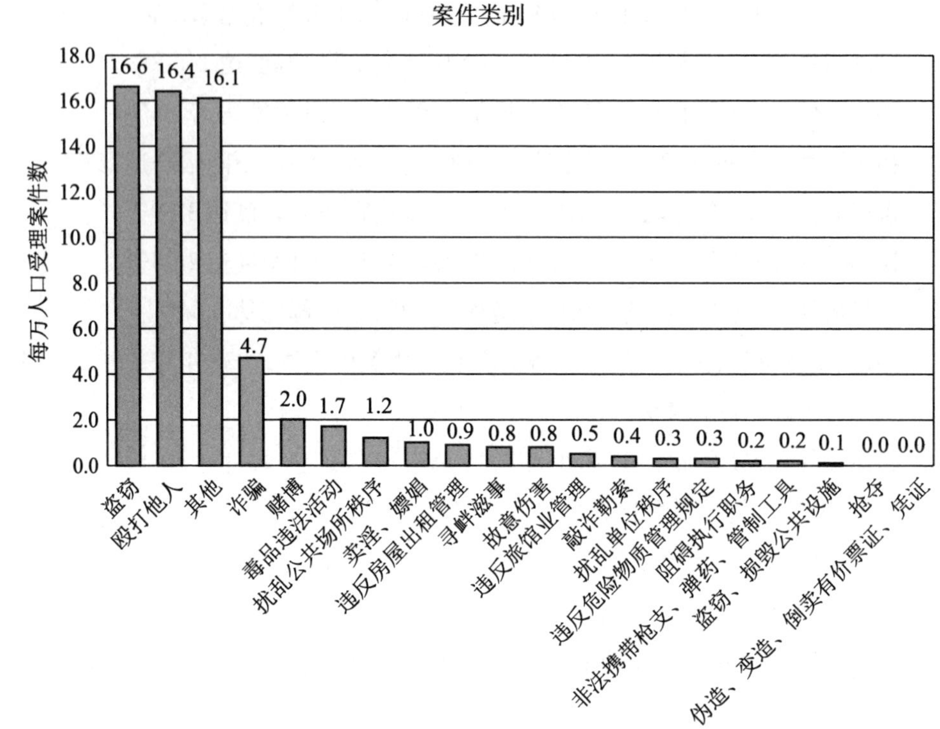

数据来源:《中国统计年鉴 2022》。

图 2-3　2021 年全国公安机关治安案件每万人口受理案件数

支、弹药、管制工具,23094 起,0.25%;第十八,盗窃、损毁公共设施,16653 起,0.18%;第十九,抢夺,5716 起,0.06%;第二十,伪造、变造、倒卖有价票证、凭证,2039 起,0.02%。

2021 年公安机关合计查处治安案件,按照案件类别和查处率为标准,排名如下:第一,扰乱公共场所秩序,99.73%;第二,违反房屋出租管理,99.71%;第三,违反旅馆业管理,99.43%;第四,毒品违法活动,99.26%;第五,卖淫、嫖娼,98.67%;第六,赌博,97.90%;第七,违反危险物质管理规定,97.34%;第八,阻碍执行职务,96.30%;第九,扰乱单位秩序,96.13%;第十,非法携带枪支、弹药、管制工具,96.13%;第十一,寻衅滋事,95.35%;第十二,殴打他人,93.45%;第十三,其他,92.43%;第十四,伪造、变造、倒卖有价票证、凭证,92.40%;第十五,故意伤害,89.90%;第十六,敲诈勒索,89.25%;第十七,盗窃、损毁公共设施,87.57%;第十八,抢夺,84.15%;第十九,盗窃,84.02%;第二十,诈骗,82.35%。

2. 治安案件情况分述

扰乱单位秩序，2021 年较 2020 年，受理案件增加 2692 件，上升幅度达 5.96%；查处案件增加 3489 件，上升幅度达 8.21%。

扰乱公共场所秩序，2021 年较 2020 年，受理案件减少 31231 件，下降幅度达 15.90%；查处案件减少 28541 件，下降幅度达 14.77%。

寻衅滋事，2021 年较 2020 年，受理案件增加 8363 件，上升幅度达 8.10%；查处案件增加 9825 件，上升幅度达 10.18%。

阻碍执行职务，2021 年较 2020 年，受理案件减少 4399 件，下降幅度达 11.23%；查处案件减少 4388 件，下降幅度达 11.58%。

非法携带枪支、弹药、管制工具，2021 年较 2020 年，受理案件减少 1702 件，下降幅度达 6.86%；查处案件减少 1824 件，下降幅度达 7.59%。

违反危险物质管理规定，2021 年较 2020 年，受理案件增加 8075 件，上升幅度达 21.09%；查处案件增加 7855 件，上升幅度达 21.07%。

殴打他人，2021 年较 2020 年，受理案件增加 252648 件，上升幅度达 12.24%；查处案件增加 240984 件，上升幅度达 12.53%。

故意伤害，2021 年较 2020 年，受理案件减少 22114 件，下降幅度达 16.74%；查处案件减少 18737 件，下降幅度达 15.93%。

盗窃，2021 年较 2020 年，受理案件增加 217761 件，上升幅度达 10.27%；查处案件增加 222576 件，上升幅度达 12.78%。

敲诈勒索，2021 年较 2020 年，受理案件增加 7075 件，上升幅度达 13.14%；查处案件增加 8511 件，上升幅度达 18.55%。

抢夺，2021 年较 2020 年，受理案件减少 505 件，下降幅度达 8.12%；查处案件减少 61 件，下降幅度达 1.25%。

盗窃、损毁公共设施，2021 年较 2020 年，受理案件增加 3180 件，上升幅度达 23.60%；查处案件增加 3688 件，上升幅度达 33.85%。

伪造、变造、倒卖有价票证、凭证，2021 年较 2020 年，受理案件减少 1065 件，下降幅度达 34.31%；查处案件减少 985 件，下降幅度达 34.33%。

违反旅馆业管理，2021 年较 2020 年，受理案件增加 7355 件，上升幅度达 12.09%；查处案件增加 8200 件，上升幅度达 13.75%。

违反房屋出租管理,2021 年较 2020 年,受理案件减少 9557 件,下降幅度达 6.94%;查处案件减少 7083 件,下降幅度达 5.25%。

诈骗,2021 年较 2020 年,受理案件减少 58626 件,下降幅度达 8.19%;查处案件减少 43732 件,下降幅度达 7.47%。

卖淫、嫖娼,2021 年较 2020 年,受理案件增加 32023 件,上升幅度达 31.05%;查处案件增加 31638 件,上升幅度达 31.10%。

赌博,2021 年较 2020 年,受理案件增加 26110 件,上升幅度达 10.46%;查处案件增加 26171 件,上升幅度达 10.74%。

毒品违法活动,2021 年较 2020 年,受理案件减少 82801 件,下降幅度达 25.53%;查处案件减少 78050 件,下降幅度达 24.56%。

其他,2021 年较 2020 年,受理案件增加 79433 件,上升幅度达 3.61%;查处案件增加 101624 件,上升幅度达 5.07%。

二、检察机关犯罪数据①

(一) 2021 年全国人民检察院审查逮捕、审查起诉情况

2021 年全国人民检察院共批捕和决定逮捕 868445 人,决定起诉 1748962 人。其中,危害公共安全案,批捕和决定逮捕 42780 人,决定起诉 449915 人;破坏社会主义市场经济秩序案,批捕和决定逮捕 66774 人,决定起诉 134068 人;侵犯公民人身权利、民主权利案,批捕和决定逮捕 116446 人,决定起诉 171780 人;侵犯财产案,批捕和决定逮捕 240880 人,决定起诉 356646 人;妨害社会管理秩序案,批捕和决定逮捕 391226 人,决定起诉 618192 人;贪污贿赂案,批捕和决定逮捕 8205 人,决定起诉 14834 人;渎职侵权案,批捕和决定逮捕 1202 人,决定起诉 2344 人;其他案件,批捕和决定逮捕 932 人,决定起诉 1183 人(见图 2-4)。

(二) 2021 年全国人民检察院办理刑事抗诉案件情况

2021 年全国人民检察院收到提出抗诉 8850 件,其中贪污贿赂案件 369 件,渎职侵权案件 102 件,其他刑事案件 8379 件。

① 本部分数据除特别注明外,均来自《中国统计年鉴 2022》,载国家统计局网,http://www.stats.gov.cn/sj/ndsj/2022/indexch.htm,2023 年 8 月 24 日最后访问。

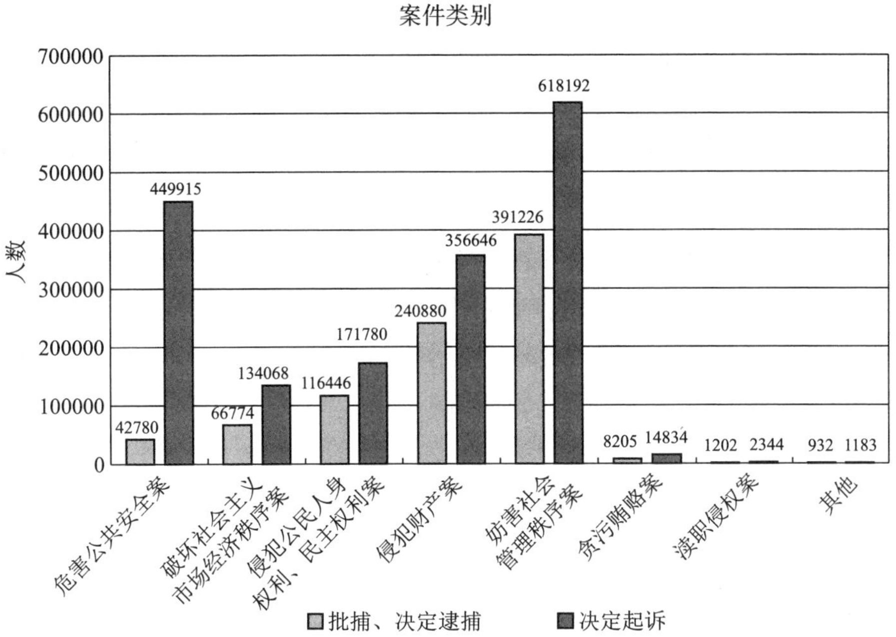

数据来源:《中国统计年鉴2022》。

图2-4　2021年全国人民检察院审查逮捕、审查起诉情况

三、审判机关犯罪数据①

（一）2021年全国人民法院审理刑事一审案件收结案情况

2021年,人民法院审理刑事一审案件收案共计1277197件,结案共计1255671件。较2020年人民法院收案增加167587件,上升率约为15.13%;结案增加139781件,上升率约为12.53%。

1. 人民法院审理刑事一审案件收案情况

2021年人民法院审理刑事一审案件收案情况依据刑法犯罪类别和数量排序如下:第一,危害公共安全罪,收案435951件;第二,妨害社会管理秩序罪,收案330311件;第三,侵犯财产罪,收案271533件;第四,侵犯公民人身权利、民主权利罪,收案149046件;第五,破坏社会主义市场经济秩序罪,收案74734件;第六,贪污贿赂罪,收案12881件;第七,渎职罪,收案2001件;第八,危害国防利益罪,收案

① 本部分数据除特别注明外,均来自《中国统计年鉴2022》,载国家统计局网,http://www.stats.gov.cn/sj/ndsj/2022/indexch.htm,2023年8月24日最后访问。

437 件;第九,其他案件,收案 303 件。

2. 人民法院审理刑事一审案件结案情况

2021 年人民法院审理刑事一审案件结案情况依据刑法犯罪类别和数量排序如下:第一,危害公共安全罪,结案 433269 件;第二,妨害社会管理秩序罪,结案 319603 件;第三,侵犯财产罪,结案 269145 件;第四,侵犯公民人身权利、民主权利罪,结案 145273 件;第五,破坏社会主义市场经济秩序罪,结案 73728 件;第六,贪污贿赂罪,结案 12118 件;第七,渎职罪,结案 1846 件;第八,危害国防利益罪,结案 434 件;第九,其他案件,结案 255 件。(见图 2-5)

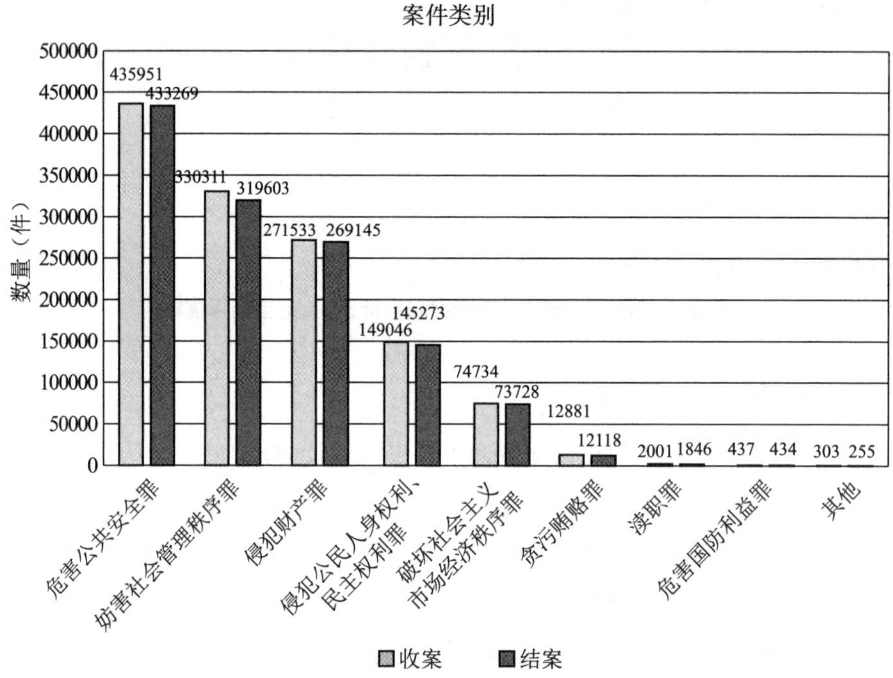

数据来源:《中国统计年鉴 2022》。

图 2-5　2021 年全国人民法院审理刑事一审案件收结案情况

(二) 2021 年全国人民法院审理刑事案件罪犯情况

2021 年,人民法院审理刑事案件罪犯总数为 1714942 人,较 2020 年增加 188131 人。刑事案件罪犯总数中有青少年罪犯 283565 人,青少年罪犯占刑事罪犯比重为 16.53%,比 2020 年上升约 2.99%。青少年罪犯中,不满 18 岁的共 34616 人,18 至 25 岁的共 248949 人。

第二节 省级区域状况统计与分析①

我国幅员辽阔、人口众多,不同地区自然禀赋和经济水平差异较大,地理条件、地域文化、基础设施、人口数量等条件的不同决定了各地的司法环境必然存在各自的特点。各地区的犯罪情况大相径庭,犯罪治理基础不统一,犯罪治理与预防的方法和难易程度都不相同。从具体犯罪类型上来看,华东地区的经济贸易相对较为发达,因此经济类犯罪和财产类犯罪频发,诸如电信网络诈骗等犯罪层出不穷,同时,由于华东地区犯罪社会控制的投入相对较高,一些涉及信息技术的犯罪,如电信诈骗等犯罪的侦破率不断上升,整体的诉讼效率也在不断提升。西南、华南地区受区位影响,极易成为毒品入境流转地,一直以来都是我国禁毒的主战场,广西、云南两地因其地理位置原因导致偷渡违法犯罪突出,跨境犯罪数量高居不下。所以,不同区域间犯罪治理水平的横向对比具有一定难度和偏差,从时间角度纵向对比来看,全国各地犯罪治理水平正在不断提高。

一、华北地区犯罪数据统计及分析

华北地区的总体犯罪数据呈现下降趋势,但北京市和内蒙古自治区犯罪数据呈现反弹,说明两地针对犯罪打击力度有所增强;从犯罪类型来看,妨害社会管理秩序犯罪数量上升趋势明显,危害公共安全犯罪与侵犯财产犯罪数量居高不下。

(一)北京市犯罪数据构成及统计分析(2021年)②

2021年北京市公安机关共立案144711起,同比上升5.1%,破案81966起,侦破率达56.6%,较去年略有下降。

2021年北京市检察机关审查逮捕案件20195件、28651人;批准逮捕案件11720件、16436人,分别较去年增长35.3%、24.6%;不批准逮捕8627件、13319

① 部分省、自治区、直辖市及其他有关单位未公布2022年度犯罪数据,故撰写本节时采纳的数据为2021年度数据或更早版本。

② 载北京市统计局网,https://nj.tjj.beijing.gov.cn/nj/main/2022-tjnj/zk/indexch.htm,2023年8月5日最后访问。

人;决定起诉 20747 件、26216 人;不起诉 4461 件、6081 人;附条件不起诉 68 件、90 人。

2021 年北京市人民法院收案刑事案件 21513 件、结案 20837 件,分别较 2020 年增长 30.8%、31.9%。2021 年北京市人民法院收结案各类刑事案件情况按刑法犯罪类别数量排名如下:第一,危害公共安全罪,收案 6730 件、结案 6641 件;第二,侵犯财产罪,收案 5233 件、结案 5126 件;第三,妨害社会管理秩序罪,收案 4471 件、结案 4211 件;第四,侵犯公民人身权利、民主权利罪,收案 2728 件、结案 2584 件;第五,破坏社会主义市场经济秩序罪,收案 2030 件、结案 1983 件;第六,贪污贿赂罪,收案 258 件、结案 249 件;第七,渎职罪,收案 32 件、结案 20 件;第八,危害国防利益罪,收案 19 件、结案 15 件。相较 2020 年,危害公共安全罪收结案数量超过侵犯财产罪,成为北京市人民法院收结案第一大犯罪类别。2021 年北京市人民法院收案刑事案件构成如图 2-6 所示。

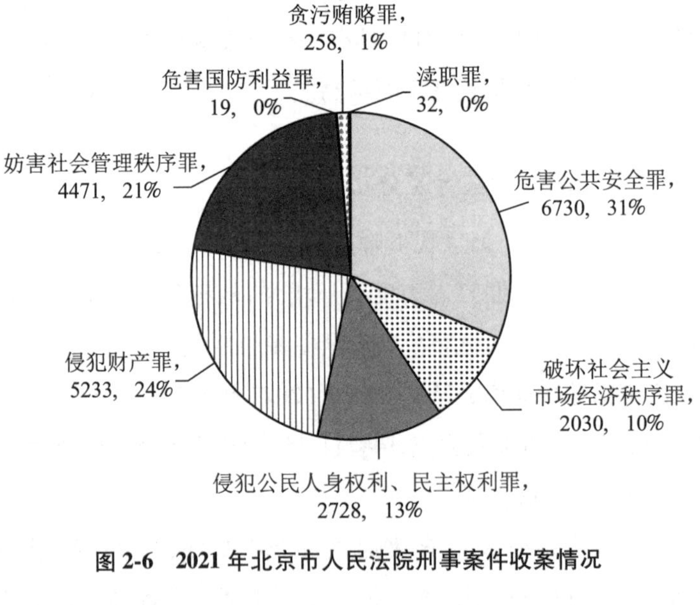

图 2-6　2021 年北京市人民法院刑事案件收案情况

2021 年北京市青少年罪犯人数为 2675 人,较 2020 年上升 17.2%,青少年刑事案犯占全部刑事案犯 10.5%,较 2020 年下降 1.2%。2021 年青少年罪犯中 14 周岁以上不满 18 周岁的罪犯人数为 9 人,与 2020 年持平,16 周岁以上不满 18 周岁的罪犯人数为 107 人,较 2020 年下降 31.8%,不满 18 周岁的罪犯人数在青少年罪犯中占比 4.34%，也较 2020 年有所下降。18 周岁以上不满 25 周岁的罪犯人数为 2559 人，较 2020 年上升 20.88%。2020 年、2021 年北京市青少年罪犯构成情况如图 2-7 所示。

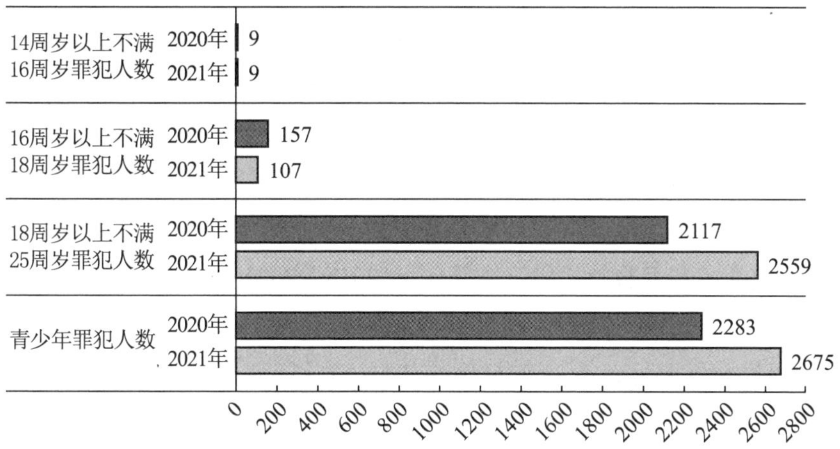

图 2-7　2020 年、2021 年北京市青少年罪犯构成情况

（二）天津市犯罪数据构成及统计分析（2018—2022 年）

2018—2022 年，天津市检察机关共批准逮捕 38927 人，提起公诉 92602 人。其中，起诉涉黑恶势力犯罪 2145 人；起诉故意杀人、抢劫等严重暴力犯罪 2522 人；起诉电信网络诈骗以及利用网络赌博、泄露个人信息等网络犯罪 8062 人；起诉职务犯罪 1248 人，其中受贿犯罪 471 人、行贿犯罪 195 人，立案侦查司法工作人员职务犯罪 40 人；起诉金融诈骗、破坏金融管理秩序犯罪 5828 人，非法吸收公众存款、集资诈骗等涉众型经济犯罪 5625 人，洗钱犯罪 82 人；起诉假冒注册商标等侵犯知识产权犯罪 526 人；起诉合同诈骗、非法经营等破坏市场经济秩序犯罪 11394 人；起诉销售假药劣药、有毒有害食品等犯罪 660 人；针对侵害未成年人犯罪，提起公诉 2414 人。

2018—2022 年，天津市检察机关针对不构成犯罪或证据不足的案件，不批捕 11510 人、不起诉 1966 人，依法决定附条件不起诉 894 人；对非国有企事业单位涉罪人员不批捕 2808 人、不起诉 2534 人，认罪认罚从宽制度使用率达 90%以上。此外，监督立案 1837 件，监督撤案 1076 件，针对定刑错误、量刑明显不当的案件提出抗诉552件。①

2018—2022年,天津市人民法院判处涉黑恶罪犯2154人;判处危险驾驶、高空抛物等重大责任事故罪犯20987人;判处贪污、贿赂犯罪1101件、1661人,其中原为县处级以上职务的261人,审结重大职务犯罪案件11件,审结涉征地拆迁、扶贫资金、民生补贴等领域的职务犯罪案件858件;判处涉养老诈骗、电信诈骗非法吸收公众存款等罪犯15283人;判处涉制污排污、乱耕滥伐、非法捕猎等严重破坏生态环境犯罪罪犯1208人;审结销售伪劣产品、危害食品药品安全等犯罪案件338件,对65人加判禁止从业;依法宣告105名被告人无罪;为22632名被告人指派援助律师,实现刑事案件律师辩护全覆盖。②

(三)河北省犯罪数据构成及统计分析(2018—2022年)

2018—2022年,河北省检察机关共办理各类案件754866件,其中审查逮捕案件160487件,审查起诉案件302602件。其中,起诉侵害企业利益犯罪1572人,清理涉企"挂案"299件,对涉案企业管理人员,审慎采取强制措施,不捕1377人,不诉1935人;起诉非法吸收公众存款、集资诈骗等犯罪8564人;起诉洗钱犯罪207人;起诉知识产权领域侵权假冒犯罪6240人;开展"利剑斩污"专项活动,起诉严重破坏生态环境犯罪10472人,部署"违法违规矿山采砂场治理"等专项活动,立案30566人;起诉故意杀人、抢劫等严重暴力犯罪14479人;扎实推进扫黑除恶,批捕涉黑人员7324人,起诉14211人;全链条追诉电信网络诈骗犯罪13070人,其中起诉养老诈骗187人;零容忍打击侵害未成年人犯罪,起诉11280人,针对未成年人犯罪,不批捕、附条件不起诉、帮教8859人。此外,这五年来,河北省检察机关监督立案3562件、撤案3889件,追捕5397人,追诉13623人;依法抗诉2832件。③

2022年1—9月,河北省检察机关共批准和决定逮捕各类犯罪嫌疑人16243人,同比下降35.5%;不捕15646人,同比上升82.1%,不捕率为49.3%,同比增加23.7个百分点。共决定起诉37434人,同比下降33%;决定不起诉20062人,同比上升72.1%,不起诉率为34.9%,同比增加17.6%。另外,河北省检察机关对未成年

① 载天津市人民检察院网,http://www.tj.jcy.gov.cn/jwgk/gzbg/202301/t20230118_3967767.shtml,2023年8月5日最后访问。

② 载天津市人民法院网,https://www.tjrd.gov.cn/tjsrmdbdh/system/2023/02/14/030027172.shtml,2023年8月5日最后访问。

③ 载河北省人民检察院网,http://www.he.jcy.gov.cn/jwgk/gzbg/202301/t20230120_3971232.shtml,2023年8月5日最后访问。

犯罪嫌疑人决定起诉 500 人，不起诉 1217 人，不起诉率 70.9%，同比增加 33 个百分点，高于总体刑事犯罪不起诉率 36 个百分点。审结时，作出附条件不起诉决定 637 人，占审结数的 37.9%，同比增加 10.6 个百分点。同期，对侵害未成年人犯罪决定起诉 1339 人。起诉侵犯知识产权犯罪嫌疑人 318 人，同比下降 16.3%，起诉的主要罪名是假冒注册商标罪、销售假冒注册商标的商品罪和销售非法制造的注册商标标识罪，分别为 143 人、94 人、41 人，三者合占起诉总数的 87.4%。①

2018—2022 年，河北省人民法院共审结一审刑事案件 24.85 万件、34.53 万人。审结杀人、抢劫等暴力犯罪 5981 件；2018 年至 2020 年一审审结涉黑案件 210 件，涉恶案件 1840 件，2021 年以来一审审结涉黑案件 103 件、涉恶案件 287 件；审结职务犯罪案件 3099 件、4876 人，其中省部级 6 人、厅局级 93 人；依法审理"12・4"特大爆炸案等危害安全生产刑事案件 373 件；审结非法集资、"校园贷"等涉众型经济犯罪案件 4706 件；2022 年两批集中宣判涉电信网络诈骗犯罪 156 件、375 人。另外，依法宣告 395 名被告人无罪。②

（四）山西省犯罪数据构成及统计分析（2018—2022 年）

2018—2022 年，山西省检察机关共批捕各类刑事犯罪 97393，起诉 173375 人。其中，杀人、抢劫等严重暴力犯罪 6077 人；盗窃等侵财犯罪 33172 人；电信网络诈骗及其关联犯罪 14273 人；审查起诉涉黑恶犯罪 12116 人，提出综合治理检察意见 1013 份；起诉破坏市场经济秩序犯罪 13797 人；会同省公安厅清理涉民营企业刑事"挂案"271 件；起诉食品药品安全领域犯罪 1943 人。起诉侵害未成年人犯罪 5041 人；受理监察机关移送职务犯罪 3849 人，起诉 3664 人，其中厅局级以上干部 113 人；立案侦查司法工作人员相关职务犯罪案件 107 件、152 人。此外，认罪认罚从宽适用率由 36.7%上升到 89.1%，适用人数达 11.6 万人；对犯罪情节轻微、社会危险性较小的犯罪嫌疑人依法不捕 24211 人、不诉 26025 人，诉前羁押率由 60.1%下降至 34.5%；监督立案 5714 件，监督撤案 3524 件，纠正漏捕和遗漏同案犯 8296 人，对认为有错误的刑事裁判提出抗诉 2697 件。③

---

① 载河北省人民检察院网，http://www.he.jcy.gov.cn/jcxw/qwfb/202211/t20221101_3871797.shtml，2023 年 8 月 5 日最后访问。

② 载河北省人民法院网，https://www.hebeicourt.gov.cn/article/detail/2023/01/id/7111639.shtml，2023 年 8 月 5 日最后访问。

③ 载山西省人民检察院网，http://www.sx.jcy.gov.cn/jwgklm/gzbg/202301/t20230130_3975683.shtml，2023 年 8 月 6 日最后访问。

2022年,山西省检察机关共受理审查逮捕各类犯罪11706件、17127人,较去年分别下降36.19%、33.27%,其中共受理审查逮捕未成年人犯罪案件414件、783人;共批准逮捕和决定逮捕8245件、11445人,较去年分别下降45.05%、44.47%,其中批捕未成年人犯罪案件233人。不批准和不予决定逮捕共5928人,其中不批捕未成年人案件275件、550人。山西省检察机关2022年共受理审查起诉各类犯罪31882件、43252人,较去年分别下降10.05%、12.14%,其中受理审查起诉未成年人犯罪案件637件、1202人;决定起诉(含附条件不起诉后起诉)20297件、27795人,较去年分别下降23.83%、27.19%,其中审结时起诉未成年人犯罪案件334人;决定不起诉10151人,其中审结时不起诉未成年人犯罪案件244人,对未成年人决定附条件不起诉374人,附条件不起诉率39.3%。立案侦查司法工作人员相关职务犯罪30件、36人。2022年,山西省检察机关适用认罪认罚从宽审结案件33267人,占同期审查起诉案件审结人数的89.5%;提出确定刑量刑建议21909人,占提出数的97.2%;法院采纳量刑建议21354人,占提出数的97.5%。山西省检察机关2022年监督公安立案合计3059件,监督公安机关撤案合计1846件;在审查逮捕和审查起诉环节中,纠正公安机关遗漏提请逮捕334人、纠正公安机关遗漏移送审查起诉同案犯1311人;针对公安机关侦查活动违法提出纠正7655件次,已纠正7750件次(含上年提出);按二审程序和审判监督程序共提出抗诉360件,法院同期改判和发回重审204件;针对刑事审判活动违法提出纠正意见437件次,已纠正614件次(含上年提出)。①

2018—2022年,山西省人民法院共审结一审刑事案件12.21万件,其中依法审结煽动颠覆国家政权、间谍窃密、邪教等犯罪269件;审结杀人、抢劫等严重暴力犯罪2589件;审结职务犯罪案件3293件,彰显了有腐必惩、有贪必肃的坚定决心;依法审结一审黑恶案件1891件,二审审结1142件,判处3469名涉黑涉恶被告人五年以上有期徒刑直至死刑,依法严惩涉黑"保护伞"案件73件、85人,财产刑追缴、没收违法所得执行到位306.15亿元,位列全国第一;依法审结非法经营、虚假出资、串通投标等扰乱市场秩序犯罪案件841件;审结集资诈骗、非法吸收公众存款

① 载山西省人民检察院网,http://www.sx.jcy.gov.cn/jwgklm/basjgk/202302/t20230216_4001390.shtml,2023年8月6日最后访问。

等涉众型经济犯罪案件 1513 件；审结盗掘古文化遗址、古墓葬类犯罪案件 684 件；依法审结危害食品药品安全犯罪案件 1439 件，坚决保护“舌尖上的安全”。①

（五）内蒙古自治区犯罪数据构成及统计分析（2021 年）②

2021 年内蒙古自治区公安机关刑事立案 76819 起，同比上升 14.25%，刑事立案情况和占比排名如下：第一，诈骗案件 31914 件，占比 41.54%，较上年上升 5.55 个百分点；第二，盗窃案件 22204 件，占比 28.90%，较上年下降 3.95 个百分点；第三，其他案件 20278，占比 26.40%，较去年下降 1.2 个百分点；第四，伤害案件 1280 件，占比 1.67%，较去年下降 1.2 个百分点；第五，强奸案件 753 件，占比 0.98%，与去年基本持平；第六，杀人案件 201 件，占比 0.26%；第七，抢劫案件 150 件，占比 0.20%；第八，拐卖妇女儿童案件 36 件，占比 0.05%；第九，伪造、变造货币，出售、购买、运输、持有、使用假币案件 3 件（见图 2-8）。

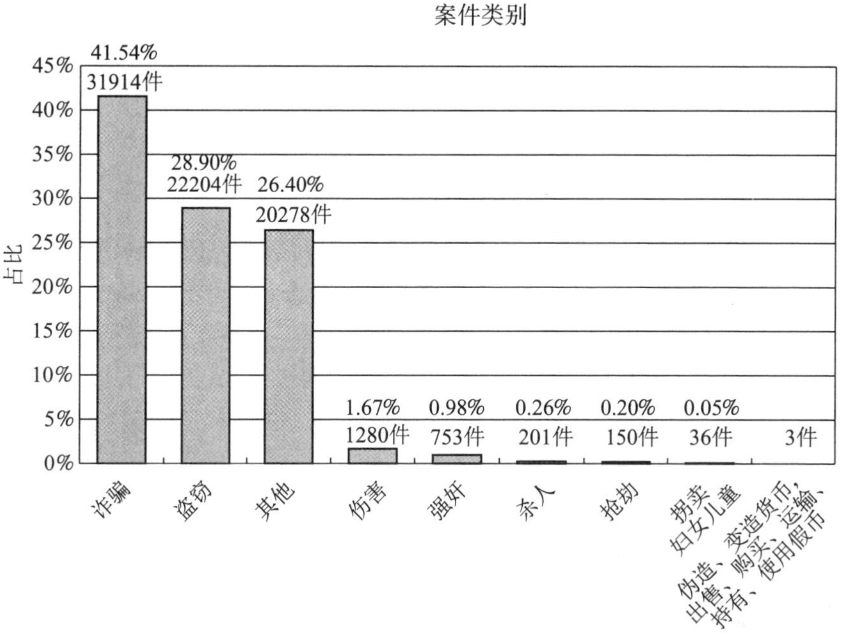

图 2-8　内蒙古自治区 2021 年公安机关刑事案件立案情况构成

① 载山西省人民法院网，http://www.shanxi.gov.cn/ztjj/2023sxlh/2023sxlhfb/202301/t20230130_7888608.shtml，2023 年 8 月 6 日最后访问。

② 载内蒙古自治区统计局网，http://tj.nmg.gov.cn/files_pub/content/PAGEPACK/cd1ebd873e844e50844846b25256a59b/zk/indexch.htm，2023 年 8 月 6 日最后访问。

2021年,内蒙古自治区人民检察院批捕和决定逮捕9381件、决定起诉27848件,较去年分别上升7.36%、10.09%。其中危害公共安全案件,批捕和决定逮捕687件、决定起诉13446件;破坏社会主义市场经济秩序案件,批捕和决定逮捕664件、决定起诉1045件;侵犯公民人身权利、民主权利案件,批捕和决定逮捕1963件、决定起诉3015件;侵犯财产案件,批捕和决定逮捕3104件、决定起诉4563件;妨害社会管理秩序案件,批捕和决定逮捕2920件、决定起诉5169件;危害国防利益案件,批捕和决定逮捕6件、决定起诉4件;贪污贿赂案件,批捕和决定逮捕6件、决定起诉527件;渎职侵权案件,批捕和决定逮捕29件、决定起诉76件;其他案件,批捕和决定逮捕2件、决定起诉3件(见图2-9)。

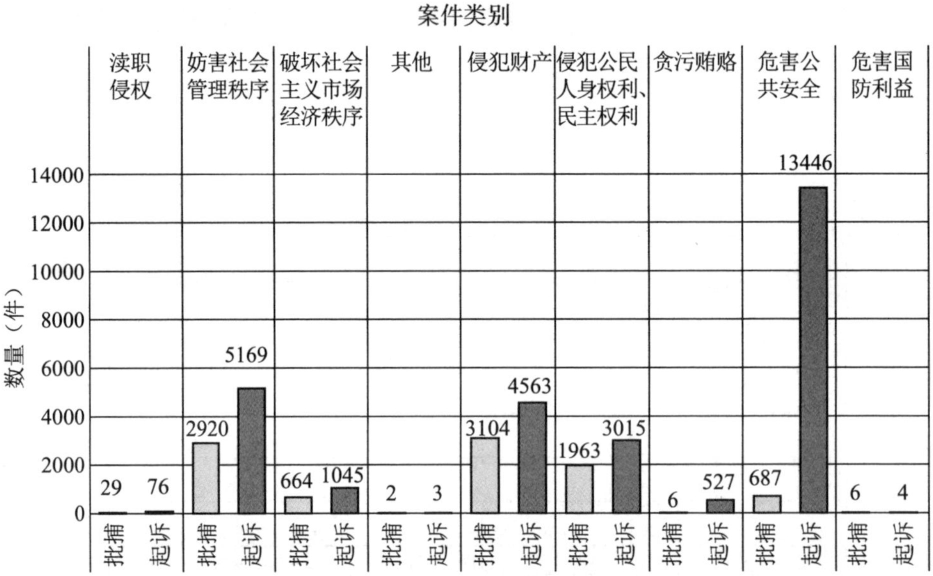

图2-9 内蒙古自治区人民检察院2021年批捕、起诉对比

2021年内蒙古自治区人民法院一审刑事案件共收案29359件、结案28667件,较去年分别上升12.73%、9.27%。其中,危害公共安全罪,收案12925件、结案12834件;破坏社会主义市场经济秩序罪,收案2090件、结案2044件;侵犯公民人身权利、民主权利罪,收案3305件、结案3245件;侵犯财产罪,收案5005件、结案4792件;妨害社会管理秩序罪,收案5375件、结案5146件;危害国防利益罪,收案11件、结案11件;贪污贿赂罪,收案552件、结案496件;渎职罪,收案89件、结案91件;其他,收案7件、结案8件(见图2-10)。

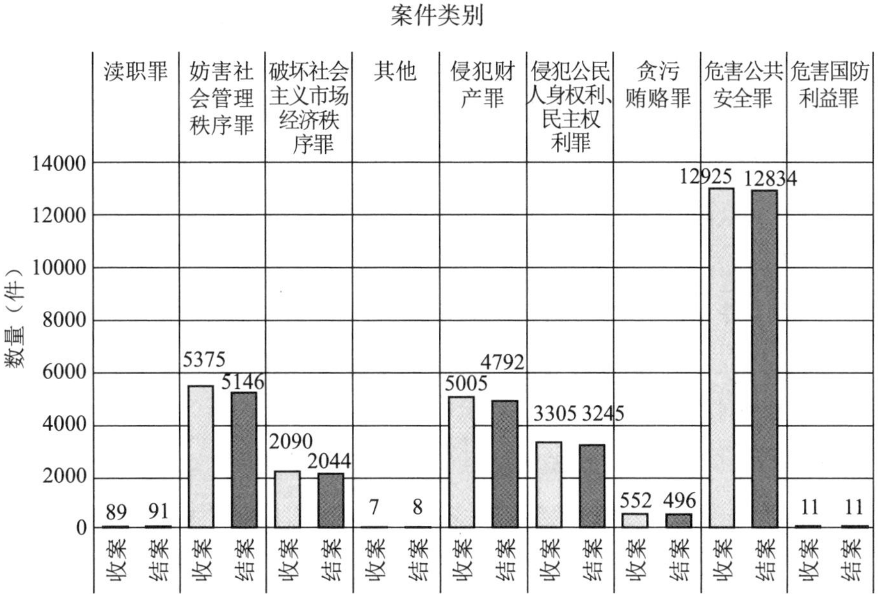

图 2-10 内蒙古自治区人民法院 2021 年刑事一审收结案情况

二、东北地区犯罪数据统计及分析

东北地区总体犯罪数据较 2021 年有一定上升，可以推知各项打击犯罪的专项活动推进效果显著，司法公信力显著提升。

（一）辽宁省犯罪数据构成及统计分析（2018—2022 年）

2018—2022 年，辽宁省检察机关严惩恐怖主义、极端主义和组织、利用邪教组织破坏法律实施等犯罪，起诉危害国防利益、侵犯军人军属合法权益犯罪 119 人；起诉涉黑涉恶犯罪 7541 人，起诉“保护伞”130 人，严格审查涉黑恶案件，依法纠正漏捕 235 人，发现遗漏同案犯 242 人，纠正遗漏罪行 281 人；起诉故意杀人、抢劫等严重暴力犯罪 7833 人；起诉危害公共安全犯罪 58686 人；严惩“黄赌毒”“盗抢骗”“食药环”等损害群众利益犯罪 70417 人；起诉涉枪涉爆犯罪 1386 人；起诉电信网络诈骗及黑灰产业链关联犯罪 10166 人；起诉监委移送职务犯罪 3152 人，其中省部级 2 人、厅局级 118 人，并依法对 185 名行贿人和 74 个行贿单位提起公诉；起诉破坏市场竞争秩序、侵害市场主体合法权益犯罪 19237 人；起诉侵犯知识产权、商业秘密犯罪 1125 人；起诉内幕交易、泄露内幕信息等证券期货犯罪 63 人；起诉洗钱犯罪 156 人；在中小银行请收案件办理中，共提前介入案件 468 件，审查批捕 514

人,提起公诉 426 人;立案侦查司法工作人员 392 人,黑恶势力司法“保护伞”84 人,推动查办涉黑涉恶案件 14 件,立案侦查侵犯民营企业权益、破坏营商环境的司法不公案件 97 人;起诉侵害未成年人权益犯罪 5865 人。另外,辽宁省检察机关依法不批捕 52875 人、不起诉 27876 人,其中对未成年人涉嫌轻微犯罪依法不批捕 2701 人、不起诉 1203 人;对民营企业及其负责人涉经营类犯罪,依法不批捕 1869 人、不起诉 1652 人,并与公安机关合理清理涉民营企业“挂案”573 件。监督侦查机关立案 3544 件、撤案 3553 件,监督纠正侦查活动违法情形 4857 件,决定追加逮捕 2334 人、追加起诉 2903 人。截至 2022 年底,认罪认罚从宽适用率稳定在 88% 以上,确定刑量刑建议采纳率达 99%。①

2018—2022 年,辽宁省人民法院共审结一审刑事案件 17.54 万件,同比下降 7.7%。依法严惩颠覆国家政权、煽动分裂国家等犯罪,依法严惩间谍窃密犯罪,依法严惩涉恐怖、邪教、网络政治谣言犯罪;依法审理故意杀人、抢劫等严重暴力犯罪,审理盗窃、诈骗等侵财犯罪,严惩各类毒品犯罪,依法审理网络诈骗、网络传销等网络犯罪,严惩泄露和非法买卖个人信息犯罪;依法审理涉黑涉恶案件,深挖“保护伞”,发送司法建议 3816 份;审结国家赔偿案件 3031 件。②

(二)吉林省犯罪数据构成及统计分析(2018—2021 年)③

2019 年吉林省人民法院刑事一审案件共收案 24683 件、结案 25823 件,其中自诉案件收案 154 件、结案 144 件。刑事一审案件收结案数据按照案件类别和数量排名如下:第一,危害公共安全罪,收案 8043 件、结案 8351 件;第二,侵犯财产罪,收案 5972 件、结案 6294 件;第三,妨害社会管理秩序罪,收案 5402 件、结案 5717 件;第四,侵犯公民人身权利、民主权利罪,收案 3218 件、结案 3446 件;第五,破坏社会主义市场经济秩序罪,收案 1365 件、结案 1310 件;第六,贪污贿赂罪,收案 569 件、结案 600 件;第七,渎职罪,收案 92 件、结案 86 件;第八,危害国防利益罪,收案 19 件、结案 19 件;第九,其他,收案 3 件、结案 0 件。

---

① 载辽宁省人民检察院网,http://www.ln.jcy.gov.cn/jwgk/gzbg/202301/t20230130_3976604.shtml,2023 年 8 月 6 日最后访问。

② 载辽宁省人民法院网,http://ln.lncourt.gov.cn/article/detail/2023/07/id/7398462.shtml,2023 年 8 月 6 日最后访问。

③ 本部分数据除特别注明外,均来自《吉林统计年鉴 2022》,载吉林省统计局网,http://tjj.jl.gov.cn/tjsj/tjnj/2022/ml/indexc.htm,2023 年 8 月 6 日最后访问。

2020年吉林省人民法院刑事一审案件共收案21408件、结案21737件，其中自诉案件收案101件、结案94件。刑事一审案件收结案数据按照案件类别和数量排名如下：第一，危害公共安全罪，收案7167件、结案7209件；第二，侵犯财产罪，收案5195件、结案5284件；第三，妨害社会管理秩序罪，收案4673件、结案4785件；第四，侵犯公民人身权利、民主权利罪，收案2580件、结案2629件；第五，破坏社会主义市场经济秩序罪，收案1368件、结案1369件；第六，贪污贿赂罪，收案351件、结案414件；第七，渎职罪，收案57件、结案65件；第八，危害国防利益罪，收案16件、结案16件；第九，其他，收案1件、结案2件。

2021年吉林省人民法院刑事一审案件共收案24330件、结案24121件，其中自诉案件收案141件、结案136件。刑事一审案件收结案数据按照案件类别和数量排名如下：第一，危害公共安全罪，收案7313件、结案7297件；第二，妨害社会管理秩序罪，收案6592件、结案6433件；第三，侵犯财产罪，收案5272件、结案5207件；第四，侵犯公民人身权利、民主权利罪，收案2661件、结案2636件；第五，破坏社会主义市场经济秩序罪，收案2091件、结案2124件；第六，贪污贿赂罪，收案306件、结案335件；第七，渎职罪，收案68件、结案64件；第八，危害国防利益罪，收案16件、结案16件；第九，其他，收案11件、结案9件。吉林省2019年、2020年、2021年法院刑事一审收结案对比如图2-11、图2-12所示。①

2018—2022年，吉林省检察机关严厉打击严重暴力犯罪，批捕7358人、起诉8402人，五年内起诉人数从2018年的2229人下降至2022年1111人，年均下降12.54%；依法惩治盗窃、抢夺、诈骗等多发性侵财犯罪批捕25445人、起诉38048人，其中依法批捕电信网络诈骗9740人、起诉17908人；常态化开展扫黑除恶斗争，批捕涉黑涉恶犯罪2038人、起诉3534人；办理非法吸收公众存款、集资诈骗、洗钱等破坏金融管理秩序类案件2158件；依法起诉破坏环境资源犯罪7690人，比五年前增长32.81%；依法起诉生产销售伪劣农药、兽药、化肥、种子、非法占用农用地等损害农民合法权益、妨害农业生产、破坏农村生态环境违法犯罪2271人；受理各级监委移送职务犯罪3090人，已起诉2586人，查办司法工作人员侵犯公民权利、损害司法公正案件139件、155人；办理食药领域犯罪2258件；办理帮助信息网络犯罪活动案件8731件；严厉打击侵害未成年人犯罪，批捕2986人、起诉4168

① 载吉林省统计局网，http://tjj.jl.gov.cn/tjsj/tjnj/2022/ml/indexc.htm，2023年8月6日最后访问。

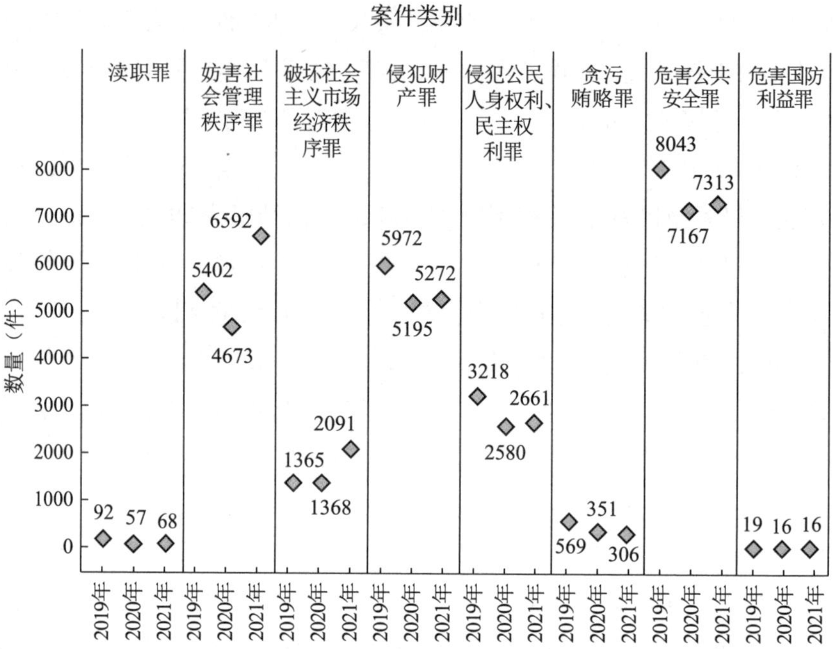

图 2-11　吉林省人民法院 2019 年、2020 年、2021 年刑事一审收案对比
（注:三年共同数据比较,不涉及其他案件）

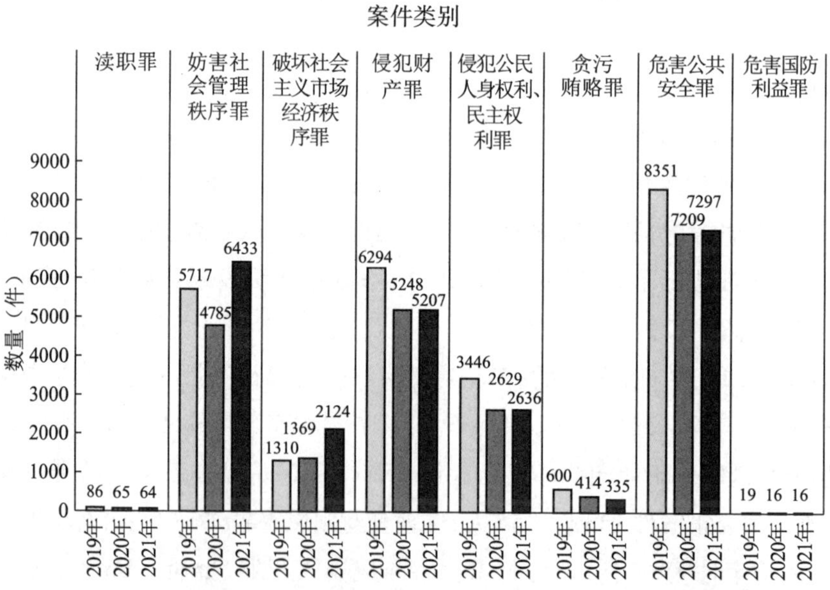

图 2-12　吉林省人民法院 2019 年、2020 年、2021 年刑事一审结案对比
（注:三年共同数据比较,不涉及其他案件）

人。另外,全面落实少捕慎诉慎押刑事司法政策,对依法可不批捕和犯罪情节轻微、不需要判处刑罚的,不批捕 31778 人、不起诉 32672 人,其中对未成年犯罪嫌疑人不批捕 1536 人、不起诉 1557 人。①

(三) 黑龙江省犯罪数据构成及统计分析(2018—2022 年)

2018—2022 年,黑龙江省检察机关依法起诉各类职务犯罪 4274 人,其中厅局级 137 人、县处级 470 人,立案查办司法工作人员相关职务犯罪 346 人,连续四年位居全国第一;依法惩治破坏市场经济秩序犯罪,起诉 12927 人;严厉惩处金融诈骗和破坏金融管理秩序犯罪,起诉 5080 人;深入开展打击治理洗钱违法犯罪,审查上游犯罪和洗钱犯罪,起诉 76 人;对民营企业负责人涉经济类犯罪的,依法能不捕的不捕,能不诉的不诉,不批捕 180 人,不起诉 254 人,提出适用缓刑建议 118 人;开展扫黑除恶专项斗争并实现常态化,897 个黑恶团伙连根拔起,6073 名黑恶分子绳之以法;起诉危害公共安全、妨害社会管理秩序犯罪 91373 人;起诉侵犯公民人身权利、民主权利罪及侵犯财产犯罪 55949 人;开展打击危险废物环境违法犯罪专项行动、破坏环境资源犯罪专项立案监督等活动,起诉 7728 人;起诉盗采泥炭黑土等犯罪 3638 人;起诉养老诈骗犯罪 136 人;起诉涉食药及医疗器械犯罪 781 人;起诉侵害未成年人犯罪 5418 人,针对涉罪未成年人不批捕 1706 人,不起诉 1508 人,附条件不起诉 1407 人。2022 年总体不捕率 43.2%,不诉率 24.1%,相较于 2017 年分别上升 17.5%、21.2%, 2022 年诉前羁押率 27.54%,相较于 2020 年减少 15.49 个百分点,并且认罪认罚从宽适用率达 92.3%。另外,黑龙江省检察机关五年来共监督公安机关立案 2345 件、撤案 3064 件,纠正公安机关侦查活动违法 9882 次,纠正漏捕 1596 人,漏诉 2863 人。②

2018—2022 年,黑龙江省人民法院贯彻总体国家安全观,严惩危害政治安全、经济安全各类犯罪。审结"呼兰四大集团"等涉黑涉恶及"保护伞"案件 1096 件、6192 人,"打财断血"132.58 亿元;严惩危害群众生命安全的严重暴力犯罪,严厉打击养老诈骗等群众反映强烈的犯罪;严惩盗采泥炭黑土等犯罪;③依法审理职务犯罪 4458 件、6240 人。设置 158 家少年法庭,严惩建三江虐童案等侵害未成年人犯

① 载中华人民共和国最高人民检察院网,https://www.spp.gov.cn/zdgz/202301/t20230118_598882.shtml, 2023 年 8 月 6 日最后访问。

② 载黑龙江日报网,http://epaper.hljnews.cn/hljrb/pc/att/202302/09/93761dc3-0fdf-4706-941a-8f939c76bc3e.pdf, 2023 年 8 月 6 日最后访问。

③ 同上。

罪;配合省人大常委会在全国率先出台社会矛盾纠纷多元化解条例,推进诉源治理纵深发展。另外,黑龙江司法公信力显著提升,当事人服判率由 2017 年的 91.9% 提升到 2022 年的 93.9%,排名全国第一。

三、华东地区犯罪数据统计及分析

华东地区总体犯罪数据相对稳定,横向对比来看,治安环境相对较好,社会管控和司法效率总体较高。同时,由于华东地区犯罪社会控制的投入相对较高一些,涉及信息技术的犯罪,如电信诈骗等犯罪的侦破率不断上升,整体的诉讼效率也在不断提升。

(一) 上海市犯罪数据构成及统计分析(2020—2021 年)①

2021 年上海市公安机关刑事案件立案 94753 件,较 2020 年,同比下降 6.71%。2021 年上海市公安机关刑事案件立案数据按照案件类别和数量排名如下:第一,诈骗,立案 49230 件;第二,其他,立案 33230 件;第三,盗窃,立案 10510 起;第四,伤害,立案 1195 件;第五,强奸,立案 438 件;第六,杀人,立案 130 件;第七,抢劫,立案 47 件(见图 2-13)。相较于 2020 年相关数据,杀人、其他类案件数量有所上升,其他类案件数量同比上升 13.29%,呈明显上升趋势,其余各类案件数据均呈下降趋势,其中盗窃类案件立案数同比下降 39.97%,有明显下降的趋势。

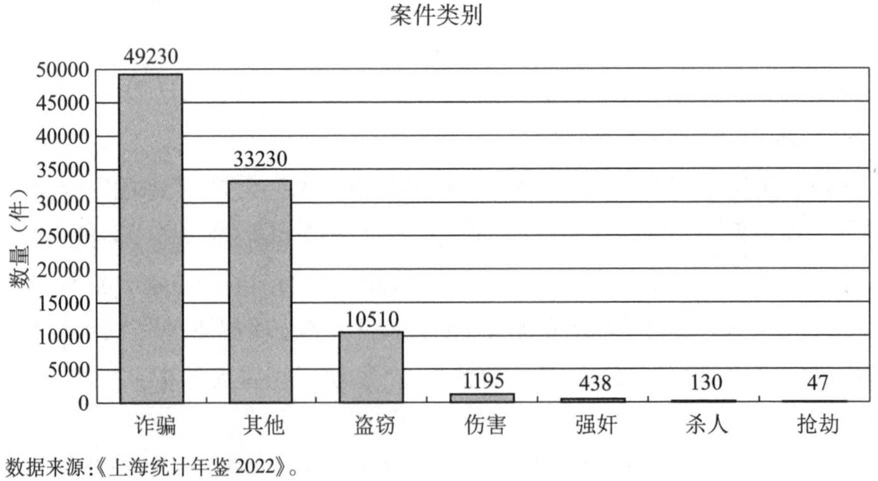

数据来源:《上海统计年鉴 2022》。

图 2-13　2021 年上海市公安机关刑事立案数

① 本部分数据除特别注明外,均来自上海市统计局:《上海统计年鉴 2022》(中国统计出版社)。

2020 年上海市公安机关查处治安案件 229059 件，2021 年查处 127129 件，同比下降 44.49%，上海市治安案件数据总体呈明显下降趋势，表明当地治安形势持续向好。

从图 2-14 可见，2021 年上海市公安治安案件数据按照案件类别和数量排名如下：第一，殴打他人，查处 32367 件；第二，诈骗、抢夺、敲诈勒索财物，查处 18208 件；第三，扰乱公共秩序，查处 7885 件；第四，赌博，查处 6321 件；第五，卖淫、嫖娼，查处 5216 件；第六，寻衅滋事，查处 1066 件；第七，阻碍国家工作人员执行职务，查处 660 件；第八，伪造、变造、倒卖有价票证、凭证，查处 9 件。

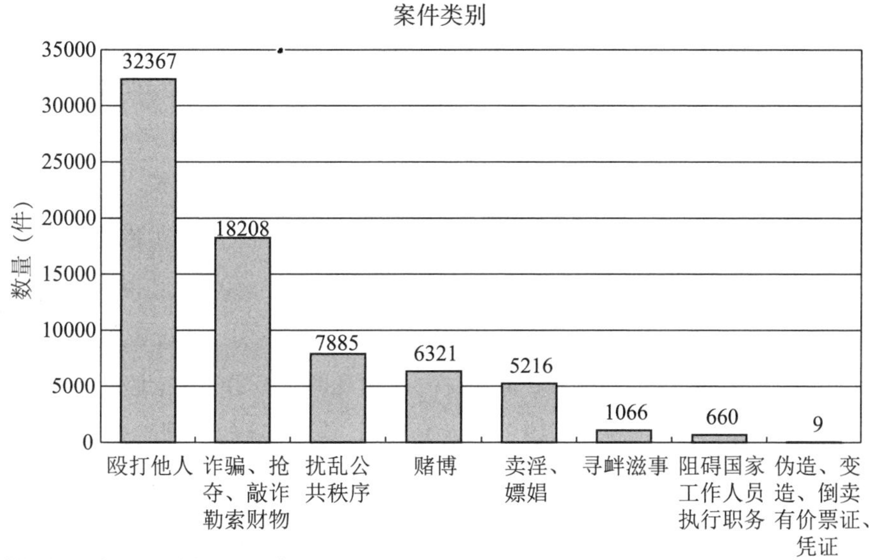

数据来源：《上海统计年鉴 2022》。

图 2-14　2021 年上海市公安治安案件数据

2021 年上海市人民检察院对各类刑事犯罪批捕 24844 人、起诉 40991 人。对抢劫等严重暴力犯罪起诉 600 人，已连续五年下降。推进扫黑除恶斗争常态化，起诉涉恶案件 93 人，挂牌督办重大案件 4 件。从严打击电信网络诈骗犯罪，批捕 2350 人（同比上升 103.1%），起诉 2872 人（同比上升 82.9%）。持续打击金融犯罪，批捕 861 人、起诉 1783 人（同比分别下降 33.2% 和 38%），增量得到有效遏制。加大侵犯知识产权犯罪打击力度，批捕 1187 人，起诉 2109 人（同比上升 63.6%）。①

---

① 《上海市人民检察院工作报告》，载上海检察网，http://www.efshanghai.jcy.gov.cn/gzbg/2013/rdhgzbg/90451.jhtml，2024 年 1 月 4 日最后访问。

2021 年上海市人民法院审结一审刑事案件 2.8 万件,同比下降 4.7%,案件数量呈逐年下降趋势,社会治安持续改善。扎实推进扫黑除恶常态化,依法审结涉黑涉恶犯罪案件 50 件、237 人,处置涉黑财产 1.5 亿元。依法严惩故意杀人、抢劫、强奸、绑架等暴力犯罪案件 608 件、686 人,依法惩处醉酒驾驶、竞速飙车、高空抛物等危害公共安全犯罪案件 4447 件、4542 人,审结工商银行上海分行原党委书记、行长顾其明受贿等职务犯罪案件 151 件、189 人。①

(二) 江苏省犯罪数据构成及统计分析(2021 年)②

2020 年江苏省公安机关刑事案件立案 358672 件,2021 年立案 394784 件,同比上升 0.10%。2021 年江苏省公安机关刑事案件立案数据按照案件类别和数量排名如下:第一,盗窃,立案 161306 件,占比 40.86%;第二,诈骗,立案 139607 件,占比 35.36%;第三,其他,立案 84581 件,占比 21.43%;第四,伤害,立案 4557 件,占比 1.15%;第五,强奸,立案 2345 件,占比 0.59%;第六,毒品刑事犯罪,立案 1354 件,占比 0.34%;第七,抢劫,立案 307 件,占比 0.08%;第八,杀人,立案 267 件,占比 0.07%;第九,信用卡诈骗,立案 214 件,占比 0.05%;第十,抢夺,立案 135 件,占比 0.03%;第十一,伪造、变造货币,出售、购买、运输、持有、使用假币,立案 69 件,占比 0.02%;第十二,拐卖妇女、儿童,立案 38 件,占比 0.01%。第十三,走私,立案 4 起。具体数据可见图 2-15。相较于 2019 年相关数据,伤害、抢劫、强奸、盗窃、诈骗、其他,伪造、变造货币,出售、购买、运输、持有、使用假币类案件数量呈上升趋势,其中其他、伤害类案件同比分别上升 70.60%、26.75%,有明显上升趋势;而杀人、盗窃、毒品刑事犯罪、抢夺、信用卡诈骗类案件数量呈下降趋势,其中信用卡诈骗类案件下降接近 52.96%,有明显下降趋势。

2020 年江苏省公安机关治安案件受理 950640 起,查处 915757 起;2021 年受理 1087262 起,查处 1044713 起。江苏省治安案件数量呈逐年上升趋势,表明当地治安力度加大。

由图 2-16 可见,2021 年江苏省公安治安案件数据按照案件类别和数量排名如下:第一,殴打他人,受理 434137 件、查处 426647 件;第二,其他,受理 264947 件、

① 《上海市高级人民法院工作报告》,载上海市高级人民法院网,https://www.hshfy.sh.cn/shfy/web/xxnr.jsp?pa=aaWQ9MTAyMDI4OTIwOSZ4aD0xJmxtZG09bG01ODMPdcssz, 2024 年 1 月 4 日最后访问。

② 本部分数据除特别注明外,均来自江苏省统计局:《江苏统计年鉴 2022》。

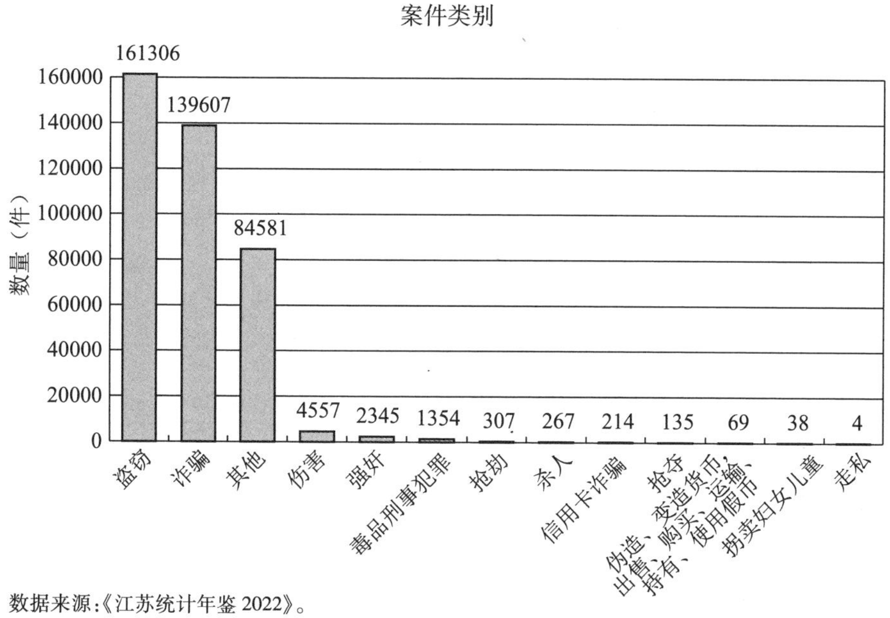

数据来源：《江苏统计年鉴 2022》。

图 2-15　2021 年江苏省公安机关刑事立案情况

查处 254142 件；第三，盗窃，受理 253972 件、查处 237297 件；第四，诈骗、抢夺、敲诈勒索，受理 81320 件、查处 75563 件；第五，赌博，受理 18467 件、查处 17736 件；第六，扰乱公共场所秩序，受理 16668 件、查处 16075 件；第七，卖淫、嫖娼，受理 7625 件、查处 7530 件；第八，寻衅滋事，受理 4967 件、查处 4759 件；第九，违反危险物质管理规定，受理 3523 件、查处 3400 件；第十，非法携带枪支、弹药、管制刀具，受理 1082 件、查处 1064 件；第十一，伪造、变造、倒卖有价票证、凭证，受理 353 件、查处 311 件；第十二，利用邪教、会道门、迷信活动危害社会，受理 201 件、查处 189 件。相较于 2020 年的数据，除非法携带枪支、弹药、管制刀具，利用邪教、会道门、迷信活动危害社会案件类型的数据呈现下降趋势，其余案件类型则呈现总体上升趋势。

2021 年江苏省人民检察院批捕、起诉数据按照案件类别和数量排名如下：第一，侵犯财产案，批捕、决定逮捕共 7171 件，决定起诉共 19322 件；第二，妨害社会管理秩序案，批捕、决定逮捕共 5647 件，决定起诉共 14332 件；第三，侵犯公民人身权利、民主权利案，批捕、决定逮捕共 3396 件，决定起诉共 6418 件；第四，破坏社会主义市场经济秩序案，批捕、决定逮捕共 1438 件，决定起诉共 4254 件；第五，危害公共安全案，批捕、决定逮捕共 641 件，决定起诉共 27796 件；第六，危害国家安全案，

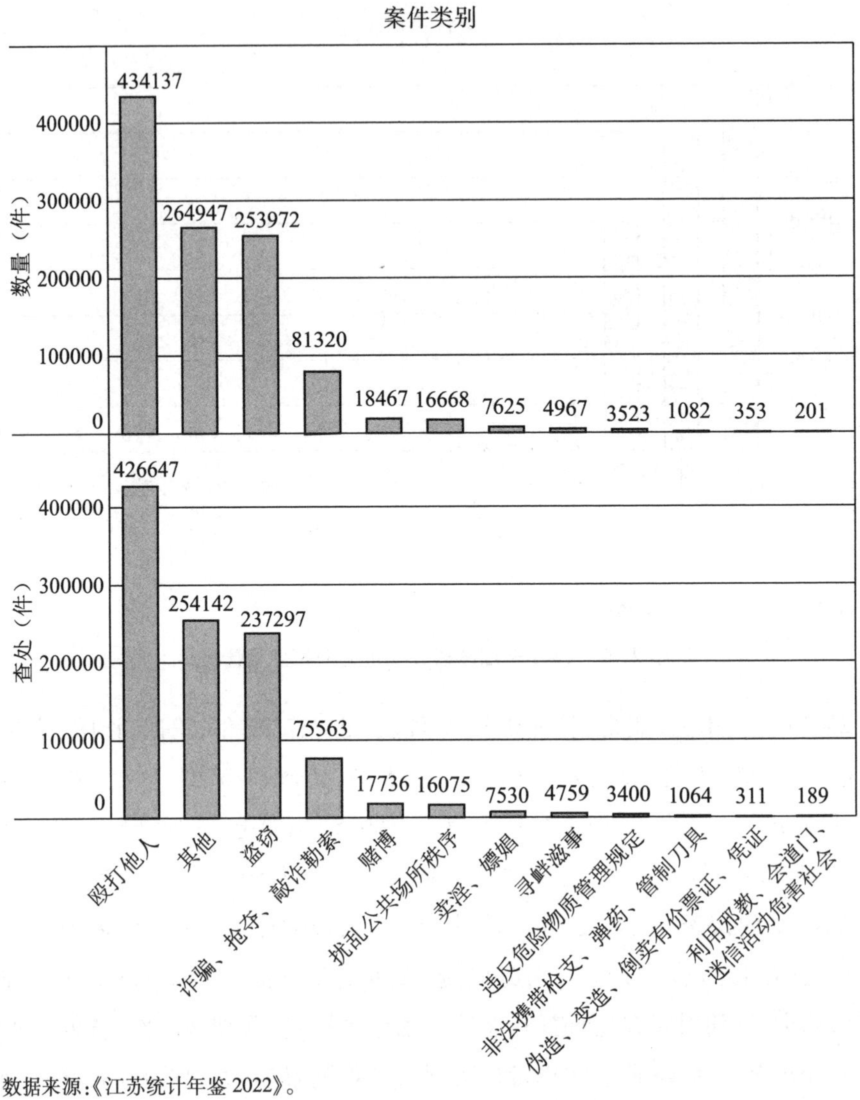

数据来源:《江苏统计年鉴 2022》。

图 2-16　2021 年江苏省公安机关治安案件受理、查处情况

批捕、决定逮捕共 15 件,决定起诉共 14 件;第七,危害国防利益案,批捕、决定逮捕共 6 件,决定起诉共 7 件;第八,渎职案,批捕、决定逮捕共 4 件,决定起诉共 57 件;第九,贪污贿赂案,批捕、决定逮捕共 1 件,决定起诉共 830 件。具体可见图 2-17。相较于 2019 年相关数据,有一定波动,但总体依然为下降态势。

2019 年江苏省人民法院刑事一审案件收案 81019 件、结案 80439 件;2020 年收案 77352 件、结案 77175 件,同比分别下降 4.52%、4.06%; 2021 年收案 73087

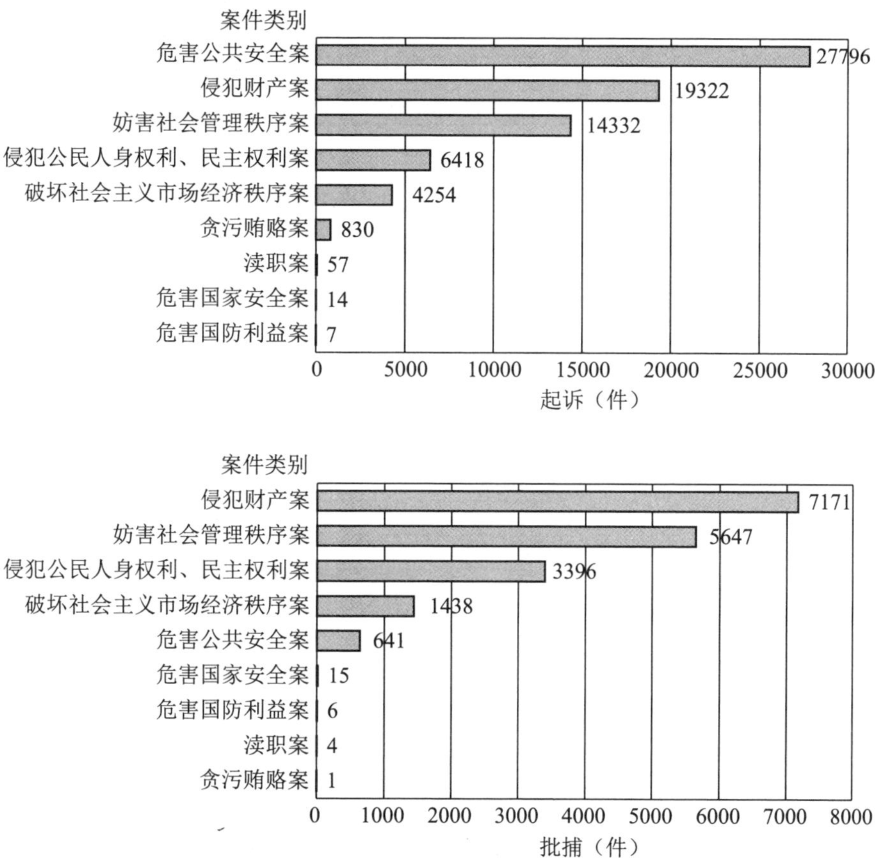

数据来源:《江苏统计年鉴2022》。

图2-17　2021年江苏省人民检察院批捕、起诉情况

件、结案74603件,同比分别下降5.51%、3.33%。江苏省刑事案件收案总体开始呈下降趋势,表明该地区整治有成效,社会治安持续好转。

2021年江苏省人民法院刑事一审案件数据按照案件类别和数量排名如下:第一,危害公共安全罪,收案27487件、结案27810件;第二,侵犯财产罪,收案19837件、结案20648件;第三,妨害社会管理秩序罪,收案13986件、收案13933件;第四,侵犯公民人身权利、民主权利罪,收案6612件、结案6704件;第五,破坏社会主义市场经济秩序罪,收案4253件、结案4574件;第六,贪污贿赂罪,收案846件、结案881件;第七,渎职罪,收案50件、结案46件;第八,其他罪,收案9件、结案0件;第九,危害国防利益罪,收案7件、结案7件。可见图2-18。

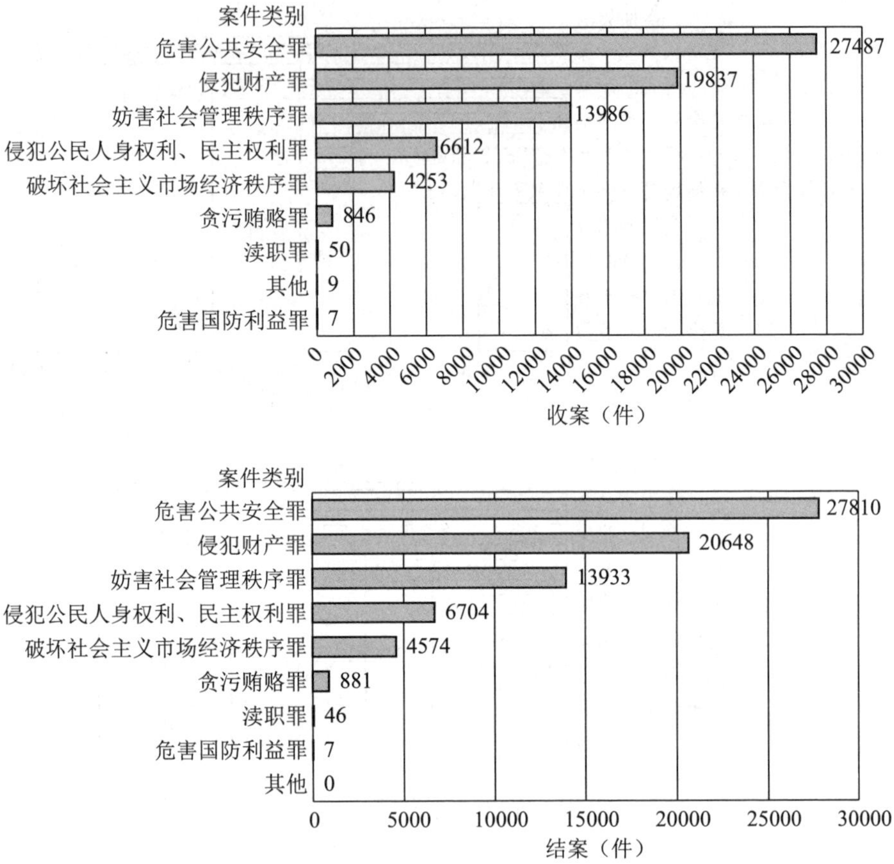

数据来源:《江苏统计年鉴 2022》。

图 2-18　2021 年江苏省人民法院一审刑事案件收结案情况

(三) 浙江省犯罪数据构成及统计分析(2022 年)

2022 年浙江省检察机关共受理审查逮捕 25018 人,同比下降 54.59%。经审查,共批准和决定逮捕 18748 人,不批准逮捕和不予决定逮捕 6549 人,不捕率 25.89%。共受理审查起诉 123290 人,同比下降 18.19%。决定起诉 82106 人(含附条件不起诉后起诉 32 人);决定不起诉 42396 人(含附条件不起诉后不起诉 1049 人),不起诉率 34.05%,同比增加 6.5 个百分点。全省检察机关已办理的审查起诉案件中,适用认罪认罚从宽制度审结人数占同期审结人数的 85%以上;在适用认罪认罚从宽制度案件中,检察机关共提出确定刑量刑建议占量刑建议提出总数的 95%以上;对检察机关提出的量刑建议,法院采纳人数占同期提出量刑建议人数的

95%以上。监督公安机关立案(撤案)合计 2628 件。共监督立案 1504 件,其中通知立案 42 件;共监督公安机关撤案 1124 件,其中通知撤案 19 件。对侦查活动违法提出书面纠正 842 件次,已纠正 763 件次。按二审和再审程序共提出抗诉 228 件,法院同期审结 142 件,其中采纳抗诉意见改判和发回重审 87 件,占法院审结数的 61.27%。对"减刑、假释、暂予监外执行"刑罚变更执行不当共提出书面纠正 1281 人,同期已纠正 1279 人。对刑事执行活动违法行为提出纠正 206 件,同期已纠正 208 件(含积存)。开展监外执行监督,对监外执行和社区矫正监管中的交付、监管、变更、终止等活动书面提出纠正 772 人,同期已纠正 770 人。开展财产刑执行监督,核查总人数 2469 人。①

2018—2022 年,全省法院新收各类案件 695.8 万件,办结 707.1 万件,其中省法院收案 7.5 万件,办结 7.5 万件,主要办案质量、效率、效果指标均位居全国前列。贯彻总体国家安全观,落实宽严相济刑事政策,审结一审刑事案件 32 万件,判处罪犯 48.5 万人,切实履行维护国家安全、社会安定、人民安宁的重大责任。圆满完成扫黑除恶专项斗争任务,坚决"打伞破网""打财断血",审结黑恶案件 4112 件,黑恶财产执行到位 88 亿元,省法院获评全国扫黑除恶专项斗争先进集体。严格依法减刑 8.9 万人、假释 2.3 万人,对 1678 名不符合监外执行条件的罪犯决定收监执行,严防"纸面服刑"。严惩人民群众深恶痛绝的犯罪,审结 P2P 非法集资等涉众型经济犯罪案件 3740 件,判处罪犯 8122 名,涉案金额 2.9 万亿元;审结养老诈骗犯罪案件 80 件,判处罪犯 189 人,挽回老年人损失 2841 万元;审结危害食品药品安全犯罪案件 2705 件、电信网络诈骗犯罪案件 9671 件、侵犯公民个人信息犯罪案件 1489 件,守护老百姓生命健康、人格尊严和财产安全。审结危害国家安全、杀人抢劫等严重刑事犯罪案件 5.2 万件,依法判处保姆纵火案、杀妻碎尸案、外教杀人案等被告人死刑,使严重刑事犯罪分子受到严惩,起到了应有的震慑作用。②

(四)安徽省犯罪数据构成及统计分析(2021 年)③

2020 年安徽省公安机关刑事案件立案 177519 件,2021 年立案 202846 件,同比上升 14.27%。由图 2-19 可见,2021 年安徽省公安机关刑事案件立案数据按照案件类别和数量排名如下:第一,诈骗,立案 87644 件,占比 43.21%;第二,盗窃,立

① 数据来源:2022 年 1 至 12 月浙江省检察机关主要办案数据发布。
② 数据来源:2023 年 1 月 13 日浙江省高级人民法院工作报告。
③ 本部分数据除特别注明外,均来自《安徽统计年鉴 2022》(中国统计出版社)。

案59493件,占比29.33%;第三,其他,立案51624件,占比25.45%;第四,伤害,立案2331件,占比1.15%;第五,强奸,立案1243件,占比0.61%;第六,杀人,立案225件,占比0.11%;第七,抢劫,立案141件,占比0.07%;第八,拐卖妇女儿童,立案112件,占比0.06%;第九,伪造、变造货币,持有、使用伪造货币,立案33件,占比0.02%。相较于2020年的数据,伤害、强奸、诈骗、其他类案件数量呈上升趋势,其中其他类案件同比上升21.68%,有明显上升趋势;而抢劫、拐卖妇女儿童、盗窃、伪造货币和出售、购买、运输假币类案件数量呈下降趋势,其中拐卖妇女儿童类案件下降24.32%,有明显下降趋势。

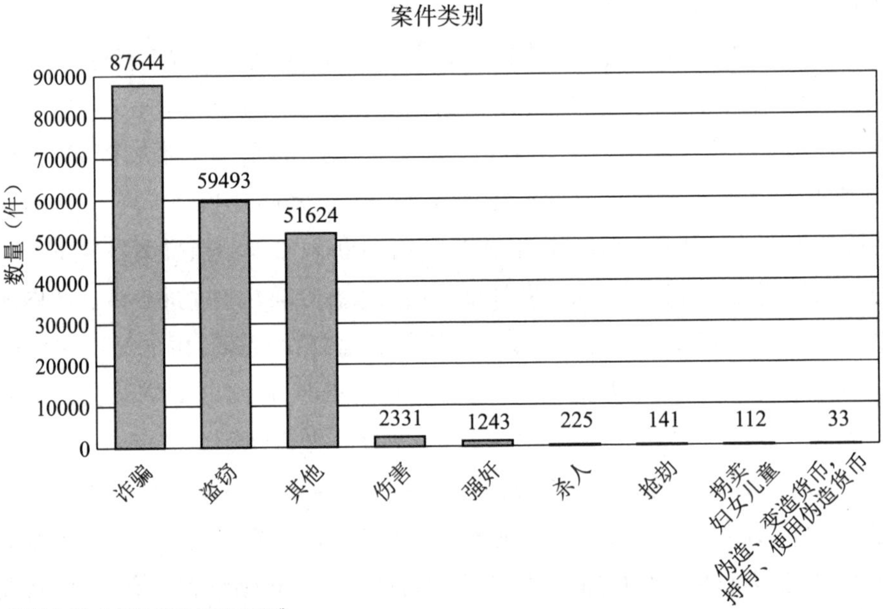

数据来源:《安徽统计年鉴2022》。

图2-19　2021年安徽省公安机关刑事立案情况

2020年安徽省公安机关治安案件受理455330件、查处440438件;2021年受理430909件,查处414716件。安徽省治安案件呈逐年下降趋势,表明当地治安状况逐年变好,当地居民的法治意识和安全意识也逐年提升。

2021年安徽省公安机关受理、查处治安案件类别和排名如下:第一,其他,受理159160件、查处155400件;第二,殴打他人,受理112381件、查处110116件;第三,盗窃,受理103267件、查处95643件;第四,诈骗、抢夺、敲诈勒索财物,受理27113件、查处25110件;第五,赌博,受理13631件、查处13395件;第六,卖淫、嫖娼，受理 5897 件、查处 5747 件；第七，寻衅滋事，受理 3279 件、查处 3261 件；第八，扰乱单位、公共场所秩序，受理 2467 件、查处 2418 件；第九，违反危险物质管理规定，受理 2048 件、查处 1984 件；第十，阻碍执行职务，受理 1298 件、查处 1284 件；第十一，非法携带枪支、弹药、管制刀具，受理 320 件、查处 310 件；第十二，哄抢，受理 48 件、查处 48 件。具体数据可见图 2-20。相较于 2020 年的相关数据，扰乱单位、公共场所秩序，非法携带枪支、弹药、管制刀具，盗窃，卖淫、嫖娼，诈骗、抢夺、敲诈

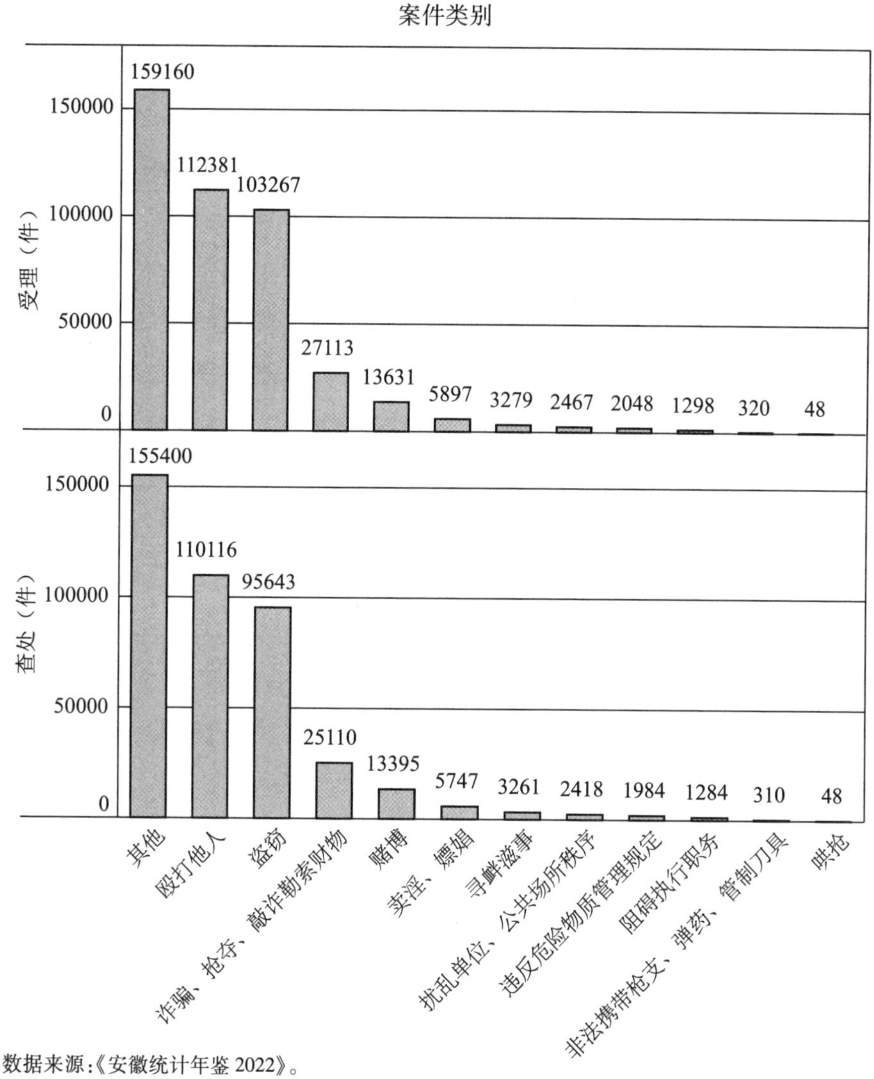

数据来源：《安徽统计年鉴 2022》。

图 2-20　2021 年安徽省公安机关治安案件受理查处情况

勒索财物类案件的受理、查处数量有所上升,其中卖淫、嫖娼类受理案件上升49.94%,有明显上升趋势,而其余案件数量均有所下降。

2021 年安徽省人民法院一审刑事案件收案 48744 件、结案 46428 件,案件数据按照案件类别和数量排名如下:第一,危害公共安全罪,收案 19730 件、结案 19420 件;第二,侵犯财产罪,收案 10183 件、结案 9637 件;第三,妨害社会管理秩序罪,收案 9631 件、结案 9008 件;第四,侵犯公民人身权利、民主权利罪,收案 6179 件、结案 5812 件;第五,破坏社会主义市场经济秩序罪,收案 2416 件、结案 2029 件;第六,贪污贿赂罪,收案 529 件、结案 460 件;第七,渎职罪,收案 62 件、结案 52 件;第八,危害国防利益罪,收案 9 件、结案 8 件;第九,其他,收案 5 件、结案 2 件。可见图 2-21。

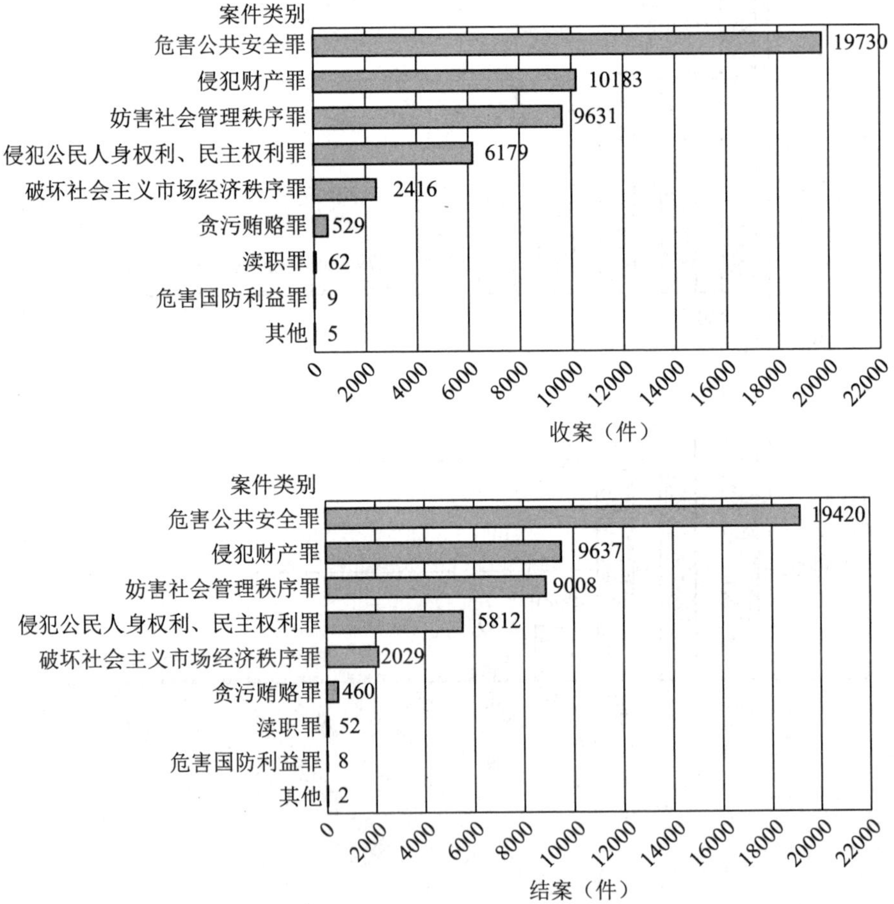

数据来源:《安徽统计年鉴 2022》。

图 2-21　2021 年安徽省人民法院一审刑事案件收结案情况

（五）福建省犯罪数据构成及统计分析（2021 年）

2021 年福建省人民法院一审审结刑事案件 5.19 万件，判处罪犯 7.36 万人。审结毒品犯罪案件 1012 件；审结危害国家安全、公共安全、严重暴力等犯罪 4.84 万件；审结贪污、贿赂等职务犯罪案件 295 件，其中被告人原为省部级干部 1 人、省管干部 8 人；生效判决中，被判处五年以上有期徒刑直至死刑 5495 人，判处缓刑、管制等非监禁刑 2.5 万人；坚决守好公正底线，依法宣告 11 名被告人无罪。①

2021 年福建省检察机关批准逮捕各类刑事犯罪 35045 人、起诉 71500 人。常态化推进扫黑除恶斗争，提前介入涉黑涉恶犯罪案件 112 件，批捕 496 人、起诉 839 人；严惩危害生产安全犯罪，批捕 99 人、起诉 221 人；对各级监委移送的职务犯罪案件，决定逮捕 175 人、起诉 299 人，办理省管干部案件 12 人；起诉网络赌博、网络"套路贷"等利用网络实施犯罪 15505 人；严惩侵害企业权益犯罪，批捕 711 人、起诉 2035 人；持续推行"五并"海洋检察保护新模式，批捕盗采海砂等犯罪 83 人、起诉 281 人；持续做优刑事检察工作，始终把住案件质量这个根本，对不构成犯罪或证据不足的决定不批捕 5218 人、不起诉 960 人。②

（六）江西省犯罪数据构成及统计分析（2021 年）

2021 年江西省人民检察院共批准逮捕各类刑事犯罪嫌疑人 28832 人、起诉 50389 人，同比分别上升 7.00%、7.60%。严厉打击敌对势力颠覆渗透破坏活动，起诉危害国家安全、利用邪教组织破坏法律实施等案件 198 人；起诉妨害疫情防控、扰医伤医等犯罪 184 人；常态化开展扫黑除恶斗争，起诉黑恶犯罪 849 人、起诉黑恶势力"保护伞"21 人；起诉故意杀人、抢劫等严重暴力犯罪 3757 人；起诉电信网络诈骗、帮助信息网络犯罪活动等犯罪 8270 人；起诉破坏金融管理秩序、金融诈骗等犯罪 1202 人；起诉危害企业生产经营犯罪 645 人，起诉破坏市场经济秩序犯罪 3429 人，起诉侵犯知识产权犯罪 349 人；起诉破坏生态环境资源犯罪 2131 人；办理生态环境和资源保护领域公益诉讼案件 2268 件；严厉打击"村霸"和宗族恶势力，起诉寻衅滋事、敲诈勒索、强迫交易、制售假冒伪劣农资等犯罪 179 人；严格耕地保护，起诉非法占用农用地犯罪 146 人；起诉拒不支付农民工劳动

① 数据来源：2022 年 1 月 23 日福建省高级人民法院工作报告。
② 数据来源：2022 年 1 月 23 日福建省人民检察院工作报告。

报酬犯罪39人,支持农民工起诉讨薪555件;加强农村生态环境保护,办理公益诉讼案件943件。受理各级监察委员会移送贪污贿赂等职务犯罪337人,决定逮捕210人、已起诉268人,其中起诉厅级干部10人,县处级干部39人;起诉“盗抢骗”“黄赌毒”等多发性犯罪17814人;起诉高空抛物、妨害安全驾驶等新型犯罪243人;起诉生产、销售不安全食品以及假药、劣药等犯罪186人,办理食品药品领域公益诉讼案件1183件;对涉罪未成年人坚持教育为主、惩罚为辅,批准逮捕869人、起诉1003人,不批捕1784人、不起诉640人,附条件不起诉1246人,未成年人重新犯罪率3.7%。①

2021年江西省人民法院审结刑事案件54273件。其中,审结电信网络诈骗及关联犯罪3617件;审结杀人、绑架、抢劫、毒品等严重危害社会治安犯罪案件6748件;审结毒品犯罪案件4688件;审结非法集资等涉众型金融犯罪活动案件346件;审结网络赌博、网络传销、侵犯公民个人信息等犯罪2760件;审结职务犯罪案件267件。②

(七)山东省犯罪数据构成及统计分析(2021—2022年)③

2021年山东省人民检察院批准、决定逮捕犯罪嫌疑人合计22492件,决定起诉合计80124件。其中危害国家安全案批准、决定逮捕共19件,决定起诉共13件。危害公共安全案批准、决定逮捕共1902件,决定起诉共39685件。破坏社会主义市场经济秩序案批准、决定逮捕共2060件,决定起诉共4381件。侵犯公民人身权利、民主权利案批准、决定逮捕共4887件,决定起诉共10012件。侵犯财产案批准、决定逮捕共7118件,决定起诉共13223件。妨害社会管理秩序案批准、决定逮捕共6451件,决定起诉共12053件。危害国防利益案批准、决定逮捕共11件,决定起诉共14件。贪污贿赂案批准、决定逮捕共4件,决定起诉共664件。渎职侵权案批准、决定逮捕共21件,决定起诉共79件。2021年山东省人民检察院批准、决定逮捕犯罪嫌疑人和提起公诉被告人情况见图2-22。

2022年,山东省人民法院共收案1180.1万件;新收案件同比下降6.7%。全省人民法院结案186.7万件,同比上升0.4%;未结案件12.7万件,同比下降34.2%。

---

① 数据来源:2022年1月18日江西省人民检察院工作报告。

② 数据来源:2022年1月18日江西省高级人民法院工作报告。

③ 本部分数据除特别注明外,均来自山东省统计局:《山东统计年鉴2022》(中国统计出版社)。

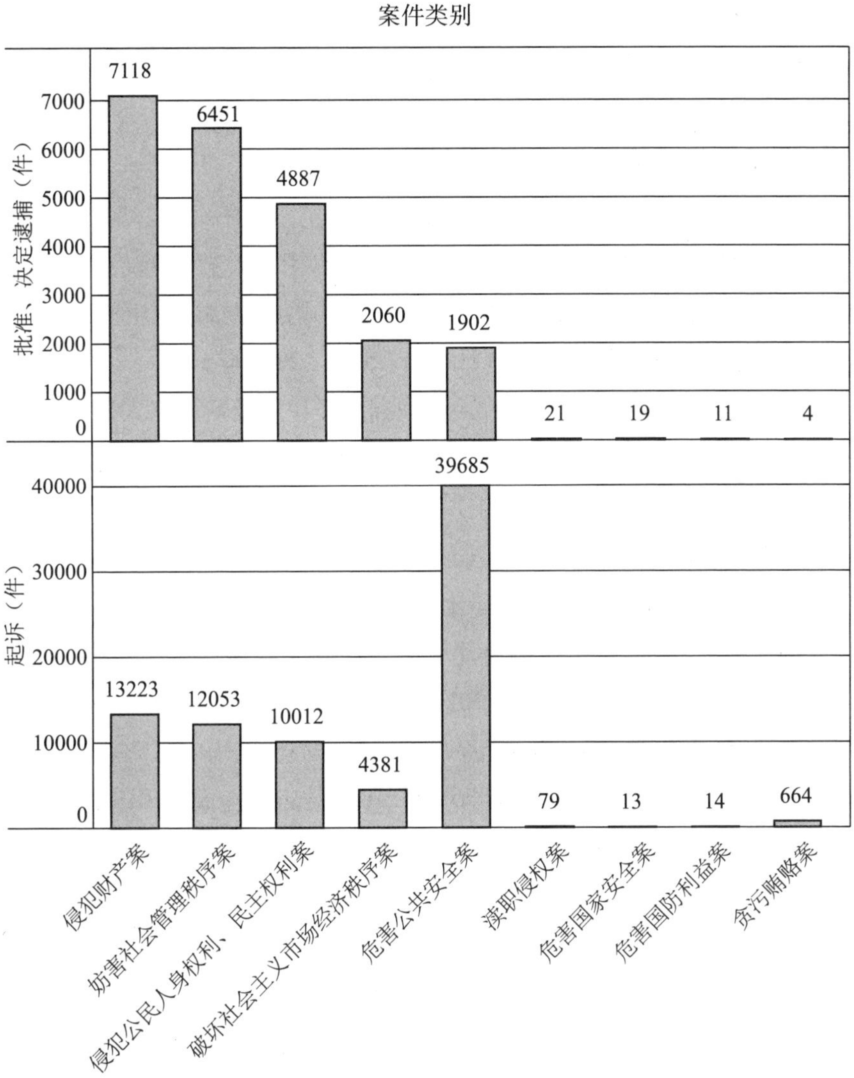

数据来源:《山东统计年鉴 2022》。

图 2-22　2021 年山东省人民检察院批准、决定逮捕和提起公诉统计情况

全省人民法院诉前调解案件 98.5 万件,调解成功 57.3 万件。刑事、民事、行政与行政赔偿案件共收案 123.2 万件,同比下降 8.4%;结案 126.9 万件,同比下降 2.6%;未结 9.4 万件,同比下降 28.3%

其中诉讼案件收案 116.2 万件,同比下降 5.8%;结案 119.9 万件,同比上升 0.4%;未结 8.9 万件,同比下降 28.7%。刑事案件收案 491291 件、结案 91513 件、未结6928件,同比分别下降19.25%、17.58%和2.96%。全省人民法院新收执行案件509168件,新收首次执行案件478748件,同比下降1.69%。①

四、华南地区犯罪数据统计及分析

2021—2022年广东省、广西省、海南省三省的犯罪数据均较2020年有增有减,其中广东省2022年批准和决定逮捕各类犯罪嫌疑人人数下降最多,同比下降49.28%。在扫黑除恶的背景下,华南地区的涉黑涉恶犯罪数量有所上升。

(一)广东省犯罪数据构成及统计分析(2020—2022年)

2022年,全省检察机关共批准和决定逮捕各类犯罪嫌疑人50230人,同比下降49.28%;起诉126676人,同比下降21.30%。其中,起诉人数较多的案件罪名分别为:危险驾驶罪排第一位,起诉33244人,同比下降14.04%;盗窃罪排第二位,起诉16012人,同比下降25.02%;诈骗罪排第三位,起诉6424人,同比下降33.26%;开设赌场罪排第四位,起诉5991人,同比下降38.95%;故意伤害罪排第五位,起诉5950人,同比下降28.80%;以上五个罪名案件起诉人数占总起诉人数的53.38%。2022年,全省检察机关不批准逮捕52022人,同比上升2.61%,不捕率为51.48%,同比增加17.14个百分点;决定不起诉36588人,同比上升16.15%,不起诉率为22.41%,同比增加6.04个百分点;诉前羁押率(注:起诉到法院时仍被拘留、逮捕被告人数占起诉人数与不起诉人数之和的比例)已降至30.77%。2022年,全省检察机关对138712人适用了认罪认罚从宽制度,适用率为86.8%,同比增加0.04个百分点;检察机关提出确定刑量刑建议比例达95.61%,同比增加2.48个百分点;量刑建议法院采纳率为97.28%,同比增加1.69个百分点。

2022年,全省检察机关对应当立案而不立案的案件,监督公安机关立案3295件,同比上升1.4倍;对不应当立案而立案的案件,监督公安机关撤案2728件,同比上升69.76%。2022年,全省检察机关对公安机关在案件侦查中存在的违法违规行为,书面提出监督意见9633件,同比上升3.88倍;公安机关已采纳9667件,占提出数的100.35%,同比增加9.01个百分点。2022年,全省检察机关对法院刑事判决或裁定中可能存在错误的案件,提出抗诉395件,同比下降30.58%;同期审结的336件抗诉案件中,法院采纳抗诉意见改判和发回重审219件,占审结总数的

① 数据来源:山东省高级人民法院《2022年全省法院审判执行工作情况分析》。

65.18%。全省检察机关对法院在刑事审判活动中存在的违法违规行为，书面提出监督意见271件，同比上升93.57%；法院已采纳276件，同比上升91.67%。

对减刑、假释、暂予监外执行审查中发现的违法或不当，提出监督意见7047人，同比上升2.77%，已采纳7043人；对监狱、看守所等监管场所内的刑事执行活动违法提出监督意见13029件，同比上升19.94%，已采纳13261件；对监外执行和社区矫正中的违法情况提出监督意见20385人，同比上升48.255%，已采纳20460人；对财产刑执行不当提出监督意见12942件，同比上升24.63%，已采纳13011件。2022年，全省检察机关共立案查办司法工作人员渎职侵权犯罪88人，同比下降47.31%；同期侦查终结移送审查起诉76人。①

2020年广东省人民法院各类案件收案合计2790045件、结案2787022件。其中一审，收案1359430件、结案1356747件；二审，收案177049件、结案177330件；再审，收案2354件、结案2337件；执行，收案1027635件、结案1027929件；再审审查，收案24830件、结案24810件；非诉行政，收案52538件、结案52495件；国家赔偿与司法救助，收案2634件、结案2713件；区际与国际司法协助，收案4778件、结案5722件；刑法变更，收案39617件、结案39117件；管辖，收案14125件、结案14113件；非诉保全，收案31039件、结案31010件；司法制裁，收案618件、结案649件；强制清算与破产，收案7758件、结案6462件；其他，收案45640件、结案45588件。②

（二）广西壮族自治区犯罪数据构成及统计分析（2021年）

2021年，广西壮族自治区人民法院审结刑事案件42926件，判处罪犯63450人，着重表现在四类犯罪审判工作上。其一，在审判严重危害社会治安类犯罪上。审结杀人、抢劫、强奸等严重暴力犯罪案件2103件，涉黑涉恶案件152件、703人，财产刑及追缴、没收违法所得执行到位15.33亿元，是2018—2020三年总额的4.48倍，审结毒品犯罪案件5019件，审结电信网络诈骗、集资诈骗、传销等涉众型经济犯罪案件1431件。其二，在审判涉疫犯罪上。依法维护防疫秩序，严厉打击“带疫偷渡”、妨害疫情防控等违法犯罪，审结相关案件761件、2153人，

① 数据来源：2022年广东省检察机关主要办案数据。
② 数据来源：2020年广东全省法院司法统计资料。

严惩“蛇头”和偷运者64人,对林某等23人妨害国(边)境管理罪案当庭公开宣判,积极配合开展“国门利剑”行动,依法严惩走私犯罪,审结案件252件、611人。其三,在惩处腐败犯罪上。审结贪污贿赂、渎职等罪案430件、487人,其中原为省部级1人、厅局级9人、县处级33人,判处追缴、罚没财产3.25亿元。其四,在侵犯公民个人信息犯罪上,加强个人信息安全保护,依法审结侵犯公民个人信息犯罪案件166件。

广西壮族自治区人民检察院在2021年批准逮捕各类犯罪嫌疑人44882人、起诉64414人,较2020年增长11.9%、23%。依法起诉妨害国(边)境管理和疫情防控犯罪2613人,上升110.4%;依法起诉涉黑涉恶犯罪669人、“保护伞”11人;严厉打击故意杀人、抢劫等严重暴力犯罪,起诉2939人;依法打击“盗抢骗”等多发性侵财犯罪,起诉12689人;从严惩治“黄赌毒”犯罪,起诉12381人;积极参与“断卡”专项行动,依法严厉打击电信网络诈骗及关联犯罪,起诉7623人;依法打击制售有毒有害食品和假药劣药等犯罪,起诉72人,依法从严打击性侵、虐待未成年人和拐卖儿童等犯罪3440人,对罪行较轻并有悔改表现的涉罪未成年人重在教育、帮扶、转化,附条件不起诉973人;依法起诉危害国防利益、侵害军人军属合法权益等犯罪37人,起诉伤医扰医犯罪6人;办理拒不支付劳动报酬刑事案件35件,起诉侵害老年人合法权益犯罪974人;依法严惩侵害妇女权益犯罪,起诉1371人。

(三)海南省犯罪数据构成及统计分析(2021年)①

2021年海南省人民法院判处犯罪案件总计11896件,其中判处组织卖淫罪94件,判处引诱、容留、介绍卖淫罪142件,判处妨害作证罪9件,判处重婚罪8件,判处窝藏、包庇罪46件,判处拐骗儿童罪1件,判处诈骗罪1040件,判处强迫卖淫罪5件,判处贪污罪13件,判处盗窃罪1652件,判处其他8887件。2021年海南省人民法院判处犯罪案件情况见图2-23。

2021年海南省人民法院一审案件共收案8445件、结案7995件,其中判决7688件,驳回15件,撤诉22件,其他270件。案件数据按照案件类别和数量排名如下:第一,侵犯财产罪,收案2664件、结案2574件;第二,妨害社会管理秩序罪,收案2083件、结案1948件;第三,危害公共安全罪,收案1831件、结案1735件;第

① 本部分数据除特别注明外,均来自海南省统计局:《海南统计年鉴2022》(中国统计出版社)。

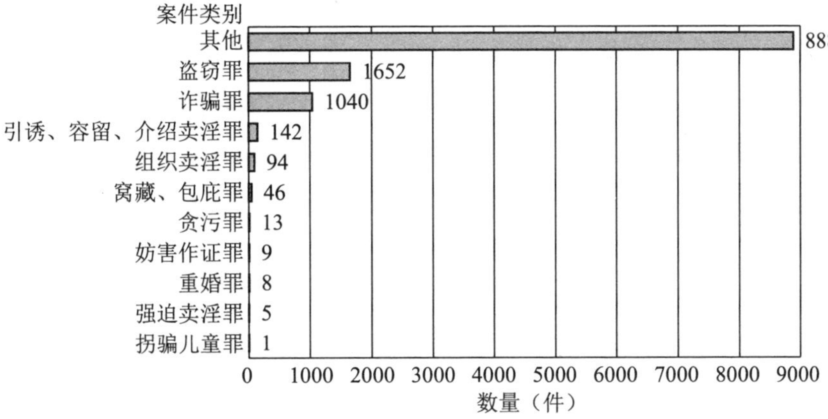

图 2-23　2021 年海南省人民法院判处犯罪案件情况

四,侵犯公民人身权利、民主权利罪,收案 1265 件、结案 1206 件;第五,破坏社会主义市场经济秩序罪,收案 390 件、结案 348 件;第六,贪污受贿罪,收案 189 件、结案 166 件;第七,渎职罪,收案 20 件、结案 17 件;第八,危害国防利益罪,收案 3 件、结案 1 件。具体数据可见图 2-24。

2021 年海南省人民法院判处犯罪人数共 11896 人,其中青少年犯罪人数共

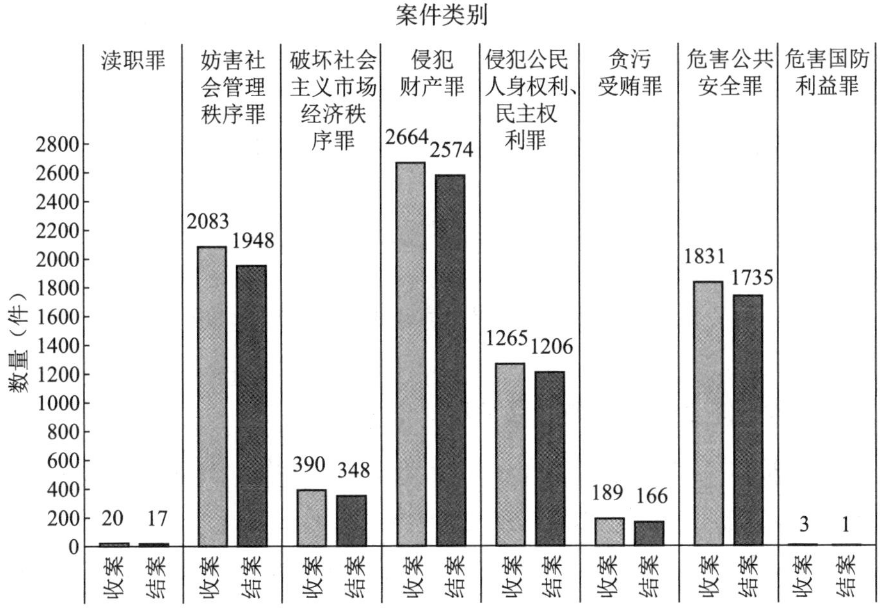

图 2-24　2021 年海南省人民法院刑事一审收结案情况

2721 人,包含不满 18 岁青少年罪犯 556 人,18—25 岁青少年罪犯 2165 人,青少年罪犯在刑事罪犯中占比 22.9%,较 2020 年上升了 0.8%。2020 年海南省人民法院判处犯罪人数共 11986 人,其中青少年罪犯 2652 人,包含不满 18 岁青少年罪犯 406 人,18 岁至 25 岁青少年罪犯 2246 人,青少年罪犯在刑事罪犯中占比 22.1%,较 2019 年下降 1.5%。2017—2019 年海南省青少年罪犯数据:2017 年审理刑事案件罪犯 12914 人,其中青少年罪犯 2603 人,青少年罪犯占比 20.2%; 2018 年审理刑事案件罪犯 9926 人,其中青少年罪犯 2398 人,青少年罪犯占比 24.2%; 2019 年审理刑事案件罪犯 11363 人,其中青少年罪犯 2678 人,青少年罪犯占比 23.6%。2017—2021 年海南省青少年罪犯占比趋势见图 2-25。

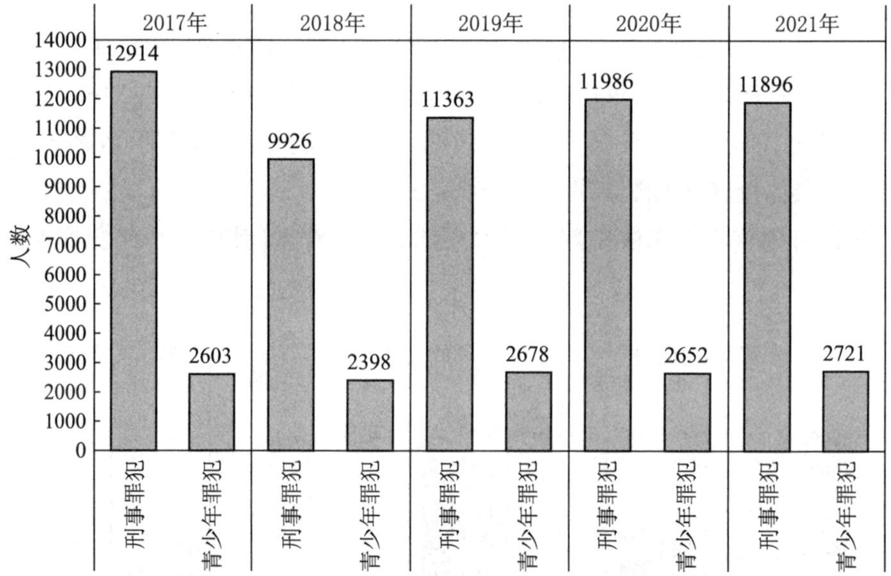

图 2-25 2017—2021 年海南省青少年罪犯占比趋势

五、华中地区犯罪数据统计及分析

2021—2022 年,华中地区总体犯罪数据呈现下降趋势,刑事案件中除诈骗类犯罪外,绝大多数类型的犯罪都呈现下降趋势,可见华中地区犯罪治理水平在不断提高。华中地区贪污贿赂类案件在犯罪数量减少的前提下保持较高的破案率,说明华中地区在公职人员犯罪方面打击力度大。

（一）河南省犯罪数据构成及统计分析(2021 年)①

2021 年河南省公安机关刑事立案 361406 件。2021 年河南省公安机关刑事立案情况按犯罪类别和占比排名如下：第一，诈骗，立案 135012 起；第二，盗窃，立案 132616 起；第三，其他，立案 83456 起；第四，伤害，立案 6040 起；第五，强奸，立案 3152 起；第六，抢劫，立案 512 起；第七，杀人，立案 433 起；第八，拐卖妇女、儿童，立案 156 起；第九，运输、持有、使用假币，立案 25 起；第十，走私，立案 4 起。

2021 年河南省公安机关共受理治安案件 425174 起，查处 390511 起，每万人口受理案件 43.02 起。其中，扰乱单位秩序案件受理 2878 起，查处 2752 起，每万人口受理案件 0.29 起；扰乱公共场所秩序案件受理 1101 起，查处 1054 起，每万人口受理案件 0.11 起；寻衅滋事案件受理 6930 起，查处 6549 起，每万人口受理案件 0.70 起；阻碍执行公务案件受理 1464 起，查处 1406 起，每万人口受理案件 0.15 起；非法携带枪支、弹药、管制刀具案件受理 514 起，查处 461 起，每万人口受理案件 0.05 起；违反危险物质管理规定案件受理 8648 起，查处 8423 起，每万人口受理案件 0.88 起；殴打他人案件受理 103817 起，查处 92696 起，每万人口受理案件 10.50 起；故意伤害案件受理 6306 起，查处 5639 起，每万人口受理案件 0.64 起；盗窃案件受理 150761 起，查处 138345 起，每万人口受理案件 15.25 起；敲诈勒索案件受理 1088 起，查处 1047 起，每万人口受理案件 0.11 起；抢夺案件受理 188 起，查处 169 起，每万人口受理案件 0.02 起；伪造、变造、倒卖有价票证、凭证案件受理 29 起，查处 25 起，每万人口受理案件 0.00 起；违反旅游业管理案件受理 2725 起，查处 2647 起，每万人口受理案件 0.28 起；违反房屋出租管理案件受理 1031 起，查处 1022 起，每万人口受理案件 0.10 起；诈骗案件受理 27626 起，查处 24981 起，每万人口受理案件 2.80 起；卖淫、嫖娼案件受理 2445 起，查处 2429 起，每万人口受理案件 0.25 起；赌博或为赌博提供条件案件受理 13458 起，查处 13241 起，每万人口受理案件 1.36 起；毒品违法活动案件受理 5383 起，查处 5318 起，每万人口受理案件 0.54 起；其他案件受理 88782 起，查处 82307 起，每万人口受理案件 8.98 起。

2021 年河南省人民检察院批捕和决定逮捕刑事案件 53131 件、78312 人，决定

---

① 载河南省统计局网，https://www.henan.gov.cn/zwgk/zfxxgk/fdzdgknr/tjxx/tjnj/，2023 年 8 月 25 日最后访问。

起诉106115件、151688人。其中,危害公共安全案,批捕和决定逮捕3105件、3236人,决定起诉33080件、33520人;破坏社会主义市场经济秩序案,批捕和决定逮捕3748件、5856人,决定起诉6413件、10831人;侵犯公民人身权利、民主权利案,批捕和决定逮捕8680件、10382人,决定起诉12031件、15002人;侵犯财产案,批捕和决定逮捕13925件、18448人,决定起诉20553件、28803人;妨害社会管理秩序案,批捕和决定逮捕23609件、40301人,决定起诉33347件、62711人;贪污贿赂案,批捕和决定逮捕14件、18人,决定起诉568件、645人;渎职侵权案,批捕和决定逮捕41件、46人,决定起诉106件、142人;其他,批捕和决定逮捕9件、25人,决定起诉17件、34人。2021年河南省人民检察院批捕和决定逮捕、决定起诉情况如图2-26、图2-27所示。

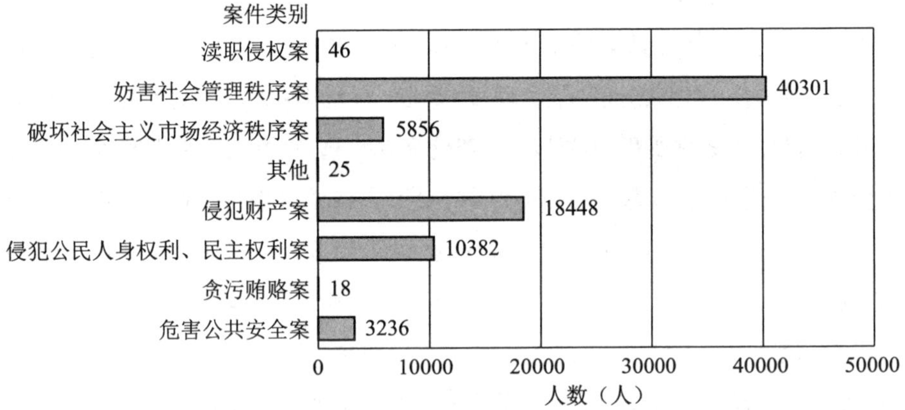

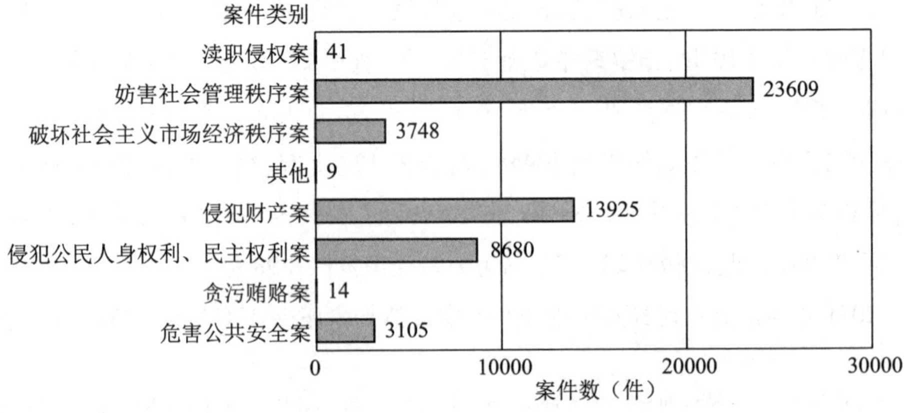

图2-26 2021年河南省人民检察院批捕和决定逮捕情况

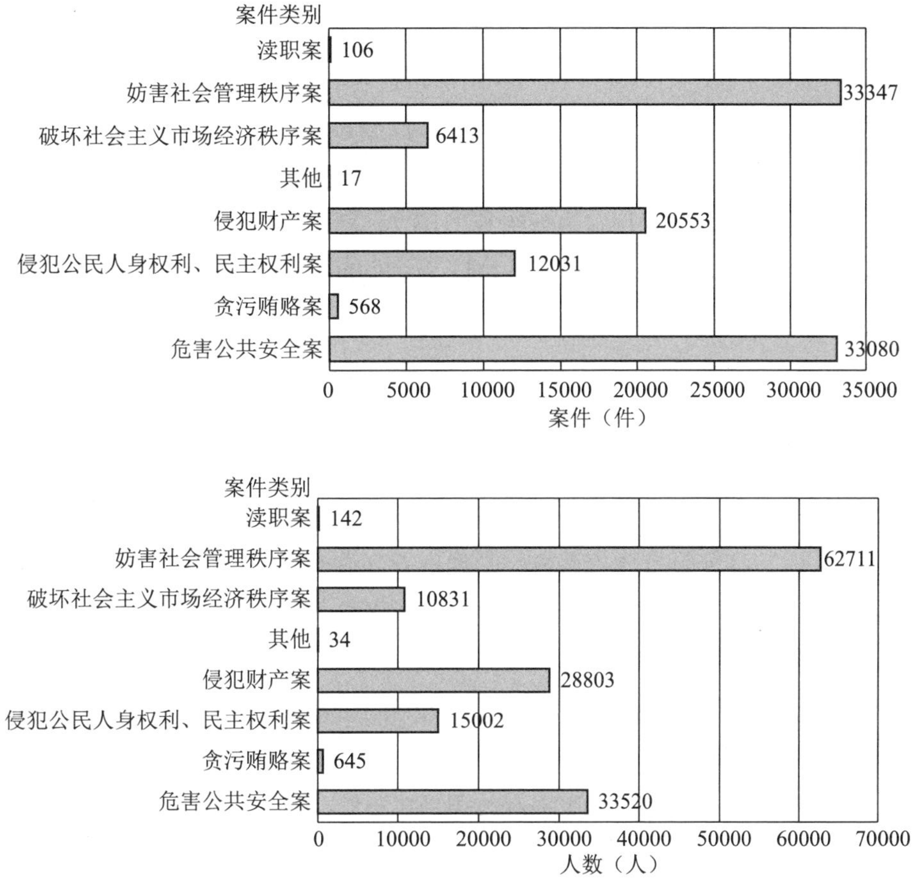

图 2-27　2021 年河南省人民检察院决定起诉情况

2021 年河南省人民法院审理刑事一审案件共收案 107213 件、结案 105373 件。2021 年河南省人民法院刑事一审案件收结案情况按照刑法犯罪类别和数量排名如下：第一，危害公共安全罪，收案 33529 件、结案 33448 件；第二，妨害社会管理秩序罪，收案 32878 件、结案 32166 件；第三，侵犯财产罪，收案 21075 件、结案 20701 件；第四，侵犯公民人身权利、民主权利罪，收案 12158 件、结案 11862 件；第五，破坏社会主义市场经济秩序罪，收案 6830 件、结案 6553 件；第六，贪污贿赂罪，收案 594 件、结案 523 件；第七，渎职罪，收案 119 件、结案 90 件；第八，危害国防利益罪，收案 28 件、结案 28 件；第九，其他，收案 2 件、结案 2 件。

(二)湖北省犯罪数据构成及统计分析(2020—2021年)①

2020年湖北省公安机关刑事立案192201件,2021年湖北省公安机关刑事立案229941件,同比上升19.64%;2020年湖北省刑事案件破案49520件,破案率达25.8%,2021年湖北省刑事案件破案63331件,破案率达27.5%,同比上升1.7%。

2020年湖北省监督公安机关立案1774件,监督追捕1347人,监督追诉1547人,刑事抗诉504件,监督刑罚执行纠错3188人;2021年湖北省监督公安机关立案1659件,监督追捕1726人,监督追诉1451人,刑事抗诉529件,监督刑罚执行纠错3341人。

2020年湖北省检察机关受理批捕21267件、30954人;2021年湖北省检察机关受理批捕31424件、45578人;2020年湖北省检察机关批准逮捕24936人;2021年湖北省检察机关批准逮捕33203人;2020年湖北省检察机关不批捕5900人;2021年湖北省检察机关不批捕11968人;2020年湖北省检察机关受理审查起诉47062件、64196人;2021年湖北省检察机关受理审查起诉61922件、83863人;2020年湖北省检察机关起诉54557人;2021年湖北省检察机关起诉63154人;2020年湖北省检察机关不起诉6380人;2021年湖北省检察机关不起诉14239人。

2020年湖北省刑事一审案件收案40325件、结案40244件;2021年湖北省刑事一审案件收案49001件、结案48268件,同比上升21.52%、19.94%。2021年湖北省人民法院刑事一审案件收结案情况按照刑法犯罪类别和数量排名如下:第一,危害公共安全罪,收案16402件、结案16291件;第二,妨害社会管理秩序罪,收案13512件、结案13239件;第三,侵犯财产罪,收案8765件、结案8666件;第四,侵犯公民人身权利、民主权利罪,收案5298件、结案5180件;第五,破坏社会主义市场经济秩序罪,收案4070件、结案4000件;第六,贪污贿赂罪,收案733件、结案688件;第七,渎职罪,收案166件、结案148件;第八,危害国防利益罪,收案39件、结案40件;第九,其他,收案16件、结案16件。2021年湖北省人民法院审理一审刑事案件收结案情况如图2-28所示。

2021年湖北省刑事犯罪总数为64612件,其中青少年犯罪共7446件,占比11.52%,较2020年上升0.42%,不满18周岁青少年犯罪共782件,占比10.50%,已满18周岁不满25周岁青少年犯罪共6664件,占比89.5%。

---

① 载湖北省统计局网,http://tjj.hubei.gov.cn/tjsj/sjkscx/tjnj/qstjnj/,2023年8月26日最后访问。

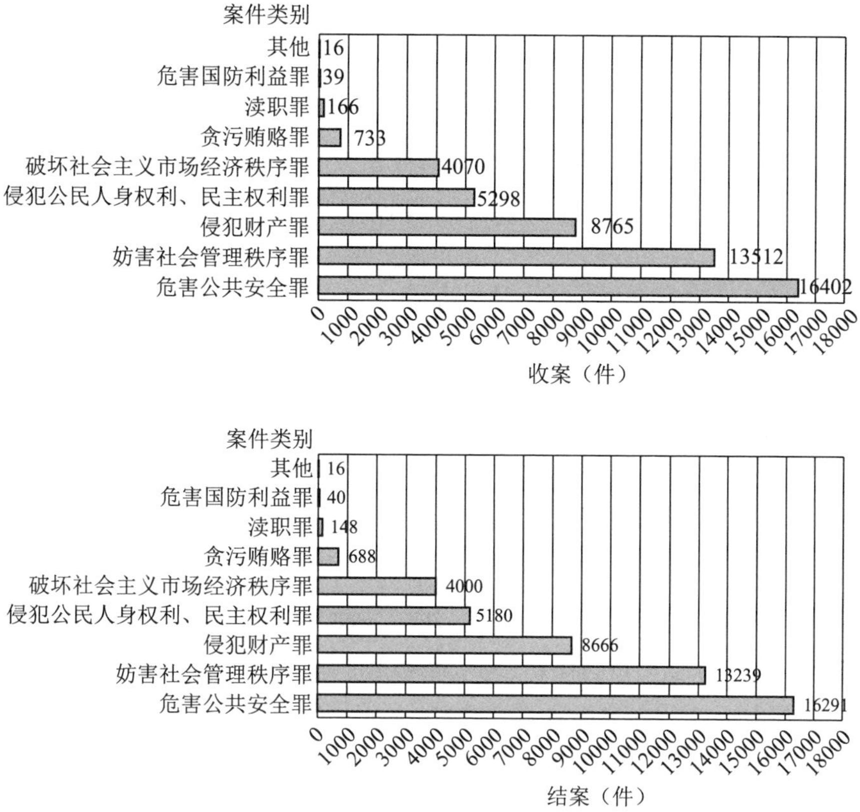

图 2-28　2021 年湖北省一审刑事案件收结案情况

（三）湖南省犯罪数据构成及统计分析(2022 年)①

2022 年湖南省人民检察院共批捕各类犯罪 22.1 万人，起诉 39 万人。起诉利用网络实施的犯罪 5.3 万人，依法惩治非法吸收公众存款、集资诈骗、非法传销等涉众型经济犯罪，起诉 7644 人，严惩故意杀人、抢劫等严重暴力犯罪，起诉 1.5 万人。依法打击新型毒品、寄递毒品、跨境贩毒、容留吸毒等犯罪，起诉 5 万人，追捕 833 人，追诉 866 人。协同推进安全生产综合治理，起诉危害生产安全犯罪 467 人。依法维护疫情防控秩序，起诉伤医扰医、制假售假等涉疫犯罪 1123 人。起诉涉黑涉恶犯罪 1.5 万人，起诉侵犯商业秘密等涉知识产权犯罪 1891 人，起诉受贿犯罪 1306 人、行贿犯罪 646 人，起诉破坏生态环境等犯罪 1.1 万人，立案办理公益诉讼

① 载湖南省统计局网，http://tjj.hunan.gov.cn/tjsj/tjnj/，2023 年 8 月 26 日最后访问。

案件 1.76 万件,依法严惩危害国防利益、侵犯军人军属合法权益犯罪,起诉 55 人,起诉危害食品药品安全、高空抛物、涉窨井盖犯罪 2070 人,起诉拒不支付劳动报酬犯罪 364 人。

2022 年依法不批捕 1.9 万人、不起诉 3.3 万人,较 2018 年分别上升 11.2%、162.4%。监督立案 5104 件、撤案 4089 件,纠正侦查活动违法 2.8 万件次。对不构成犯罪、证据不足、情节轻微的案件,依法不批捕 7.5 万人,不起诉 9 万人。对应当提请逮捕而未提请、应当移送审查起诉而未移送的,追捕 6775 人,追诉 1.1 万人。

2022 年湖南省人民检察院共批捕侵害未成年人犯罪 1.27 万人、起诉 1.68 万人,监督立案 281 人,追捕 233 人,追诉 247 人。对涉嫌轻微犯罪并有悔罪表现的未成年人,依法不批捕 6629 人,不起诉 3011 人,附条件不起诉 4663 人;对犯罪情节严重、主观恶性大的 1.1 万名涉罪未成年人依法提起公诉。

2022 年湖南省人民法院审结刑事案件 25.5 万件、38.7 万人。严惩故意杀人、抢劫等严重暴力犯罪 1 万件、1.3 万人。审结性侵未成年人犯罪案件 5083 件、6380 人。开展毒品犯罪专项审判活动,审结毒品犯罪案件 3.5 万件、4.5 万人。依法审结食品药品安全犯罪案件 1109 件、2029 人。审结涉黑恶犯罪案件 2927 件、1.5 万人,惩处黑恶势力"保护伞"153 件、177 人。打击电信网络诈骗及关联犯罪 1.8 万件、2.9 万人,依法严惩养老诈骗犯罪案件 445 件、1500 人。严惩非法集资、传销、"校园贷""套路贷"等涉众经济犯罪案件 1912 件、7324 人。审结贪污、贿赂等职务犯罪案件 3191 件、3271 人。依法审结行贿犯罪案件 516 件、590 人。

六、西南地区犯罪数据统计及分析

从 2020—2021 年的数据来看,西南地区的犯罪数据总体较为稳定,2020 年因疫情原因犯罪总数呈一定的下降趋势,但在 2021 年各省、自治区、直辖市都有不同程度的回升。

(一) 重庆市犯罪数据构成及统计分析(2020—2021 年)①

2020 年重庆市公安机关刑事案件立案 145971 起,2021 年重庆市公安机关刑事案件立案 127638 起,同比下降 12.56%。2020 年重庆市公安机关刑事破案率

① 载重庆市统计局网,http://tjj.cq.gov.cn/zwgk_233/tjnj/,2023 年 8 月 27 日最后访问。

38.74%，2021 年重庆市公安机关刑事破案率 31.7%。

2021 年重庆市检察机关批准、决定逮捕的案件 13028 件、17629 人。按照犯罪类别和数量排名如下：第一，妨害社会管理秩序案，批准、决定逮捕 6593 件、9567 人；第二，侵犯财产案，批准、决定逮捕 4429 件、5622 人；第三，侵犯公民人身权利、民主权利案，批准、决定逮捕 1455 件、1623 人；第四，破坏社会主义市场经济秩序案，批准、决定逮捕 376 件、624 人；第五，危害公共安全案，批准、决定逮捕 161 件、175 人；第六，危害国防利益案，批准、决定逮捕 7 件、11 人；第七，渎职案，批准、决定逮捕 5 件、5 人；第八，贪污贿赂案，批准、决定逮捕 1 件、1 人；危害国家安全案，批准、决定逮捕 1 件、1 人。如图 2-29 所示。

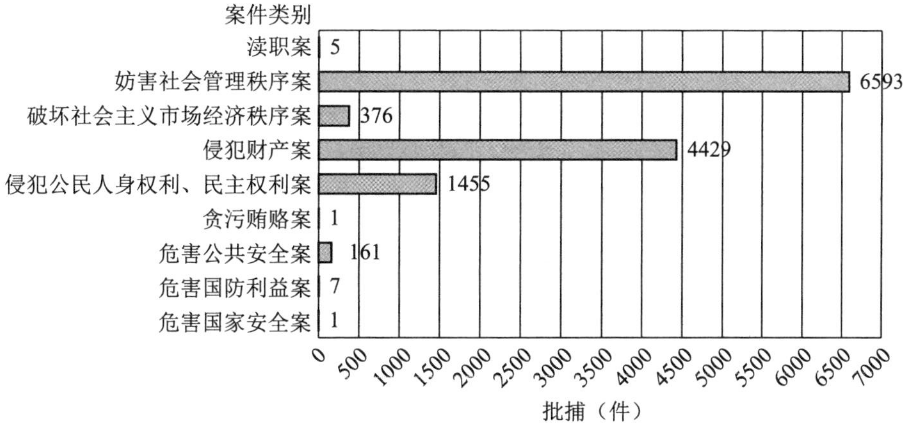

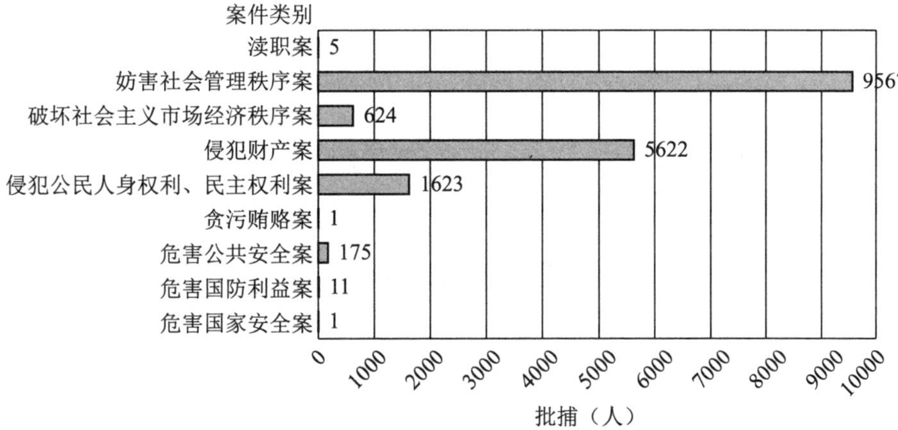

图 2-29 重庆市 2021 年检察机关批捕情况

2021 年重庆市检察机关决定起诉的案件 24887 件,决定起诉犯罪嫌疑人 34878 人。按照犯罪类别和数量排名如下:第一,妨害社会管理秩序案,决定起诉 9172 件、15623 人;第二,危害公共安全案,决定起诉 6598 件、6670 人;第三,侵犯财产案,决定起诉 6155 件、8524 人;第四,侵犯公民人身权利、民主权利案,决定起诉 2073 件、2399 人;第五,破坏社会主义市场经济秩序案,决定起诉 662 件、1363 人;第六,贪污贿赂案,决定起诉 204 件、267 人;第七,渎职案,决定起诉 14 件、17 人;第八,危害国防利益案,决定起诉 8 件、14 人;第九,危害国家安全案,决定起诉 1 件、1 人。如图 2-30 所示。

2020 年重庆全市人民法院刑事一审案件收案 25443 件、结案 24230 件。收案

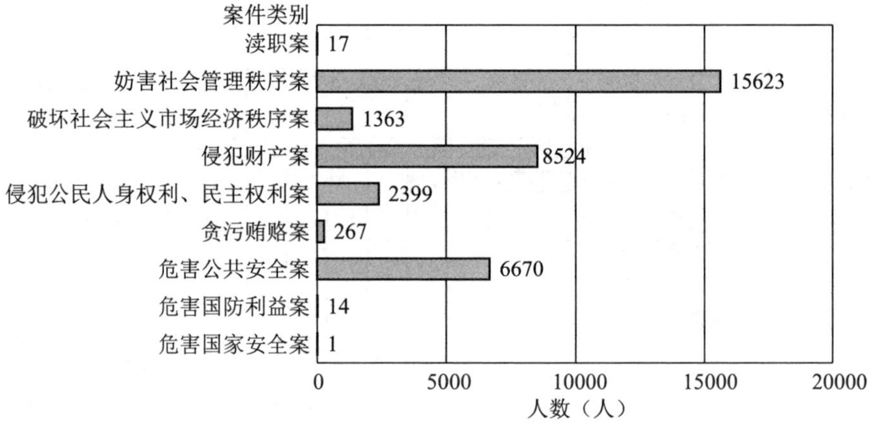

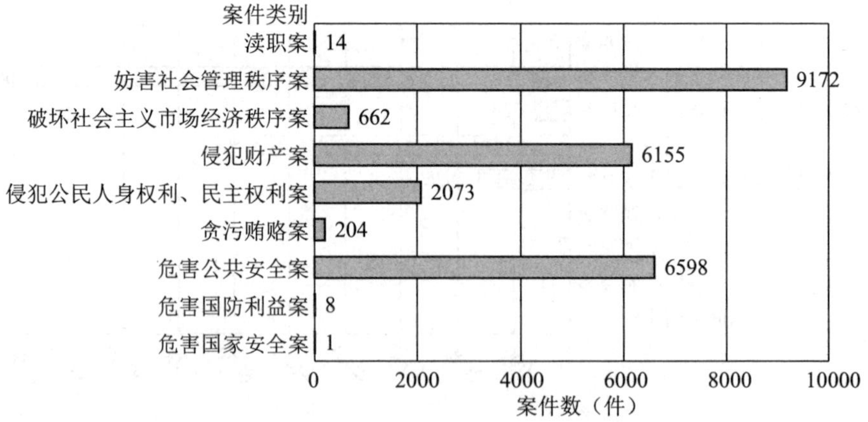

图 2-30　重庆市 2021 年检察机关决定起诉情况

数同比下降3.22%,结案数同比下降3.30%。2021年重庆全市人民法院刑事一审案件收案26813件、结案24820件。2021年重庆全市人民法院刑事一审案件收结案情况按照具体犯罪类型和数量排名如下:第一,妨害社会管理秩序罪,收案9677件、结案8831件;第二,侵犯财产罪,收案6959件、结案6571件;第三,危害公共安全罪,收案6736件、结案6597件;第四,侵犯公民人身权利、民主权利罪,收案2296件、结案1973件;第五,破坏社会主义市场经济秩序罪,收案864件、结案656件;第六,贪污贿赂罪,收案247件、结案168件;第七,渎职罪,收案21件、结案13件;第八,危害国防利益罪,收案9件、结案9件;第九,其他案件,收案4件、结案2件。如图2-31所示。

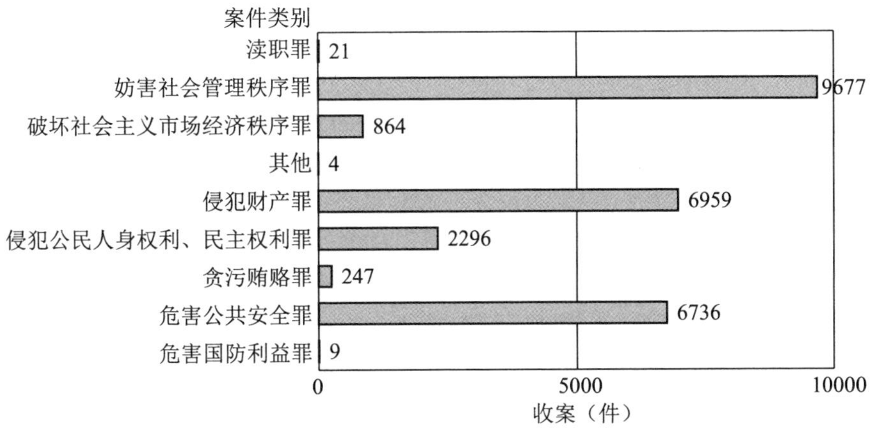

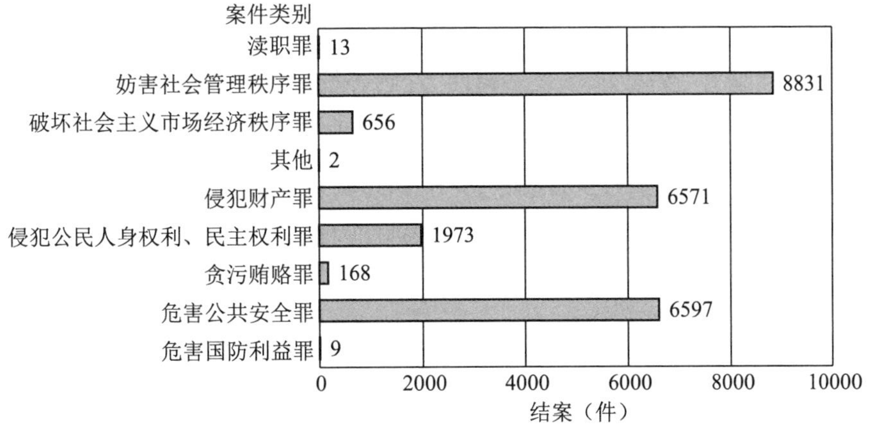

图2-31　2021年重庆市人民法院刑事一审收结案情况

(二)四川省犯罪数据构成及统计分析(2020—2021年)①

2020年四川全省治安案件受理354543起,2021年治安案件受理405853起,同比上升14.47%。2020年四川全省治安案件查处224471起,2021年治安案件查处265007起,同比上升18.06%。

2021年四川全省公安机关受理治安案件共405853件,查处治安案件265007件。2021年四川全省公安机关将受理查处治安案件情况分为四个类别,第一类,扰乱公共秩序类案件,共受理14519件、查处11660件,其中包括扰乱单位秩序、扰乱公共场所秩序、扰乱公共交通工具秩序、妨碍交通工具正常行驶、扰乱大型群众性活动秩序五种情形。扰乱单位秩序,受理2239件、查处1922件;扰乱公共场所秩序,受理1680件、查处1496件;扰乱公共交通工具秩序,受理86件、查处73件;妨碍交通工具正常行驶,受理160件、查处131件;扰乱大型群众性活动秩序,受理1件、查处1件。第二类,妨害公共安全类案件,共受理8595件、查处7676件,其中包括违反危险物质管理规定非法携带枪支、弹药、管制刀具和盗窃、损毁公共设施两种情形。违反危险物质管理规定非法携带枪支、弹药、管制刀具,受理2919件、查处2644件;盗窃、损毁公共设施,受理746件、查处328件。第三类,侵犯他人人身权利、财产权利类案件,共受理279138件、查处152476件,其中包括强迫他人劳动、发送信息干扰正常生活、殴打他人、盗窃以及侮辱、诽谤、诬告陷害五种情形。强迫他人劳动,受理5件、查处3件;发送信息干扰正常生活,受理297件、查处131件;殴打他人,查处46796件;盗窃,受理66980件、查处41086件;侮辱、诽谤、诬告陷害,受理2812件、查处1717件。第四类,妨害社会管理类案件,共受理105803件、查处93195件,其中包括阻碍执行职务、违反旅馆业管理、毒品违法活动,以及卖淫、嫖娼四种情形。阻碍执行职务,受理103601件、查处1731件;违反旅馆业管理,受理1841件、查处3406件;毒品违法活动,受理6019件、查处29626件;卖淫、嫖娼,受理3544件、查处5365件。

2020年四川全省检察机关批准、决定逮捕21088件、31616人,2021年批准、决定逮捕24695件、36354人,同比分别上升17.1%、14.98%。2020年四川全省检察

① 载四川省统计局网,http://tjj.sc.gov.cn/scstjj/c105855/nj.shtml,2023年8月24日最后访问。

机关决定起诉 42052 件、64322 人，2021 年决定起诉 50450 件、75880 人，同比分别上升 19.97%、17.97%。

2021 年四川全省检察机关批准、决定逮捕 24695 件、36354 人，检察机关决定起诉 50450 件、75880 人。批捕、决定逮捕的案件按照犯罪类别和数量排名如下：第一，妨害社会管理秩序案，批准、决定逮捕 9681 件、16584 人；第二，侵犯财产案，批准、决定逮捕 9262 件、12538 人；第三，侵犯公民人身权利、民主权利案，批准、决定逮捕 3649 件、4193 人；第四，破坏社会主义市场经济秩序案，批准、决定逮捕 1056 件、1870 人；第五，危害国家安全、公共安全案，批准、决定逮捕 1008 件、1108 人；第六，危害国防利益案，批准、决定逮捕 17 件、31 人；第七，渎职侵权案，批准、决定逮捕 15 件、22 人；第八，贪污贿赂案，批准、决定逮捕 7 件、8 人。如图 2-32 所示。

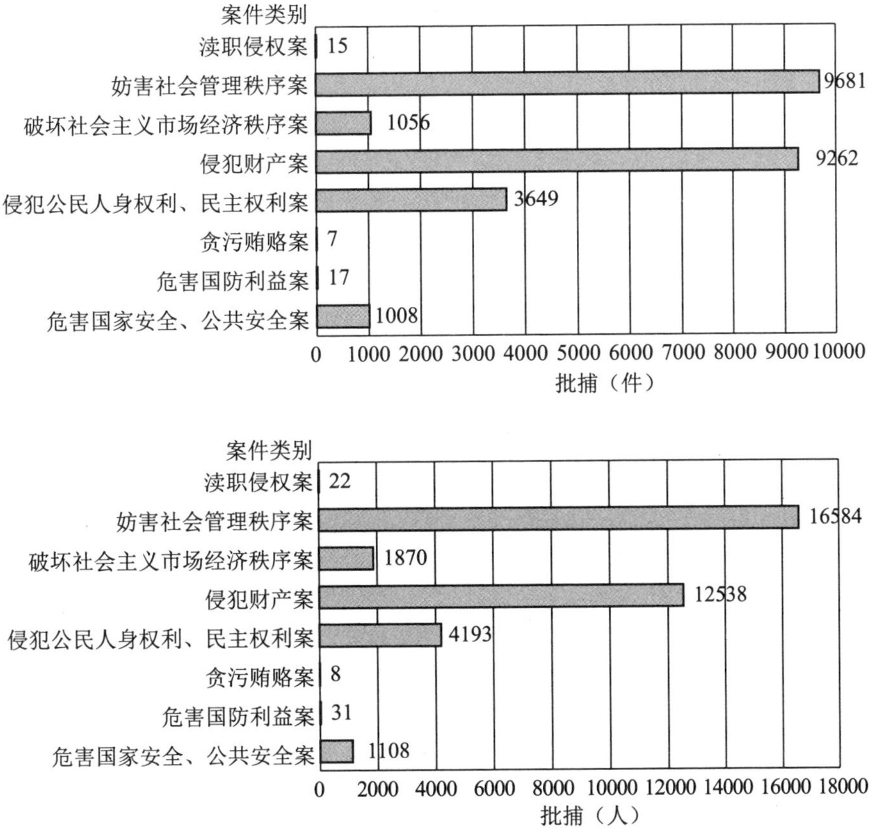

图 2-32　2021 年四川省检察机关批准、决定逮捕情况

2021 年四川全省检察机关决定起诉 50450 件、75880 人,按照犯罪类别和数量排名如下:第一,危害国家安全、公共安全案,决定起诉 15630 件、16018 人;第二,妨害社会管理秩序案,决定起诉 14780 件、30967 人;第三,侵犯财产案,决定起诉 12191 件、17413 人;第四,侵犯公民人身权利、民主权利案,决定起诉 5070 件、6229 人;第五,破坏社会主义市场经济秩序案,决定起诉 1896 件、4192 人;第六,贪污贿赂案,决定起诉 804 件、923 人;第七,渎职侵权案,决定起诉 51 件、69 人;第八,危害国防利益案,决定起诉 27 件、64 人。如图 2-33 所示。

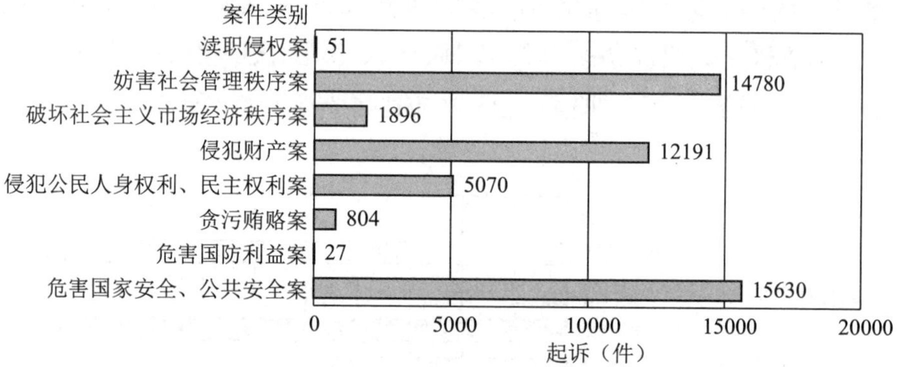

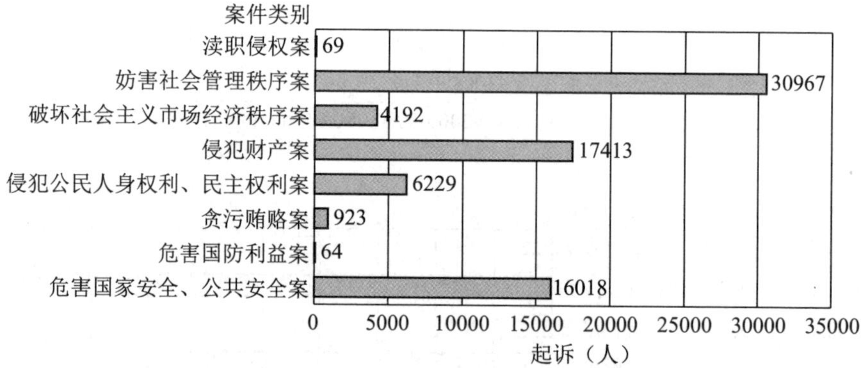

图 2-33　2021 年四川省检察机关决定起诉情况

2021 年四川省人民法院一审刑事案件受理 52344 件、结案 50716 件。2021 年四川省人民法院二审刑事案件受理 5839 件、结案 5497 件。2021 年四川省人民法院审判监督刑事案件受理 170 件、结案 144 件。

2022 年,全省检察机关共批准和决定逮捕各类犯罪嫌疑人 19365 人,同比下降

46.73%；不捕 14276 人，同比下降 24.78%，不捕率为 42.44%，同比增加 8.14 个百分点。受理审查起诉 101673 人，同比下降 2.98%；共决定起诉 70596 人，同比下降 6.96%；决定不起诉 22632 人，同比上升 59.13%，不起诉率 24.28%，同比增加 8.5 个百分点。①

（三）贵州省犯罪数据构成及统计分析（2020—2021 年）②

2020 年贵州省人民检察院批准、决定批捕案件 1.61 万件、2.35 万人，2021 年批准、决定批捕案件 1.80 万件、2.58 万人，同比分别上升 11.80%、9.79%。2020 年贵州省人民检察院决定起诉案件 2.64 万件、3.95 万人，2021 年决定起诉案件 2.85 万件、4.03 万人，同比分别上升 7.95%、2.02%。2020 年贵州省人民法院刑事一审案件收案 28522 件、结案 26578 件，2021 年收案 31471 件、结案 28980 件，同比分别上升 10.34%、9.04%。

2021 年贵州省人民法院刑事一审收结案数据按照案件类别和数量排名如下：第一，危害公共安全罪，收案 9327 件、结案 9078 件；第二，妨害社会管理秩序罪，收案 8178 件、结案 7423 件；第三，侵犯财产罪，收案 6857 件、结案 6383 件；第四，侵犯公民人身权利、民主权利罪，收案 5234 件、结案 4629 件；第五，破坏社会主义市场经济秩序罪，收案 1315 件、结案 1050 件；第六，贪污贿赂罪，收案 466 件、结案 353 件；第七，渎职罪，收案 81 件、结案 54 件；第八，危害国防利益罪，收案 11 件、结案 10 件；第九，危害国家安全罪，收案 2 件。如图 2-34 所示。

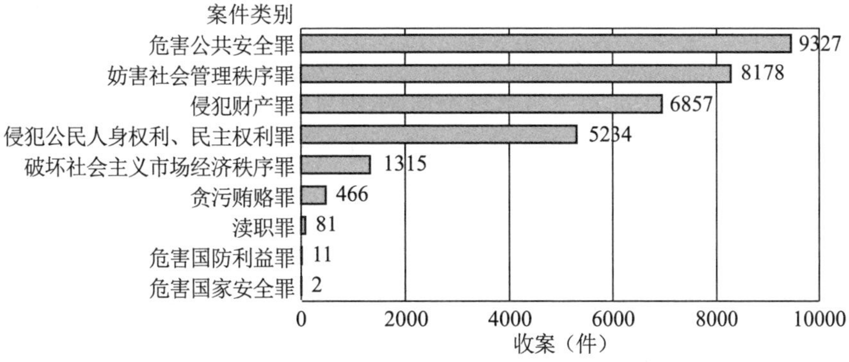

① 载四川法治报，https://www.scfzbs.com/fzscapp/202302/58809401.html，2023 年 8 月 23 日最后访问。

② 载贵州省统计局网，http://stjj.guizhou.gov.cn/tjsj_35719/，2023 年 8 月 23 日最后访问。

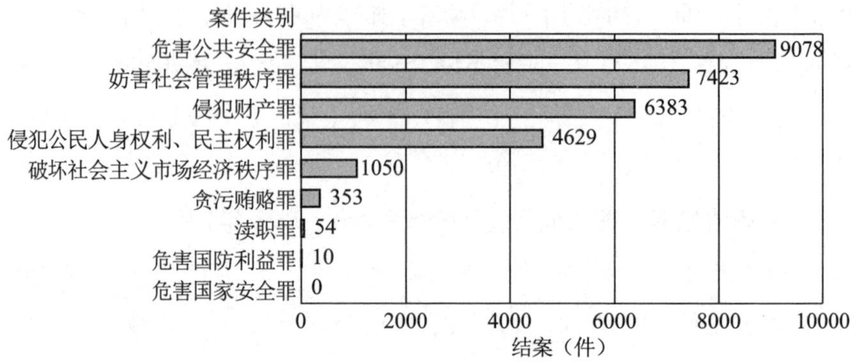

图 2-34　2021 年贵州省人民法院刑事一审收结案情况

2020 年刑事罪犯总数 40377 人,其中青少年罪犯 9715 人,占贵州省当年刑事犯罪总数的 24.1%, 2021 年刑事罪犯总数 38028 人,其中青少年罪犯 8854 人,占贵州省当年刑事罪犯总数的 23.28%。2021 年不满 18 周岁的青少年罪犯有 1000 人,同比下降 39.90%, 18 周岁以上不满 25 周岁的青少年罪犯有 7854 人,同比下降 2.44%。数据表明,与 2020 年相比,贵州省青少年犯罪总数呈下降趋势。

(四) 云南省犯罪数据构成及统计分析(2021 年)

2021 年云南全省检察机关共办理各类案件 310867 件,同比上升 6.4%,批捕 47703 人,起诉 91609 人。其中,严厉打击严重暴力犯罪,共起诉故意杀人、故意伤害、“两抢一盗”等犯罪 16500 人;保持打击黑恶势力犯罪高压态势,起诉 936 人;开展惩治电信网络诈骗犯罪专项活动,起诉 444 人;起诉偷越国(边)境 9965 人、组织或运送他人偷越国(边)境 4744 人,起诉跨境赌博、电信网络诈骗犯罪 915 人,起诉涉疫犯罪 411 人;起诉危害珍贵濒危野生动植物等犯罪 2247 人。注重以“少捕慎诉慎押”减少社会对立面,对于可捕可不捕、可诉可不诉的,不批捕 14924 人、不起诉 10338 人,通过羁押必要性审查提出并改变强制措施 1847 人,适用认罪认罚从宽制度 87933 人。①

2021 年,云南省人民法院受理各类案件 894752 件,审执结 807176 件,同比分别上升 10.45%和 4.85%,法定审限内结案率 97.84%。省高级人民法院受理各类案件 16063 件,审执结 13370 件,法定审限内结案率 90.44%。深入贯彻总体国家安全

---

① 《云南省人民检察院工作报告》,载云南省人民检察院网 2022 年 1 月 29 日,http://www.yn.jcy.gov.cn/yjyw/202201/t20220129_3543059.shtml, 2023 年 8 月 23 日最后访问。

观，依法严惩各类刑事犯罪，审结刑事案件 63215 件、90306 人。其中，扛牢强边固防重大政治责任，保持对涉恐、走私、诈骗、偷越边境、跨境赌博等违法犯罪高压态势，共受理 10841 件、26158 人，审结 10311 件、24537 人，结案率 95%；坚决防范境外疫情输入，审结涉疫刑事犯罪案件 25 件、29 人；常态化开展扫黑除恶斗争，审结涉黑恶案件 108 件、1023 人，依法严惩一批黑社会性质组织首要分子，审结“保护伞”案件 21 件、23 人；依法严惩故意杀人、抢劫、绑架等严重暴力犯罪，审结 1019 件、1508 人；严惩群众反映强烈的电信网络诈骗、侵犯公民隐私和个人信息等犯罪，审结 1332 件、1954 人；审结袭警犯罪案件 152 件、159 人；从严惩处毒品犯罪，审结 3911 件、4789 人；严厉惩治腐败犯罪，审结职务犯罪案件 752 件、878 人，坚持行贿受贿一起打，审结行贿案件 138 件、145 人；加强人权司法保障，贯彻罪刑法定、证据裁判和疑罪从无原则，依照审判监督程序再审改判刑事案件 119 件，坚持宽严相济形势政策，依法适用非监禁刑 29691 人。①

（五）西藏自治区犯罪数据构成及统计分析（2021 年）

2021 年，西藏自治区各检察机关全年受理、办结案件同比分别上升 32.8% 和 14.3%。依法惩治各类刑事犯罪，批准（决定）逮捕 1536 人，同比增长 37.3%，提起公诉 3424 人，同比增长 35.7%；依法严惩故意伤害、寻衅滋事、聚众斗殴、强奸、抢劫等多发性暴力犯罪，起诉 543 人，同比增长 27.2%；针对危险驾驶犯罪，起诉 1143 人，同比上升 120.2%；针对电信网络诈骗犯罪，起诉 177 人，同比上升 129.9%。依法打击破坏环境资源犯罪，起诉 124 人，同比上升 42.5%。开展羁押必要性审查 329 人，适用认罪认罚从宽 3290 人；纠正侦查活动违法 60 件次、漏捕漏诉 40 人，监督立案 58 件、撤案 47 件。依法受理监委移送审查起诉职务犯罪案件 121 件、217 人，退回补充侦查 17 件、21 人，自行补充侦查 2 件、2 人。②

2021 年西藏自治区各人民法院全年共受理案件 76197 件、审执结 66434 件，同比分别上升 51.87%、46.48%，审限内结案率 99.46%，高级人民法院受理案件 1103 件、审执结 867 件。其中，持续推进扫黑除恶斗争常态化，审结刑事案件 3684 件、4641 人；依法审结杀人、抢劫、强奸等严重暴力犯罪案件 208 件、287 人，盗窃、诈骗

---

① 《云南省高级人民法院工作报告》，载云南人大网 2022 年 1 月 29 日，https://www.ynrd.gov.cn/html/2022/ynssrdhwhybg_0129/16687.html，2023 年 11 月 29 日最后访问。

② 《2021 年西藏自治区人民检察院工作报告（全文）》，载西藏自治区人民检察院网 2022 年 1 月 19 日，http://www.xz.jcy.gov.cn/jwgk/gzbg/202207/t20220706_3738851.shtml，2023 年 8 月 23 日最后访问。

等多发性侵财犯罪案件694件、961人,电信网络诈骗犯罪案件55件、146人;审结危险驾驶、交通肇事犯罪案件1228件、1243人;落实宽严相济刑事政策,积极推进认罪认罚从宽制度改革,对2名罪行轻微被告人适用非监禁刑,免予刑事处罚14人、宣告无罪11人;严格规范减刑、假释、暂予监外执行,依法减刑541人,对3.33万件"减假暂"案件进行全面自查,坚决纠正"纸面服刑""提钱出狱";按照审判监督程序再审改判刑事案件9件;指定辩护720余人次,充分保障被告人诉讼权利。审结职务犯罪案件65件、73人,其中原厅局级7人、县处级25人、政法干警21人。①

七、西北地区犯罪数据统计及分析

2022年西北地区的各类犯罪数量总体呈下降趋势,且"案-件比"较上一年度有所提高,体现了犯罪治理效果和效率的提升。

(一)陕西省犯罪数据构成及统计分析(2022年)

2022年,陕西全省检察机关共批准和决定逮捕各类犯罪嫌疑人11426人,同比下降38.78%,不捕8307人,同比上升8.12%;不捕率42.10%,同比增加12.94个百分点。共决定起诉24757人,同比下降27.38%。决定不起诉9061人,同比上升37.01%;不起诉率为26.79%,同比增加10.54个百分点。已办理的审查起诉案件中,适用认罪认罚从宽制度审结人数占同期审结人数的85%以上;检察机关提出确定刑量刑建议占量刑建议提出数的90%以上;对检察机关提出的量刑建议,法院采纳人数占同期提出量刑建议数的95%以上。全省检察机关共提出抗诉113件,同比下降34.68%;法院改判和发回重审32件,占审结总数的57.33%。全省检察机关针对刑事审判活动中违法行为,提出纠正500件次,同比下降30.36%;同期审判机关已纠正567件(含上期积存),采纳率113.40%。对不当"减刑、假释、暂予监外执行"提出纠正878人,同比上升9.48%;对监狱、看守所等监管场所执行活动违法行为提出纠正1666件,同比上升23.32%;对监外执行活动违法行为提出纠正1115人,同比上升11.84%;对财产性判项执行履职不当提出纠正658件,同比上升63.28%。全省检察机关共立案侦查司法工作人员相关职务犯罪案件53人。对涉黑恶犯罪决定起诉29件、177人。②

① 《西藏自治区高级人民法院工作报告》,载中国西藏网2022年1月18日,http://www.tibet.cn/cn/culture/wx/202201/t20220118_7131799.html,2023年8月23日最后访问。

② 《2022年1—12月全省检察机关主要办案数据》,载陕西检察网2023年1月25日,http://www.sn.jcy.gov.cn/jcdt_22157/sydt/202301/t20230125_322457.html,2023年8月10日最后访问。

2022年，陕西省人民法院审结一审刑事案件12.05万件。审结涉黑恶案件700件、6176人，判处"保护伞"56人。审结养老诈骗案件38件、71人，追回损失955.26万元。审结一审贪污贿赂、渎职侵权案件1821件、2082人。①

（二）甘肃省犯罪数据构成及统计分析（2022年）②

2022年，甘肃省检察机关共受理审查逮捕11165人、审查起诉35163人。批准逮捕6556人，同比下降40.84%；提起公诉21389人，同比下降15.29%。"案-件比"为1∶1.1，达到历史最优。对有案不立、立案不当的监督立案288件、监督撤案324件，同比分别上升41.2%和14.1%。对认为确有错误的刑事裁判提出抗诉110件，法院已改判、发回重审45件。对刑事审判活动违法情形提出纠正意见164件。监督纠正减刑、假释、暂予监外执行不当712人。加强刑事裁判涉财产部分执行检察，提出监督意见425件，采纳率100%。贯彻少捕慎诉慎押刑事司法政策，对轻微犯罪、初犯偶犯等依法从宽处理，依法不捕4660人、不诉10416人。加强羁押必要性审查，对捕后不需要继续羁押的，建议变更强制措施640人。对决定不起诉、但应当给予行政处罚的，及时移送主管机关处置。全面落实认罪认罚从宽制度，全年适用率超过91%，一审服判率提升至96.7%。

（三）青海省犯罪数据构成及统计分析（2022年）③

2022年，青海省检察机关批准和决定逮捕15669人，提起公诉31510人。其中，批捕抢劫、故意杀人、绑架、强奸、涉枪涉爆等严重暴力犯罪1440人、起诉1723人；批捕盗窃、诈骗、抢夺等多发性侵财犯罪5760人、起诉7538人；批捕"偷拐骗""黄赌毒"等犯罪7829人、起诉10048人；批捕涉疫犯罪24人、起诉32人。受理各级监委移送审查起诉案件978人，起诉627人，其中厅局级21人，县处级75人。坚持行贿受贿一起查，起诉受贿犯罪172人、行贿犯罪95人。依法履行司法工作人员相关职务犯罪侦查职能，查办徇私枉法、滥用职权等犯罪67人，起诉28人，有力维护司法公正。加强弱势群体权益保护，批捕侵害妇女、儿童、老年人、残疾人等特殊群体合法权益犯罪2430人、起诉3530人。起诉制售有毒有害食品、假药劣药等犯罪87人，办理食药领域公益诉讼案件1339件，惩治高空抛物犯罪行为，联合

---

① 《陕西省高级人民法院工作报告（摘要）》，载陕西政法网2023年1月23日，http://www.sxzf.gov.cn/html/214/127881.html，2023年8月10日最后访问。

② 《甘肃省人民检察院工作报告（2023年）》，载甘肃省人民检察院网2023年3月21日，http://www.jcy.gansu.gov.cn/info/1067/33607.htm，2023年8月12日最后访问。

③ 《青海省人民检察院工作报告》，载青海省人民检察院网2023年1月29日，http://www.qh.jcy.gov.cn/c/www/wwwgzbg/51132.jhtml，2023年8月12日最后访问。

开展窨井盖治理,督促更换、修复问题窨井盖1750个,守护老百姓"舌尖上""头顶上""脚底下"安全。积极参与"断卡"专项行动,起诉电信网络诈骗、非法集资等犯罪427人,守好老百姓的"钱袋子"。常态化开展支持农民工讨薪专项行动,支持起诉讨薪维权642件,帮助追回欠薪7181.3万元,起诉拒不支付劳动报酬犯罪55人。共督促立案295件、监督撤案197件;追加逮捕158人、追加起诉320人;不批捕4123人、不起诉4506人;提出抗诉261件;"案-件比"优化至2022年的1∶1.15;监督纠正不当减刑、假释、暂予监外执行1134人次。

(四)宁夏回族自治区犯罪数据构成及统计分析(2022年)

2022年,宁夏回族自治区检察机关共办理各类案件24850件,同比上升4.2%。其中,办理审查逮捕案件2117件,同比下降38.97%;办理审查起诉案件7513件,同比下降12.66%;诉讼活动违法监督案件11714件;公益诉讼案件2191件。

2018至2022年,共批捕17715人、起诉41024人,较上一个五年分别下降12.6%和上升13.2%。监督公安机关立案1259件、撤案3418件;监督纠正漏捕、漏诉1832人;监督纠正侦查活动违法1229件;督促行政执法机关移送涉嫌犯罪案件线索544件,公安机关立案492件。①

(五)新疆维吾尔自治区犯罪数据构成及统计分析(2021年)

2021年,新疆维吾尔自治区检察机关共批捕各类犯罪12901件、26942人,起诉28490件、44603人。其中,批捕涉疫犯罪7人、起诉20人,办理涉疫公益诉讼案件47件;批捕安全生产领域犯罪166人,起诉332人;推动少捕慎诉慎押刑事司法政策落实,依法不捕5865人、不诉8744人,不捕、不诉率分别达到17.9%、16.4%;批捕电信网络诈骗犯罪254人、起诉391人。监督公安机关立案和撤案同比上升9.9%;纠正侦查活动违法同比增长1.7倍;强化刑事审判监督,提出抗诉105件,同比上升36.4%。加大职务犯罪侦查力度,全年立案30件、39人,同比分别增长1倍、1.4倍。批捕侵害未成年人犯罪984人,起诉1214人。②

2021年,新疆维吾尔自治区人民法院共受理案件66.89万件、审结60.62万件,高级人民法院受理案件5820件、审结5271件。其中,严厉打击故意杀人、抢劫、强奸等

① 《宁夏回族自治区人民检察院工作报告》,载宁夏人大网2023年3月1日,http://www.nxrd.gov.cn//zlzx/material/gongbao/2023_1.pdf,2023年8月16日最后访问。

② 《自治区人民检察院工作报告》,载天山网2022年3月3日,http://news.ts.cn/system/2022/03/03/036791355.shtml,2023年8月20日最后访问。

严重暴力犯罪，社会治安持续向好，刑事新收案件连续五年呈下降态势；从严惩处高息揽储、非法集资、电信网络诈骗案件696件；审理1430件知识产权案件。①

（六）新疆生产建设兵团犯罪数据构成及统计分析（2020年）②

2020年，新疆生产建设兵团检察机关批捕、决定逮捕案件457件、585人；起诉1914件、2777人。批捕、决定逮捕案件按照案件类别和数量排名如下：第一，侵犯财产案，批捕、决定逮捕158件、205人；第二，侵犯公民人身权利、民主权利案，批捕、决定逮捕142件、153人；第三，妨害社会管理秩序案，批捕、决定逮捕90件、138人；第四，破坏社会主义市场经济秩序案，批捕、决定逮捕26件、45人；第五，危害公共安全案，批捕、决定逮捕22件、25人；第六，贪污贿赂案，批捕、决定逮捕18件、18人；第七，渎职侵权案，批捕、决定逮捕1件、1人。如图2-35所示。

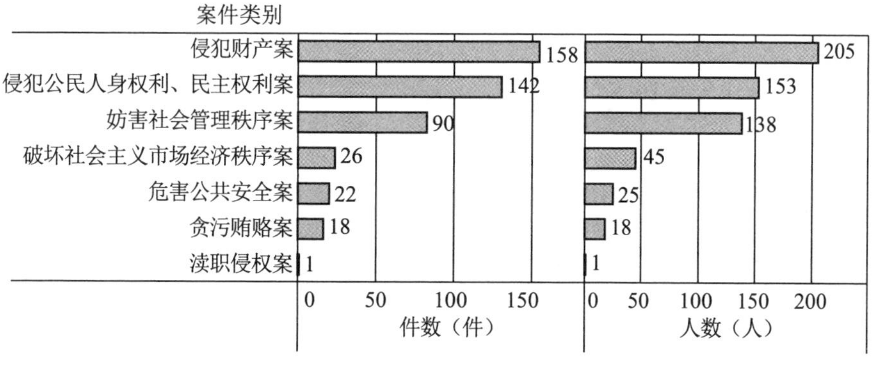

图2-35　2020年新疆生产建设兵团检察机关批捕、决定逮捕情况

2020年新疆生产建设兵团检察机关起诉案件按照案件类别和数量排名如下：第一，危害公共安全案，起诉1048件、1085人；第二，侵犯财产案，起诉277件、475人；第三，妨害社会管理秩序案，起诉255件、730人；第四，侵犯公民人身权利、民主权利案，起诉247件、327人；第五，破坏社会主义市场经济秩序案，起诉49件、121人；第六，贪污贿赂案，起诉35件、36人；第七，渎职侵权案，起诉3件、3人。如图2-36所示。

---

① 《自治区高级人民法院工作报告》，载天山网2022年3月3日，http://news.ts.cn/system/2022/03/03/036791310.shtml，2023年8月20日最后访问。

② 本部分数据除特别注明外，均来自新疆生产建设兵团统计局：《新疆生产建设兵团统计年鉴2021》，载中国经济社会大数据研究平台网，https://data.cnki.net/yearBook/single?id=N2021120207，2023年8月20日最后访问。

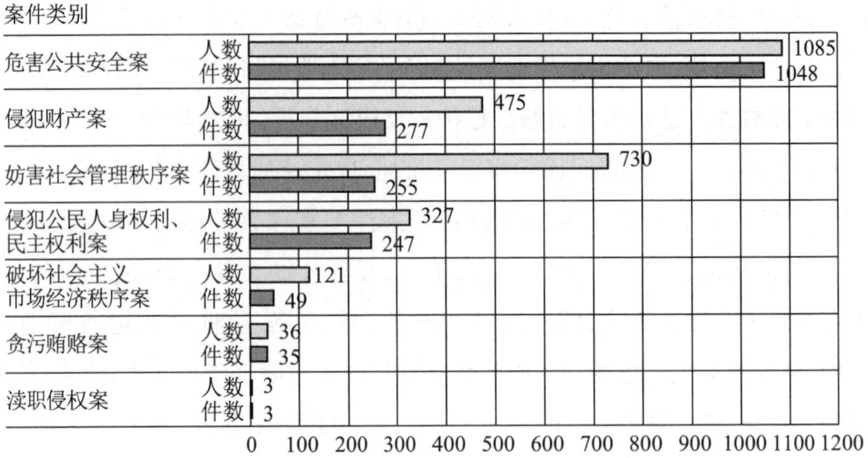

图 2-36　2020 年新疆生产建设兵团检察机关起诉案件情况

第三节　中国犯罪治理指数模型

一、犯罪治理形势评价体系的构建思路

(一) 犯罪治理形势客观评价模型的必要性

2022 年是党和国家历史上具有里程碑意义的一年,是党的绝对领导下人民检察制度创立 91 周年,也是公安史上极不平凡的一年。这一年里,全国检察机关以习近平新时代中国特色社会主义思想为指导,深入贯彻习近平法治思想,以高度的政治自觉、法治自觉、检察自觉,依法能动履行刑事、民事、行政、公益诉讼"四大检察"职能,助力更高水平法治中国建设,检察事业迈出新步伐、呈现新特点:办案质量持续优化,持续推进法治办案,不捕率相比往年提升 12.2%;认罪认罚制度进一步适用,已办理的审查起诉案件中,适用认罪认罚从宽制度审结人数占同期审结人数 90%以上。并进一步规范不当"减刑、假释、暂予监外执行"行为,提出纠正达 5.8 万人。①据公安部新闻发布会通报,2022 年,公安机关始终以习近平新时代中国特色社会主义思想为指导,深刻领悟"两个确立"的决定性意义,增强"四个意识"、

① 《2022 年全国检察机关主要办案数据》,载中华人民共和国最高人民检察院网,https://www.spp.gov.cn/spp/xwfbh/wsfbt/202303/t20230307_606553.shtml#1, 2024 年 1 月 4 日最后访问。

坚定“四个自信”、做到“两个维护”，切实把党的二十大精神贯彻落实到公安工作各方面全过程。并始终坚持贯彻全面依法治国要求，推进以审判为中心的刑事诉讼制度改革，强化证据意识、程序意识，持续规范侦查取证和强制性措施的适用，依法保障人权、有效惩罚犯罪，持续规范公安行政执法程序和行政裁量，严格规范公正文明执法，持续规范公安刑事办案程序，严格公正司法，积极参与社会治理，促进法治社会建设，持续提高扫黑除恶法治化、规范化、专业化水平，切实增强人民群众的获得感、幸福感、安全感。从犯罪治理形势评价角度看，公安机关、检察机关的工作情况对于判断犯罪治理形势有重要的参考价值，但仅仅依据办案机关的自身评价很难客观地表现犯罪治理形势。

犯罪学作为一门理论与实践并重的综合型学科，需要在研究过程对于犯罪现象予以准确分析。①对于犯罪治理的评价是否客观准确，关系到犯罪治理研究的实践意义。鉴于侧面评估的真实性、准确性得不到保障，一个客观、准确的犯罪治理形势评价模型十分必要。该模型以各省、自治区、直辖市的实际犯罪相关数据为参考，经过数据分析处理、反映全国各地的年度犯罪治理水平并予以等级划分，有利于各地区之间相互借鉴和学习，在后续工作中可以增强犯罪的预防和处理力度，形成更为良好的犯罪治理新局面。

（二）犯罪治理形势客观评价模型构建过程

犯罪治理成效和犯罪治理条件是反映犯罪治理形势的两大因素。犯罪治理成效采用犯罪钟和传统犯罪学领域常采用的犯罪率来反映地区犯罪治理成效。由于不同地区的经济、文化、人口等客观水平不同，犯罪发生情况以及犯罪治理水平也会相应不同，这决定了不同地区的犯罪治理难度不同。普遍来讲，一方面，经济发展水平高、人口密度大的地区易催生犯罪，绝对犯罪数量普遍较高，从而增加了犯罪治理难度，要达到与犯罪数量少的地区相同的治理成效就需要更大的犯罪治理力度。但从另一方面来说，经济发展水平不高、人口密度小的地区虽然绝对犯罪数量少，但这些地区的犯罪治理条件、环境比起经济发达地区来说也相对较弱。因此，我们需要从多方面考虑，综合经济、人口等重要因素，构建犯罪治理形势客观评价模型来反映一个地区犯罪治理形势。

---

① 应培礼：《犯罪学通论》，法律出版社 2016 年版，第 445 页。

二、中国犯罪治理指数模型

(一) 模型评价对象

2022 年中国犯罪治理指数模型评价对象为包含中国 22 个省、5 个自治区、4 个直辖市在内的共计 31 个省级行政区。

(二) 模型指标体系解释与说明

与 2021 年中国犯罪治理指数模型相对应,2022 年中国犯罪治理指数模型的指标体系共设犯罪治理成效、犯罪治理条件两大一级指标(如表 2-1 所示)。其中,犯罪治理成效指标显示该地区犯罪实际案发情况,由犯罪钟指标、犯罪率指标两个二级指标来反映;犯罪治理条件指标显示该地区犯罪治理的难度情况,由人口密度指标、GDP 指标两个二级指标来反映。

表 2-1 2022 年中国犯罪治理指数模型指标体系

一级指标	二级指标
犯罪治理成效(20%)	犯罪钟指标(1%) 犯罪率指标(19%)
犯罪治理条件(80%)	人口密度指标(40%) GDP 指标(40%)

各二级指标解释与说明如下:

犯罪钟:即在该地区间隔多长时间有一人犯罪。近年来“认罪认罚从宽制度”的推广与应用,对于相关案件罪行较轻且认罪认罚的当事人作出相应的免于起诉的决定。因此,本指标体系选择分钟数为时间单位,选择检察院刑事案件提起公诉人数与认罪认罚不起诉人数总和来反映犯罪情况,计算公式为:

$$犯罪钟=\frac{365\times24\times60}{检察院刑事案件提起公诉人数+认罪认罚不起诉人数}$$

犯罪率:即犯罪者所占人口比。本指标体系选择检察院刑事案件提起公诉人数与认罪认罚不起诉人数来反映犯罪者数目,选择常住人口数反映人口情况。国家统计局中对于常住人口的定义是实际经常居住在某地区半年以上的人口。其中就包括了居住在本乡镇街道且离开户口登记地所在的乡镇街道半年以上的人和户口在本乡镇街道且外出不满半年的人，也就是各省市之间流动但实际长时间居住在本地区的流入流出人口，因此常住人口就足以反映地区人口情况。这里以检察院起诉人数与认罪认罚不起诉人数作为评价依据而未直接采用案件数，目的是使统计具有可比性，与通常所说的犯罪率存在一定差异。计算公式为：

$$犯罪率=\frac{检察院刑事案件提起公诉人数+认罪认罚不起诉人数}{常住人口数}$$

人口密度：即单位面积对应的人口数。本指标体系选择常住人口数反映人口情况，计算公式为：

$$人口密度=\frac{常住人口数}{土地面积}$$

GDP：在本指标体系中使用地区生产总值来表示该地区的经济形势，地区生产总值数据直接来源于各省统计局。

（三）数据来源

本评价体系中所用数据及本章后文中所涉数据均来源于最高人民检察院案件管理办公室、中国统计年鉴、各省统计年鉴、各省两院工作报告、各省公安厅工作报告。以上统计年鉴、工作报告均以政府门户网站为主要获取渠道，具体如下：

最高人民检察院案件管理办公室提供的数据

国家统计局：http://www.stats.gov.cn/

北京市统计局：http://tjj.beijing.gov.cn/

天津市统计局：http://stats.tj.gov.cn/

上海市统计局：http://www.stats-sh.gov.cn/

重庆市统计局：http://tjj.cq.gov.cn/

河北省统计局：http://tjj.hebei.gov.cn/

山西省统计局：http://tjj.shanxi.gov.cn/

辽宁省统计局：http://tjj.ln.gov.cn/

吉林省统计局：http://tjj.jl.gov.cn/

黑龙江省统计局：http://www.hlj.stats.gov.cn/

江苏省统计局：http://tj.jiangsu.gov.cn/index.html

浙江省统计局:http://tjj.zj.gov.cn/

安徽省统计局:http://tjj.ah.gov.cn/tjjweb/web/index.jsp

福建省统计局:http://tjj.fujian.gov.cn/

江西省统计局:http://www.jxstj.gov.cn/Index.shtml

山东省统计局:http://www.stats-sd.gov.cn/

河南省统计局:http://www.ha.stats.gov.cn/

湖北省统计局:http://tjj.hubei.gov.cn/

湖南省统计局:http://tjj.hunan.gov.cn/

广东省统计局:http://stats.gd.gov.cn/

海南省统计局:http://stats.hainan.gov.cn/tjj/index.html

四川省统计局:http://tjj.sc.gov.cn/

贵州省统计局:http://www.gzstjj.gov.cn/

云南省统计局:http://www.stats.yn.gov.cn/

陕西省统计局:http://tjj.shaanxi.gov.cn/

甘肃省统计局:http://www.gstj.gov.cn/

青海省统计局:http://tjj.qinghai.gov.cn/

广西壮族自治区统计局:http://tjj.gxzf.gov.cn/

宁夏回族自治区统计局:http://tj.nx.gov.cn/

西藏自治区人民政府:http://www.xizang.gov.cn/

新疆维吾尔自治区统计局:http://www.xjtj.gov.cn/

内蒙古自治区统计局:http://tj.nmg.gov.cn/

山东省公安厅网:http://www.sdga.gov.cn/

山东省高级人民法院网:http://www.sdcourt.gov.cn/

山东省人民检察院网:http://www.sdjcy.gov.cn/

江苏省公安厅网:http://gat.jiangsu.gov.cn/

江苏法院网:http://www.jsfy.gov.cn/

江苏检察网:http://www.jsjc.gov.cn/

安徽省公安网:http://gat.ah.gov.cn/

安徽法院网:http://ahfy.chinacourt.gov.cn/index.shtml

安徽省人民检察院网:http://www.ah.jcy.gov.cn/

浙江省公安厅网:http://www.zjsgat.gov.cn/

浙江法院公开网:http://www.zjcourt.cn/

浙江检察网:http://www.zjjcy.gov.cn/

福建省公安厅网:http://gat.fujian.gov.cn/

福建省高级人民法院网:http://fjfy.chinacourt.gov.cn/index.shtml

福建省人民检察院网:http://www.fj.jcy.gov.cn/

上海市公安局网:https://gaj.sh.gov.cn/index.html

上海市高级人民法院网:http://www.hshfy.sh.cn/shfy/gweb2017/

上海检察:http://www.shjcy.gov.cn/

广东省公安厅网:http://gdga.gd.gov.cn/

广东省高级人民法院网:http://www.gdcourts.gov.cn/

广东省人民检察院网:http://www.gd.jcy.gov.cn/

广西壮族自治区公安厅网:http://www.gazx.gov.cn/

广西壮族自治区高级人民法院网:http://www.gdcourts.gov.cn/

广西壮族自治区人民检察院网:http://www.gx.jcy.gov.cn/

海南省公安厅网:http://ga.hainan.gov.cn/

海南省高级人民法院网:http://www.hicourt.gov.cn/

海南省人民检察院网:http://www.hi.jcy.gov.cn/index.html

(四)模型数据归一化方法

为了能够将不同量级的数据统一进行比较,需要首先对数据进行预处理。在四个二级指标中,犯罪钟、人口密度、GDP这三个二级指标与犯罪治理指数呈正相关,犯罪率这个二级指标与犯罪治理指数呈负相关,因此对数据处理的公式如下:

设犯罪钟为a,人口密度为b,GDP为c,犯罪率为d,其对应的归一化后指标分别为A、B、C、D,A_i、B_i、C_i、D_i分别代表在i省/市/自治区的A、B、C、D。

① 对于正相关指标:

$$A_i=\frac{a_i-a_{\min}}{a_{\max}-a_{\min}}\times 100$$

$$B_i=\frac{b_i-b_{\min}}{b_{\max}-b_{\min}}\times 100$$

$$C_i=\frac{c_i-c_{\min}}{c_{\max}-c_{\min}}\times 100$$

② 对于负相关指标:

$$D_i=\frac{d_{\max}-d_i}{d_{\max}-d_{\min}}\times 100$$

经过上述处理,A_i、B_i、C_i、D_i 均已处于区间[0, 100]。

(五) 犯罪治理指数模型

设犯罪治理指数为 I, I_i 为 i 省的犯罪治理指数,k 为各指标系数,则犯罪治理指数计算公式如下:

$$I_i=k_A A_i+k_B B_i+k_C C_i+k_D D_i$$

三、全国犯罪状况年度评估总报告

根据犯罪治理指数模型,可将全国各省级行政区犯罪治理情况分为五个等级:治理水平很好、治理水平好、治理水平较好、治理水平一般、治理水平欠佳。将2022年中国犯罪治理指数与2021年中国犯罪治理指数进行对比,全国省级行政区犯罪治理指数排名情况整体上较为稳定,其中全国13个省级行政区犯罪治理指数排名上升,4个省级行政区犯罪治理指数排名不变,有14个省级行政区犯罪治理指数排名下降,经分析,整体而言2022年度中国犯罪治理水平有所提升。

1. 犯罪钟情况

从犯罪钟指标看,全国省级行政区中西藏自治区犯罪间隔时间最长,为133.94分钟/人,表明绝对犯罪数较少;广东犯罪时间间隔时间最短,仅2.80分钟/人,表明绝对犯罪数较大。全国各省级行政区的犯罪钟数据如图2-37所示。

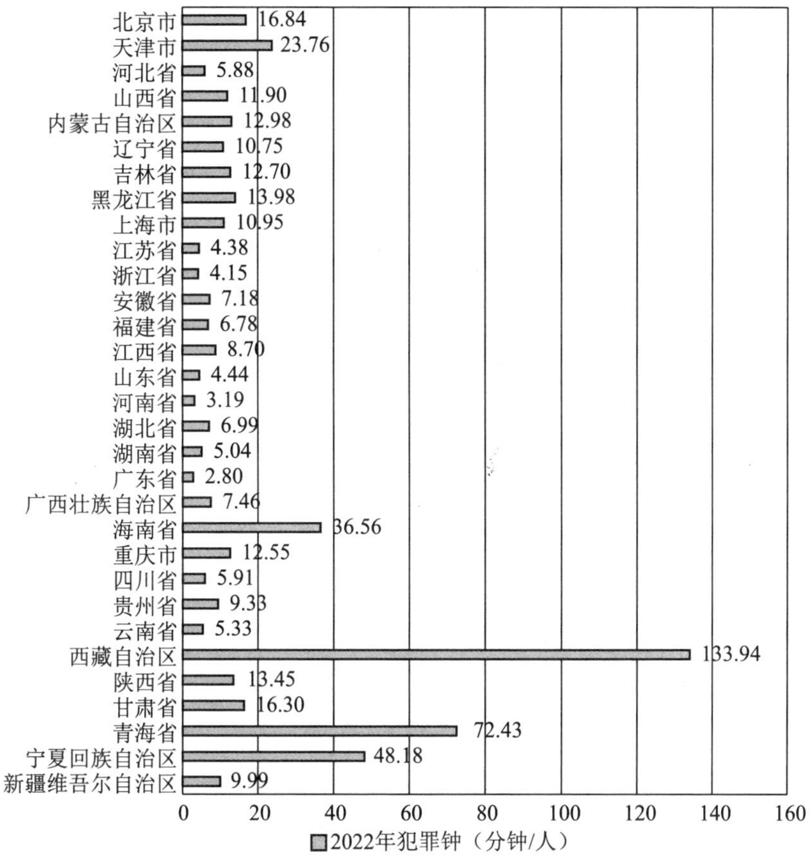

图 2-37　2022年全国省级行政区犯罪钟

2. 犯罪率情况

从犯罪率指标看，吉林省犯罪率最高，为21.29人/万常住人口，陕西省犯罪率最低，仅6.26人/万常住人口。全国各省级行政区的犯罪率数据如图2-38所示。

3. 人口密度情况

从人口密度指标看，上海市、北京市、天津市这三大直辖市人口密度最高，犯罪治理难度较高；西藏自治区人口密度最低。全国各省级行政区的人口密度数据如图2-39所示。

4. GDP发展情况

从GDP发展情况看，经济水平最高的三个省级行政区依次为广东省、江苏省、山东省，经济水平相对最不发达的为西藏自治区。全国各省级行政区的GDP数据如图2-40所示。

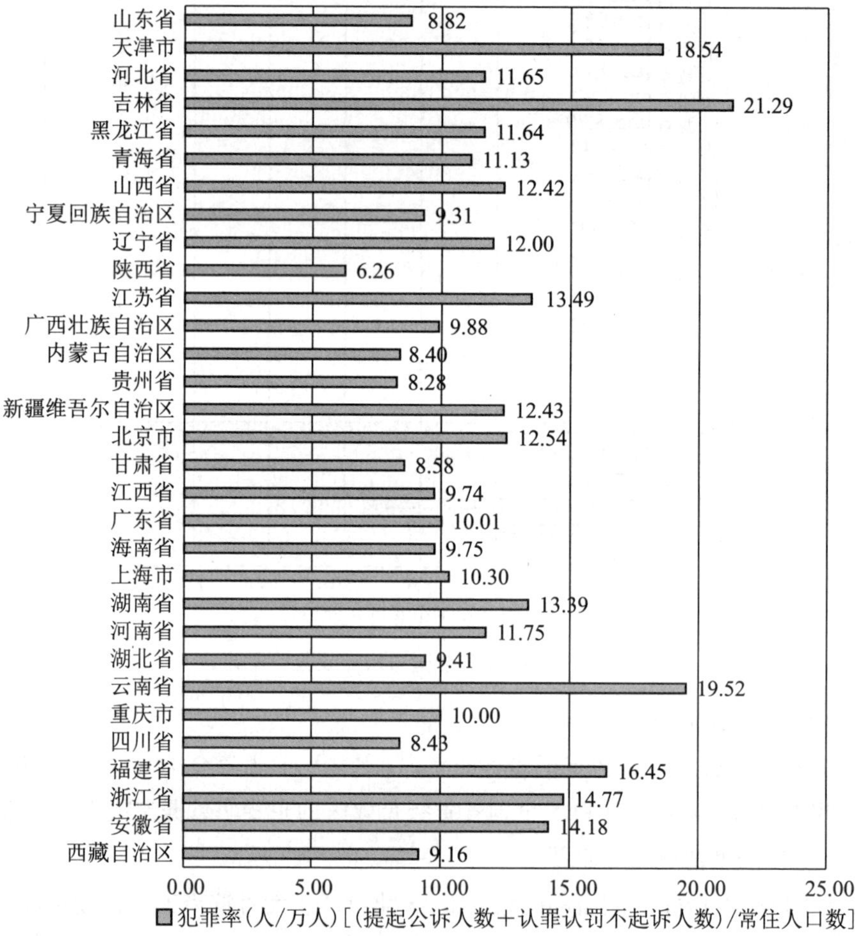

图 2-38　2022 年全国省级行政区犯罪率

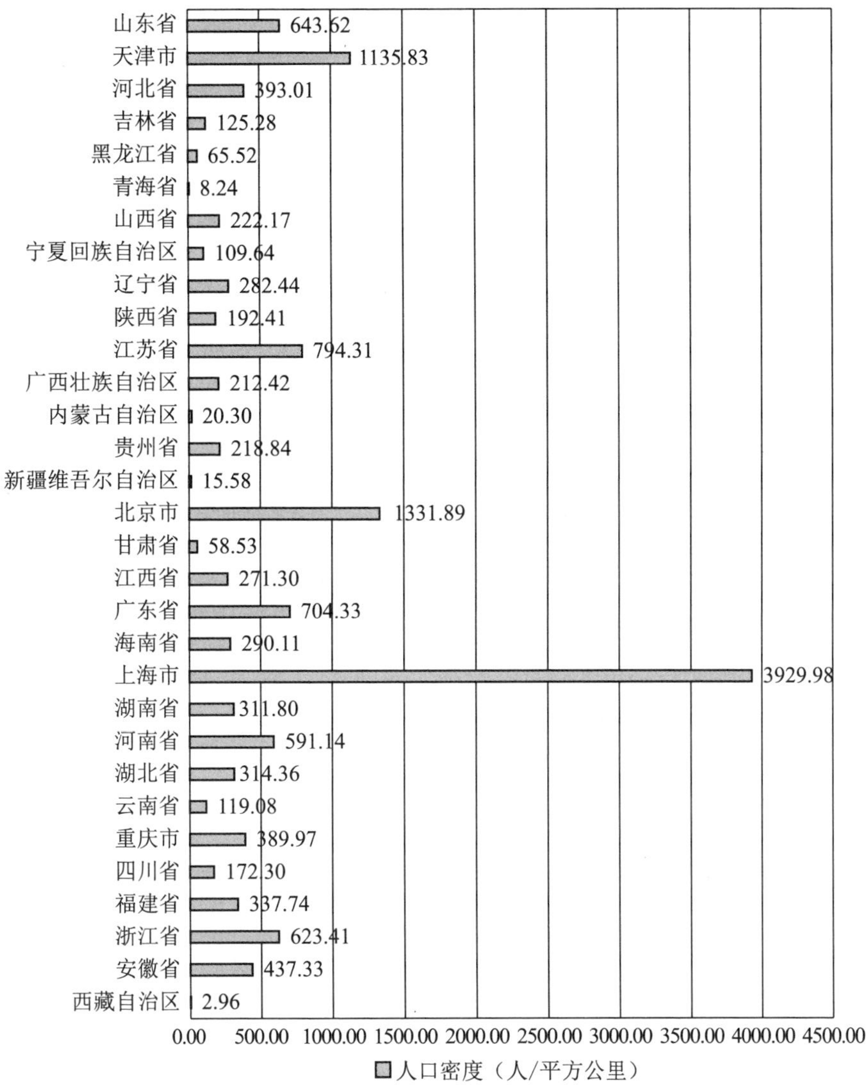

图2-39　2022年全国省级行政区人口密度

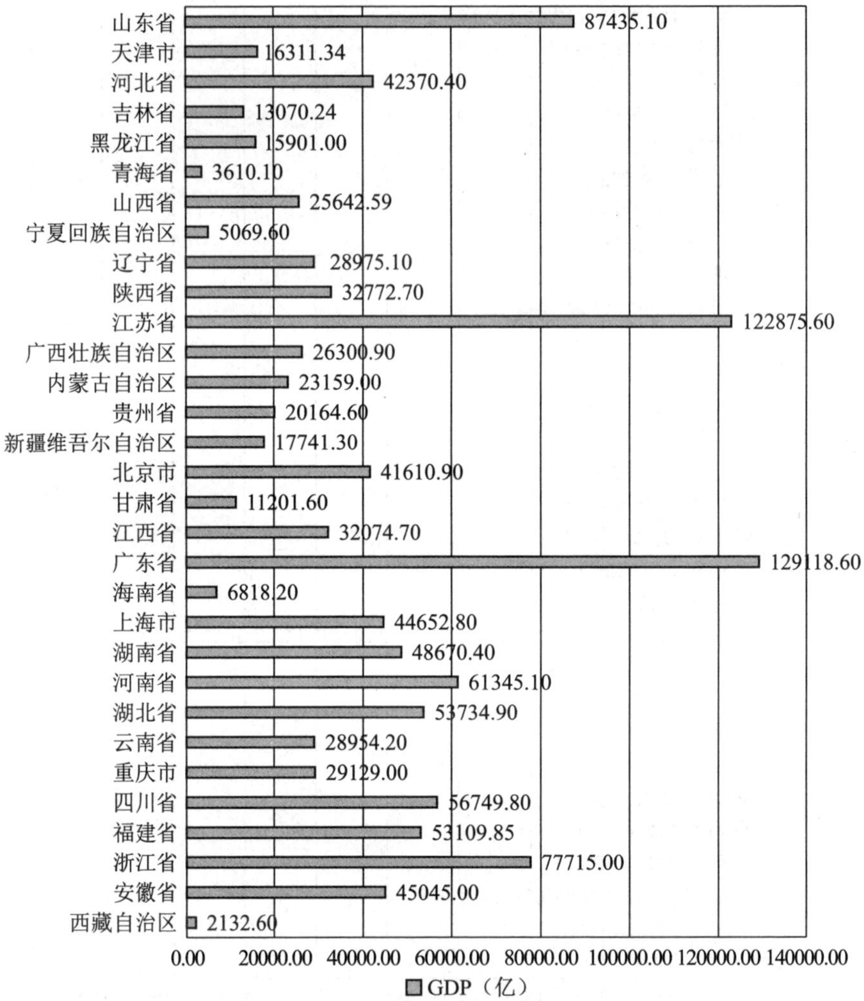

图 2-40　2022 年全国省级行政区 GDP

第四节　基于大数据的犯罪分析与预测

一、2022 年犯罪预测文献量化分析

犯罪预测是指运用科学方法，依据现有的犯罪数据和资料以及对可能影响犯罪的各种相关因素的分析、研究，对在未来特定时空范围内可能出现的犯罪现象的状况、结构、发展趋势等所作的判断，是制定犯罪预防战略和战术措施的重要科学依据。近些年，随着人工智能、大数据及相关信息技术的快速发展，大规模多维度数据收集和分析的能力大大提高，可以通过先进技术手段深入分析和理解犯罪规律，为犯罪预测研究提供新的手段和科学的研究方法。本部分通过对 2022 年我国犯罪预测研究相关文献进行量化分析，梳理我国 2022 年犯罪预测研究的现状、特点和趋势。

文献来自中国学术期刊网络出版总库（CNKI，以下简称中国知网）2022 年收录的国内中文文献，检索关键词为"犯罪预测""数据警务""预测警务"和"犯罪大数据"，检索时间限定为 2022 年 1 月 1 日—2022 年 12 月 31 日，来源限制为全部期刊，文献类型为中文期刊，剔除学位论文、会议以及其他非相关内容，得到符合条件的有效文献共计 144 篇。

在研究工具选择方面，采取 Python 编写代码对所获取的期刊文献数据进行可视化分析并绘制成图表进行展示和分析，试图构建 2022 年度犯罪预测研究领域范围内的科学知识图谱，并对其中的文献数量、文献作者、所属机构以及相关热词进行针对性地分析和研究。

（一）文献数量分析

1. 月度发文量统计分析

将中国知网 2022 年度范围内与犯罪预测相关的 144 篇文献按照收录月份进行可视化分析并绘制成图 2-41，可从中大致看出 2022 年犯罪预测领域内文献刊发的趋势变化。

在按照季度划分中，第一季度发文量，共有 34 篇，平均每月发文量为 11 篇，略低于全年月平均发文量。第二季度发文量，共有 50 篇，平均每月发文量为 16.67 篇，

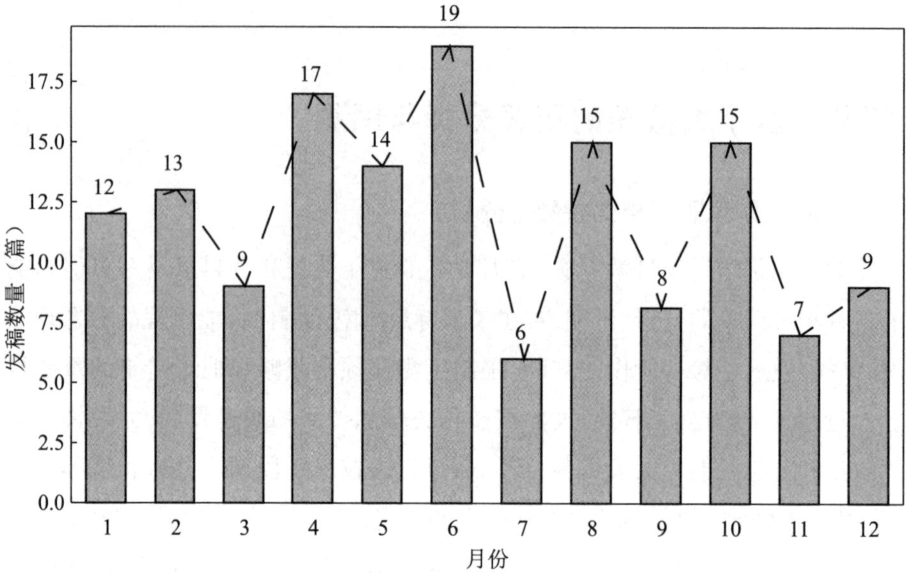

图 2-41　2022 年犯罪预测领域月度发文量分布图

为全年发文量最多的季度,其中 6 月发文量高达 19 篇,即 2022 年的年度发文量峰值。此后的第三、四季度中,发文量整体较少,且两季度发文量基本相当,其中第三季度共发文 29 篇,第四季度共发文 31 篇,月平均发文量均低于全年平均值。其中 2022 年中发文量的谷值出现在第三季度中,为 7 月的 6 篇,并且年度第二谷值也出现在第四季度中,为 11 月的 7 篇。

按照月度划分,本年度的月平均发文量为 12 篇,仅有 7 个月份的发文量达到平均水平,其中,1 月发文量恰好为 12 篇。本年度发文量的峰值是 6 月的 19 篇,谷值是 7 月的 6 篇。众数为 15 篇和 9 篇,8 月和 10 月的发文量均为 15 篇,3 月和 12 月的发文量也均为 9 篇。与月平均发文量持平。中位数为 12.5 篇,与平均数和众数差异较小。由此可知,2022 年度范围内,中国知网每月所刊登的犯罪预测领域相关文献的数量是合理且分布均匀的。

2. 公安院校发文量统计分析

全国 35 所公安类普通高等院校中,中国人民公安大学、中国刑事警察学院、中国人民警察大学、浙江警察学院、广东警官学院、北京警察学院、江苏警官学院、河南警察学院、广西警察学院、山东警察学院、福建警察学院、河北公安警察职业学院、新疆警察学院、云南警官学院、江西警察学院、铁道警察学院、安徽公安职业学院、贵州警察学院、山西警察学院、陕西警官职业学院、内蒙古警察职业学院等共23所公安院校参与了2022年度犯罪预测的研究并在中国知网上发表研究成果76篇。

其中，中国人民公安大学发表了21篇，占公安院校总发文量的27.6%，位居榜首。除去一篇发表于《中国人民公安大学学报(自然科学版)》的文献外，中国人民公安大学犯罪学学院的许博洋、王大为和中国刑事警察学院侦查与反恐怖学院的唐赫以及公安部鉴定中心的金益锋完成的《基于社会宏观数据的犯罪预测模型构建》被收录于北大核心刊物以及中国科学引文数据库(CSCD)，张宁所作的《我国公安数据开放的政策过程、现状评估与拓展路径分析》也被《情报杂志》收录。

在2022年犯罪预测研究中，公安院校内发文量第二的是中国刑事警察学院，共计10篇，大多见刊于警院学报。紧随其后的中国人民警察大学在2021年共发表与犯罪预测相关的文献7篇，均发表在公安学刊物和警院学报上。文献见刊详情见表2-2。

表2-2　2022年我国公安院校发表期刊详情(按照一作统计)

机　　构	文献数量	期刊来源
中国人民公安大学	21	《中国人民公安大学学报(自然科学版)》《北京警察学院学报》《公安学研究》《情报杂志》《网络安全技术与应用》《网络空间安全》《信息网络安全》《浙江警察学院学报》《智库理论与实践》《中国刑警学院学报》
中国刑事警察学院	10	《河北公安警察职业学院学报》《江西警察学院学报》《广西警察学院学报》《森林公安》《现代商贸工业》《广西警察学院学报》《中国安防》《辽宁工业大学学报(社会科学版)》《信息记录材料》
中国人民警察大学	7	《中国人民警察大学学报》《中国多媒体与网络教学学报(上旬刊)》《黑龙江科学》《法制博览》《黑龙江科学》
浙江警察学院	6	《江西警察学院学报》《中国人民公安大学学报(社会科学版)》《中国人民公安大学学报(自然科学版)》《河南警察学院学报》《浙江警察学院学报》
广东警官学院	5	《广州市公安管理干部学院学报》《政法学刊》
北京警察学院	4	《中国人民公安大学学报(社会科学版)》《警学研究》《智能系统学报》

续表

机　　构	文献数量	期刊来源
江苏警官学院	4	《高教学刊》《中国人民公安大学学报(社会科学版)》
河南警察学院	3	《铁道警察学院学报》《证据科学》《辽宁警察学院学报》
广西警察学院	3	《广西警察学院学报》《数字通信世界》《无线互联科技》
山东警察学院	2	《中国人民警察大学学报》《网络安全技术与应用》
上海公安学院	1	《计算机应用与软件》
福建警察学院	1	《警察技术》
山西警察学院	1	《山西警察学院学报》
贵州警察学院	1	《法制博览》
安徽公安职业学院	1	《辽宁警察学院学报》
陕西警官职业学院	1	《法制与经济》
内蒙古警察职业学院	1	《武汉公安干部学院学报》
江西警察学院	1	《辽宁警察学院学报》
河北公安警察职业学院	1	《法制博览》
新疆警察学院	1	《云南警官学院学报》
云南警官学院	1	《云南警官学院学报》
铁道警察学院	1	《铁道警察学院学报》
重庆警察学院	1	《高教学刊》

除上文所提及的公安类院校外,我国15所司法类普通高等院校中也有三所高校参与了2022年度犯罪预测的相关分析研究,分别是湖南司法警官职业学院、武汉警官职业学院和陕西警官职业学院。

(二)文献作者分析

对144篇文献的作者进行可视化分析,见图2-42,每个节点为一位作者,合作研究的作者节点间会有连线。从图中可见,大部分文献作者均为单人独作,占比高达63.2%,其次是两人合作模式,所占比例为22.9%,三人及三人以上合作较少,分别占总数的9.7%和4.2%,详情可见表2-3。

从以往文献中可知,我国犯罪预测研究领域内已经存在一部分固定合作团队,例如黄超、李继红团队,王智新、梁翠团队,段炼、党兰学团队,史伟奇、唐德权团队

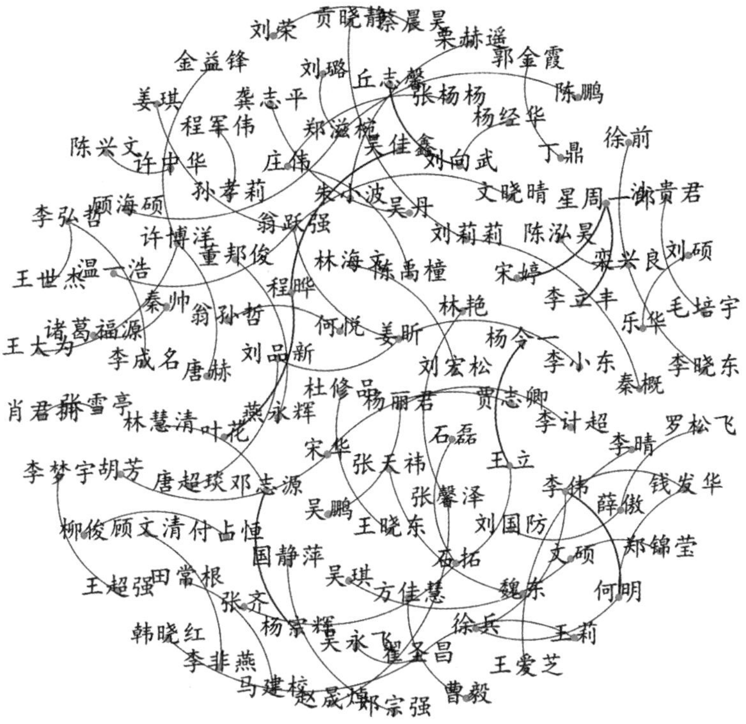

图 2-42　作者分布图

以及兰西梅、徐亚琼团队。①但很遗憾的是，在过去的一年中，上述团队并没有在犯罪预测领域有新研究成果产出。但却发现来自中国人民公安大学的靳高风教授自 2018 年起连续五年对我国犯罪形式进行分析和预测，并系统性地提出了犯罪治理措施。

表 2-3　2022 年度犯罪预测文献作者类型

作者类型	数量	占比
单人独作	91	63.2%
两人合作	33	22.9%
三人合作	14	9.7%
多人合作	6	4.2%
合　　计	144	100%

① 孙小芳、陈鹏：《我国犯罪预测研究特点与趋势分析》，载《山西警察学院学报》2021 年第 1 期。

表 2-4　2022 年度犯罪预测研究领域内部分作者合作模式

合作模式	文献标题	所属机构	发表期刊
公安院校内部合作	《电信网络诈骗犯罪的大数据预警》	中国人民公安大学 广东警官学院	《中国刑警学院学报》
	《大数据技术在经济犯罪侦查中的应用》	山东警察学院 中国刑事警察学院	《中国人民警察大学学报》
	《基于社会宏观数据的犯罪预测模型构建》	中国人民公安大学 中国人民刑事警察学院	《纤细网络安全》
公安机关内部合作	《大数据背景下视频侦查的建设与实战应用》	安徽省公安厅警察训练总队 合肥市公安局视频侦查支队 安徽省公安教育研究院	《湖南警察学院学报》
公安院校与公安机关联合出品（详尽式列举）	《警务数据价值释放的治理框架及实践策略》	北京警察学院 北京市公安局警察学院警务情报与数据智能标准实验室	《中国人民公安大学学报(社会科学版))》
	《大数据背景下网络赌博犯罪特点及侦查对策》	江西警察学院侦查系 南昌市公安局网络安全保卫支队	《辽宁警察学院学报》
	《网络犯罪跨境证据收集困境剖析与途径探索》	中国刑事警察学院 广西壮族自治区公安厅	《广西警察学院学报》
	《大数据驱动的易涉毒人群违法犯罪预防机制构成与作用》	云南警官学院 长春市公安局 滕州市公安局	《云南警官学院学报》

值得注意的是,在合作模式中,常见形式为公安院校内部合作、公安机关内部合作或公安院校与公安机关联合出品,详情可见表 2-4。从表 2-4 中可知,公安院校内部对于大数据警务的关切度较高,但囿于稳定数据源的匮乏或缺失,无论是在同一院校内部或是不同院校进行合作,作者们更倾向于结合大数据时代背景,在政策理论层面进行研究分析,例如,来自中国人民公安大学和中国人民刑事警察学院的作者合作的《基于社会宏观数据的犯罪预测模型构建》。与此不同的是,公安机关内部的合作则侧重于具体措施的应用和实践,作者们通常结合自身工作中所体现出的问题,在精细化的背景下试探性地提出发展或缓解的措施,并试图运用于实践中。例如,安徽省公安厅警察训练总队、合肥市公安局视频侦查支队和安徽省公

安教育研究院的《大数据背景下视频侦查的建设与实战应用》。除了上述两种模式外,公安院校与公安机关联合研究的模式,虽然数量不多,但成果可观。公安机关所独有的第一手资料结合公安院校相对科学规范的研究方法和前沿的研究思路,促使双方的合作水平以及产出成果等级要远远高于单一机构的研究产物,例如,中国刑事警察学院和广西壮族自治区公安厅合作的《网络犯罪跨境证据收集困境剖析与途径探索》。当然在对2022年犯罪预测领域的有关科研成果数据进行分析时发现了一些不同于往年的情况,例如出现了中国高校与外国高校进行合作研究的情形:日本东京都立大学和吉林大学合作的《大数据警务与信息技术侦查》。此外就是出现军事院校与地方政府的合作,例如陆军工程大学指挥控制学院和江苏省公安厅信息化处合作的《基于一维卷积神经网络与改进D-S证据理论的警务云安全数据融合技术》。

(三)机构分析

1. 2022年度犯罪预测研究机构现状分析

根据144篇犯罪预测相关文献的第一作者所属机构进行可视化分析,得出图2-43,若为合作文献,则按照第一作者所属机构划分。从图2-44中可知,2022年度进行犯罪预测研究的主力军仍是高校,占比高达87%,而根据前文可知,高校当中的公安院校对该领域的关注度颇高,仅2022年一年,我国22所公安院校发表了76篇相关论文,远超其他类型的研究机构。除高校外,我国政法机关人员也对犯罪预测领域颇为上心,但很可惜的是,参与度偏低,在中国知网上可查询到的文献数量有限,研究成果价值有待提高。

2. 2022年度部分高校犯罪预测研究成果分析

高校作为学术研究的主阵地,为理论与实践的发展提供了源源不断的研究成果。在2022年度的犯罪预测研究中,我国公安院校作为培养打击犯罪的高素质人才摇篮,先后提供了近百篇学术成果。其中,中国人民公安大学、中国刑事警察学院、中国人民警察大学、广东警官学院以及浙江警察学院对该领域较为关注,发文量也名列前茅。发文量位居第一的中国人民公安大学侧重于结合机器学习和大数据背景,对具体犯罪类型的发展趋势进行预测。中国刑事警察学院则倾向于将大数据与侦查对策相结合,试图通过对未来犯罪形势的预测而提出更恰当地打击治理措施。而中国人民警察大学则注重将大数据技术与警务创新相结合,致力于将理

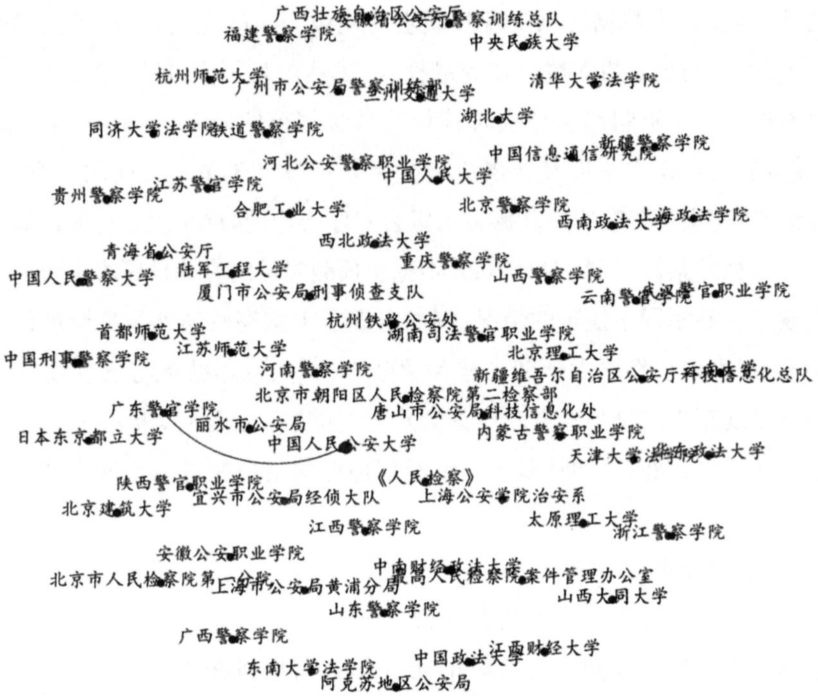

图 2-43　研究机构合作发文

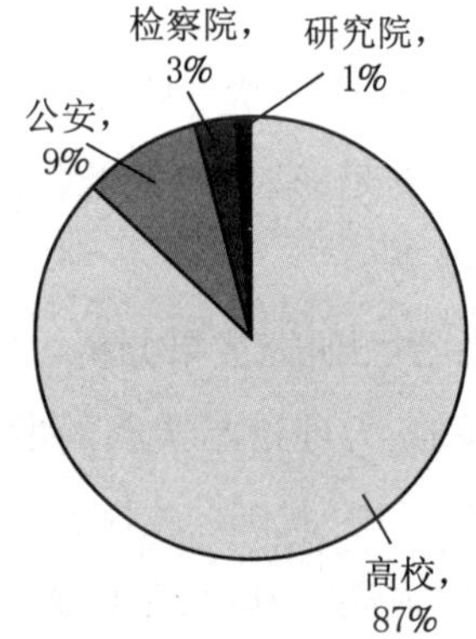

图 2-44　2022 年度犯罪预测相关文献第一作者所属机构分布图

论应用于实践当中，打造大数据时代下智慧警务的模范样本。广东警官学院立足社会实际情况，试图将大数据和警务转型相结合，与中国人民警察大学的系列研究相比，广东警官学院的成果更具有地方特色。浙江警察学院的研究范围较

广,既有大数据和警务的结合,又有警务教学实践特色和犯罪预测模式的实践应用。(见表2-5)

表2-5 2022年度部分高校犯罪预测研究成果

来源机构	论文题目	见文期刊
中国人民公安大学	《我国公安数据开放的政策过程、现状评估与拓展路径分析》 《基于社会宏观数据的犯罪预测模型构建》 《大数据背景下的智慧警务建设及应用》 《电信网络诈骗犯罪的大数据预警》 《大数据背景下国际禁毒合作研究》等	《中国人民公安大学学报(自然科学版)》《北京警察学院学报》《公安学研究》《情报杂志》《网络安全技术与应用》《网络空间安全》《信息网络安全》《浙江警察学院学报》《智库理论与实践》《中国刑警学院学报》
中国刑事警察学院	《基于改进的FocalLoss函数XGBoost的信用卡诈骗预测模型》 《数据导侦:大数据时代侦查工作的实然困境、必然选择与应然指向》 《大数据技术在盗掘古墓葬案件侦查中的应用》 《大数据背景下数据导侦人才培养模式探索——以经济犯罪侦查专业为例》 《大数据视域下我国电信网络诈骗犯罪的量化特征及治理路径——以2016—2020年裁判文书为分析样本》 《疫情常态化背景下的大型活动安保数字警务体系设计与构建》等	《河北公安警察职业学院学报》《江西警察学院学报》《广西警察学院学报》《森林公安》《现代商贸工业》《广西警察学院学报》《中国安防》《辽宁工业大学学报(社会科学版)》《信息记录材料》
中国人民警察大学	《大数据背景下犯罪新变化与智慧侦查思维体系构建》 《新工科背景下警务数据分析人才培养体系构建与研究》 《公安院校实战化教学改革研究》 《大数据背景下数据警务技术专业课程改革研究》等	《中国人民警察大学学报》《中国多媒体与网络教学学报(上旬刊)》《黑龙江科学》《法制博览》《黑龙江科学》
广东警官学院	《大数据时代电信网络诈骗的二元侦查模式》 《大数据智能化时代非接触性犯罪的侦查模式——以电信网络诈骗为例》 《"智慧警务"视域下公安实战化侦查人才培养模式探究——以广东警官学院为例》 《信息化时代公安院校实训教学改革探究》	《广州市公安管理干部学院学报》《政法学刊》

3. 2022 年度部分政法机关犯罪预测研究成果分析

在 2022 年的犯罪预测研究中,政法机关的参与感较低,来自公安机关的研究仅有 13 篇,占总数的 9%,侧重于对警务实践的研究探索,当然导致这一问题的可能是比较多的公安机关更多选择与有关高校进行合作研究,因此在统计上可能产生一定的偏差。但是来自检察机关的犯罪预测研究占总发文数量的 3%,只有 4 篇。来自人民法院的相关研究则是最少的,相比较去年只有两篇,2022 年人民法院并没有发表有关论文。(见表 2-6)

表 2-6　2022 年度部分政法机关犯罪预测研究成果

机关类型	所属单位	论文题目	见文期刊
公安机关	上海市公安局黄浦分局	《非接触式犯罪的侦查困境及应对》	《上海公安学院学报》
	厦门市公安局刑事侦查支队	《大数据时代犯罪心理测试技术应用局限及提升对策》	《海峡科学》
	唐山市公安局科技信息化处	《论大数据思维在警务实战中的应用》	《产业与科技论坛》
	宜兴市公安局经侦大队	《预测警务模式下的企业犯罪治理路径探索》	《江苏警官学院学报》
	阿克苏地区公安局	《大数据背景下卓越网络安全执法警务人才培养体系研究》	《法制博览》
检察机关	北京市人民检察院第一分院	《大数据证据在互联网金融犯罪案件中的审查运用》	《人民检察》
	最高人民检察院案件管理办公室	《利用大数据挖掘司法工作人员相关职务犯罪线索初探》	《人民检察》
	北京市朝阳区人民检察院	《检察机关对涉案资金分析报告的审查与应用研究》	《北京政法职业学院学报》

(四)共现词分析

共现词是以一定频率共现于同一语篇中的词,在信息挖掘和语言处理方面有着不可或缺的地位。共现词可能出现在每篇论文的关键词、摘要或正文当中,将关键词中出现的共现相关词权重设置为 1,摘要中出现的共现相关词权重设置为 0.6,正文当中出现的共现相关词权重设置为 0.2。与此同时,使用 Word2Vec 对共现相关词进行推测，推测词与原词的相关度除以3再乘以其以上权重即为推测词权重。简言之，设立相关模型，并结合模型对词语相关度进行推测并将其累计推测出权重，权重比例高低将图形大小的形式显示在图谱中，权重占比高低与图形大小成正比，所形成的图谱即为2022年度犯罪预测领域高频词词云（见图2-45）和共现词图谱（见图2-46），高频词、共现词在图谱中的大小代表着包含该共现词的相关文献的总数，高频词、共现词在图中占比越大，意味着与其相关的学术成果越丰硕，相关的研究数量更可观，从而体现出在2022年度犯罪预测领域范围内的研究热点。从图2-45中可知，“数据”“警务”“犯罪”“治理”等词语在图中较为明显，由此可见，“数据”与“警务”与2022年度的犯罪预测有着较为密切的关联。例如，朱小波和栗赫遥在《基于PCA-XGBoost联合算法的盗窃犯罪预测模型》中，结合大量犯罪数据特征和行为特征，提出一种PCA-XGBoost联合预测模型。采用PCA算法提取数据集的主要特征；应用XGBoost算法提升预测优化和泛化能力，并通过三种检验方法进行准确率检验。此外，经与XGBoost、CART、RF、NB和LR等分类算法模型的预测结果进行对比，得出PCA-XGBoost联合预测模型对盗窃犯罪数量的预测准确度明显高于其他预测模型，具有较高的应用价值。

二、2022年犯罪预测主要模型

犯罪预测是公安机关进行犯罪预警与侦查的重要手段之一。新时代大数据背景下的犯罪预测兼具传统犯罪预测原理以及大数据分析技术的双重特色。犯罪预测的大数据化改变了现行警务的传统执法模式，提升了犯罪预测的效率与效度，确保执法过程的证据留痕与可追溯性。随着信息技术的科学发展，以量化分析为基础的犯罪预测技术得到极大成长并注重强调现代科学技术和各种研究论证方法的使用。总而言之，犯罪预测是指利用先进的科学技术，依据现有的犯罪数据和资料以及对可能影响犯罪的各种相关因素的分析、研究，对在未来特定时空范围内可能出现的犯罪现象的状况、结构、发展趋势等所作的一系列判断行为。然而，时至今日，犯罪预测所赖以维系的理论模型和实践样态并未产生根本性的改变。以2022年中国知网所收录的公开发表相关研究的论文成果为样本，归纳分析并汇总得出2022年度犯罪预测领域内的常用模型（见表2-7）。

图 2-45　2022 年度犯罪预测领域高频词词云

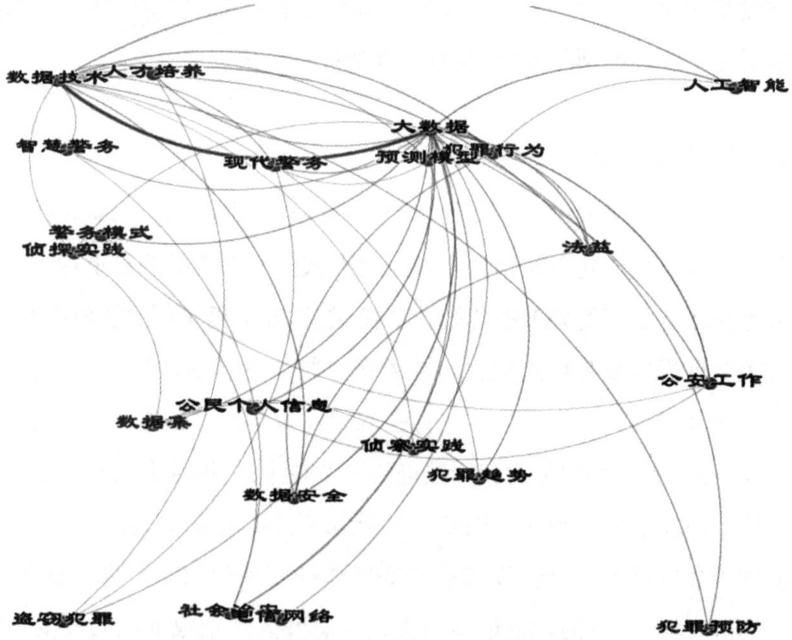

图 2-46　2022 年度犯罪预测领域共现词图谱

表 2-7　2022 年常用犯罪预测模型

预测目标	模　型	优　　点	数据源	精确度
犯罪地点、犯罪身份	知识图谱	建立人脸与电子信号之间的关联匹配关系，经过聚合形成全系档案，主动预警布控关注人。	互联网大数据	无说明
		实现以自然语言方式为用户提供更全面的信息，同时，还可以在一定程度上避免由于检索线索不明确而导致的信息获取失败的情况，辅助用户发现更多隐藏的线索。	人口数据、企业数据等经济犯罪防控大数据	无说明
犯罪身份	Kmeans	有效地对犯罪行为进行预测和分析，分析与预测具有较高可靠性和准确性。	多元历史犯罪数据	0.75 左右
犯罪类型	决策树	有效地对犯罪行为进行预测和分析，分析与预测具有较高可靠性和准确性。	多元历史犯罪数据	0.85 左右
犯罪身份	朴素贝叶斯	有效地对犯罪行为进行预测和分析，分析与预测具有较高可靠性和准确性。	多元历史犯罪数据	0.8 左右
犯罪数量、犯罪地点	Kmeans	通过 Gap Statistic 方法自动确定聚类数目，克服了 Kmeans 算法无法确定 K 值的缺点。	历史犯罪数据	无说明
犯罪行为	逻辑回归(logistic regression)模型	逻辑回归模型输出的是一个介于 0 和 1 之间的概率值，可以用于计算犯罪事件发生的概率。	诈骗数据集	无说明
犯罪行为	支持向量机(Support Vector Machine)模型	SVM 模型通过使用不同的核函数，如多项式核函数、高斯核函数等，能够处理非线性关系，从而更好地捕捉特征之间的复杂关系。	诈骗数据集	无说明
犯罪行为	K 近邻分布(k-nearest neighbour)模型	KNN 模型可以很好地处理动态变化的数据集。当新的样本出现时，可以重新计算最近邻，并进行相应的分类。这使得 KNN 模型在实时预测和动态更新的场景中具有优势。	诈骗数据集	无说明

续表

预测目标	模　型	优　　点	数据源	精确度
犯罪行为	XGBoost 模型	XGBoost 模型在训练过程中,可以生成可解释的决策树模型,从而可以直观地理解模型的预测过程和决策依据。	诈骗数据集	无说明
犯罪数量	六边弹性均衡模型	利用风险均衡数学模型公式与格兰杰因果关系检验方法,构建我国犯罪趋势预测的六边弹性均衡模型,对我国犯罪率变化研究具有显著影响。	社会结构变量与犯罪率数据	无说明
犯罪地点、犯罪身份	LSTM 模型	引入基于长短期记忆网络(LSTM)进行盗窃警情的分析预测,利用 LSTM 网络在长期序列分析的优势,构建多变量犯罪趋势预测模型,并进行实验模拟。使用 LSTM 模型能够较为出色地实现犯罪趋势预测分析。	历史犯罪数据	无说明
犯罪天气、犯罪时间、犯罪位置	多尺度视角特征动态融合的盗窃犯罪预测模型	首先,通过构建一种可将不同时序长度案件数据匹配为自适应长度数据的方法,并组合向量映射后的天气、作案时间、地理位置等属性,构造多维度特征融合的输入向量;其次,采用自注意力机制生成多视角特征动态融合的向量;最后,通过采用多尺度窗口 CNN 对多视角特征动态融合向量进行编码后送入分类器,预测出每个地图栅格内的发案态势。	不同时序长度案件数据	0.899
犯罪数量	SARIMA-GRU 犯罪预测模型	采用反向传播算法进行权重学习,将各层神经元所确定的权重矩阵作为两种方法在组合预测中的比重,综合利用 SARIMA 模型在线性时序预测中的优势和 GRU 网络在非线性特征挖掘上的优势,从而获得更好的预测结果。	犯罪时序数据	无说明

模型简介:

知识图谱:本质上是由节点和边构成的一种语义网络,其中节点代表实体、概念,边代表概念或实体之间的语义关系。

决策树：一种预测模型，代表的是对象属性与对象值之间的一种映射关系，表现为树结构。

Kmeans：将一组样本分成不相交的簇，每个簇用该簇中样本的均值来描述，这种方法通常被称为簇的“质心”。K均值算法无需训练样本，通过无监督学习对样本做一次划分。

逻辑回归：逻辑回归也称作logistic回归分析，是一种广义的线性回归分析模型，属于机器学习中的监督学习。

支持向量机模型：SVM算法的核心思想是将数据映射到高维空间中，使得数据在该空间中更容易被分离。这种映射方式可以通过选择不同的核函数来实现，例如线性核、多项式核、高斯核等。

K近邻分布模型：给定一个训练数据集，对新的输入实例，在训练数据集中找到与该实例最邻近的K个实例，这K个实例的多数属于某个类，就把该输入实例分为这个类从而达到分类效果。

XGBoost模型：GBDT，它是一种基于boosting增强策略的加法模型，训练的时候采用前向分布算法进行贪婪的学习，每次迭代都学习一棵CART树来拟合之前t-1棵树的预测结果与训练样本真实值的残差。XGBoost对GBDT进行了一系列优化，比如损失函数进行了二阶泰勒展开、目标函数加入正则项、支持并行和默认缺失值处理等，在可扩展性和训练速度上有了巨大的提升。

六边弹性均衡模型：基于宏观犯罪学理论与社会风险评估的六边弹性均衡模型，并择取2001—2021年中国统计年鉴中的社会结构变量与犯罪率数据，利用风险均衡数学模型公式与格兰杰因果关系检验方法，构建我国犯罪趋势预测的六边弹性均衡模型。

LSTM模型：循环神经网络的改进，该方法有效解决了循环神经网络在处理长周期数据间传递过程中造成的信息丢失问题，更适合用于处理和预测间隔和延迟比较长的时间序列事件。

三、犯罪预测

（一）犯罪率的影响因素分析

1. 数据选择

该部分的实证研究以我国刑事案件数量为例，数据来源于国家统计局和中国裁判文书网 2010 年至 2022 年对于各省年末常住人口、城镇登记失业人数等民生数据以及当年刑事案件数量的统计数据,通过关联分析借以研究刑事犯罪率与各因素的关系。

犯罪经济学为犯罪率的研究提供了成本、收益、惩罚三个角度,例如,司法支出在一定程度上可增加犯罪惩戒力度,促进犯罪威慑力;民生支出的增加可以提高部分犯罪的机会成本,进而抑制犯罪率;公共安全支出则可以直接抑制某些类型的犯罪率,减少犯罪的产生。在社会学领域,可从人口结构、失业、城乡收入水平、法律政策等研究方向着手对犯罪率进行研究。

故本书拟从以下 8 种相关因素出发,试图通过分析各因素的整体趋势与中国犯罪率的整体趋势出发,找出我国目前犯罪预测的重点矛盾,并提出相应解决措施。

2. 数据特征

犯罪相关因素选取了 8 种,分别是各省年末常住人口(万人)、城镇登记失业人数(万人)、社会保障和就业支出(亿元)、公共安全支出(亿元)、科学技术支出(亿元)、医疗卫生支出(亿元)、全体居民人均可支配收入(元)、每十万人口高等学校平均在校生数(人)。

通过对特征的筛选,上述特征可表示为 Time:时间(年);AJS:刑事案卷数(卷);A:人口;B:失业;C:社会保障;D:公共安全;E:科技;F:医疗;G:经济和 H:教育 8 个维度。特征之间会存在耦合及并非完全独立不相关,2011 年至 2022 年的时间信息并不具备显著的特征信息,分析时并不将其作为特征。

3. 特征要素间关联度分析

从图 2-47 中可以看出与刑事案卷数 AJS 关联度最高的要素特征依次为 F 医疗卫生支出、D 公共安全支出、C 社会保障和就业支出以及 E 科学技术支出。

国内有学者根据“理性经济人基于‘成本—收益’进行理性选择”的理论,提出并论证增加教育、医疗、社会保障与救济等“民生支出”可以提高犯罪的机会成本,从而减弱犯罪率。①此成本收益理论同样可以阐释图 2-47 的部分结果。

① 毛颖:《民生支出有助于减低刑事犯罪率吗?——来自中国(1995—2008)省级面板数据的证据》,载《南开经济研究》2011 年第 4 期。

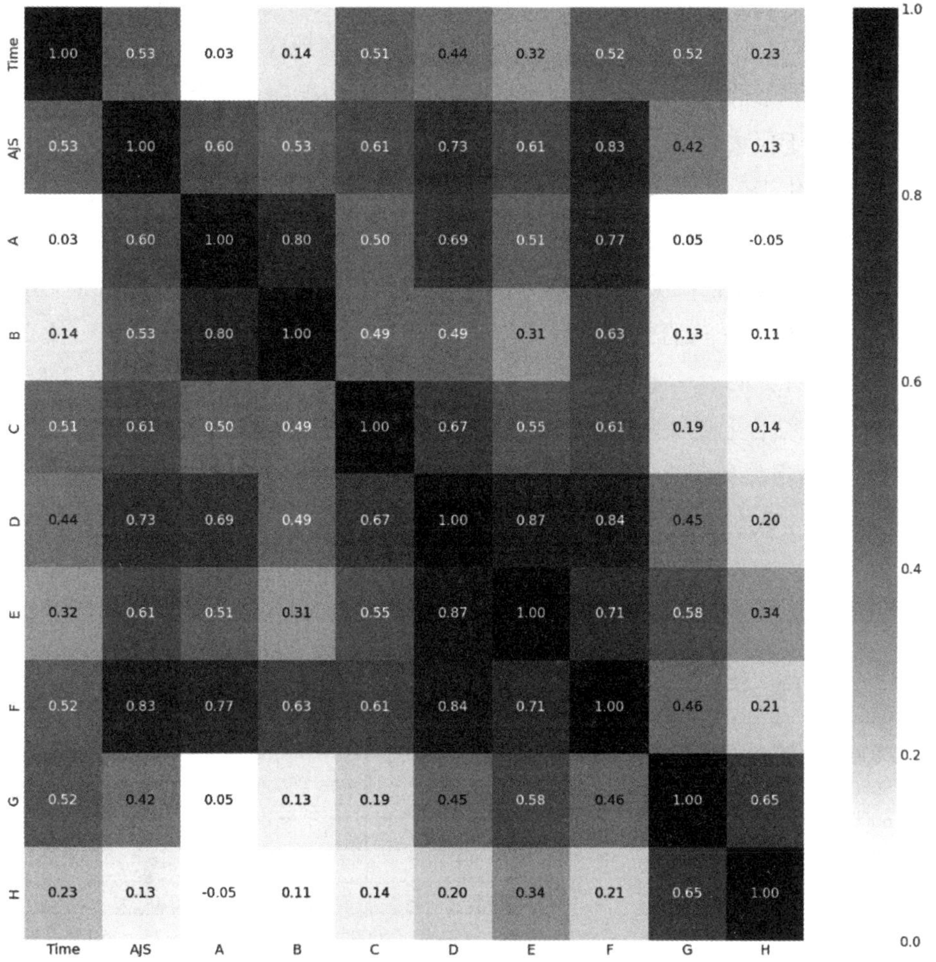

图 2-47 特征要素间关联度分析

医疗卫生支出、社会保障和就业支出均可划分为民生支出，从前述学者研究的回归结果中也可以得到民生支出的增加对犯罪率有抑制作用，然而该学者同样提出公共安全的支出会对民生支出造成挤压，而从图 2-47 的结果，公共安全支出关联度位居第二，也可以初步得出仅对单一变量进行观测难以从宏观上对犯罪率作出合理解释。

分散的研究有助于解释政策，却无利于制定政策，尤其是需要宏观自上而下制定方针。刘伯凡、曹建华相对于分散的研究方式提出其他研究方法，其证明了我国地区间的刑事犯罪存在相互联系。①其研究发现公共安全支出对相近犯罪率的影响不显著,其通过理论分析认为,公共安全支出对相邻地区犯罪率的影响取决于打击犯罪和犯罪者逃离的速度,并认为公共安全支出的提高对相邻省份降低犯罪率的程度取决于执法速度。

而在聚焦于公共安全支出对于犯罪率影响的研究中,国内学者通过分类研究,得出公共安全支出对侵财犯罪抑制作用显著,却在暴力犯罪和经济犯罪的作用上缺乏显著性。该结论说明目前的犯罪研究,包括本书,仍缺乏对于不同犯罪类型的犯罪率横向比较,不应直接将不同犯罪类型视为一体并在数据特征提取时便直接确定模型设计方向。

图 2-48 结合上述关联度可以直观得到 A 各省年末常住人口、B 城镇登记失业人数、C 社会保障和就业支出、G 全体居民人均可支配收入、H 每十万人口高等学校平均在校生数在坐标系中分布较为离散。

由于可支配收入的分布较为离散、涉及我国城乡收入分配差异,本书对 G 全体居民人均可支配收入特征进行关联性分析。

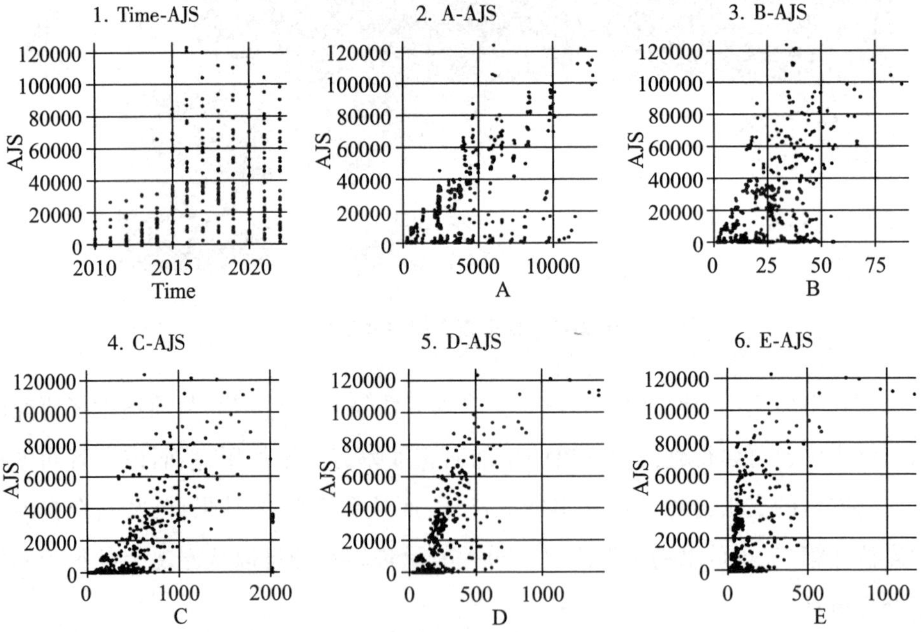

① 刘伯凡、曹建华:《我国刑事犯罪空间相关的形成机制——一种理论假说及其验证》,载《经济学动态》2016 年第 3 期。

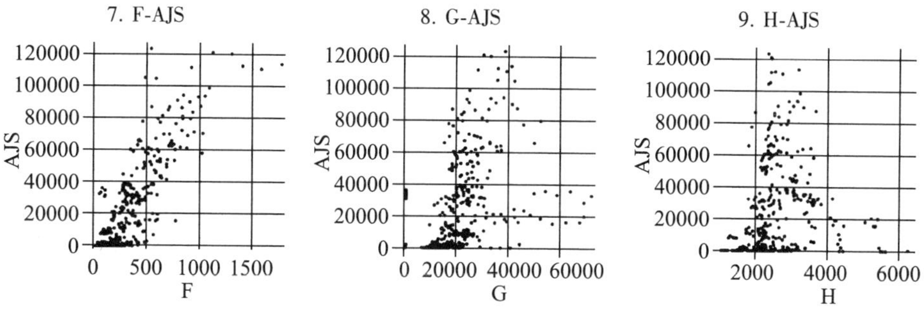

图 2-48　各要素与案件数之间的关系

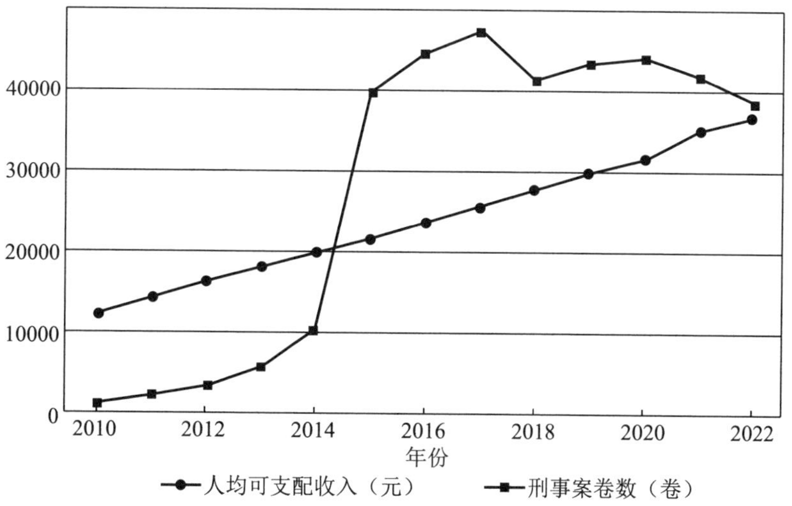

图 2-49　可支配收入与刑事案卷数的对比图

由图 2-49 可看出，可支配收入与刑事案卷数的关系并不十分显著。

犯罪社会学和犯罪经济学领域内均提出，收入的不平等会造成犯罪率的上升，国内学者也对此进行了相关研究，例如，中国人民公安大学的张巧基于贝克尔成本—收益模型、需求定理，对犯罪原因进行分析，得出促使犯罪人实施电信网络诈骗行为的主要原因是低廉成本和高额收益之间产生的利润差值，收入的差距促使犯罪人产生非法趋利心理，造成犯罪率的上升。①然而本书的研究数据仅为平均收入水平，因此地区内收入差距与犯罪率的局部对比，本书无法分析。

① 张巧：《经济学视角下的电信网络诈骗犯罪对策研究——基于成本—收益模型、需求定理》，载《中州大学校学报》2021 年第 6 期。

4. 皮尔逊相关系数分析

相关系数是衡量两个数据相关关系的指标。皮尔逊相关系数广泛用于度量两个变量之间的相关程度,其值介于-1 与 1 之间,它是由卡尔·皮尔逊从弗朗西斯·高尔顿在 19 世纪 80 年代提出的一个相似却又稍有不同的想法演变而来的。这个相关系数也称作“皮尔逊积矩相关系数”。通过对皮尔逊系数进行计算,相关系数也较低。

由图 2-50 和表 2-8 中可以看出,相关性最高的因素是人口,其次是医疗,最不相关的因素是教育。分析其中的因素可能是本例中用于统计的教育因素数据是每十万人口高等学校平均在校生数,不能客观反映地区人口普遍受教育程度,因此该项因素对犯罪的影响最不具有显著水平。

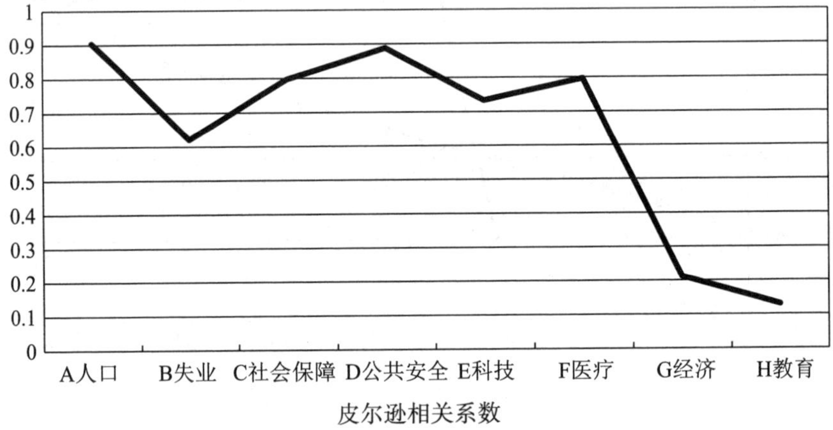

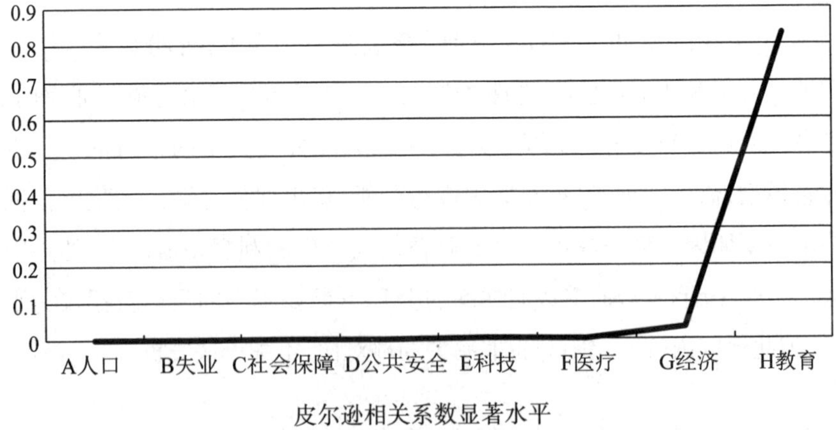

图 2-50　各因素与犯罪数量皮尔逊相关系数和显著水平

表 2-8 各因素与犯罪数量间皮尔逊系数

皮尔逊相关系数	A 人口	B 失业	C 社会保障	D 公共安全
r	0.904567	0.620807	0.797378	0.887856
p	2.1626024253793004e-05	2.7421443637871572e-29	0.001094994495047645	5.081742333456436e-05
皮尔逊相关系数	E 科技	F 医疗	G 经济	H 教育
r	0.733176	0.796326	0.211926	0.130190
p	0.004350682508066995	0.0011241868900648357	0.0329422367689	0.830104666795809004

（二）常见机器学习模型的犯罪预测

本部分中，我们选取线性回归、LassoCV、RidgeCV、ElasticNetCV、决策树、随机森林和神经网络分别对犯罪率进行预测，数据特征因素为上节提到的 8 个维度数据，即 A 人口、B 失业、C 社会保障、D 公共安全、E 科技、F 医疗、G 经济和 H 教育。由于模型的训练需要一定的数据量，因此我们使用了近五年的相关数据。各个模型的效果见表 2-9，可见神经网络的表现较好，准确度为 0.7283。通过上文的分析可知，此部分数据中，H 列教育因素的相关性最小，因此去掉该因素后，对模型重新评估，发现所有模型的准确度均有所提高，其中随机森林的准确度达到了0.8914，神经网络的准确度达到了 0.9075。各模型间准确度比较见图 2-51。

表 2-9 各模型预测准确度

模 型	准确度	去掉 H 因素后准确度
线性回归	0.5442	0.7621
LassoCV	0.5632	0.7842
RidgeCV	0.6381	0.8072
ElasticNetCV	0.6529	0.7943
决策树	0.6823	0.8526
随机森林	0.6928	0.8914
神经网络	0.7283	0.9075

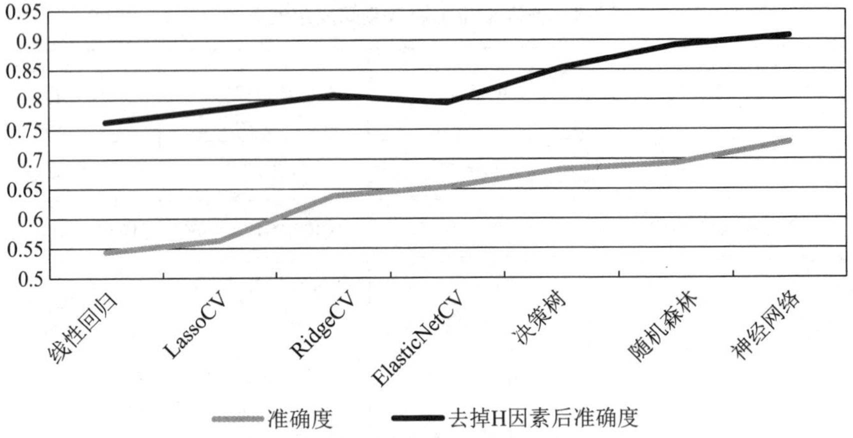

图 2-51　各模型准确度比较

通过查阅国内学者对于犯罪预测的诸多算法与模型,不难得出对于限定了有限特征的犯罪预测需求,从较为简单的回归模型中,机器学习已能实现可信度 0.7 以上的预测结果,但笔者认为犯罪预测的研究方向不应是在模型准确性上进行改进。例如增加优化方案、加入更多特征等着重于模型上的研究方式,模型的可解释性仍存在很多理论问题。目前犯罪预测领域相关论文均建立在回归模型实验结果可信的基础上,而在模型构建前的特征提取时往往建立在假设上,造成模型训练和选择的方式会因为特征的变动而完全改变。因此犯罪预测中多样的解释并不同于当前机器学习领域实践和研究较多的自然语言处理(Natural Language Processing),后者的解释更贴近于语言学与经验主义。

四、犯罪预测风险和规制

(一) 犯罪预测的风险

随着信息化的发展,计算机处理器的加快以及存储数据量的增多,先前离散的数据网络得到新的发展。基于数据质量和数量对"预测警务"的重要性,导致警察部门和相关合作公司会积极寻求大量的数据应用于相关预测系统。由于缺乏明确的监督和制约法规,在数据的获取、运用、整合阶段都易产生相应的风险。①

① 胡铭、严敏姬:《大数据视野下犯罪预测的机遇、风险与规制——以英美"预测警务"为例》,载《西南民族大学学报(人文社会科学版)》2021 年第 12 期。

1. 数据收集——“黑数据”现象导致歧视

“黑数据”也称坏数据，指的是数据中的黑数，是犯罪预测行为所依赖的重中之重。在目前的犯罪预测项目中，数据的可靠性和公平性始终是阻止预测理想结果的重要因素。在数据收集过程中，公安部门内部缺乏对各部门间共享数据的监督和管理体系及机制，无法对日益增长且数量庞大的相关数据进行严格审核，剔除不合理的“黑数据”，导致用于研究犯罪预测的数据可靠性存疑，影响预测结果的准确性。另外，数据来源渠道众多，且各渠道收集处理信息的标准不一，导致最终汇总用于预测的系列元数据缺乏统一起点标准，在预测某些具体指标时不可避免地存在数据偏见、产生歧视现象。从而对于犯罪预测的实际准确度以及公民的可接受度产生相当的影响。

2. 数据获取——过度侵犯个人隐私

犯罪预测的前提是需要获取到足够多元化的数据信息便于进行计算，公安部门也需要更多来源的信息化数据，而数据大多源于公民日常行为产出、公安机关内部对公民行为留痕以及各部门间信息流动。

在大多数情况下，公安机关对于公民日常行为以及机关内部的留痕行为所产生的数据获取，是并未经过当事人同意的，倘若执法人员未经规定许可擅自获取相关数据，则是对当事人隐私的严重侵犯。另外，在信息化时代背景下，生活智能现代化的同时也提高了公民个人信息泄露风险。例如，要求刷脸才能进入的门禁系统在无形之中采集了大量的面容信息以及其他个人信息，在安全性不足的第三方公司中保存的相关信息随时面临着泄露及侵犯个人隐私的风险。

3. 算法黑箱——预测缺乏公正、透明

在犯罪预测系统的编写和运算过程中，算法占据了独一无二的地位。公安部门通常会借助相关技术人员的帮助，利用收集和获取到的元数据进行算法使用。但在大部分人员看来，算法也存在黑匣子，算法运行过程的非公开性和不透明性让公民产生质疑。另外，算法信息的不公开和保密性导致某种程度的监督缺位和质疑失声，使得公众无法完全信任算法得出的预测结果。

4. 数据隔离——信息孤岛的产生

信息之间缺乏关联互动，无法共享互换或是信息数据系统之间的不兼容均可导致信息孤岛的产生，这也是公安部门在开展信息化工作中的一大困境。各部门、各区域范围内所使用的系统并非完全相同,对信息数据处理的标准也并非一致,导致各部门以及各区域所处理并获取的信息之间存在隔阂,无法进行自如的数据共享,倘若能够在全国范围内形成统一的信息处理或共享系统,便能有效地促进信息数据的流通和共享,实现数据多跑路、人员少跑腿,在某种程度上减少资源的无效浪费。

(二)犯罪预测的改进途径

如今,现代化的发展进程正势不可挡地进行。在当下的大数据时代,犯罪预测研究蕴含着诸多机遇和挑战,如何在充满风险的环境中作出明智的决策以规避风险,同时充分利用丰富的数据资源,以实现更高精度的犯罪预测,这是我们应当要予以考虑的问题。

1. 优化数据选择标准

数据是预测结果准确性的首要保证,既然无法避免"黑数据"的存在,那么在数据选择阶段就应当进行标准限制,剔除不相关的非合理性因素,以确保结果的精确度。其一,数据应当具有真实性,只有真实的数据才能如实反映目前社会层面存在的情况。其二,在保证真实性的同时,应当重视数据的多元性,尽量多平台进行数据收集和获取,以免造成单一平台数据偏差产生歧视现象。当然,由于数据的多元性会为具体的预测带来一定的偏差,因此需要考虑对数据进行消歧处理,以确保数据的一致性和准确度。其三,保证数据的客观性,一个客观、合理的数据来源对于数据处理和预测行为的产生具有至关重要的作用。最重要的是,确保数据的可归责性,有部分学者建议通过事后的追责程序,建立追究相关人员对预测数据的疏忽或滥用行为导致对犯罪嫌疑人甚至普通公民权益造成损害的系列问题。在实现这一目标过程中,可以建立起一个规范的数据收集制度以及统一的数据标准,以此提高准确度和确保数据的可归责性。

2. 坚持"个人自决"与适当比例原则

正如前文所说,在当今大数据时代,公民信息泄露的风险日益加剧,因此,避免个人隐私被过度侵犯成为至关重要的问题。在确保个人自主权的前提下,有效保护个人隐私需要从信息采集的源头着手。因此可以融合个人自决原则和适当比例原则,从而在维护个人权益的同时确保社会整体利益的平衡。具体而言,个人自决原则强调每个人对于自身信息的权利和掌控权。这意味着个人有权决定何时、何地、以何方式共享自己的信息,这一原则的核心在于尊重个体的自主权,使其能够在信息社会中行使主动选择的权利。对此德国联邦宪法法院将信息自决权确定为公民一般人格权的体现,人人能够享有确保自己私人和家庭生活、通信受到尊重的权利。同时,在收集和获取信息的同时,为了平衡个人自决权和整体社会利益,适当比例原则显得至关重要。这意味着在信息收集和使用中,必须确保所采取的行为与目标之间存在合理比例,避免过度侵犯个人隐私。这种原则要求在获得与公民个人相关的隐私数据时,必须经过充分的合理化和权衡,确保所采取的措施是相对客观和必要的,以免过度地侵犯公民的个人信息。

3. 加强算法预测透明度

算法的不透明性容易导致民众产生质疑和不信任感。特别是在犯罪预测等领域,由于预测的结果可能会实际影响到有关犯罪对策的制定和实施,并将直接影响到公民的日常生活,所以我们应强调提升算法的预测透明度,从而建立起更可信赖的决策基础。在犯罪预测的过程中,应当重视加强算法的预测透明度,包括但不限于促进公民对算法及其决策的了解、明晰数据收集和获取过程中的个人责任承担制度体系,以及在许可范围内对算法预测过程进行简单公示等。首先,尝试通过对日常生活中存在的大数据监管问题以及其他相关算法决策进行普及,让民众对算法决策的科学性和普适性予以认可。其次,进一步明确在收集获取数据过程中的个人责任制度细则并有针对性地挑选出部分非涉密性质的算法决策过程内容进行日常公示,方便民众查看。通过简明的方式,让公众了解预测的基本依据,有助于增加透明度和建立信任。这同时也为公众提供了机会,以更理性的方式参与和评估算法预测。

4. 完善数据交流互通

数据是犯罪预测的关键要点,完善数据交流平台,创造一个合法合理合规的沟通渠道是促进犯罪预测结果精确度的首要条件之一。数据可分为公共数据和私人数据,在完善的过程中,我们应当将公共数据和私人数据相分离,分门别类进行汇总后再统一导入公安部门的基础数据储存及服务平台。在该平台中,相关部门应当定时定量对其平台设备进行维护,适时调整各环节之间的标准,及时建立不同数据库便于应对犯罪预测的各种要求。此外,在自身基础服务平台建设的同时,促进政府各公共部门之间的数据共享与协作,加强数据流通与分享,打破数据壁垒,消灭信息孤岛,实现有效数据无限效用的利益最大化。

5. 提高模型适应多样性

当下的犯罪预测更多的是基于环境犯罪学的相关理论,利用相关环境的变量以及在该环境中的犯罪人的情景决策参数进行预测。但是基于该理论的犯罪预测更多的是侧重于实际社会环境中可能发生的犯罪的预测,这种方法可能忽略了那些在监狱中更易再次犯罪的个体。因此,值得思考将犯罪预测模型从宏观和中观水平细化到微观水平。这意味着将关注点从整体社会环境转移到特定个体,对在监人员进行更精细的行为预测。这种方法可以更准确地预测那些在监人员的再犯可能性,有助于提前采取相应的干预措施以减少再犯的风险。

对于这种细化到微观层面的犯罪预测模型需要充分考虑个体自身特征、心理状态、行为历史等因素,以便更准确地预测其行为趋势。这种方法可以借助有关的数据分析技术,并结合个体的特定信息,从而构建个性化的预测模型。通过预测个体的再犯可能性,监狱管理部门可以有针对性地采取措施,例如提供更精准的心理辅导、培训和康复计划,以防止再犯行为的发生。这种方法将更精确地定位高危个体,并采取相应措施以实现犯罪预防和再犯风险的减少。

2022年度犯罪治理典型案例的犯罪学分析

第一节 职务犯罪典型案例研究报告：孙力军受贿、操纵证券市场、非法持有枪支案

一、案情简介①

2001年至2020年4月，被告人孙力军利用担任上海市卫生局外事处副处长，上海市人民政府外事办公室综合业务处处长，公安部办公厅副主任、国内安全保卫局局长及公安部党委委员、副部长等职务上的便利，为有关单位或个人在企业经营、职务调整、案件办理等事项上提供帮助，直接或通过他人非法收受财物，共计折合人民币6.46亿余元。2018年上半年，孙力军应他人请托，指使有关人员通过集中资金优势连续买卖等方式，影响股票交易价格和交易量，帮助他人避免损失1.45亿余元。孙力军还违反枪支管理规定，非法持有枪支2支。

吉林省长春市中级人民法院认为，被告人孙力军的行为已构成受贿罪、操纵证券市场罪、非法持有枪支罪。孙力军受贿数额特别巨大，收受贿赂后为多人谋取职务提拔、调整，利用职权插手案件办理，干预医药、

---

① 《公安部原党委委员、副部长孙力军受贿、操纵证券市场、非法持有枪支案一审宣判》，载中华人民共和国最高人民法院2022年9月23日，https://www.court.gov.cn/fabu/xiangqing/372901.html。

金融等民生领域正常经济活动,犯罪情节特别严重,社会影响特别恶劣,给国家和人民利益造成特别重大损失,论罪应当判处死刑;孙力军操纵证券市场,情节特别严重;非法持有枪支,情节严重,亦应依法惩处,并与其所犯受贿罪并罚。鉴于孙力军到案后提供其他重大案件线索经查证属实,有重大立功表现,并主动交代办案机关尚不掌握的部分受贿事实,如实供述全部犯罪事实,能够认罪悔罪,且积极配合追赃,大部分赃款赃物及孳息已追缴到案,具有法定、酌定从轻处罚情节,对其判处死刑,可不立即执行。

2022 年 9 月 23 日,吉林省长春市中级人民法院公开宣判公安部原党委委员、副部长孙力军受贿、操纵证券市场、非法持有枪支一案,对被告人孙力军以受贿罪判处死刑,缓期二年执行,剥夺政治权利终身,并处没收个人全部财产,在其死刑缓期执行二年期满依法减为无期徒刑后,终身监禁,不得减刑、假释,以操纵证券市场罪判处有期徒刑八年,并处罚金人民币 100 万元,以非法持有枪支罪判处有期徒刑五年,决定执行死刑,缓期二年执行,剥夺政治权利终身,并处没收个人全部财产,在其死刑缓期执行二年期满依法减为无期徒刑后,终身监禁,不得减刑、假释;对孙力军受贿犯罪所得及孳息依法予以追缴,上缴国库。

二、入选理由

(一) 党和国家对反腐工作的高度重视

党的十八大以来,以习近平同志为核心的党中央以前所未有的力度深入推进反腐败斗争,取得了举世瞩目的现实成效。党的十八大以来,中央立案审查省军级以上党员干部及其他中管干部 440 人,其中党的十八届中央委员、候补委员 43 人,中央纪委委员 9 人;厅局级干部 8900 余人,县处级干部 6.3 万多人,处分基层党员干部 27.8 万人,形成了反腐败斗争压倒性态势,党心民心为之振奋,党风政风为之一新。[①]同时,2018 年颁行的《中华人民共和国监察法》(以下简称《监察法》),也为反腐工作增加了法律保障。党的二十大报告明确指出,反腐败是最彻底的自我革命。2024 年 3 月 1 日实施的《刑法修正案(十二)》进一步修改完善行贿犯罪规定,

① 《夺取压倒性胜利——十九大报告透出的反腐信息》,载中华人民共和国中央人民政府网 2017 年 10 月 20 日,https://www.gov.cn/zhuanti/2017-10/20/content_5233386.htm。

加大对行贿行为惩治力度。[1]这加大了国家反腐败的力度。反腐工作没有终点，高压反腐态势必将持续下去。

（二）该案对于打击职务犯罪具有典型意义

孙力军案触犯的罪行是职务犯罪与非职务犯罪的融合，其不仅受贿数额高，达 6.46 亿余元人民币，同时触犯操纵证券市场罪和非法持有枪支罪。显然，无论是从犯罪的数额还是犯罪的性质层面，孙力军都是党的十八大以来落马官员的典型代表，也是中央纪委国家监委在 2020 年 9 月 30 日公布该案时措辞极为严厉的重要原因。习近平总书记明确强调："全面从严治党、推进反腐败斗争，必须从领导干部特别是高级干部严起。"孙力军原为公安机关的一名骨干，是法治的忠实信徒和践行者，但最后却走上了与法治背道而驰的道路。这主要是因为他没有树立起理想信念，没有把权力用在人民身上，没有坚守法律和道德的底线。

孙力军案件的严重性和社会影响，再一次向我们敲响了警钟：高层干部拥有着与其权力相匹配的领导权、决策权和指挥权，如果高层领导干部的三观不正、立场不稳、自律不严，那么，权力滥用就会带来很大的伤害，不但会给国家和人民带来巨大的损失，会损害党的领导权威和执政基础，也会让自己承担刑事责任。这就要求党员领导干部，特别是主要领导干部，要时刻保持高度的政治觉悟，从源头上杜绝权力异化的危险，永远保持清正廉洁。孙力军案的整个过程，从立案侦查到审查起诉，从提起公诉到一审判决，从证据收集到证据证明，都严格贯彻了以事实为根据，以法律为准绳的根本原则，显示出党中央坚定不移地推进依法反腐的决心与信心。

（三）本案系《监察法》实施后国家查办的一起典型职务犯罪类案件

党的十八大以来，在党中央的坚强领导下，反腐斗争已经取得了压倒性的胜利，并得到了全面巩固。在反腐败斗争中，我们党一直秉持"以法治国"的根本思想，以法治思维、法治方式打击腐败。2018 年，通过《监察法》和《刑事诉讼法》的修改，对我国反腐工作进行了全面的总结，为进一步加强反腐斗争提供了有力的法律保证。

本案是《监察法》颁布以来查处的一个典型案例，孙力军利用身为国家工作人

---

① 《刑法修正案（十二）3 月 1 日起施行　加大行贿犯罪惩治力度》，载中国人大网 3 月 2 日，http://www.npc.gov.cn/npc/c2/c30834/202403/t20240302_434982.html。

员的身份,受贿、操纵股市、非法持有枪支,在政治上和经济上都存在严重问题,严重触犯了党纪国法。针对这一情况,纪检监察机关按照规定的程序进行了立案,检察机关按照规定的程序进行了审查起诉,由法院依法作出了判决。三机关之间紧密配合,相互制约,在充分保护了被告人的各项诉讼权利的基础上,依法对此案进行了公正的审判,使其达到了政治效果、法律效果和社会效果的统一。

自《监察法》颁行以来,《监察法》与《刑事诉讼法》的衔接问题一直是理论界与实务界关注的热点。"法法衔接"不仅涉及程序的转换适用,也涉及证据的转化认定。①对此,实践是检验真理的唯一标准。孙力军案顺利办理,是对"法法衔接"的有效检验,办案机关严格依照法律规定完成程序转换适用、证据转化认定,充分表明"法法衔接"在司法实践中具有高度可操作性,这是我国反腐败制度与司法体系的日益成熟的体现。

三、职务犯罪类案件监检衔接现状分析

(一) 立法现状分析

为了更好地推动国家监察制度改革,促进监检衔接工作的高质量发展,提高监检工作的质效,建立一种有效的监检联动办案机制,是非常重要的。在监察制度改革初期,《监察法》《刑事诉讼法》《人民检察院刑事诉讼规则》等都对监察机关与检察机关之间的衔接问题进行了明确的规定。随着监察制度的深化,监检衔接工作机制的运行也越来越规范,我国先后出台了监检衔接方面的规范性文件,以更加细致的操作方式,让监检工作能够有效地衔接、顺利推进、规范运行。2018 年 4 月,国家监委、最高人民检察院联合印发《办理职务犯罪案件工作衔接办法》(以下简称《衔接办法》)。2019 年 2 月,最高人民检察院印发《人民检察院提前介入监察委员会办理职务犯罪案件工作规定》。2021 年 1 月,国家监委、最高人民检察院等四部门联合印发《关于加强和完善监察执法与刑事司法衔接机制的意见(试行)》,对监检衔接中管辖、证据、移送起诉等方面进行全面规范。2021 年国家监委制定了《中华人民共和国监察法实施条例》(以下简称《监察法实施条例》),为监察机关如何

① 《建立监检衔接机制实现有效配合制约》,载中央纪委国家监委网 2023 年 2 月 15 日,https://www.ccdi.gov.cn/yaowenn/202302/t20230215_246901.html。

在职务犯罪中与检察机关衔接配合提供了规范指引。

此外,各地方在实践中也出台相关规范性文件,例如济宁市出台了《济宁市检察机关办理职务犯罪案件暂行办法》、甘肃省监察委员会与省检察院共同制定印发的《甘肃省各级监察委员会与人民检察院办理职务犯罪案件工作衔接办法》。应该说,上述许多规定,都是基于国家监察体制改革的经验和实践,对其进行了总结、提炼,并对其操作流程进行了进一步的细化,从而为在处理职务犯罪案件时的监检衔接工作提供了强有力的制度保证。这些条款都能指导监检衔接工作的实际运作,但是,在监检衔接的程序设计和标准上,却存在着不同的制度安排和标准,造成了监检衔接工作中的程序结构不平衡、法与法之间的不协调,同时也给个别监管机构滥用权力留出了可能的空间。另外,目前的监检衔接制度大都是以法律规范的形式进行规定,缺乏对相关法律的统一指导,从而使其在实际操作中也受到了质疑。为此,迫切需要在国家立法中进一步完善监检衔接机制,建立完善的刑事司法制度。

(二) 实践现状分析

监察体制改革以来,我国在司法实践中一直在探索高效顺畅的监检衔接机制。2022 年最高人民检察院的工作报告显示,检察机关去年受理各级监委移送职务犯罪 20754 人,已起诉 16693 人,同比分别上升 5%和 8.8%。①从这一数据中可以看到,就线索转化率而言,监检双方在工作连接方面都表现出了更高的水平,而且最近几年,办理职务犯罪案件的数量和质量都得到了提高。但是,从各地的司法实践来看,在处理职务犯罪案件时,监察机关和检察机关之间在每一个程序操作上都有很大的联系,这就导致了两个部门在处理具体案件时,不知道该如何进行协作。同时,因缺乏内外部监督等方面的制约,在不同地区之间存在着不同程度的差异,这在很大程度上限制了反腐工作的开展。史卫忠表示,检察机关应进一步加强与国家监察机构的联动,尽快研究有关配套措施,细化办案流程,不断提升职务犯罪案件中检察工作水平。监检衔接工作的完善一直在我国反腐败的进程中稳步推进,而现如今较为突出的问题便在于监检办案"提前介入"的细节操作,监察留置与刑

---

① 2023 年《最高人民检察院工作报告》,载中华人民共和国最高人民检察院网 2023 年 3 月 7 日,https://www.spp.gov.cn/spp/gzbg/202303/t20230317_608767.shtml。

事强制措施的对接程序、监察证据的转化以及认罪认罚从宽制度在监检衔接下的适用这几大方面。

四、职务犯罪类案件监检衔接困境检视

当前,我国的监察和刑事司法体制改革已进入全面深化的新阶段。在我国司法制度改革的大背景下,如何有效地进行监检工作,是关系到检察机关办案质量的关键。在司法实践中,实务部门在处理职务犯罪类案件时,因法律法规不健全等实际原因,存在着一定的问题。目前理论界与实务界主要研究的是检察提前介入检察的衔接机制问题、监察留置与刑事强制措施的衔接问题、监检的证据衔接问题、职务犯罪案件中认罪认罚从宽制度的适用问题、监检管辖权衔接问题这五大类问题。对职务犯罪监检衔接中的主要问题进行深入剖析,才能更好地为之后的监检衔接工作提出更加具有针对性的建议。结合典型案例,将对监检的证据衔接问题与职务犯罪案件中认罪认罚从宽制度的适用问题进行深入研究。

(一) 监察与检察机关办案的证据衔接问题

无论我国现行的“监—检”程序,还是原来的“侦—检”程序,都以证据为中心。立法机关借鉴了刑事证据制度的方法,使监察活动中的证据概念得以明晰。针对这一问题,《监察法》第33条对监察证据与刑事诉讼证据的“条件与标准统一”进行了明确的规定。但是,由于《监察法》中对证据制度的原则性要求,加之我国现行刑法中证据制度与内容的分散与复杂,导致了二者之间的衔接出现了漏洞。

首先,职务犯罪初核阶段证据转化不明。由于职务犯罪案件的特点,其在实际办理案件的过程中与普通刑事案件有着较大的不同,对案件事实进行初步核实是必要的,这一过程也就是监察立案前的一种特殊的前置性调查程序。《监察法》规定,监察机关有权按照法定的程序,组成专项调查组,对案件进行初步核实。在初核期间收集的监察证据有以下两类,第一类是通过初核谈话所形成的言词证据。这类证据的谈话对象既包括被核查人本人,也包括其他知情人、举报人、证人等。第二类则是证明主要犯罪事实,例如银行流水账目、调取个人有关事项报告等实物证据。《监察法》并未就这一阶段的证据资格、效力等问题作进一步的细化,特别是在监检衔接期间,能否将其转换为刑事诉讼证据的问题。在我国监察制度改革前,作为侦查主体的检察机关,其在调查过程中所收集到的言

词证据，必须经过转换后方能成为刑事证据。其实，从《监察法》关于证据衔接的表述来看，法律法规对于监察证据的进入阶段并没有明确的要求和区别，然而，目前尚不清楚监察机关在初核阶段所收集的证据能否达到法定的证明标准，所以，对于初核阶段采集的证据，能否直接转换成刑事诉讼证据，还需对初核阶段采集的证据作进一步的细化分析，以决定其证据资格，能否将其直接转为刑事诉讼证据加以运用。

其次，同步录音录像留存备查制度落实不力。在职务犯罪监检证据衔接中，监察机关把收集到的证据向检方移送，检察机关在对监察证据的全面审查中，首先也是最重要的就是对证据的合法性进行审查，监察证据的合法性是指其能否成为办案的根据。因此，对检察机关而言，在对监察取证的正当性提出疑问时，其最有力的证明手段，就是对其进行全程录音录像。我国《监察法》对监检证据衔接中同步录音录像的规定为，“不一并移送，以备查阅”的原则。这意味着，在监察调查完成之后，这段录音录像将被监察机关单独保存起来，这就使同步录音录像系统无法在特定的个案中得到有效的应用，更无法发挥其应有的作用。同时，《〈中华人民共和国监察法〉释义》还指出，如果检察机关认为监察取证的合法性要求同步录音录像，那么可以采取与监察机关“沟通、磋商”的方式。而根据《衔接办法》规定，是否与监察证据收集的合法性有联系以及同步录音录像的调取都由监察机关决定。从这些同步录音录像的衔接规定可以看出，检察机关处于绝对的强势地位，从而削弱了其司法审查的作用。尽管“交流与磋商”反映了监检之间“相互配合”，却忽视了检察和监察部门之间“相互制约”的权力制衡机制，既不利于监检之间的顺利衔接，也容易导致“以审判为中心”，对“以审判为中心”的改革成效产生不利影响。

最后，非法证据排除规则存在程序空转。《刑事诉讼法》关于非法证据排除规则分为三种模式：强制性排除、裁量性排除以及瑕疵证据的补正。对于言词类证据，采用的是强制性排除规则，对于实物证据则采取裁量性排除和瑕疵补正规则。反观《监察法》和《监察法实施条例》，均未对非法证据排除制度作出明确规定。①凡

① 董坤：《监察与司法衔接中的证据问题研究》，载《西南民族大学学报（人文社会科学版）》2021年第7期。

是被发现为非法收集的证据,均应予以排除,其中的问题在于,如果在随后的刑事诉讼中,被排除的证据是自由裁量或有瑕疵的证据,那么,在排除了之后,经过检察机关的补正,是否仍然具有法律效力?如果过于概括地采用排除规则,同样会造成缺乏重要证据,甚至过分依靠被调查者的供述。与此同时,我国《监察法》对于重复供述的排除也缺乏相应的规定。《关于办理刑事案件严格排除非法证据若干问题的规定》及其他司法解释对重复供述的排除要求为,如果是在严刑拷打下作出的,或者是在这种情况下作出的重复供述,都应该被排除在外。但是在监察调查活动中没有明确规定,在受到刑讯之后是仅对刑讯当次的供述予以排除还是之后受其影响的供述全部予以排除,目前实务中认识不一、处理方式也各有不同。

(二)职务犯罪案件认罪认罚从宽制度的适用问题

2018 年 10 月,我国《刑事诉讼法》正式确立了认罪认罚从宽的制度。这为进一步推进国家治理体系和治理能力现代化提供了有力保障。在同一年的 3 月份,《监察法》正式颁布,其中第 31 条的相关规定将认罪认罚从宽制度引入监察调查程序之中。尽管我国的《刑事诉讼法》和《监察法》均规定了认罪认罚从宽制度,但由于两部法律对该制度的规定存在差异,因此在实际应用中出现了一些冲突,这阻碍了监察和司法之间的有效衔接,给司法实践带来了极大的不便。

首先,认罪认罚从宽制度缺乏统一的适用标准。自认罪认罚从宽制度开始试点,由于“认罪”“认罚”“从宽”的具体内涵和实施准则没有法律予以具体明确,这给司法实务带来实践困境。《监察法》对是否适用“从宽”的认定标准,较之《刑事诉讼法》对是否适用“从宽”的认定标准更加苛刻。《监察法》给被调查人认罪认罚从宽设置了比刑诉程序更高的要求,那就是要满足“认罪+认罚+四种特定情形”,但是在《刑事诉讼法》中认罪认罚从宽制度的适用条件只需要满足“认罪+认罚”即可。如此规定,使部分满足刑诉程序适用要求的职务犯罪嫌疑人丧失监察调查阶段适用该制度的可能性。对监察调查阶段希望自愿认罪的被调查者,由于法定四种情况不存在,那么在监察程序中他们就不能适用此制度,就只能等到了审查起诉阶段才可以适用,从而使认罪认罚期限局限于审查起诉阶段内,既打击被调查者认罪的积极性,又助长被调查者侥幸心理的产生,对节省司法资源不利。同时也造成了监察阶段认罪认罚适用率较低,没有更好地体现制度设立的价值。

其次,认罪认罚主体权益保障不健全。为了保证认罪认罚人在适用该制度时自愿、合法,《刑事诉讼法》中的一些法律规定就对于其在此过程中的一些权力进行了保障。主要包括告知权、意见表达权和律师帮助权。《监察法》对被调查人认罪认罚权利的保障则未作出明确规定。在监察调查的过程中,监察委并不负有告知被调查人相关认罪认罚从宽事项的义务,被调查人对于认罪认罚从宽的法律后果难以估量。同时,《监察法》没有通过立法的方式规定律师参与监察程序,这说明间接否认了律师在监察调查阶段的参与。这样的规定,将使被调查人供述的真实性、自愿性下降,权利也很难获得良好保护。

最后,认罪认罚"从宽建议"限制公诉机关量刑建议权的行使。在《刑事诉讼法》中检察机关从宽处理的建议效力被明确规定,同时还规定了审查嫌疑人和被告人认罪认罚是否真实、自愿的机制。我国《监察法》规定,监察机关可以向检察机关提出从宽建议的公函。虽然公函不具有强制约束力,但是由于监察机关所提出的从宽建议是需要报请上一级监察机关批复的,经历过报批程序再加之监察机关的政治属性,其所提出的从宽建议将对检察机关施加一定的压力,会对公诉机关量刑建议权的行使带来一定的限制。然而,两部法律中都没有明确规定检察机关是否有权审查监察机关提出的从宽建议。检察机关该怎样去处理这些建议,是一个亟待解决的问题。

五、职务犯罪类案件监检衔接完善建议

(一) 优化职务犯罪监检证据衔接程序

1. 合理安排初核阶段的证据转化路径

初核阶段所收集到的证据,其适用条件是:既要满足刑事诉讼的证明标准,又要具备程序合法、客观无可取代的特点。为此,在初核阶段,应将所收集到的实物证据与言词证据进行差别化处理:首先,初核阶段收集的实物证据可以直接转化为刑事诉讼证据。与职务犯罪案件中的言词证据具有不稳定的性质相比,书证、物证等实物证据则具有相对的客观性和稳定性。对此,应当承认在初核阶段采集的实物证据,可以在刑事诉讼中用作证据,但是,它仍然需要具有合法性、客观性、关联

性,并且要符合刑事诉讼中的证据标准和要求。其次,言词证据不可直接作为刑事证据使用。在初核阶段,绝大多数的言词证据都是经过初步核实后制作的谈话记录。应当指出,在初核阶段,监察机关的谈话笔录通常不会有同步录音录像,再加上初核阶段通常要求严格保密,且处于不公开的情况下,所以在采集过程中缺少监管机制,容易加大非法取证的风险。在案件处于监察立案前又缺乏相关的程序保障措施下,不仅初核阶段言词证据收集程序的合法性难以得到保证,立案后被调查人翻供的可能性也会大大增加。此外,初核阶段收集的言词证据在客观上也不具有不可替代性。在监察立案调查之后,监察机关获得更多的案件线索,可以通过对被调查人和证人的提问来对案件的核心事实再次提问,这样重新获得的言词证据就会更全面、更真实、更有效。

2. 完善同步录音录像调取和移送制度

完善职务犯罪案件监检证据衔接中同步录音录像制度,首先应当完善"留存备查"制度下的调取规则。一是要进一步完善同步录音录像调取的程序,明确监检双方在协商配合、如何调取、审批等方面的具体操作过程。二是应当对检察机关调取同步录音录像的依据进行拓宽,即检察机关不仅可以依据对监察证据的合法性进行审查调取同步录音录像,也可以依据对监察证据的真实性进行审查调取同步录音录像。三是应当给予检察机关一定调取同步录音录像的主动权。为了推动监察与检察在证据衔接中的相互制约,解决实践中"调取难"的问题,应当将调取同步录音录像的主动权给予检察机关,检察机关可以依职权进行调取。四是应当完善同步录音录像的移送程序。在检察机关作出调取录音录像的决定之后,应明确规定,在移交有关录音录像的过程中,要与检察机关合作。同时,在检察机关对同步录音录像进行审查的过程中,如果有必要,还应该给予相应的协助,从而使监控案件中的同步记录制度得到更好的规范和监督。

3. 健全职务犯罪领域非法证据排除规则

一是完善监察程序中非法证据排除规则。我国《刑事诉讼法》及有关司法解释对非法证据排除规则进行了长期的探索与发展。在我国监察体制改革之前,也曾将其一并适用于职务犯罪侦查。随着我国监察制度的改革,我国职务犯罪调查的主体发生了变化,但由于证据规则相对中立的独特价值,因此,在我国司法实践中,不能将其抛弃,必须对其进行重新立法或解释。一方面,推倒重来进行立法或者解释,会导致法律系统的混乱,这与审判中心主义对证据制度的要求相违背;但是,重复立法或解释会造成司法的不经济性和增加立法成本。此外,与《刑事诉讼法》相比,监察程序则更加注重录音、录像等方面的规定,要求其全覆盖,这与《刑事诉讼法》相比,具有更加严格的规定。因此,监督程序中非法证据排除规则的适用,应当具体参考相关的刑事诉讼程序。二是明确监察调查活动中应当适用重复性供述排除规则。由于监察机关在调查违纪、职务犯罪活动时,大多数供述是在留置的状态下取得的,在这一措施之下,如果监察机关非法取证,更加难以发现。出于对犯罪嫌疑人基本权利的保护,应当采用更严格的非法证据排除规则。监察机关没有进行自行排除的情况,如果检察机关发现犯罪嫌疑人、被告人出现重复供述的情况,同时如果发现某次的供述是通过非法方法取得的,应当将与此相同的供述一并排除,不得作为起诉依据。

(二)实现监检机关适用认罪认罚从宽制度的有效衔接

1. 统一认罪认罚从宽的适用标准

目前理论界与实务界对于“认罪”“认罚”的标准尚未达成统一,《监察法》也并未明确“认罪”“认罚”的具体内涵。对于“认罪”,《监察法》目前强调的是积极地、主动地认罪,不承认消极的认罪。为了与司法形成有效的衔接,确保后续适用的连贯性,有必要参考《刑事诉讼法》和相关司法解释,并关注“认罪”标准在刑法领域的动态发展。因此,认罪应表述为“犯罪嫌疑人自愿、真诚地认罪和供述犯罪事实”。对于“认罚”也应该参考《刑事诉讼法》中的相关规定,与其保持一致,即“愿意接受刑事处罚”。①为了避免对后续的司法程序造成困扰,同时体现监察程序的特点,此处的认罚,表现为对自身犯罪行为的认可,以及愿意接受惩罚的态度,不受具体刑罚类型和量刑幅度的限制。在从宽处理的方式及幅度方面,四种特定情形可以在从宽处理的量刑上体现,如果被调查人认罪认罚同时又符合四种特定情形之一,则可以采取比一般认罪认罚更大的从宽幅度。采用类似“阶梯制”的处理以及量刑方式,可以激发被调查人在监察阶段认罪认罚的热情。与此同时,监察机关

① 詹建红:《认罪认罚从宽制度在职务犯罪案件中的适用困境及其化解》,载《四川大学学报(哲学社会科学版)》2019年第2期。

在提出从宽处理建议时,必须遵守《刑事诉讼法》的规定,不得违反《刑法》中有关从宽处罚的相关条款。

2. 加强被调查人的权益保障

在《刑事诉讼法》中,认罪认罚的被告人和犯罪嫌疑人有辩护人或值班律师的积极参与,这就能在适用该程序中对他们进行合理建议和引导,更加充分地保护他们的权益。所以在监察调查阶段,也应由专业人员对被调查人进行帮助,这样才可以更好保障其权益。因此也应当引入律师为其提供帮助。从目前来看,律师提供帮助权的主要途径有两个:以辩护人身份或者以值班律师身份或类似身份参与。由于职务犯罪案件的特殊性以及被调查人身份的特殊性,在监察调查阶段引入律师参与,是一个需要慎重考虑的问题。英国的“特定律师代理制度”或许可供借鉴。所谓“特定律师代理”是指由特定的人担任该特定事项中的代理人或辩护人。根据英国《入境事务上诉特别委员会法》,国家有权委派特定的律师代理涉及国家机密和国家安全证据的相关案件。①这就使得国家任命的律师,一方面不会依附当事人,无需对当事人负责;另一方面有义务对于其知悉的相关涉密信息对当事人保密,具有相对独立性。因此我们可以从此借鉴引入针对职务犯罪案件的特定律师。特定律师是国家委派到监察调查阶段,对被调查者给予相应法律帮助的律师。特定律师的参与主要表现在:在监察调查的过程中,向被调查人传达有关认罪认罚的信息、详细地解释有关法律规定、在签署认罪认罚相关文书时在场等。这既可以向被调查者提供所需的法律帮助,保障认罪认罚程序正当性,也能破除律师过早介入破坏调查等问题。

3. 规范监察机关从宽建议的适用

根据《监察法》的规定,监察机关有权向检察机关提出建议,以促进从宽处理的实施。监察机关提出从宽建议,对检察机关、审判机关工作都有一定影响,因此有必要厘清监察机关从宽意见适用问题。一方面,监察机关所提出的从宽建议的公函,其应只在监察机关和检察机关之间流通,其涉及范围不应该包括检察机关在法院提起公诉阶段,应该保障提交的证据合理、合法,不能够将上级监委作出的同

---

① See Lucy Line, David Plater, Police, Prosecutors and Ex Parte Public Interest Immunity Claims: The Use of Special Advocates in Australia, (2014) 33(2) University of Tasmania Law Review 255.

意从宽处理的批复直接作为证据移送法院，以确保案件的公正审判。这样做既符合证据原则的客观要求，也减少了监察机关相关文书的职权色彩对于检察机关、审判机关在处理相关职务犯罪案件的影响。①另一方面，监察机关应当减少采用从宽建议公函形式，以具结书和起诉意见书方式详细记录被调查人供述，检察机关应当根据《刑事诉讼法》对犯罪嫌疑人的供述进行复核，确定是否建议法院从宽处理。

第二节　性侵害未成年人犯罪典型案例研究报告：教师猥亵儿童被宣告终身禁业案

一、案情简介②

王某某系某学校外聘的指导教师。2022年，王某某在担任某学校外聘指导教师期间，利用"一对一"单独授课的机会，多次触摸该校一名10岁女童的隐私部位。经被害女童家人报案，王某某被抓获归案。2022年11月15日，北京市海淀区人民法院少年法庭对这起猥亵儿童案依法开庭并当庭宣判，以被告人王某某犯猥亵儿童罪，判处有期徒刑；同时，禁止被告人王某某从事密切接触未成年人的工作。

二、入选理由

（一）党中央和社会对未成年人遭遇性侵害问题高度关注

一直以来党中央高度重视未成年人的健康成长。对于实践中性侵未成年人犯罪问题，2021年2月23日最高人民检察院微博转载了北京市人民检察院的一组儿童防性侵的漫画，深入浅出地讲述防性侵知识，让孩子大胆对性侵说"不"；2021年3月1日正式实施的《刑法修正案（十一）》加大了对未成年人的保护力度；2021年6月1日修订实施的《未成年人保护法》在原来的家庭保护、学校保护、社会保护和司法保护基础上，增加了"政府保护"和"网络保护"两章，确立了我国未成年人"六

---

① 林艺芳、张云霄：《监察法与刑事诉讼法衔接视角下认罪认罚从宽的制度整合》，载《甘肃社会科学》2020年第2期。

② 《全国首例！海淀法院对一猥亵儿童案被告人宣告终身禁业》，载北京市海淀区人民法院2022年11月15日，https://bjhdfy.bjcourt.gov.cn/article/detail/2022/11/id/7018145.shtml。

大保护”的制度框架，以家庭监护为基础、国家监护为补充的监护制度体系建立，创新和发展了强制报告、信息查询和从业禁止等制度，明确要求学校要建立防治学生欺凌以及性侵害、性骚扰的制度，建立和完善了预防、处置性侵案件相关制度，为儿童防性侵实务提供重要指导和法律支撑。2021 年 6 月 1 日教育部发布的《未成年人学校保护规定》通过规定“一般保护”“专项保护”落实学校的保护职责，保障未成年人合法权益。2023 年 5 月，最高人民法院、最高人民检察院、公安部、司法部联合发布《关于办理性侵害未成年人刑事案件的意见》，对办理性侵害未成年人刑事案件的侦查立案标准、证据收集与审查认定、被害人诉讼权利保障与救助保护等作出了明确的规范和指引。

《中国儿童防性侵十年观察(2013—2023)》显示，近几年儿童性侵害问题以及性知识的普及问题，得到公众的广泛关注。在 2015 年“女童保护”进行相关调查时，在调查人群中，对儿童性侵害案件比较关注的仅有 29%。到了 2020 年，非常关注儿童性侵害问题的占比达到 31.27%，有 40.15%的人表示对该问题比较关注；到了 2021 年，非常关注该问题的人群比例达到了 39.89%，38.67%的人表示对该问题比较关注。这两年都有超过 70%的受访者表示高度关注儿童性侵害问题。①

(二)未成年人性侵害预防与保护迫在眉睫

自《南岛晚报》2013 年 5 月 12 日刊发《万宁某小学校长给钱让幼女陪睡》的报道之后，儿童性侵问题引发社会各界广泛关注，相关案例也经常出现在热搜榜上。学界的共识是，在诸多因素影响下，性侵儿童案例难以统计且不能被全部公开地进行报道。进入公众视野的案例仅仅是实际发生案例的冰山一角。例如，2015 年至 2018 年 11 月，在不到四年时间里，全国法院审结的猥亵儿童罪的案件就达 11519 件，这只是进入司法程序的案件数量。2013 年起，“女童保护”连续九年发布性侵儿童案例统计报告。②2013—2021 年，媒体公开报道性侵儿童案例 2952 件，在每个案件中，受害儿童的人数从 1 人到 100 多人不等。2013 年至 2021 年，媒体每年公开报道的有关于儿童性侵害的案例分别是 125 起、503 起、340 起、433 起、378 起、317 起、301 起、332 起、223 起(其中，2013—2017 年统计案例为 14 岁以下儿童，

---

① 《中国儿童防性侵十年观察(2013—2023)》，载北京众一公益基金会网 2022 年 6 月 21 日，https://www.all-in-one.org.cn/newsinfo/6188914.html。

② 同上。

2018年起为18岁以下儿童),受害儿童超过5500人;受害人中男童与女童的比例大约是1∶9。

随着社会对于未成年人遭受性侵害问题持续关注,虽然我国出台了相关法律,也实施了一系列举措,如在学校开设生理健康课、要求学校老师集体办公、司法机关积极到农村进行普法等措施,但因尚未形成完整的保护体系,大多只起到宣传倡导作用,难以从根本上解决未成年人性侵害预防与保护问题。并且由于此类案件隐蔽性较强,未成年人在遭受性侵害后不敢求助,政府相应的保护措施无法贯彻落实。同时随着互联网的发展,新型网络性侵开始出现,而我国现行的保护制度不能很好回应时代诉求,解决相应问题。因此未成年人性侵害预防与保护工作迫在眉睫。

(三)该案系全国首例教师猥亵儿童被宣告终身禁业案,具有典型意义

本案是最高人民法院、最高人民检察院、教育部《关于落实从业禁止制度的意见》出台后,全国首例依据《刑法修正案(九)》新增的第37条及2021年实施的《未成年人保护法》第62条的规定,对性侵害未成年人的教职人员依法宣告终身从业禁止的刑事案件。本案被告人王某某系对未成年人负有特殊职责的专业教职人员,其行为不仅破坏了正常的教学秩序,同时也因其个人行为破坏了教师队伍的整体形象。其猥亵行为严重侵害了未成年人的身心健康,对于此类利用工作之便侵犯未成年人的犯罪人,实行从业禁止,具有充分必要性。

在该判决生效以后,多地区陆续判决"终身禁业"第一案。2022年11月15日,江苏省连云港市海州区人民法院对某培训机构聘用舞蹈教师赵某某多次强制猥亵儿童案件一审宣判,最终判处被告人赵某某有期徒刑九年六个月。同时,禁止其从事教育类相关职业。2022年11月16日,甘肃省平凉市崆峒区人民法院少年法庭公开宣判一起培训学校指导老师猥亵女童案件。被告人陈某某被法院以猥亵儿童罪判处有期徒刑。同时,终身禁止从事密切接触未成年人的工作。2022年11月17日,广西钦州灵山县人民法院,一审依法审理一起强制猥亵案。某中学体育代课老师李某某,利用职务之便强制猥亵学生,被判处有期徒刑,并禁止从事密切接触未成年人工作。2022年11月28日,湖南省攸县人民法院对一起猥亵儿童案、强制猥亵案开庭并宣判。攸县某中学教师周某某,多次在办公室采取摸胸、搂抱等行为,猥亵、强制猥亵未成年女学生。法院依法判处被告人周某某有期徒刑八年,并判决其终身禁止从事密切接触未成年人的工作。

2015年的《刑法修正案(九)》在增设的《刑法》第37条之一中规定了从业禁止制度,扩大了资格刑的范围,使我国的刑罚制度更为完善、更为合理。①在侵犯未成年人案件中,将资格刑纳入惩罚之列,是对熟人作案率、重复犯案率高的侵犯未成年人犯罪案件的有力回应,这一做法有利于推动未成年人保护具备更加完善的法律保障,推进未成年人性侵害预防与保护"最后一公里"问题的解决。

三、性侵害未成年人犯罪的发展趋势

(一)侵害未成年人犯罪案件总量有所下降,但性侵案件仍呈上升趋势

2023年6月1日最高人民检察院最新发布的《未成年人检察工作白皮书(2022)》指出,2020年至2022年,检察机关批准逮捕侵害未成年人犯罪分别为38854人、45827人、39380人,同期提起公诉57295人、60553人、58410人,2022年批捕、起诉人数较2021年分别下降14.07%、3.54%。2022年,起诉强奸、猥亵儿童等性侵未成年人犯罪36957人,同比上升20.4%。②"女童保护"公布2013—2021年,媒体公开报道性侵儿童案例2952件,其中2020年、2021年分别为301起、332起(2022年未统计)。综合最高人民检察院以及"女童保护"的数据,不管是官方的数据或是媒体公开报道的数据,性侵害未成年人犯罪的案件数量呈现上升趋势,未成年人性侵害预防与保护亟待加强。

(二)性侵害未成年人犯罪网络化趋势明显

网络性侵害未成年人是指利用网络媒介,采取诱骗、威胁等手段强制性或非强制性地要求未成年人进行性行为。③其主要形式包括以招募童星、拍摄宣传片、发放红包等借口引诱、欺骗受害者拍摄色情视频;以言语恐吓、暴力威胁等强制性手段逼迫儿童在直播间等网络平台上进行色情表演;通过QQ、微信等网络交友平台发起聊天获取信任,哄骗儿童进行文爱、裸聊等性行为,甚至线下约见儿童实

① 《教师猥亵儿童被宣告终身禁业案》,载人民法院报2023年1月7日,http://rmfyb.chinacourt.org/paper/html/2023-01/07/content_224347.html。

② 《未成年人检察工作白皮书(2022)》,载中华人民共和国最高人民检察院网2022年6月1日,https://www.spp.gov.cn/spp/xwfbh/wsfbt/202306/t20230601_615967.shtml。

③ 郑淑珺:《性侵未成年人刑事案件办理及预防机制研究》,载《刑法论丛》2020年第3期。

施性侵害。这是互联网时代下性侵害犯罪向网络空间的进犯。例如 2018 年 11 月 19 日，在最高人民检察院发布的第十一批指导性案例中，检例第 43 号案件骆某猥亵儿童案即是网络性侵未成年人犯罪的典型例子。2019 年 7 月最高人民法院发布的四例性侵害儿童犯罪典型案例中利用网络性侵害儿童高达两例。2020 年全年媒体公开报道的 332 起性侵儿童案例中，网友作案 42 起，包括线上作案和线下作案（网友约见面后实施性侵），在熟人（熟人圈）作案中占比 18.18%，在案例总数中占比 12.65%。新型网络性侵害的发展已不容忽视，打击相关犯罪刻不容缓。

2023 年 6 月《最高人民法院、最高人民检察院关于办理强奸、猥亵未成年人刑事案件适用法律若干问题的解释》第 9 条第 1 款规定，胁迫、诱骗未成年人通过网络视频聊天或者发送视频、照片等方式，暴露身体隐私部位或者实施淫秽行为，符合《刑法》第 237 条规定的，以强制猥亵罪或者猥亵儿童罪定罪处罚。明确将“隔空猥亵”入罪。2023 年 10 月 24 日国务院公布《未成年人网络保护条例》在网络空间为未成年人的健康成长提供了坚实的法治保障。该条例规定，网络服务提供者应肩负起应有责任，通过未成年人私密信息发现未成年人可能遭受侵害的，应当立即采取相关措施保存相关记录，并向公安机关报告。通过督促网络服务提供者完善技术，对未成年人用户实施更加周密的保护，有利于更早地发现侵害未成年人的端倪，减少对未成年人的网络伤害。

面对互联网信息技术的快速发展，新型网络性侵害未成年人犯罪可能会以更多方式出现在我们的视野中，需要我们深入探寻解决措施，加强对未成年人的保护。

四、性侵害未成年人犯罪的特点分析

（一）未成年人遭受性侵害隐蔽性强、发现率低

我国未成年人遭受性侵害案件发现率不高，特别是农村地区。受农村地区司法完善程度较低、村民观念偏于守旧等因素影响，农村留守儿童遭受性侵害案件隐蔽性更强、发现率更低、更难进入司法程序。[①]在与实务部门的办案人员沟通中得

① 任卉、李琦：《性侵未成年人犯罪现状及法律应对》，载《中国检察官》2022 年第 21 期。

知,未成年人遭受性侵害,特别是农村留守儿童遭受性侵害案件隐蔽性强、发现率低,常发生在隐秘无人的偏僻地点。此外,受年龄限制及贞操观念束缚,不少未成年人即使遭受性侵害,也会选择闭口不提;还有部分家长出于保护孩子或保全颜面的目的,不愿向公安机关报案;更多时候他们会选择自认倒霉、忍气吞声,或与加害者私下解决;甚至现实当中还存在父母不相信孩子的指控、不承认伤害事件的发生,阻挠公安人员办案等现象。

(二)犯罪人员低龄化趋势明显

近年来,未成年人犯罪案件数量逐年增多,其中未成年人参与或实施性侵害犯罪的比例也大幅提升,且情节恶劣。从2004年黑龙江省13岁男孩强奸同村14岁女孩到2010年7月焦作市武陟县某村14岁男孩对8岁女孩性侵未遂后将其杀害,再到2019年3月安徽淮南市田家庵区,已满14周岁不满18周岁的徐某、王某某、许某通过QQ约见未满14周岁的女孩朱某并轮流与朱某某发生了性关系,2020年5月,陕西蓝田县小学4名不满14周岁的男生将女孩拉到男厕所实施侵害,2023年3月,山东11岁少女被诱骗至屋内遭两名男子性侵害,其中一名不满14周岁……这些由媒体报道的青少年实施恶性犯罪的新闻,在触动着人们神经的同时,也推动了我国《刑法修正案(十一)》作出下调最低刑事责任年龄的决定。

在社会转型升级的大背景下,青少年接收信息渠道增多,网络信息泥沙俱下,不断冲击着未成年人有待成熟的世界观、人生观、价值观;加之我国性教育缺失,导致未成年人对待"性"处于懵懂知晓而易错误对待的认知状态,因此性边缘危险行为频发。此外,监管制度并未随着互联网的快速发展而完善,网络已然成为滋生性犯罪的温床。部分未成年犯罪者以恋爱交友为由,利用网络社交平台通过欺骗、引诱等手段,接近受害人以实施性侵害。同时性侵害事件的被害人多为14周岁以下儿童,由于自身心智的不成熟以及网络交往的虚拟、平等、自主等特性,当他们遇到挫折或缺乏关爱时往往会通过网络寻求慰藉,如"网恋"。并且受害者在违法犯罪分子与自己年龄相近的情况下更容易放松警惕,导致悲剧发生。

(三)作案群体以熟人为主

在大多数性侵害儿童案件中,侵害人与受害者都存在一定的社会关系基础,即所谓的“熟人作案”。而这些“熟人”中,主要有受害人的邻居、教师、网友、亲戚朋友甚至家庭主要成员。

自2013年起,“女童保护”连续九年发布性侵儿童案例统计报告。综合分析9年的报告,“女童保护”发现性侵儿童案件的最主要特征之一是熟人作案。其中2014年达87.87%,其他的年份多在70%至80%之间。这也与近年来各级法院、检察院公布的数据相印证。熟人作案的案例中,教师、教职工(含培训老师),亲人亲属,邻居及家庭朋友等群体占比较高。熟人作案群体中,家庭主要成员这一群体更具特殊性,受到伦理、道德、生活保障等多种因素限制,被侵害儿童往往不敢对外声张、寻求保护,因此更难发现,且后续追责及相关保护工作开展难度更大。

(四)性侵害未成年人犯罪重复犯案率高

通过前文分析,由于性侵害未成年人犯罪具有隐蔽性强、发现率低以及熟人为主的犯罪特点,犯罪分子对同一未成年人可能实施多次性侵害,这对于未成年人的身心健康会造成沉重打击。通过梳理最高人民检察院建立的性侵害未成年人违法犯罪信息库中的一系列数据发现:不少性侵害犯罪分子都存在轻重程度不一的心理问题,有些甚至罹患严重心理疾病。由于司法实践和学界研究中对性侵害犯罪分子的心理问题关注较少,绝大多数犯罪人员在受到刑事处罚之后,歪曲的性心理问题并未得到有效干预和及时矫正。因缺乏正确的性道德观,他们不能控制性犯罪欲望,刑期结束重返社会之后,在缺乏有效的矫正力量阻止情况下,容易再次对未成年人实施性侵害。

五、性侵害未成年人犯罪的治理对策

(一)监护人方面

1. 强化父母为主的监护责任

对于监护人而言,最重要的是承担起监护责任。我国《民法典》规定,父母是未成年子女的第一顺序监护人,必须履行法定义务,尽可能避免将监护职责委托他人。对于在外务工的父母,若确有必要委托其他近亲属代为监护,也应当在全面了解近亲属品行等情况的基础上慎重选择,防止被监护的未成年人陷于危困状态。一旦监护人出现违反法律规定的情形,可根据《民法典》规定撤销其监护资格,并由人民法院采取必要的临时监护措施。若父母将未成年人委托他人代为监护,还应通过电话、视频等方式定期了解情况,使委托监护人较好地履行监护职责,确保未成年人生活、教育、身心等方面得到全面照护。

同时随着互联网信息技术的发展,出现了不少文爱、语爱、裸聊等新型网络性侵害形式,父母等监护人应意识到"网络性侵害"的危险,尽到监护责任,在为未成年子女购买手机等智能设备时,为其开启青少年模式。①

2. 父母对子女进行性侵害防范教育常态化

在家庭教育中,所有家庭成员特别是父母要转变观念,不仅要以正确的态度对待性教育,摆脱"谈性色变"观念束缚,直面孩子所提出的性问题,还应通过情景模拟等方式加强对孩子的性侵害防范教育,教育孩子不得单独留宿他人家中、对隐私部位进行辨认、让未成年人明确性侵害行为的范围等。并且监护人要高度认识到超前进行性教育和性侵害防范教育的必要性,让孩子从小树立起牢固的性权利意识及自我保护意识,提高孩子的性自我保护能力。

3. 特殊农村留守儿童父母监护人责任实际化

针对个别存在高度被侵害可能性或已经遭受性侵害的农村留守儿童,应要求农村留守儿童父母直接履行监护职责,将子女一同带往务工地居住或回到家乡务工。对由此带来的家庭经济来源不足及子女就学等问题,政府部门应及时给予必要援助。对于拒绝直接履行监护责任的父母,由当地村委会予以教育,经多次教育仍不改正的,相关个人或组织可以向法院申请撤销其监护人资格,并安排必要的临时监护。此外,政府还应发挥兜底作用,对父母死亡、无民事行为能力且其他近亲属履行不能或存在潜在危险的农村留守儿童进行特别关爱。

(二)学校方面

1. 落实三教育——性教育、性侵害防范教育、自我保护教育

随着经济发展,我国各类学校的基础设施有了明显改善。但绝大多数学校特别是落后地区的学校都缺乏系统的性教育、性侵害防范教育及自我保护教育,即使开展也仅限于性教育。同时城乡之间性教育存在显著差异。但性侵害防范教育和自我保护教育对未成年人的身心健康尤为重要。学校应明确相关课程课时安排,

① 张逸雯:《网络性侵未成年人犯罪预防机制探究》,载《网络安全技术与应用》2022年第11期。

设置专门的性侵害防范教育及自我保护教育教师岗位，制定相应课程标准指南，并将其纳入义务教育日常监测体系当中。

2. 完善三制度——学前教育机构制度、中小学用人制度、区域环境管理制度

学校是未成年人的主要生活场所之一，在未成年人成长过程中，学校扮演着十分重要的角色。因此，完善学前教育机构与中小学用人制度实有必要。在招聘教职工时应当严格筛选，加大审查力度，从德育角度对其道德品行、性心理等方面进行审查，对存在"恋童癖"、人格障碍等问题的应聘者一律不予录用。同时，对学校周边的经营场所也应严格核准经营，营业人员发生变动必须及时上报相关部门，严防经营场所人员通过引诱、胁迫等方式实施性侵害行为。若实施了性侵害行为，除追究相应法律责任，还应禁止其在学校周边一定范围内从事经营活动。最后，借助现代信息技术手段，建立跨区域司法大数据共享信息库，以供从事教育行业等有关主体进行查询。对存在性侵害未成年人前科的，应终身禁止其进入教育行业。

3. 严格三管理——学校监控管理、师生接触管理、住宿管理

一是监控全覆盖。校园内除宿舍、厕所、盥洗室外均应安装监控，做到三百六十度无死角全覆盖，并由政府、公安部门及教育部门共同制定规章管理制度，安排专人检查监控有无异常情况，并定期对监控内容进行审查。二是禁止教师单方接触学生。针对"师源型"性侵，若确有必要与学生单独进行谈话，也应选择已实现监控覆盖的公共场所。对于违反规定单独接触学生的教师，由学校依职责给予相应处分。三是完善住宿管理制度。对于寄宿制学校，应安排值班老师对学生的住宿情况进行检查，一经发现异常情况，必须立即处理。

（三）法律方面

1. 推进互联网背景之下相关法律的制定

受互联网自身实时性、交互性、共享性、开放性等特点影响，对互联网淫秽色情信息进行法律规制时常遭遇举证难题。然而互联网并非法外之地，对此，美国相继出台了《儿童在线保护法案》《儿童在线隐私保护法案》《儿童互联网保护法案》三部专门法案，防范网络色情侵害未成年的合法权益。而此次我国新修订的《未成年人保护法》也将网络保护单独成章，为构建我国未成年人网络保护提供了法律基础，也有助于推动网络空间内对未成年人的保护。

针对引诱欺骗儿童拍摄色情视频、进行文爱、裸聊等互联网“儿童软色情”等问题,此次新修订的《未成年人保护法》第74条虽未明确提出“青少年模式”的概念,但其条文内容涵盖了青少年模式的要求,可见青少年模式已从互联网企业的社会责任提升到了法律上的强制性义务层面。所以需要规范网络社交平台的运营模式,还要增强互联网企业的社会责任感,自觉做到对平台内容的监管筛选,严控儿童软色情传播渠道,彻底扼杀不法分子性侵害农村留守儿童的可能性。

此外在“全球化+互联网”时代,保护儿童合法权益是全人类的共同事业。联合国《儿童权利公约》就有缔约国承担保护儿童免遭一切形式的色情剥削和性侵犯之害的规定。我们还应加强国际合作,以法治模式治理网络色情内容,做到对“儿童软色情”的“零容忍”。①

2. 加大落实《未成年人保护法》中的强制报告制度

新修订的《未成年人保护法》增设了强制报告制度,国家机关、居民委员会、村民委员会、密切接触未成年人的单位及其工作人员,在工作中发现未成年人身心健康受到侵害、疑似受到侵害或者面临其他危险情形的,应当立即向公安、民政、教育等有关部门报告。它的有效实施对震慑性侵害未成年人的违法犯罪行为具有关键作用。因此在实践中应加大力度,对于不履行报告义务酿成重大后果的,依法追究直接负责的主管人员和其他直接责任人员的责任。

3. 完善《刑法》中猥亵儿童罪及强奸罪等相关内容

我国现行《刑法》中强奸罪的犯罪对象仅限于女性,而男童则被排除在强奸罪的保护范围之外。但现实中确有男童遭受奸淫,且男童被性侵害现状因更具隐蔽性同样不容小觑。现阶段我国《刑法》对男童的性侵害只能成立猥亵儿童罪,相较于强奸罪,猥亵儿童罪量刑较低,震慑力度偏弱。因此亟须扩大强奸罪犯罪对象范围。

虽然我国《刑法》中性同意年龄为14周岁,但面对逐年增长的未成年人遭受性侵害的现状,建议可适当将性同意年龄提高至16周岁,并对14至16周岁年龄段的未成年人性同意年龄进一步细化规定。②根据《关于依法惩治性侵害未成年人犯

---

① 王贞会、蔡沐铃:《美国治理网络性侵害未成年人犯罪的联邦立法及对我国的启示》,载《中国青年社会科学》2022年第5期。

② 兰跃军、孙丽娟:《性侵害未成年人犯罪防范体系的实践困境与改革进路——以上海市为中心》,载《北华大学学报(社会科学版)》2023年第4期。

罪的意见》，对于已满14周岁不满16周岁的人偶尔与幼女发生性关系，情节轻微、未造成严重后果的，不认为是犯罪。因男性年龄较低，且双方年龄差距较小，一般情况下不存在性利益和性自由的剥夺，故在女方自愿的前提下，法律上大多不作处理。对幼女负有特殊职责的人员与幼女发生性关系的，以强奸罪论处。对已满14周岁的未成年女性负有特殊职责的人员，利用其优势地位或者被害人孤立无援的境地，迫使未成年被害人就范，而与其发生性关系的，以强奸罪定罪处罚。

（四）媒体方面

1. 强化媒体社会责任

新闻媒体是党和人民的喉舌。要强化媒体社会责任，加强面向社会公众的儿童性侵害防范教育宣传。近年来学界对于儿童遭受性侵害问题的研究呈上升趋势，在一定程度上有赖于新闻媒体的报道。然而受我国“性耻观”“贞操观”等文化传统影响，不少受害未成年人及家庭缺乏勇气和途径对此进行举报和维权。

同时为更好地发挥新闻媒体的积极作用，媒体应自觉强化自身社会责任感，制作预防性侵害未成年人的广播电视节目和公益广告，不断提升全社会对未成年人遭受性侵害的警惕意识。

2. 完善媒体管理制度

媒体在未成年人性侵害预防保护的宣传过程中起到了一定的积极作用，但在调查中发现，个别媒体为追求热度、博取眼球，罔顾事实与真相，其报道非但无益于未成年人性侵害的预防与保护，反而可能造成对被害人的二次伤害、消费网民善意、消解媒体公信力等危害后果。建议可适当提高互联网自媒体准入门槛；作为网民，也应尽公民责任，若发现相关信息平台不作为，还可积极行使公民权利，向有关部门反映；最后，政府还应加强网络监管，依法开展网络空间的治理，正确利用媒体强大的宣传功能，弘扬社会正气。

3. 加大媒体行业自律

互联网的发展使得传统媒体行业面临极大挑战，要想真正发挥媒体喉舌作用，助力媒体生态优化，新闻行业必须加大行业自律，加强媒体从业人员职业伦理建设。在报道涉及未成年人遭受性侵害的相关新闻时，应做到及时、全面、客观准确报道；严格贯彻国家法律法规、政策性规范和媒体人职业道德准则，培养一支高觉悟、高水平、高品质的新闻舆论工作队伍。

第三节 恶势力犯罪典型案例研究报告:唐山烧烤店打人案

一、案情简介①

唐山烧烤店打人案,又称唐山打人事件、唐山打人案、陈某志等涉嫌恶势力组织违法犯罪案件,是指2022年6月10日凌晨一宗发生在河北省唐山市路北区文化路街道机场路“老汉城烧烤”烧烤店的性骚扰暴力打人事件。

2022年6月7日,陈某亮等4人从江苏驾车至河北唐山,9日与陈某志等人合谋实施网络赌博洗钱违法犯罪活动,涉案资金66.03万元。2022年6月10日凌晨,陈某志等5人与陈某亮等4人在唐山市路北区机场路“老汉城烧烤”聚餐饮酒。凌晨2时40分,走到一名女子(王某某)背后敲打其背部,并且进行言语上的性骚扰与脏话挑衅。女子拒绝并表示反抗,陈某志接着对其实行殴打,且女子闺蜜见到女子受辱,遂实行正当防卫,拿啤酒瓶反击。陈某志同行的用餐人员刘某等人恼羞成怒,冲入店内用凳子、啤酒瓶殴打女子及其同伴,并拉住女子头发将其拖行至店外进行暴力式的殴打,女子随后跑进烧烤店旁边一条长11.6米、宽7.3米的小巷子里,陈某志等6人也追入巷子继续对被害人实施殴打。在这期间,烧烤店内其他女性准备营救被打女子,都被陈某志以及其同伙殴打,被殴打的女性头部伤势严重。案发后,九名犯罪嫌疑人逃离现场。

2022年6月10日,四名伤者在华北理工大学附属医院接受治疗,伤情稳定,无生命危险。两名女子留院治疗,医院表示其中一位嘴部受伤严重掉牙,当晚9点许,涉案的其中两男一女在距事发地3公里处被警方抓获。6月11日上午,嫌疑人陈某亮、马某齐等三人在江苏某检查站被警方抓获。当天下午,嫌疑人沈某俊在江苏盐城一收费站附近弃车逃跑时被警方抓获。至此,九名犯罪嫌疑人全部落网。

据河北省人民检察院2022年8月29日通报,陈某志等人自2012年以来长期

① 案例选自唐山烧烤店打人案,参见新浪网:《2022年度人民法院十大案件发布,唐山烧烤店打人案等入选》,https://news.sina.com.cn/c/2023-01-07/doc-imxzkcmc8784680.shtml,笔者稍作修改。

纠集在一起,在唐山市等地涉嫌以暴力、威胁等手段,实施非法拘禁、聚众斗殴、故意伤害、开设赌场、抢劫,掩饰、隐瞒犯罪所得,帮助信息网络犯罪活动、寻衅滋事等刑事犯罪11起,实施寻衅滋事、故意伤害等行政违法4起,逐渐形成了以陈某志为纠集者的恶势力组织。根据《反有组织犯罪法》以及最高人民法院、最高人民检察院、公安部、司法部关于办理黑恶势力案件指导意见的相关规定,陈某志等8人因在河北省唐山市等地多次实施违法犯罪活动,扰乱社会秩序、经济秩序,但组织较为松散,而被认定为恶势力组织。陈某志等9名犯罪嫌疑人,经廊坊市广阳区人民检察院批准,已于2022年6月12日由廊坊市公安局广阳分局执行逮捕。2022年8月11日,陈某志等恶势力组织违法犯罪案件由河北省廊坊市公安局广阳分局侦查终结,移送廊坊市广阳区人民检察院审查起诉。廊坊市广阳区人民检察院8月26日根据《刑事诉讼法》第176条之规定,对陈某志等28名被告人提起公诉。

2022年9月23日,廊坊市广阳区人民法院判决,被告人陈某志犯寻衅滋事罪、抢劫罪、聚众斗殴罪、开设赌场罪、非法拘禁罪、故意伤害罪,掩饰、隐瞒犯罪所得罪,帮助信息网络犯罪活动罪,数罪并罚,决定执行有期徒刑二十四年,并处罚金人民币32万元;对其余27名被告人判处十一年至六个月有期徒刑不等的刑罚,另对其中19名被告人并处人民币135000元至3000元不等的罚金。陈某志等6名被告人对寻衅滋事罪4名被害人的医药费、护理费、误工费、伙食补助费、营养费、交通费等各项损失承担相应的赔偿责任。

2022年8月29日,河北省纪委监委通报,此前被采取留置措施的唐山市路北区政府党组成员、副区长,市公安局路北分局党委书记、局长马某军及唐山市公安局路北分局机场路派出所所长胡某、长虹道警务站副站长韩某勇、机场路派出所民警陈某伟、光明里派出所原所长范某峰、光明里派出所副所长王某伟、乔屯派出所副所长王某鹏、唐山市公安局交警支队四级警长安某等8名公职人员,已被初步查出违纪违法及涉嫌滥用职权、徇私枉法、行贿、受贿等职务犯罪问题。

二、入选理由

(一)党中央和社会媒体的高度关注

唐山烧烤店打人事件一经发生,迅速在网络上传播并引起广泛讨论。由于其暴力性质突出,并带有恶势力的色彩,一时激怒全国人民。新中国成立以来,恶势力暴力犯罪一直是我国刑法和刑事政策打击的重点,改革开放带来的巨变既给社会的发展带来机遇,也在一定程度上刺激了犯罪率的上升,尤其是恶势力暴力犯罪,在这一时期有愈演愈烈之势。为了有效治理犯罪和维护社会秩序,21世纪初,中央决定在全国开展两次打击有组织犯罪的专项斗争,由于这两次扫黑除恶专项斗争在规模上和力度上都较为宏大,扫黑除恶取得了明显成效。

在当前,中国特色社会主义已经进入新时代,随着人民对美好生活的追求不断深化,党和国家也愈加重视对黑社会性质犯罪组织的防控与治理。2018年初,中共中央、国务院出台的《关于开展扫黑除恶专项斗争的通知》指出,恶势力危害社会经济的健康发展,必须依法予以严厉打击。在以习近平同志为核心的党中央领导下,第三次扫黑除恶专项斗争也重拳出击,并集中整治社会治安乱点和行业领域乱象,取得了重大成果。

(二)黑恶势力组织背后的"政法保护伞"问题

对于像唐山烧烤店打人案这种传统恶势力暴力犯罪,其背后存在的"保护伞"是根本,是这种犯罪滋生的土壤。"保护伞"是隐藏在黑恶势力背后的一大毒瘤,为恶势力遮风挡雨,欺压人民群众,破坏社会秩序,损害党和人民政府的正面形象,所以正面认识"保护伞"问题是打击恶势力不可忽视的一环。①在扫黑除恶实践中,担任恶势力"保护伞"的角色分为三种:一是行政执法、监管部门的干部;二是政法警察队伍;三是村委会、居委会等基层自治人员。②我们要清楚认识到恶势力背后的"保护伞"所能触及的领域,并针对其形成及其表现进行严打,才能摧毁恶势力赖以生存的腐败政治环境。本案中以陈某志为首的组织团伙,依靠身后的公检法机关,在当地肆无忌惮地侵害人民群众的利益,较为典型。

(三)《反有组织犯罪法》出台背景下该案具有典型性

2021年12月24日,第十三届全国人民代表大会常务委员会第三十二次会议通过《反有组织犯罪法》,自2022年5月1日起施行。制定并颁布该法,是常态化开展扫黑除恶的必然要求,是党中央开展扫黑除恶斗争的标志性成果,也是构建中国特色反有组织犯罪制度的成功探索和伟大实践。其立足于我国有组织犯罪的实

① 吴玉杰:《黑恶势力"保护伞"认定研究》,兰州大学2023年硕士学位论文。

② 李志虎、李向锋、赵欣云:《检察机关依法严惩黑恶势力"保护伞"问题研究》,载《中国检察官》2020年第11期。

际发展状况，有利于更好地运用法治思维和法治方式打击黑恶势力，确保扫黑除恶斗争始终在法治轨道上向前推进。本案中的恶势力组织，与暴力违法犯罪活动交织在一起，其犯罪行为体现出相结合的特点，社会危害性极大。《反有组织犯罪法》的出台与实施，体现出我国对恶势力的高压打击态势，本案的判决也体现了人民法院依法严惩犯罪人，切实保护被害人的合法权益，切实贯彻了《反有组织犯罪法》树立的“惩防并举、标本兼治”的相关规定，也强化了全社会有组织犯罪的防控意识，让人民群众在这一起扫黑除恶案件中感受到了公平正义。

三、恶势力犯罪的司法认定问题

（一）恶势力组织的概念剖析

《反有组织犯罪法》中对“恶势力组织”定义为“经常纠集在一起，以暴力、威胁或者其他手段，在一定区域或者行业领域内多次实施违法犯罪活动，为非作恶，欺压群众，扰乱社会秩序、经济秩序，造成较为恶劣的社会影响，但尚未形成黑社会性质组织的犯罪组织”。同时2019年《关于办理恶势力刑事案件若干问题的意见》（以下简称《恶势力刑事案件意见》）中对“恶势力组织”的定义作了细致的罪名描述，认为恶势力一般为三人以上，经常纠集在一起，纠集者相对固定，违法犯罪活动主要为强迫交易、故意伤害、非法拘禁、敲诈勒索、故意毁坏财物、聚众斗殴、寻衅滋事等，同时还可能伴随实施开设赌场、组织卖淫、强迫卖淫、贩卖毒品、运输毒品、制造毒品、抢劫、抢夺、聚众扰乱社会秩序、聚众扰乱公共场所秩序和交通秩序以及聚众“打砸抢”等。

目前，恶势力组织犯罪在我国仅仅表现为一种行为现象，而不存在“恶势力组织犯罪”这一罪名。《反有组织犯罪法》以及《恶势力刑事案件意见》等虽然规定了“恶势力组织”的基本概念，但是综合两年来的司法实践来看，对恶势力组织犯罪概念的表述比较抽象，缺乏对恶势力犯罪的行为特征、主观意图及适用原则的规定，所以在司法实践当中这种现象会形成一个恶性循环。从2018年以来，具有明确详细法律规定的黑社会性质组织犯罪一直以来是打击的重点，由于恶势力组织概念的边界模糊，司法机关对于恶势力组织的了解还不够深入，再加上恶势力组织涉及范围广、涉案罪名庞杂、刑民交织，在证据收集方面存在选择性，难以有效对涉及恶势力组织成立的违法犯罪行为方式、次数、组织形式、危害程度等关键证据进行收集,①这就必然会导致一些恶势力组织犯罪案件的定罪裁量出现偏差,个案偏差越多,恶势力组织犯罪的司法认定就会越来越偏离正轨,形成恶性循环。

(二) 恶势力组织犯罪与黑社会性质组织犯罪的区分

1. 两者的社会危害性不同

我国《刑法》第294条对黑社会性质组织犯罪作了相应规定,组织、领导和积极参加以暴力、威胁或者其他手段,有组织地进行违法犯罪活动,称霸一方,为非作恶,欺压、残害群众,严重破坏经济、社会生活秩序的黑社会性质的组织,以及"国家机关工作人员包庇黑社会性质的组织,或者纵容黑社会性质的组织进行违法犯罪活动"。法律条文中体现出黑社会性质组织形成以及势力扩大的目的是掌控更多的社会资源,通过实施违法犯罪活动以达到对更多社会资源的控制,从而获取大量利益,对社会经济造成严重危害性;同时在所侵犯之地为非作恶,欺压、残害群众以达到对当地的行政工作形成相应的非法控制,严重影响了当地人民群众的生产生活。

而恶势力组织则是通过违法犯罪行为扰乱社会秩序、经济秩序,会对一定区域或行业领域的正常生产、生活、秩序造成一定的侵害,《恶势力刑事案件意见》中规定"恶势力,是指经常纠集在一起,以暴力、威胁或者其他手段,在一定区域或者行业内多次实施违法犯罪活动,为非作恶,欺压百姓,扰乱经济、社会生活秩序,造成较为恶劣的社会影响,但尚未形成黑社会性质组织的违法犯罪组织",但就非法控制程度而言,其尚不足以对一定区域或行业形成垄断或称霸一方的控制程度,对本地的社会和经济发展的威胁相对黑社会性质组织来说较小。②

2. 两者的刑罚裁量不同

我国《刑法》规定组织、领导、参加黑社会性质组织罪"组织、领导黑社会性质的组织的,处七年以上有期徒刑,并处没收财产;积极参加的,处三年以上七年以下有期徒刑,可以并处罚金或者没收财产;其他参加的,处三年以下有期徒刑、拘役、管制或者剥夺政治权利,可以并处罚金";入境发展黑社会组织罪"处三年以上十年以下有期徒刑";包庇、纵容黑社会性质组织罪"处五年以下有期徒刑;情节严重

① 阴建峰、石魏:《恶势力组织司法认定现状审视及解决路径》,载《法律适用》2023年第8期。

② 朴宗跟、吕江鸿:《"黑社会"与"恶势力"犯罪的刑法界定研究》,载《西北大学学报》2020年第3期。

的,处五年以上有期徒刑”。而恶势力组织犯罪往往被认为是黑社会性质组织犯罪的雏形,不是独立的罪行,①仅在一些具有司法解释效力的规范性文件当中有所提及,其有关的罪名没有法定化,因而也不存在刑罚裁量一说。

四、恶势力组织犯罪的发展趋势

(一)犯罪数量分布上呈上升趋势

通过在北大法宝法律数据库进行检索,检索内容为:“恶势力”且不含“黑社会性质组织”“一审判决书”,共检索到2018—2020年49份关于恶势力相关犯罪的一审刑事判决书(2020年21件、2019年19件、2018年9件)和2018年以前的极少数关于恶势力犯罪的判决书。通过对该类犯罪的49份判决书进行分析,可以较为清楚地得出其发展趋势:2018年以前恶势力犯罪案件数量较少,案件数量由2018年至2020年逐渐攀升,2020年的案件数量达到最高值。2018年至2020年三年来,扫黑除恶行动重拳打击,成果丰硕,第十三届全国人民代表大会第五次会议最高人民检察院工作报告中提到,常态化开展扫黑除恶斗争,要坚持打早打小、促进常治长效,把三年专项斗争始终坚守的“是黑恶犯罪一个不放过、不是黑恶犯罪一个不凑数”融入日常。专项斗争的荡涤效果凸显,社会治安秩序持续向好,最高人民检察院工作报告提到,与2020年相比,2021年起诉涉黑涉恶犯罪下降70.5%,②这也是扫黑除恶斗争取得初步胜利的体现。

(二)犯罪涉案类型分布具有多样性

恶势力组织犯罪中的行为通常具有多样性,恶势力组织实施的犯罪行为主要涉及以下罪名:强迫交易罪、故意伤害罪、非法拘禁罪、敲诈勒索罪、故意毁坏财物罪、聚众斗殴罪以及寻衅滋事罪等。恶势力组织犯罪的行为模式具有明显的特点,他们善于利用暴力、威胁、贿赂等手段,以实现其非法目的。通过对这49例涉黑性质犯罪案件的深入分析,我们发现恶势力组织实施的犯罪行为不仅涉及上述罪名,还常常伴有“复合”的犯罪行为。例如金某等8人恶势力犯罪集团一案,③其中的非法拘禁罪和敲诈勒索罪是恶势力组织犯罪中常见的罪名。非法拘禁罪是指恶势

---

① 韩冰:《涉黑涉恶违法犯罪的司法认定与防控路径》,载《法律适用》2020年第8期。

② 张军:《第十三届全国人民代表大会第五次会议〈最高人民检察院工作报告〉》,载中华人民共和国最高人民检察院网2022年3月8日,https://www.spp.gov.cn/spp/gzbg/202203/t20220315_549267.shtml。

③ 参见甘肃省合作市人民法院(2020)甘3001刑初4号刑事判决书。

力组织通过非法手段,剥夺他人的人身自由,以逼迫他人就范;敲诈勒索罪则是恶势力组织利用被害人的恐惧心理,通过威胁、恐吓等手段,索取被害人的财物,两项罪行往往会以"复合"的犯罪行为出现在恶势力犯罪当中。此外,在强迫交易罪的案件中,恶势力组织往往通过恐吓、胁迫等手段,强迫他人与其进行交易,其中恐吓和胁迫的手段往往会涉及故意伤害罪,例如马某毅、张某杰、李某明恶势力犯故意伤害罪、敲诈勒索罪一案①。

五、恶势力犯罪的特点分析

《恶势力刑事案件意见》规定"经常纠集在一起,以暴力、威胁或者其他手段,在一定区域或者行业内多次实施违法犯罪活动,为非作恶,欺压百姓,扰乱经济、社会生活秩序,造成较为恶劣的社会影响,但尚未形成黑社会性质组织的违法犯罪组织""一般为3人以上,纠集者相对固定"为恶势力犯罪的概念特征。从上文关于恶势力概念以及认定问题的分析可以得出,恶势力是普通共同犯罪向黑社会性质组织犯罪转化的一个中间环节,表现为普通共同犯罪可能会转化为恶势力犯罪,进而可能继续转化为黑社会性质组织犯罪。由于恶势力犯罪处在两种轻重不一的罪种之间,所以有关恶势力犯罪相关行为特点的规定(如上《恶势力刑事案件意见》)难以统一认定,需要根据规定以来出现的各种司法实践来加以分析总结。

(一)组织上呈现一种由松到严的"过渡性"

从主体限制的数量出发,我国刑法对于普通共同犯罪的主体条件限制为"二人以上",作为普通共同犯罪的"升级",恶势力犯罪在当前具有司法解释效力的文件中规定为"三人以上"。关于黑社会性质组织犯罪,2015年《全国部分法院审理黑社会性质组织犯罪案件工作座谈会纪要》中规定"黑社会性质组织应当具有一定规模,人数较多,组织成员一般在10人以上"。②虽然2018年《关于办理黑恶势力犯罪案件若干问题的指导意见》取消了上述"10人以上的规定",③但还是可以看出恶势力犯罪认定时的主体数量介于普通共同犯罪与黑社会性质组织犯罪之间。从组织紧密程度出发,普通共同犯罪的犯罪主体可以仅仅是初次见面便达成共同

① 参见山西省霍州市人民法院(2019)晋1082刑初53号刑事判决书。
② 参见2015年9月17日《全国部分法院审理黑社会性质组织犯罪案件工作座谈会纪要》。
③ 参见2018年《关于办理黑恶势力犯罪案件若干问题的指导意见》。

犯罪的目的，而《恶势力刑事案件意见》中恶势力犯罪中组织的紧密程度应为“经常纠集在一起”。对于“经常”的认定，《恶势力刑事案件意见》中规定“两年三次”，这成为普通共同犯罪与恶势力犯罪区分的界限；对于“纠集”的认定，目前认为恶势力犯罪组织通常拥有一支固定的成员队伍，牵头人确定违法犯罪的目标和对象，并制定犯罪计划，然后其他成员在领导者的指导、煽动或命令下，汇聚在一起，共同策划具体犯罪方案，扮演不同的角色，并分配共同的工作任务。可以看出恶势力犯罪中组织较为紧密，但这一“紧密”也仅是普通共同犯罪最终可能过渡到黑社会性质组织犯罪中的一个过程，有松散到紧密，具有一定程度的“过渡性”。

（二）恶势力犯罪主观的“威慑性”

上文讲述恶势力犯罪与黑社会性质组织犯罪区别时得出，黑社会性质组织犯罪的犯罪最终目的是对相应的领域形成非法控制，而恶势力犯罪的最终目的的非法控制意图不强，对当地社会的经济与治安的影响相对较小。恶势力犯罪的犯罪动机具有多样性，有的是为了“江湖名气”，有的是为了逞强好胜，也有的是为了金钱利益等各种原因。唐山烧烤店打人案中，陈某志等犯罪分子之前就是试图以暴力、威胁的手段来欺压百姓，逞强好胜，寻求江湖上的“名气”与“风流”。从中不难看出，恶势力犯罪虽然主观上并不想在某一领域上进行以非法控制为目的的行为，但是恶势力犯罪的各种犯罪行为或多或少会对当地的人民群众的生产生活产生一定的“威慑力”，恶势力便以此威慑作为手段进行势力扩张，进而有概率演变成为黑社会性质组织犯罪，对人民群众的生产生活造成严重影响。

（三）恶势力犯罪手段的“宣传性”

《恶势力刑事案件意见》规定“以暴力、威胁或者其他手段”“为非作恶，欺压百姓，扰乱经济、社会生活秩序”为恶势力犯罪的手段特征。基于对恶势力犯罪“威慑性”的分析，可以推断出恶势力犯罪手段的暴力、威胁程度不强，且公开性较高。理由为，在恶势力犯罪案件中，恶势力往往需要一定的暴力手段在一定区域内产生“威慑力”，通过所实施的手段行为，来对自身做“宣传”，使得人民群众对该恶势力组织产生恐惧。①但是基于公开性相对较高，手段不会残忍，更多会采用“威胁”“软暴力”的手段，既符合“暴力”的特点，又要向当地群众示威，不能过于残忍，与普通

① 马芸聪：《论恶势力犯罪的司法认定》，郑州大学2022年硕士学位论文。

共同犯罪和黑社会性质组织犯罪相比,手段较为特殊。

六、传统暴力恶势力犯罪的原因分析

(一)社会亚文化的影响

亚文化是相对于社会主流文化而言的,在恶势力组织长期的犯罪过程中形成的,对内部成员具有毒害性和约束性的犯罪文化。恶势力组织是黑社会性质组织的前身,黑社会性质组织的犯罪文化按先后来讲应在恶势力组织期间就已有了萌芽,进而滋生蔓延。一般而言,在初期的恶势力组织期间,成员往往受到不良文化的影响,通过一些帮派电影汲取到其中江湖准则并加以模仿,逐渐发展成为黑社会性质组织。因偏远地区的居民多文化素质不高,且多为出身农村的贫困人士,所谓的江湖规矩往往被组织利用来控制这些成员。而亚文化因其自身的强感染性,很容易对组织成员产生同频共振,产生洗脑的影响,并对凝聚组织成员起到相当大的作用。①在恶势力组织聚集了一批为追逐经济利益不择手段的人群之后,他们往往会在相似价值观的作用下实施违法犯罪活动。

(二)城乡体制的影响

我国目前仍处于社会主义初级阶段,社会转轨和经济转型尚在经历阵痛期,社会治理体制机制与打击黑恶犯罪密切相关,只有持续加大投入,形成合力,久久为公,才能真正铲除黑恶势力滋生土壤,客观上由于社会上仍存在贫富差距,一些贫困地区和贫困人口无法获得足够的物质和精神支持,为滋生消极情绪乃至产生心理失衡提供了可能性。这种失衡的心理状态容易促使一些人选择违法犯罪的方式来获取利益,从而形成了恶势力组织。我国目前实行的城市和农村二元户籍制度,将人民的身份简单划分为居民和农民,这种划分使得农村人民长期以农业生产支撑生活,导致他们在经济和社会地位上处于劣势。由于缺乏足够的物质和文化资源,农村人民容易产生不平衡的心理,这种心理状态容易促使一些人选择到城市谋求更好的生活,但同时也容易让他们在城市生活中遭受挫折和歧视。农村的物质条件相对匮乏,农村人民的精神文化生活也相对贫瘠,这种状况容易导致入城务工

---

① 张旭:《黑社会性质组织犯罪实证——以32例黑社会性质组织犯罪刑事判决书为样本》,载《上海公安高等专科学校学报》2019年第1期。

的农村人民到城市生活之后产生巨大的心理落差。他们可能会感到自己与城市人民格格不入,无法融入城市生活,从而产生仇视城市人民的心态。这种不满的情绪经过长时间的积攒得不到释放,就容易通过违法犯罪活动的方式表达出来,纠集团伙进行恶势力犯罪就为表现形式之一。

(三)"政法保护伞"是恶势力滋生的土壤

"政法保护伞"是恶势力犯罪滋生的土壤,其本质是指一些政府官员、执法人员或法律机构成员为犯罪分子提供庇护、帮助或不正当支持的现象。这种"保护伞"可以通过多种方式滋生犯罪活动。一方面,政府官员或执法人员可能受贿赂或收受回扣,以忽视犯罪活动,不追究犯罪分子的责任,或者提供警告,使犯罪分子能够逃避执法追踪;另一方面,政府官员存在滥用权力现象,操纵法律系统,以帮助犯罪分子规避法律制裁。这可能包括不公正的审判、虚假的证据或合法程序的滥用;同时,某些政府官员可能与恶势力犯罪组织勾结,以获取政治支持、资金或其他资源,这种勾结往往会导致政府的无能,无法有效地打击犯罪。"保护伞"的保护目的是使恶势力逃避法律的制裁或为其牟取利益,因而通常保护行为的保护后果不仅会使黑恶势力逃脱法律的制裁,甚至会继续实施违法犯罪活动,发展壮大。①"政法保护伞"的存在削弱了法律体系的威慑力,使恶势力犯罪组织更容易滋生和繁荣。

七、基于犯罪学角度针对恶势力犯罪的治理对策

(一)完善相关法律法规

恶势力犯罪的影响极大,容易对社会生活秩序造成严重危害,世界各国普遍采取独立立法模式,坚持对其保持严打高压态势。为了预防和惩治此类犯罪,加强和规范反有组织犯罪工作,我国目前已经出台《反有组织犯罪法》,补充完善了相关刑事法律法规,该法也成为常态化开展扫黑除恶斗争的重要法治保障。要根治黑社会性质组织犯罪,首先需要把贯彻落实《反有组织犯罪法》作为 2022 年常态化扫黑除恶的牵引。其次,针对恶势力犯罪的法律法规需要不断完善和加强,可以制定更加严格的法律,明确规定恶势力犯罪的定义、构成要件、量刑标准等,并加大对恶

① 黄婷:《黑恶势力"保护伞"司法实践认定标准研究》,载《湖南警察学院学报》2022 年第 1 期。

势力犯罪的打击力度,提高刑罚标准,增加法律的威慑力。也可以增加相关机构履行职责以及渎职方面的立法规定,加大力度推动其发挥出预防作用,以达到根源治理和综合预防的功效。①另外,由于恶势力犯罪的证据收集和认定往往比较困难,所以应当加强对证据收集的指导和规范,制定相关法律法规,明确规定证据的种类、收集程序、审查标准等,以确保能够及时、准确地收集到相关证据。

(二)社会治安综合治理

社会治安综合治理,指的是在各级党委、政府的统一领导下,各个有关部门充分发挥职能作用,协调一致,共同管理,利用多种手段整治社会治安的行为。在治安形势愈加复杂的当下,做好反黑反恶是维系安全的关键环节,也是社会治安的重点所在。②从犯罪学的角度出发,治理恶势力犯罪最有效的方法不是惩罚,而是社会预防。包括以下方面:

1. 完善社会保障制度

加强社会福利保障制度建设,确保贫困地区和贫困人口的生活水平得到显著提高,减少贫困差距和心理失衡。应加大对社会保障体系的投入,提高社会保障支出的比重,以实现对贫困人口和弱势群体的全面覆盖。同时,应加强对弱势群体的保护和支持,让他们能够获得足够的物质和精神支持,以提高他们的生活质量和幸福感。这样才能减少恶势力组织纠集在一起的机会,降低恶势力犯罪的发生概率。

2. 推进户籍制度改革

推进我国户籍制度的合理化改革,实现城乡一体化发展,让农村人民能够获得平等的经济和社会地位,减少农村人民进入城市谋求更好生活的动力。这一改革将有助于打破城乡二元结构,促进城乡资源的合理配置和流动,提高农村地区的经济发展和生活水平。人民群众的平均经济能力提高之后,在社会潮流中产生的紧张感就会逐渐消退,犯罪心理将被摧毁重建成正常人的心理。

3. 加强精神文明建设

在全社会加强精神文明建设,提高人民群众的文化素质和思想观念,尤其要增强农村人民的自信心和自尊心。可以通过开展文化活动、普及教育、推广科技等方

---

① 王燕飞:《〈反有组织犯罪法(草案)〉的理论检视》,载《河北法学》2021 年第 11 期。

② 王占军:《社会治安综合治理亟待解决的若干问题》,载《铁道警察学院学报》2017 年第 5 期。

式，提高农村人民的文化素养和思想觉悟。同时，应加强对城市务工人员的文化教育和心理辅导，帮助他们融入城市生活，促进社会和谐和人的全面发展。同时加强对公众的宣传教育，提高公众的法律意识和道德素质，让公众了解恶势力组织的危害性和不良影响。可以通过媒体宣传、社区活动、学校教育等方式进行宣传教育。

4. 加强社会治理

最后，十分重要的是要加强社会治理，打击违法犯罪活动，特别是针对恶势力组织的打击。应建立健全社会治理体系，提高执法效率和管理水平，加大对恶势力组织的打击力度，保护公民的合法权益和社会公共利益。同时，应该加强对社会矛盾和纠纷的化解和调解工作，减少社会不稳定因素，有助于维护社会的稳定和安全。解决恶势力组织问题需要全社会的共同努力，需要政府、企业、社会组织和个人都发挥自己的作用。只有通过综合施策，才能够有效地遏制恶势力组织的滋生和蔓延，维护社会的和谐稳定和发展。

第四节　暴力威胁下受害人防卫典型案例研究报告：崔某亮故意伤害无罪案

一、案情简介①

崔某亮系山西省文水县人，在西安市长安区杜曲街办经营旺角楼超市。2018年6月30日上午，卢某之父卢某超在崔某亮姑父张某成经营的菜店因买鸡蛋与店员发生口角，后卢某前往菜店将电子秤砸坏、将菜踢散一地。崔某亮得知张某成的菜店被砸，欲息事宁人，于当日中午在一家泡馍馆找到正在饮酒的卢某及冯某宁、冯某良、杨某、冯某、张某等人。崔某亮及其父亲崔某成想通过杨某从中调解，但未果。

当日17时13分许，卢某、冯某、张某、冯某宁等人酒后来到崔某亮在小江村经营的旺角楼超市。卢某用手指着说要购买超市内所有商品。崔某亮认为对方是酒后滋事，遂表示不卖。因担心家人安全，崔某亮就去厨房取来一把菜刀，要求对方

① 崔某亮故意伤害无罪案，陕西省高级人民法院第165号参考性案例。

离开。冯某宁开始先后两次拿起柜台上的糖盒砸崔某亮,崔某亮扑向冯某宁,张某等人上前拉扯崔某亮。在双方撕扯的过程中,崔某亮持菜刀伤到张某面部,造成张某右颧颊部皮肤裂伤。冯某宁、冯某、张某等人被迫退出超市,崔某亮持菜刀、崔某成持斧头站在超市门口。冯某捡起木墩砸向崔某亮,崔某亮躲开后,木墩砸坏超市玻璃门,崔某亮手持菜刀上前追上后踢了冯某两脚。后崔某亮又持刀返回超市门口,数名男子围着崔某亮不断指点、推搡。冯某又拿来一块石头砸向崔某亮,致崔某亮面部受伤,崔某亮再次追冯某,追上后用菜刀砍伤冯某的右臂和外腹部,后双方被周围群众制止。

经鉴定,冯某右上臂近端 5 厘米皮肤裂伤,属轻微伤,右侧腹部 15 厘米皮肤裂伤,属轻伤;张某右颧颊部皮肤裂伤,留 5.5 厘米瘢痕,属轻伤二级。2018 年 9 月 17 日,崔某亮被西安市公安局长安分局刑事拘留,同年 10 月 23 日被取保候审。同年 9 月 17 日,西安市公安局长安分局对冯某、冯某宁处以行政拘留十日。

2021 年 4 月 19 日,西安市长安区人民法院作出一审判决认为,崔某亮犯故意伤害罪成立,但免予刑事处罚。一审法院认为,法律明文规定“为了使国家、公共利益、本人或者他人的身体、财产和其他权利免受正在进行的不法侵害,而采取的制止不法侵害的行为,对不法侵害人造成损害的,属于正当防卫,不负刑事责任”。但在本案中,卢某等人酒后来到崔某亮经营的超市滋事,崔某亮在自己人身和财产遭到正在进行的不法侵害时进行防卫,本属正当,但其在防卫过程中,持刀砍伤对方明显超过了必要限度,以致造成二人轻伤的损害后果,系防卫过当,其行为已构成故意伤害罪。一审法院认为,公诉机关指控崔某亮犯故意伤害罪犯罪事实清楚,证据确实充分,但将其行为定性为一般性故意伤害犯罪,显属不当,应予纠正。崔某亮因防卫过当致人损害,依法应当减轻或免除处罚。

对于一审判决,崔某亮不服,当庭提出上诉。

2021 年 12 月 29 日,西安市中级人民法院作出二审判决。二审判决认为,对于不法侵害已经形成了现实、紧迫危险的,应当认定为不法侵害已经开始;对于不法侵害是否已经开始或者结束,应当立足防卫人在防卫时所处情境,按照社会公众的一般认知,依法作出合乎情理的判断,不能苛求防卫人。本案是因卢某砸了崔某亮亲戚的菜店而引发,崔某亮作为在小江村做生意的外地人,本想息事宁人,但找人调解未果,后卢某带数名饮酒的年轻男子来到超市,声称要将超市买了。从案发起因、双方人数对比、当时的语境上看,崔某亮感受到人身财产安全面临危险是有事实依据的。崔某亮让妻儿躲到后面房子后拿出了菜刀，以一己之力对付对方五个人，该防卫方法适当。后对方对崔某亮实施连续用糖盒、木墩、石块砸的行为，崔某亮面临的是危险程度不断升级的持续侵害。故案发时存在不法侵害。《关于依法适用正当防卫制度的指导意见》的规定，重大损害是指造成不法侵害人重伤、死亡。造成轻伤及以下损害的，不属于重大损害。防卫行为虽然明显超过必要限度但没有造成重大损害的，不应认定为防卫过当。上诉人崔某亮虽然在防卫过程中造成二人轻伤的后果，但不属于重大损害。故原审判决认定上诉人崔某亮系防卫过当有误，应予纠正。

最终，西安市中级人民法院认定崔某亮行为属正当防卫，改判无罪。

二、入选理由

（一）受害人防卫问题是传统暴力行为治理的重要命题

经过三年的经济下行和疫情冲击，经济社会面临新旧社会矛盾风险叠加，呈现出更为多元复杂的情况。当前，新冠疫情对经济的影响仍然存在，导致低收入群体、收入不稳定群体的收入减少，生活质量下降，由此寻衅滋事、抢劫、抢夺等传统暴力犯罪可能会有所反弹。一方面，社会生产生活中的矛盾纠纷与日俱增，且新旧问题交织叠加。另一方面，经济金融行业领域的隐患也逐步增多。这些“燃点”和“爆点”如不能得到妥善处理，容易转化为严重暴力犯罪或非法聚集性事件，甚至演变为大幅降低社会安全感的个人极端暴力犯罪，严重威胁着社会安全稳定和群众的安全感。而在此类传统暴力行为的治理中，犯罪人与受害人这对关系往往并非绝对对立、定义鲜明的，尤其是在双方互动推进类型的犯罪案件，如家庭暴力犯罪、邻里冲突案件中，有时存在着互殴、报复等被害人向犯罪人转化，或是犯罪人向被害人转化的情形。在这类案件中，只有通过对整起暴力事件的前因、经过、后果的完全厘清，才能从法律的层面对被害人的防卫反击行为进行准确的分析，从而准确地适用法律，明确社会规范秩序，以达到惩恶扬善之目的。

（二）该案件具有典型法治指导意义

此案件是陕西省高级人民法院第165号参考性案例。随着于欢案等具有广泛社会影响力的案件的发生，社会公众对于正当防卫问题的关注度急剧高涨。刑法中关于正当防卫的规定，是一种为数不多的明确赋予公民在遭受不法侵害时运用自力保障自身合法权益的授权性规范，强调了公民在面对非法侵害时，有权利通过合理的防卫行为来保护自己的权益。

在本案件的审判过程中,人民法院紧紧围绕防卫行为是否符合正当防卫的条件、是否属于防卫过当、被害方的行为是属于有意的过错还是属于不法侵害的争论焦点,深入贯彻相关指导意见,积极参照指导性案例,严格依法审理。经过合议庭的评议、审委会的讨论、检察院检察长列席发表意见等程序,最终作出了无罪的判决,充分体现了以事实为根据、以法律为准绳的法治原则。这一判决不仅体现了鼓励公民积极同违法犯罪行为作斗争、惩恶扬善的价值导向,同时也实现了法律效果与社会效果的有机统一,让人民群众在具体个案中充分感受到了公平正义的重要性,增强了公民对法律的信任和敬畏。

该案审结后,中央电视台等多家媒体进行了广泛报道,进一步推动了法治政府建设的进程,加强了对社会和谐稳定环境的保障。此举无疑为法治建设的推进注入了强大的动力,也让人民群众感受到了法院力量的坚实与公正。

(三)完善正当防卫制度是建设法治中国的必要条件

长期以来,司法机关在刑事审判时,对是否“构成正当防卫、不负刑事责任”的判断经常缩手缩脚,导致《刑法》中的正当防卫条款长期处于休眠状态,进一步限制了公民正当防卫权的行使空间。近年来,由于互联网的出现,信息传播的速度大幅提升,社会大众对于具有重大影响力的社会热点案件的讨论度空前,而正当防卫案件往往最能体现出普通民众朴素道德观同司法机关工作人员司法实践经验之间的冲突与矛盾,也随之暴露出我国司法系统在认定与处理正当防卫案件时存在的诸多问题。转变出现在 2018 年,于欢故意伤害案二审在不法侵害的范围、制止不法侵害行为的后果是否超出必要限度、防卫过当的量刑等方面均作出了符合社会公众正义期待的裁判。此后,于某明、赵某、唐某正当防卫案等支持正当防卫认定和鼓励公民行使防卫权成为典型案例。2020 年 8 月 28 日最高人民法院、最高人民检察院、公安部颁布了《关于依法适用正当防卫制度的指导意见》,通过重申“法不能向不法让步”的法治精神来督促办案人员转变判断防卫行为是否构成正当防卫的立场。[①]不可否认,现有的正当防卫法律制度总体上较 1979 年《刑法》有了巨大的进步,但是在正当防卫制度的现实应用上,则尚有较多不足。为了能够将正当防卫这项公民的基本法定权利落细、落小、落实,就要以司法实践与现有理论成果为

① 谯冉、张楠:《“治安正当防卫”及其规范构造》,载《公安研究》2023 年第 7 期。

依托，从实证分析、法理论证等方面，分析当前我国正当防卫制度存在的困境与原因，并寻求破解之路。

三、暴力行为的发案趋势

（一）传统暴力案件数量和比重持续下降

根据最高人民检察院的统计，2022年全国因杀人、放火、爆炸、绑架、抢劫、盗窃犯罪被起诉的犯罪嫌疑人数量创近二十年来新低，严重暴力犯罪起诉人数占比由1999年的25%下降至2022年的3.9%。2018—2022年杀人、抢劫、爆炸等严重暴力犯罪在数量上和占犯罪总数比例上都呈减少和下降趋势，相比前五年起诉人数下降27.8%；起诉严重暴力犯罪和涉枪涉爆、毒品犯罪81.4万人，相对2013—2017年同比下降31.7%。[①]根据最高人民法院的统计，严重暴力犯罪案件总体呈持续下降态势，全国人民法院审结的故意杀人、抢劫、强奸、绑架、放火、爆炸、投放危险物质等严重暴力犯罪案件数从2013年的7.5万件9.57万人，下降至2022年的4.5万件5.28万人。[②]

（二）社会矛盾纠纷引发的报复型暴力犯罪时有发生，后果严重

随着经济纠纷、邻里矛盾、感情纠葛、疫情冲击等多元社会矛盾风险的叠加，2022年尤其是年末全国范围内由经济纠纷、邻里矛盾、感情纠葛等引起的"民转刑—刑转命—命转多"报复型严重暴力犯罪多发，严重影响了人民群众的安全感。据有关媒体报道，2022年先后有"1·23"江西鹰潭故意杀人案、"7·26"四川沐川持枪伤人案、"11·7"陕西商洛故意杀人案、"12·30"江西余江故意杀人案等多起针对个人的报复型严重暴力犯罪案件发生；全国各地先后发生了"2·12"沈阳公交车爆炸案、"2·26"河南安阳持刀伤人案、"3·20"河北邯郸轿车撞人案、"8·3"江西安福持刀伤人案等多起针对不特定人群的个人极端暴力犯罪案件。[③]

（三）黑恶势力与暴力犯罪的关联仍然较为紧密

2022年产生最大社会影响的案件，无疑是唐山烧烤店打人案。根据判决书可

---

① 参见《最高人民检察院工作报告——2023年3月7日在第十四届全国人民代表大会第一次会议上》，https://www.spp.gov.cn/spp/gzbg/202303/t20230317_608767.shtml。

② 参见《最高人民法院工作报告——2023年3月7日在第十四届全国人民代表大会第一次会议上》，https://www.court.gov.cn/zixun-xiangqing-391381.html。

③ 靳高风、张雍锭、郭兆轩：《2022—2023年中国犯罪形势分析与预测》，载《中国人民公安大学学报（社会科学版）》2023年第2期。

以看出,唐山烧烤店打人案的主犯陈某志的嚣张跋扈绝非一朝一夕,自2012年以来,被告人陈某志等人长期纠集在一起,在唐山市等地以暴力、威胁等手段,实施非法拘禁、聚众斗殴、故意伤害、开设赌场、抢劫,掩饰、隐瞒犯罪所得,帮助信息网络犯罪活动等违法犯罪活动,逐渐形成了以陈某志为纠集者,王某磊等7名被告人为成员的恶势力组织。该恶势力组织为非作恶,欺压百姓,破坏当地经济、社会生活秩序,造成恶劣的社会影响。①

自全国扫黑除恶专项行动开展以来,传统的黑恶势力暴力犯罪逐渐减少,许多黑恶势力转向信息网络的虚拟空间领域,开展网络空间裸聊敲诈、网络套路贷、网络软暴力催收、网络恶意索赔、舆情敲诈、网络水军滋事、网络暴力传销等新形态的有组织犯罪。但是,唐山烧烤店打人案、昆山龙哥正当防卫案的出现,体现出黑恶势力同暴力犯罪仍然有密不可分的联系。

四、暴力威胁下受害人防卫案件的特点分析

以"正当防卫""暴力威胁"为关键词在中国裁判文书网进行检索,可以得到大量的相关法律实证案件。由于我国各地区的经济水平、法治建设程度、社会风俗都有较大差异,出于实证分析的考虑,笔者分别参照杨天航、贺卫、储陈城三位学者公开发表的统计数据,作为实证分析的样本。

杨天航学者的研究中显示,其于东部、中部、西部三个地区抽取了具有代表性的案例总计100个,在100份法院判决中,认定为正当防卫宣告无罪的有4份,认定为防卫过当的有26份,未认定正当防卫的为70份,因正当防卫宣告无罪率为4%。②贺卫博士统计的280份法院判决中,适用正当防卫制度的仅为29份,其中仅有1份因正当防卫宣告被告人无罪,其余28份皆认定为防卫过当,因正当防卫宣告无罪率为0.36%。③储陈城博士统计的100份判决中,适用正当防卫制度的判决为42份,其中宣告无罪的判决为6份,因正当防卫宣告无罪率为6%。④通过对上

① 参见《唐山打人案一审宣判!陈继志被判24年》,载中国法院网2022年9月23日,https://www.chinacourt.org/article/detail/2022/09/id/6927251.shtml。

② 杨天航、袁璐:《正当防卫认定之困境与破解——以新中国成立以来法治建设进程为背景》,载《上海法学研究》集刊2023年第7卷。

③ 贺卫:《正当防卫制度的沉睡与激活》,载《国家检察官学院学报》2019年第4期。

④ 储陈城:《正当防卫回归公众认同的路径——"混合主观"的肯认和"独立双重过当"的提倡》,载《政治与法律》2018年第9期。

述三位学者提供的数据进行分析,可以得出以下结论:

(一)成功被认定为正当防卫的案件数量较低

在前文的三份实证数据中,成立正当防卫比例最高的是储陈城学者的样本,正当防卫的认定率为6%;其次是杨天航学者统计的数据,正当防卫认定率为4%;最低的是贺卫学者的样本数据,正当防卫认定率仅为0.36%。另外,成立防卫过当的比例亦低下,三个数据从高到低依次为28%、26%及10.36%。从案情的角度来说,由于进行检索时以"正当防卫""暴力威胁"为关键词,因此这些案件的法院判决书都提到了正当防卫这一概念,可以认定案件的案情都存在着被告人在暴力威胁下实施反击,被认定为正当防卫从而脱罪的可能,但是如此低的样本数据,则可以体现当前我国司法实践中对于正当防卫的认定较为保守,能够最终成功被认定为正当防卫的案件从比例上来看还是较低的。

(二)故意伤害罪是正当防卫案件的主要涉及罪名

在上述数据中,未认定为正当防卫或者认定为防卫过当的案件比例较高,且最终此类案件对被告人认定的罪名高度趋同。杨天航学者统计的100起案件中,96起被法院认定构成犯罪,其中认定为故意伤害罪的达到78起,比例高达81.25%;贺卫学者的数据中,构成犯罪案件的总共为279件,法院宣判构成故意伤害罪的案件有242件,比例高达86.7%;储陈城学者的数据中认定构成犯罪的案件为94件,认定构成故意伤害罪的案件为74件,比例为78.2%。可见,在涉及正当防卫的案件中,故意伤害罪占了绝大多数。另外,从法院的判决中可以看出,司法机关对此类案件的犯罪情节的具体认定过于笼统,一般仅仅是简单表述双方存在相互斗殴的事实及被害人一方被殴打致伤的事实,未对是否成立正当防卫的细节进行具体分析。

(三)判决书中的案件释法说理部分占比较低

针对暴力威胁下的受害人防卫问题,其案件细节情形往往较为复杂,暴力威胁的手段、受害人反击防卫的手段、双方过往的关系纠葛、反击发生前后的具体情况,都应该纳入作为正当防卫的认定因素。从实践数据看,大多数法院在论述否认案件成立正当防卫的条件时,通常以"存在相互斗殴的故意与事实"等笼统话语来代替案件细节的分析。在此类案件上,法院的判决书不仅是对案件审判的最终确定,更是对社会大众的释法与普法,如果不对案件进行全面地分析与梳理并公之于众,则起不到法律对民众行为的指导作用。

五、暴力威胁下受害人防卫案件的原因分析

(一) 犯罪人同受害人直接存在深度互动

此类暴力威胁下受害人防卫案件的案情中,犯罪人同受害人往往直接存在着深度互动的关系,比如邻里关系、亲朋关系,甚至亲人关系。这种模式下,犯罪人同受害人往往关系较为紧密,认识的时间较长。根据相关案件的实证分析统计,家庭暴力案件以及邻里纠纷暴力案件是暴力威胁下受害人防卫案件最主要的两大类型。如家庭暴力案件中,大多以男性为家庭关系中的强势者和施暴者,在男方长期的暴力威胁下,被害人忍无可忍,爆发之后选择"以暴制暴"的对抗模式,进行了防卫。另外如笔者选择的典型案件,被害人崔某亮同卢某是多年的邻居,但是之前由于长期积累的许多琐事,积怨已久,最终卢某集结团伙来到崔某亮的杂货店闹事挑衅,崔某亮不得已选择进行防卫。以上两个案例可以明显地反映出,犯罪人同受害人的长期深度互动关系,是此类暴力威胁下受害人防卫案件的发生诱因。

(二) 司法的不健全导致纠纷无法及时解决

在此类深度互动的案件中,之所以会形成亲人、邻里之间的长期矛盾、冲突,正是因为在司法实践中,由于司法资源的有限性、法律法规的不健全、公民法律意识淡薄等因素,法律往往无法在此类纠纷的解决中及时地发挥其应有的作用。如家庭暴力案件中,由于家庭暴力往往发生在家庭内部,其隐蔽性较强,加之家庭暴力的实施者尽管长时间实施暴力,但暴力程度往往不足以构成犯罪,导致司法人员很难有正当的理由较早地介入此类案件。部分地方的司法工作人员甚至抱着"清官难断家务事"的错误观念,对于不构成犯罪的家庭暴力事件,往往是轻视,或者推脱给其他部门处理。同样的问题也出现在邻里纠纷案件中,由于我国不发达地区的调解机制建设程度还不够高,许多邻里之间的矛盾并不能真正在司法机关工作人员的手上得到解决,而是通过当地具有威望的"乡贤"从中进行调解。这种纠纷矛盾的解决方式导致了法治的缺位,使得邻里纠纷转化为暴力事件的可能性增大。

(三) 法律规定难以实践应用

有关于此类暴力威胁下受害人防卫案件的法律规定,一方面是我国现行法律中关于正当防卫的法律规定,从实证分析的结论可以看出,当前我国司法实践中对

于正当防卫的应用仍较为保守，每年成功认定为正当防卫为受害人出罪或减罪的案件数量绝对值较低，在认定的罪名上也较多局限于故意伤害罪这一个罪名。这样的法律规定与实践应用，在社会上并不能弘扬正确的法律价值观，导致公民的基本防卫权得不到保障。另一方面，则是关于家庭暴力的立法体系存在着缺陷，例如《反家庭暴力法》有关未成年人保护方面的规定与《关于依法处理监护人侵害未成年人权益行为若干问题的意见》相左，《关于依法处理监护人侵害未成年人权益行为若干问题的意见》第11条规定了强制带离制度，当未成年人身体受到严重伤害、面临严重人身安全威胁或者处于无人照料等危险状态时，公安机关有权将其带离加害人施暴范围并予以妥善安置。但是《反家庭暴力法》却通过第15条将强制带离的权力主体变更为民政部门，公安机关仅需通知并协助民政部门即可，如此更改无疑削弱了强制带离制度的可行性和作用力，这对于未成年人权益的紧急保护可能存在不利。①这样的立法缺陷，导致了相关部门在进行家庭暴力相关案件的执法时难以自圆其说，久而久之就会影响司法的公信力，进一步导致受害者拒绝相信法律，使用“以暴制暴”的对抗方式解决问题。

六、基于犯罪学角度的治理对策

（一）加强调解组织的建设和作用

针对此类暴力威胁下受害人防卫案件，调解组织的作用不可小觑，如果在矛盾还未激化之前，调解组织能够有效地介入并且化解矛盾、解决纠纷，往往这类暴力事件就可以避免。因此，必须加强我国调解组织的建设和作用。第一，要坚持和发展“枫桥经验”。新时代“枫桥经验”是习近平新时代中国特色社会主义思想在社会治理领域的生动实践。推进社会治理现代化，必须坚持以习近平新时代中国特色社会主义思想为指导，深入贯彻习近平法治思想，坚持和发展新时代“枫桥经验”。第二，构建全覆盖的调解组织体系。当前，我国的调解组织体系已经初步建设完毕，但是基层调解组织的落实还差一段距离。因此，应当建立以县级一站式矛盾纠纷调解中心为重点，乡镇（街道）人民调解委员会为主力，村（社区）人民调解委员会为基础，行业性专业性调解组织为补充的“横向到边、纵向到底”的人民调

① 李洪祥：《国家干预家庭暴力的限度研究》，载《法学论坛》2020年第2期。

解组织网络体系。①第三,提升调解机关工作人员专业化能力。一方面,要落实调解机关工作人员的考核机制,可以以矛盾纠纷定期排查工作机制为核心,将某地的“民转刑”案件数量作为考核的指标;另一方面,加强调解组织工作人员的法律工作能力,可以通过招录、机关人员下沉、增加事业编制、购买服务等方式,充实司法所人员力量,发挥好司法所化解疑难复杂纠纷、指导村(社区)人民调解组织开展工作的作用,及时介入、全力化解复杂纠纷和跨村(社区)矛盾纠纷。②

(二)增强公民的普遍法律意识

针对此类暴力威胁下受害人防卫案件,必须引导公民在法律的框架内处理问题,因此公民的普遍法律意识建设对于此类案件至关重要。一方面,要鼓励公民及时地使用法律化解纠纷,维护自己的合法权益。如家庭暴力案件中,大多数受害人在受到长期积累的伤害时,往往并没有使用法律手段进行控告、申诉等,而是选择默默忍受,长期的法律缺失反而会导致矛盾的激化,最终导致恶性暴力事件的发生。针对这一方面,应当加强重点领域的普法宣传教育。从易受害人群上,如与妇联机关形成联动,增加对广大妇女群体的法治宣传教育。从易案发地区上,在暴力案件的高发地域,如商业街、夜总会等地区,张贴广泛的法治宣传警示。另一方面,要让公民形成对于正当防卫这一基本权利的正确认识。正当防卫作为“正对不正”的一种公民面对非法行为时的合法防卫权利,必须为公民所全面地了解、认识。当前,我国大多数公民对于正当防卫的理解,还停留在“杀人偿命”的传统复仇模式上,因此,必须改进司法宣传方式,通过对案件的解释来宣传形势,发挥法治在推广“生活教科书”中的作用,有效解答社会的疑惑。涉及重大敏感案件时,还应该邀请人大代表、法学专家和新闻媒体旁听庭审,准确传达出正当防卫的基本立场,提升法律权威和司法公信力,发挥法治社会的主流作用。③

(三)完善相关法律法规

有关于此类暴力威胁下的受害人防卫案件,第一,要完善的是正当防卫相关的

---

① 时刻:《坚持和发展新时代“枫桥经验” 推进人民调解工作提质增效》,载《人民调解》2023年第8期。

② 贺振华:《坚持和发展新时代“枫桥经验” 奋力推进人民调解工作高质量发展》,载《人民调解》2023年第7期。

③ 曾妮:《正当防卫司法认定的困境及破解》,载《湖北工业职业技术学院学报》2020年第2期。

法律。自从昆山反杀案、于欢辱母反杀案后,正当防卫的法律法规问题已经得到了重视。最高人民法院、最高人民检察院通过进行错案纠正、案例指导、典型案例宣传等方式,对全国的司法机关在进行正当防卫的判断时进行了原则上的指导。但由于相关立法的原则性较强,涉及正当防卫的案例之间存在着较大差异性,此类指导性案例很难实现对于全国司法尺度的统一。为此,必须在法律制度层面上,首先制定统一的司法适用标准,再通过典型案例的指导,将其运用至司法实践之中。从统一司法的角度,提高法律应用创新,例如,通过"指导意见典型案例"的形式,指导类似案件裁判的典型案例,建立正当防卫制度适用法律"从具体到具体"的参考标准,让司法实践及时有效跟上刑法条文的进度,解决正确适用正当防卫制度的问题。第二,要完善家庭暴力相关的法律法规。我国目前已形成了以《反家庭暴力法》为中心,各省、市制定文件为分支的法律规范体系,旨在将有关规定落到实处,有效解决家庭暴力问题。然而,体系内的法律规定与地方性文件之间以及新旧法之间存在一定的冲突,应按照实际情况合理适用相关法律,并厘清法律规定的矛盾之处,及时予以解决纠正或更改。同时,要落实已建成的法律体系,并不断随实际变化进行更改。对于一些仅具有宣传性质的地方文件,应及时废止,以减少地方在实际应用法律时产生的问题。

(四)转变司法人员办案观念

我国的司法实践之所以在正当防卫认定上如此小心翼翼,对一些本该判决"正当防卫"的案件仍是以"防卫过当"结案,刑法学以外的因素不可忽视。例如一旦出现死伤结果即需有人负责的传统观念依然盛行,受害人家属的呼吁和维护社会稳定的需要给办案机关造成了巨大压力,以及司法机关内部存在的各种考核指标对定罪率存在影响等。①因此,必须转变司法人员的办案观念。第一,检察机关、审判机关的工作人员,在刑事诉讼的过程中,应当认真遵循有关正当防卫的法律规定,对于最高人民检察院、最高人民法院发布的指导性案例,应当认真学习、全面了解。第二,应当坚持司法群众路线。在进行正当防卫的考量时,要考虑设立正当防卫制度的初衷,是为了鼓励公民为维护自己的合法权益而同不法侵害作斗争。如果司法人员在认定防卫限度时过于严格保守,仍然受到传统观念的束缚,会使防卫

---

① 钱叶六:《共犯论的基础及其展开》,中国政法大学出版社2014年版。

人因担心承担刑事责任而不敢使用正当防卫权。

第五节 新型毒品犯罪典型案例研究报告:万某能等贩卖毒品、洗钱案

一、案情简介①

2021 年 7 月 1 日至 8 月 21 日,被告人万某能在明知合成大麻素类物质在我国已被列管的情况下,为谋取非法利益,利用微信平台兜售含有合成大麻素成分的电子烟油。在这段时间内,他共进行了六次贩卖行为,采取了雇用他人送货或发送快递的方式将这些含有合成大麻素成分的电子烟油售卖给多名买家,共计得款 4900 元。与此同时,被告人黄某分别两次帮助万某能贩卖合成大麻素电子烟油,合计金额为 600 元;被告人刘某勇帮助万某能贩卖合成大麻素电子烟油一次,犯罪金额为 300 元。

被告人万某能的犯罪行为不仅仅涉及上头电子烟油的贩卖,还采取了一系列措施来掩饰和混淆非法所得的来源和性质,涉及自洗钱犯罪行为。在自洗钱犯罪中,他收买了他人的微信账号,并使用他人的身份认证来收取毒资,掩饰、隐瞒犯罪所得的意图明显,旨在使警方难以追踪非法交易的真实来源。随后,他将这些非法所得转移至自己的微信账号,最终提取到银行卡,用于各种日常消费等开销。

在 2021 年 8 月 23 日,公安人员展开了收网行动,在万某能的住处成功将其抓获。在这次行动中,警方当场查获了 15 瓶电子烟油,总净重达 111.67 克。次日,警方再次展开行动,这一次是在万某能租赁的仓库内,他们查获了 94 瓶电子烟油,总净重达 838.36 克。这些电子烟油中的鉴定结果显示,均含有 ADB-BUTINACA 和 MDMB-4en-PINACA 等合成大麻素成分。这一行动标志着警方对这一犯罪团伙的突破性成功,但也凸显了合成大麻素问题的严重性和社会危害。被告人万某能和黄某在到案后,积极协助公安机关抓捕了其他犯罪嫌疑人吴某某(另案处理)和刘

① 参见《最高人民法院发布 2022 十大毒品(涉毒)犯罪典型案例》,载中华人民共和国最高人民法院网 2022 年 6 月 25 日,https://www.court.gov.cn/zixun-xiangqing-363401.html。

某勇。

本案由江西省南昌市西湖区人民法院一审，南昌市中级人民法院二审。法院认为，被告人万某能、黄某、刘某勇向他人贩卖含有合成大麻素成分的电子烟油，其行为均已构成贩卖毒品罪。万某能为掩饰、隐瞒毒品犯罪所得的来源和性质，采取收买他人微信账号收取毒资后转至自己账号的支付结算方式转移资金，其行为又构成洗钱罪。对万某能所犯数罪，应依法并罚。万某能贩卖含有合成大麻素成分的电子烟油，数量大，社会危害大。万某能、黄某、刘某勇到案后如实供述自己的罪行，万某能、黄某协助抓捕其他犯罪嫌疑人，有立功表现，黄某、刘某勇自愿认罪认罚，均可依法从轻处罚。据此，依法对被告人万某能以贩卖毒品罪判处有期徒刑十五年，并处没收个人财产人民币 6 万元，以洗钱罪判处有期徒刑十个月，并处罚金人民币 5 万元，决定执行有期徒刑十五年，并处没收个人财产人民币 6 万元、罚金人民币 5 万元；对被告人黄某、刘某勇均判处有期徒刑八个月，并处罚金人民币 1 万元。南昌市中级人民法院于 2022 年 6 月 2 日作出二审刑事裁定，现已发生法律效力。

二、入选理由

（一）“上头电子烟油”类新型毒品的社会危害性极强

2021 年 7 月 1 日，公安部、国家卫生健康委员会和国家药品监督管理局联合发布《关于将合成大麻素类物质和氟胺酮等 18 种物质列入〈非药用类麻醉药品和精神药品管制品种增补目录〉的公告》正式实施，决定正式整类列管合成大麻素类新精神活性物质，为新型毒品中的一种。

合成大麻素是一类化学合成的药物，也被称为合成大麻，这些物质被设计成模仿大麻的作用，但通常比大麻更强烈，具有更多不可预测的效应。合成大麻素在化学结构上与大麻中的大麻二酚等活性成分有关，但其结构通常被修改以产生新的变种，使其避开法律管控。这些化合物被非法制造，以制作具有致幻效果的草药或药物，它们被销售给公众，通常以包装“草药”或“香料”的形式。这类毒品往往被制作成电子烟油，在互联网市场上以“上头电子烟”的称号进行售卖，利润极高，危害性极强。首先，该类合成大麻素毒品种类多样、变化很快。多种麻精药品、新精神活性物质、非列管成瘾物质多元并存，衍生异变、更新迭代加快，涉及境外走私、境内非法生产、网上贩卖、非法滥用等多种违法犯罪形态。[①]其次,该类毒品的迷惑性极强,使得未成年人群体受到侵害的风险加大。“近几年,贩卖合成大麻素电子烟的案件多发。2021 年以来,我院共办理此类贩毒案件 6 件 10 人,其中涉案的未成年人就有 6 人。”福建省福州市鼓楼区人民检察院第五检察部主任吴云玲讲述。[②]“上头电子烟”伪装性极强,常常披着“合法”“危害低”的外衣将魔爪伸向青少年群体。该类毒品以烟油、烟粉为载体,外表与普通电子烟无任何区别,且不法分子声称“上头电子烟”既不上瘾也不犯法,层层伪装增加了“识毒”“防毒”难度。未成年人普遍自我约束力较低、认知不成熟,误认为这类毒品没有被列管,就不是毒品,进而进行吸食,产生严重的社会危害。

(二)体现了在打击新型毒品中“一案双查”的治理思路

“自洗钱行为”(Self-laundering)指的是犯罪分子采取各种形式的交易转换措施,掩饰、隐瞒“犯罪收益”的来源、性质、去向。[③]这些行为旨在使非法所得看起来合法,从而可以在经济体系中合法使用,避免引起嫌疑,同时为犯罪者提供了机会享受所得并规避执法机关的追踪。在万某能等贩卖毒品、洗钱案中,毒品犯罪既遂后万某能为掩饰、隐瞒毒品犯罪所得的来源和性质,采取收买他人微信账号收取毒资后转至自己账号的支付结算方式转移资金,其行为又构成洗钱罪,属于典型的“自洗钱行为”。《刑法修正案(十一)》将“自洗钱”行为规定入罪,表示为实施“毒品犯罪、黑社会性质的组织犯罪、恐怖活动犯罪、走私犯罪、贪污贿赂犯罪、破坏金融管理秩序犯罪、金融诈骗犯罪”等七类严重上游犯罪本犯的“自洗钱”行为应构成洗钱罪,扩大了洗钱罪的适用主体。加大了对从洗钱犯罪中获益最大的上游犯罪本犯的惩罚力度,万某能以上一系列手段目的就是掩饰和混淆犯罪非法所得,符合“自洗钱行为”的外延。

对于毒品案件中伴随而来的“自洗钱行为”,毒品犯罪是洗钱犯罪的上游犯罪,不能一罪以概之,应数罪并罚。理由如下:毒品犯罪侵害了国家对毒品管理制度和公共健康的权益,而洗钱犯罪则危害了国家的金融管理秩序,显然,这两种犯

---

① 参见国家禁毒办:《依托咪酯、“笑气”等新型毒品,青少年成为重点群体》,载九派新闻网 2023 年 9 月 26 日,https://baijiahao.baidu.com/s?id=1778069386564354851&wfr=spider&for=pc。

② 石佳、王心禾:《阻击新型毒品,守护青春年华》,载《检察日报》2023 年 6 月 26 日,第 3 版。

③ 刘宏华:《“自洗钱”独立入罪问题研究》,载《央行与货币》2020 年第 83 期。

罪所侵害的法益有着不同的性质。同时，在上游毒品犯罪的实施过程中，提供资金账户、协助转账汇款等行为均是帮助上游毒品犯罪实现，所以不能认定为自洗钱行为，应为毒品犯罪行为。即实施上游犯罪过程中行为人的接收、接受资金行为，属于上游犯罪的完成行为，是上游犯罪既遂的必要条件，不宜重复认定为洗钱行为。①自洗钱行为应是为了掩饰上游毒品犯罪所得，而进行的掩饰、隐瞒犯罪收益及其收益来源的行为。②因此，不能将毒品犯罪的刑罚评价用于洗钱罪，自洗钱行为应被视为一个独立的罪行，这符合法理学的标准，同时也具备独立存在的必要性和正当性。③这种"一案两罪"的毒品犯罪较为典型，可以为今后新型毒品犯罪案件的处理提供经验。

（三）具有典型法治引导意义

对司法工作人员而言，万某能等贩卖毒品、洗钱案是最高人民法院2022年度十大毒品（涉毒）犯罪典型案例，最高人民检察院依法惩治新型毒品犯罪典型案例之一。基于其所带的标签，故更能为司法工作人员与民众所接触，因此对于司法实践具有指导意义，它不仅能够为侦查人员在同类案件侦查过程之中提供侦查经验，也能够为检察人员起诉、审判人员审判提供指导。

对普通民众而言，这一案件能够增强民众对于新型毒品的了解、强化民众对于毒品犯罪的检举揭发意识、完善民众对于毒品新形态的认识，进而在保障公民的人身健康安全的同时，吸纳公民一同参与禁毒整治工作之中。一方面拓展了官方侦破毒品案件的信息来源，为侦查机关破案快、准、严提供帮助；另一方面真正将民众引入法治工作之中，不仅增强了司法透明度维护司法公正，还增强了民众的守法意识。通过参与毒品案件的打击，民众更加深刻地认识到毒品犯罪对个人和社会的危害，更加自觉地遵守法律规定。

三、新型毒品犯罪的发展趋势

社会面的高度关注、党中央的积极支持为我国禁毒工作注入了强大的动力。

---

① 朱丽欣：《自洗钱犯罪典型案例之检视及洗钱罪"其他方法"的应然理解》，载《中国检察官》2023年第14期。

② 陆炜：《孙某受贿、洗钱案》，载《中国检察官》2023年第10期。

③ 罗海妹、张建兵：《"自洗钱"行为入刑的理解和司法认定》，载《中国检察官》2021年第24期。

近年来,我国开展一系列禁毒活动如“禁毒2018两打两控”专项行动,“除冰肃毒”打击制毒犯罪专项行动,2020年中国国家禁毒委、公安部连续三年在全国范围内组织开展的“清源断流”行动等对于国内新型毒品犯罪活动起到了一定的遏制作用,国内新型毒品犯罪形势受到了一定的约束,但是随着打击力度和方向的改变,有关新型毒品犯罪的犯罪趋势也在逐渐变化。

(一)涉毒犯罪总体趋势平滑下降

2022年,我国禁毒部门学习贯彻习近平总书记关于禁毒工作的重要指示精神和党中央、国务院的决策部署,以党的二十大为关键,深入实施“清源断流”战略,全力开展“百日行动”,全面整治新型毒品问题,取得了良好的成效。根据2017年至2022年的《中国毒情形势报告》,上述年份我国吸毒者人数分别为255.3万人、240.4万人、214.8万人、180.1万人、148.6万人、112.4万人;全年缴获毒品数分别为89.2吨、67.9吨、65.1吨、55.49吨、27吨、21.9吨;毒品刑事案件数分别为14万件、10.96万件、8.3万件、6.4万件、5.4万件、3.5万件。截至2022年底,毒品违法犯罪下降至十年内的最低点,毒品供应、消费和规模持续减少。

(二)新型毒品犯罪相关案件占比呈上升趋势

截至2022年底,全年缴获氟氨酮类毒品1.3吨,同比上升185%,上文中提到的“电子烟油”类新型毒品便是由合成大麻素和氟氨酮类物质制作而成。受到疫情影响,毒品的供应量大幅度降低,导致国内常见毒品的价格居高不下,传统吸毒人员往往吸不到、买不起,这时就出现了传统毒品吸食人员向新型毒品吸食人员的转化现象。部分传统毒品吸食人员为缓解毒瘾,转而寻求吸食合成大麻素类、依托咪酯类和氟氨酮类精神活性物质毒品,全年查处滥用氟氨酮、合成大麻素等新精神活性物质人数增多。①以数据最为突出的沈阳市为例,2016—2020年,沈阳市中级人民法院和各区县基层法院共办理毒品犯罪案件4512件,其中涉及“上头电子烟”、氯胺酮、“神仙水”等新型毒品的案件占比超过92%。②可见,自1999年我国缴获的新型毒品冰毒数量首次超过传统毒品之后,③新型毒品的更新和发展势头日益迅猛,并且在全国多个省市自治区持续流通,特别是合成大麻素类衍生毒品的发

① 参见《2022年中国毒情形势报告》,载中国禁毒网2023年7月4日,www.nncc.org.cn。

② 参见2021年《沈阳法院禁毒工作白皮书》,载法治网2021年6月29日,http://www.legaldaily.com.cn。

③ 唐伟庭:《社会共治视角下新型毒品犯罪治理研究》,载《法制与经济》2022年第3期。

展势头极为迅猛。

四、新型毒品犯罪的特点分析

（一）新型毒品犯罪毒品种类呈多样化、新颖化趋势

最初，新型毒品主要在酒吧、夜总会等场所流通，通常掺杂在酒、烟等物质中，呈现相对固定的形式和场所。然而，近年来，由于毒品市场扩大以及制毒技术的不断更新等因素的影响，新型毒品以更加不易察觉的方式广泛流通，往往伪装成各种普通物品，其形式和材质也更加精巧和创新。

以“上头电子烟”为例，上头电子烟中的电子烟油内含依托咪酯、氟氨酮等化学物质，仅凭肉眼和吸食口感难以察觉。这与传统香烟烟草中所含的毒品不同，往往是在网上以普通电子烟油名义进行售卖，使得更难察觉与侦破，同时也对社会公众更具有诱惑力。像这种类似合成大麻素的新型毒品还有很多，包括针对学生销售的“聪明药”（一种神经兴奋类西药）、含有麦角酸二乙基酰胺（LSD，一种强烈的半人工致幻剂）成分的“邮票”，还有逐渐在不同社群中传播的“犀牛液”等色胺类物质。

（二）新型毒品犯罪的制作、贩卖手段有所升级

随着网络通信技术的不断进步和广泛应用，网络在新型毒品犯罪中的关键作用逐渐凸显，大多数新型毒品贩卖团伙利用现代网络技术展开制毒、物流运输以及交易活动。

新型毒品犯罪分子采取了一系列分散化措施，以规避潜在的风险和增加执法机关的查缉难度。首先，在新型毒品生产方面，新型毒品犯罪分子避免在单一的制毒场所进行生产，而是将制毒活动拆分为多个小型制毒实验室和工作室，有些甚至采用流动实验室，如在货车和轮船上进行制毒活动。这种分散化的制毒方式使得执法机关难以准确追踪毒品的生产源头，增加了打击犯罪的难度。其次，新型毒品犯罪不再仅仅依赖制毒师的手工配方和技艺，而更多地依赖化学和电子设备。他们更加重视流程化和标准化，采用电脑程序等方式来规范制毒操作步骤，这种技术升级提高了毒品的制备质量和效率，使得其更加难以被检测和追踪。同时，毒品贩卖者经由互联网信息渠道与潜在买家协商新型毒品的种类、数量、纯度和价格等细节，随后采用互联网转账或银行汇款等方式进行支付，最后通过物流快递将毒品送

到买家手中。在整个毒品交易流程中,完全实现了交易各方的物理分离,因此执法人员难以进行线上追踪。①在日常打击新型毒品犯罪行为中,贩卖毒品和吸毒的主要人群以年轻人居多,他们在利用互联网方面的熟练程度较高,很多未成年贩毒人员往往会通过改变局域网的地址设置来逃避侦查人员的追击,甚至有涉毒人员通过"暗网"进行毒资转移,使得我国对于新型毒品犯罪的侦查工作有相当大的阻碍。

(三)新型毒品犯罪组织的区域化程度降低

在涉毒犯罪早期,犯罪行为人往往会选择偏远地区实施犯罪。20世纪90年代涉毒犯罪在我国发案率逐渐升高,重点地区为广东省等沿海区域及部分内陆经济欠发达地区。以广东省为例,在初期由于毒品制造需要处理废水、废气的排放问题,因此,犯罪行为人往往会以治安薄弱地区、废弃工厂、养殖场等相对偏远地区作为其制毒地点的选址。现在,部分犯罪行为人仍会选择上述场所进行毒品制作。如蔡某雄贩卖、制造毒品案。蔡某雄以生产胶水为借口,于广西壮族自治区合浦县闸口镇租赁一个养殖场作为其制毒窝点。

随着科技的进步发展,以及城市空间的密集隐蔽,部分犯罪行为人将其制毒场所移入城市住宅之内。近年来,由于科技的发展,部分犯罪行为人能够隐藏污染问题进行毒品制作,因此会将制毒地点选在人口稠密、交通方便的城市地带,通常是以别墅小区或高层住宅为其制毒地址。在这些地带生产毒品,能够有充足的水电资源保证且交通发达方便运输,高层住宅能够较好地散发制毒过程中所产生的刺激性气味,不易为周边住户所发现举报,因此上述地点为犯罪行为人所接受作为选址。新型毒品的制贩行为不再局限于少数省区,全国各个省区都出现新型毒品犯罪现象并愈演愈烈,呈现出多点开花的特点。新型毒品的流向也不单单指向上海、广州、深圳等大型发达城市,二三线城市都出现了新型毒品滥用者,甚至一些县城和乡镇也出现了许多新型毒品滥用者的身影。②

(四)毒品犯罪与"自洗钱行为"的联结日益紧密

万某能等贩卖毒品、洗钱案是目前新型毒品犯罪夹带"自洗钱行为"的典型案例之一,对分析两种罪名之间的关系具有重要的指导作用。《刑法修正案(十一)》

---

① 王维民:《广东沿海遏制新型毒品犯罪问题研究》,载《中国公共安全(学术版)》2018年第1期。

② 张弘:《我国新型毒品犯罪的法律规制研究》,信阳师范学院2022年硕士学位论文。

中扩大了洗钱罪主体的适用范围，日益泛滥的新型毒品犯罪作为洗钱罪的上游犯罪之一，会直接引发大量的"自洗钱行为"。那些借助互联网来进行贩卖新型毒品的犯罪人，往往是不与购买新型毒品的人直接接触，也只能通过互联网来处理毒品犯罪所得，试图掩饰、隐瞒非法所得，或将其转变为"合法"的资产纳入囊中，这一过程就能充分说明新型毒品的交易行为与"自洗钱行为"的密切关系。

五、新型毒品犯罪的原因分析

（一）新型毒品吸引力和暴利性较高

1. 大环境下新型毒品相比于传统毒品具有较强的吸引力

由于多年来全国公安对于传统毒品犯罪的打击，再加之疫情的冲击，传统毒品生存空间受到挤压，毒品的供应量大幅度降低，导致国内常见毒品的价格居高不下，一些毒品犯罪分子也不得不开辟新的市场，转而吸食新型毒品。传统毒品的吸食方式一般是烫吸式或者注射式，新型毒品的滥用方式则更加多样。除了烫吸和静脉注射外，很多新型毒品都可以鼻吸和口服，例如"上头电子烟"，或直接食用，或混入可乐啤酒等饮品中饮用，例如"摇头丸"和"迷魂散"，新型毒品吸食者以此感受酒精和毒品的双重刺激。还有的新型毒品例如"0 号胶囊"，可以通过抽吸和鼻吸的方式吸食，更为直接、更加多样的滥用方式增加了毒品滥用者的新鲜感和体验感，契合了许多毒品滥用者的求异心理，因此新型毒品比传统毒品更能引起毒品滥用者的关注。①

2. 新型毒品在中国市场的利润极高

上文说到，目前新型毒品对吸毒人群的吸引力较强，进一步也反映出新型毒品在我国的市场空间扩大，需求催生市场，市场提供空间。由于需求群体庞大，供给群体被经济利益所吸引而铤而走险。据相关数据显示，全球目前的毒品交易额达 8000 亿至 10000 亿美元，高于石油贸易额，仅次于军火交易。若从经济学的视角分析这一问题即简单的"供需关系"，在我国国内乃至世界上的大部分国家仍旧将毒品视为"违禁品"，因此，吸毒者难以通过正常途径获取毒品满足自身需求，而毒品也难以像正常的交易物品如食品、服装等在市场上正常流通。这就导致在具备广

---

① 张弘：《我国新型毒品犯罪的法律规制研究》，信阳师范学院 2022 年硕士学位论文。

阔需求市场的同时缺少能够满足市场需求的供给市场或者说是能够正常获取的途径,所以毒品往往会以高于其制造成本的数十倍甚至是百倍的价格被卖给吸毒者,进而产生极大的利润。同时,新型毒品的制备过程相对简单,只需要基本的化学知识和一些简单的化学实验技能,即可参与制造。大量案例数据表明,新型毒品通常是由懂得化学知识的普通人,经过几个月的学习而制成的,例如"上头电子烟"中的电子烟油的制作。此外制作新型毒品不需要大规模投入精力和成本去种植原植物,因为犯罪分子可以很容易地在实验室中进行人工试验和研制,加之中国的化工原料资源丰富且价格低廉,所需设备和工具也相对常见,因此,新型毒品的制作成本很低,无论是人力还是资金投入都相对较少。

综合对"新型毒品价格"这一关键词进行检索,结果显示新型毒品在我国市场上的价格往往高于"海洛因"这类传统毒品。而相比于传统毒品的制作,新型毒品的制作过程既简单又低成本,所获得的利润要远远超于传统毒品。相关数据表明,毒品利润高达 100 倍,甚至更高。[①]而经过分析可知,新型毒品的利润明显会高于前面提到的传统毒品,所以,面对这样一种吸引力强、便捷、利润高的新型毒品,越来越多的犯罪分子在利益的驱使下,涉足新型毒品犯罪。

(二) 新型毒品的列管未成体系

1. 新型毒品(新精神活性物质)的列管工作具有滞后性

近几年来,新精神活性物质毒品犯罪问题逐渐浮出水面,愈演愈烈,成为社会上一个不容忽视的严重问题。然而,规制速度远远不及犯罪行为人修改已列管物质的化学结构得到毒品类似物的速度,这种快速的犯罪行为让人防不胜防,也让打击毒品犯罪的工作变得更为困难。根据国家毒品问题治理研究中心提供的数据及《我国管制毒品目录》可知,近年来我国几乎每年都会新增一批列管物品,例如 N-甲基-N-(2-二甲氨基环己基)-3, 4-二氯苯甲酰胺(U-47700)等 4 种物质列入《非药用类麻醉药品和精神药品管制品种增补目录》(2017 年 7 月 1 日起施行)、4-氯乙卡西酮等 32 种物质列入《非药用类麻醉药品和精神药品管制品种增补目录》(2018 年 9 月 1 日起施行)、芬太尼类物质列入《非药用类麻醉药品和精神药品管制品种增补目录》(2019 年 5 月 1 日起施行)、瑞马唑仑列入第二类精神药品管理

① 赵晓:《国内制造毒品犯罪:特点原因与治理措施》,载《云南警官学院学报》2022 年第 1 期。

(2020 年 1 月 1 日起施行),以及近年来蔓延较快的合成大麻素类物质和氟胺酮等 18 种物质列入《非药用类麻醉药品和精神药品管制品种增补目录》(2021 年 7 月 1 日起施行)。由此可见新型化学合成类毒品的发展速度非常之快,法律的滞后性会使得该类毒品的规制存在困难。在法律规定列管出台之前,未得到列管的新型化学合成类毒品已在我国市场上站稳了脚跟,不法分子制作该类毒品的方法、所需要的工具以及贩卖的途径早已根深蒂固,这些问题直指法律的滞后性。

2. 新精神活性物质的列管制度、标准存在障碍

新精神活性物质的列管制度、标准存在障碍,会使得更新的新型毒品在最有效被列管的时间段内得不到法律规制,这也同时导致了列管工作的滞后性。首先,在新精神活性物质的列管过程中,各责任部门不明确。我国麻醉药品和精神药品的列管是由国务院食品药品监督管理部门领导,协同国务院公安部和国务院卫生主管部门执行。然而,根据《非药用类麻醉药品和精神药品列管办法》,新精神活性物质的列管应由公安部主导,国家禁毒委员会提出意见和建议。这两个法律法规的不一致导致评估该物质是否属于新精神活性物质时出现混淆。

其次,我国目前对新精神活性物质的列管范围过于狭窄,这与民众希望所有新型毒品被列管的观念相悖。近些年来,一些企业(特别是化工企业)担心这些化工合成类的新型毒品如果被禁止,就会使得生产的原材料受到限制,必然会对他们的正常生产和发展产生影响。然而实际上,《非药用类麻醉药品和精神药品列管办法》中列管的只有极少部分新精神活性物质可以用于企业的生产,企业在规范经营的情况下,几乎不会受到列管的影响。这些企业的误解主要是受他们对新型毒品的了解不足、媒体不准确的报道,以及少部分企业试图在新型毒品列管方面谋取不正当利益的影响。

(三)网络监管尚未形成体系

万某能等贩卖毒品、洗钱案中,犯罪分子的贩卖以及自洗钱行为均是通过互联网以及社交工具来完成的,由个案反映规律,结合新型毒品案件数据得出,目前有关“上头电子烟”类的新型化学合成类毒品的贩卖大部分是通过网络进行。卖家往往以“微商”“代理商”的形式出现在互联网中,有的经朋友介绍、有的宣传照片中暗含有关新型毒品的专业术语。同时,这些不法分子往往会向访问互联网的青少年进行“大规模攻击”,利用猎奇心理以及打未被列管这一“擦边球”,大肆向网

络公众贩卖新型毒品,加之我国对于新型化学合成类毒品的网络监管仍处于发展阶段,未能形成体系,致使网络领域成为新型毒品贩卖的主战场。

六、新型毒品犯罪的治理对策

(一) 提高新型毒品被列管的效率

我国目前对新型毒品(新精神活性物质)的列管工作进展缓慢、效率不高,列管的速度远远比不上新精神活性物质的更新速度。为此,一方面,从列管“硬件”创新的角度出发,可以建立专门的实验室,以加快对新精神活性物质的化学分析,以确定其成分和潜在风险。这些实验室应该具备先进的仪器和技术,以确保迅速获得结果。要积极参与国际合作机制,如了解联合国毒品和犯罪问题办公室(UNODC)的工作,以便共享信息、经验和最佳实践。①同时,建立国内的信息共享平台,以协助不同机构之间的数据交流,确保多个政府部门,如卫生、执法、海关和监管机构之间的协同工作,以提高监管效率。另外,在有理论前提的情况之下,可以根据各部门的协调建立一个快速反应机制,以处理新精神活性物质的出现,可以包括紧急管制措施(类似紧急禁令),以在短时间内暂时将某些物质列为非法,类似于公安工作中的“专案组”。另一方面,从风险防控的角度出发,监控社交媒体和互联网以检测新精神活性物质的传播和宣传。制定有效的风险通信策略,向公众传达与新精神活性物质相关的风险信息,可以通过官方网站、社交媒体、宣传册等途径实现。同时监控可疑的在线销售新精神活性物质平台,采取措施来打击非法销售,并追踪销售商的活动。这些具体措施可以提高对新精神活性物质的列管效率,从而减少其潜在风险对社会的威胁。

(二) 完善有关新型毒品的“入罪”标准

当前,我国新精神活性物质相关的犯罪管控工作出现一系列问题的原因就在于专项立法的缺失和法律体系的不完善。②为及时、准确打击毒品犯罪,根据《刑法》《刑事诉讼法》等有关法律规定,2012 年 5 月最高人民检察院、公安部制定了《最高人民检察院、公安部关于公安机关管辖的刑事案件立案追诉标准的规定

---

① United Nations Office on Drugs and Crime, The Global SMART Programme(2017-03-17), http://www.unodc.org/unodc/en/scientists/smart-new.html.

② 金双:《“四大体系”推进毒品问题综合治理》,载《中国禁毒报》2019 年 8 月,第 1 版。

(三)》,沿用至今。其中第 13 条规定“本规定中的毒品是指鸦片、海洛因、甲基苯丙胺(冰毒)、吗啡、大麻、可卡因以及国家规定管制的其他能够使人形成瘾癖的麻醉药品和精神药品”,对新型毒品的概念描述十分笼统;另第 14 条规定“本规定中未明确立案追诉标准的毒品,有条件折算为海洛因的,参照有关麻醉药品和精神药品折算标准进行折算”,具体折算比例至今尚未提出。由此看来,针对新型毒品(新精神活性物质)统一“入罪”标准十分重要。

一方面,我国亟须出台具体关于新型毒品犯罪的“入罪”标准,其中这一标准应当根据新型毒品与传统毒品的折算比例,实现两者之间的转换,从而为相关的司法活动提供坚实的法律基础。这不仅为有关机关在办理新型毒品犯罪案件时提供了明确的法律依据,也使得办案尺度得以统一,提高了办案效率。通过制定明确的“入罪”标准,能够提升司法公信力和司法质量,避免了法律空白现象的出现,使得不法分子无法利用法律漏洞进行犯罪活动。同时,明确定义新精神活性物质的纳管程序,包括评估、审批、实施和执行的细节步骤。这应包括清晰的责任分工,确保各部门协同工作。另一方面,在制定新型毒品犯罪的“入罪”标准时,应当充分考虑新型毒品犯罪的特点和危害程度。要确保标准的具体性、明确性和可操作性,以便有关机关在办案过程中能够准确适用法律,保证案件的公正处理。此外,标准的制定还应当与国际禁毒工作相衔接,考虑标准国际化,以便更好地与国际社会合作打击毒品犯罪。

(三) 进行针对新型毒品犯罪的预防教育

从犯罪学的角度来讲,犯罪预防可以从犯罪预防与被害预防两方面出发,新型毒品的犯罪人亦是受害者,对于他们而言,刑罚并非一项惩罚工具,而是起到威慑作用与法益保护作用的措施。根据埃里克森的人格发展八阶段理论、赫希的社会纽带理论以及索恩伯里的交互理论可知,儿童、青少年时期的教育、纽带关系以及受教育程度对自身发展的重要性。因此,针对新型毒品犯罪进行教育预防是十分必要的。

从家庭角度出发,赫希的社会纽带理论和索恩伯里的交互理论都强调了父母与儿童之间纽带的重要性。这种联系的紧密性越强,儿童在成长过程中犯罪的可能性就越低。因此,父母在家庭教育中应该以身作则,并向儿童说明毒品的危害和如何远离毒品。同时,父母需要营造一个积极健康的家庭环境,给予孩子正面的反馈,并教育他们远离与犯罪相关的黑暗面。从学校教育的角度出发,传统的学校教育往往只注重学生的学业教育,而忽视了对学生的道德教育、心理健康教育、生理健康教育等。因此,学校应该采取全面的教育模式,关注学生的身心健康,并加强禁毒教育。在特殊时期,如国际禁毒日等,可以举办相关活动来加深学生对禁毒的认识。此外,学校应该改变传统的教育方式,避免学生因厌学而产生心理压力,最终可能导致他们通过不恰当的方式排解压力。从社会宣传教育的角度出发,社区作为社会的基层单元,应该利用其与民众的密切联系来加强禁毒教育和宣传活动。可以通过与戒毒所、缉毒警等机构或个人的合作,将禁毒教育引入社区。

第七节　医药代表带金销售行贿犯罪典型案例研究报告:高某某行贿案

一、案情简介

高某某,男,1974 年 10 月 24 日出生,汉族,大专学历,案发时为河南双某药业有限公司业务员,负责河南南阳、平顶山地区"大输液"水的销售业务。河南双某药业向业务员支付工资及药品出厂价的提成,获取药品出厂价货款。其间,被告人高某某通过南阳市济某医药有限公司(以下简称济某公司)向南阳市方城县某某医院配送其任职公司生产的"大输液"水产品,并与济某公司约定:出厂价与配送价之间的差价(即利润)由济某公司扣除差价部分的税费、管理费后全部归高某某所有。

被告人高某某为增加自己销售的河南双某药业生产的"大输液"水在方城县某某医院的销量,采用不正当竞争手段,排挤其他医药企业,谋取不正当竞争优势,自 2013 年至案发,在向方城县某某医院供应"大输液"水的过程中,向该医院多名工作人员行贿,共计 621.9 万元。包括:

其一,被告人高某某应时任方城县某某医院院长化某(另案处理)的要求,将"大输液"水向方城县某某医院的供应价与河南双某药业的出厂价之间的差价,扣除其本人在配送输液水过程中产生的运费等开支后交给院长化某支配。

自 2013 年至 2019 年,被告人高某某先后多次向院长化某送现金共计 615.9 万元,化某获款后自肥。其中,2013年高某某分2次送给化某“大输液”水利润共计25万元;2014年高某某分8次送给化某“大输液”水利润共计70万元;2015年高某某分8次送给化某“大输液”水利润共计78万元;2016年高某某分7次送给化某“大输液”水利润共计84.6万元;2017年高某某分8次送给化某“大输液”水利润共计154万元;2018年高某某分9次送给化某“大输液”水利润共计153.3万元;2019年4月高某某送给化某“大输液”水利润51万元。

其二,2016年4月被告人高某某为感谢方城县某某医院药品科科长张某(已判决)利用职权让高某某配送甲硝唑氯化钠注射液和冲洗用盐水一事,送给张某现金1万元。并在2013年4月至2019年1月,趁年节之际,感谢张某利用职权为高某某向方城县某某医院配送输液水一事提供便利,先后12次向张某送现金共计5万元。

被告人高某某因其他事实接受南召县监察委调查期间,主动供述监察委尚未掌握的本案罪行,根据被告人高某某的供述,南召县监察委分别对方城县某某医院院长化某、方城县某某医院药品科科长张某立案调查。目前,张某因犯受贿罪被南召县人民法院判处有期徒刑三年,缓刑三年,并处罚金20万元;化某受贿案南召县人民检察院已向南召县人民法院提起公诉。

河南省南召县人民法院认为:被告人高某某为了获取竞争优势谋取不正当利益,多次向国家工作人员行贿,数额达600余万元,情节特别严重,其行为已构成行贿罪。高某某因涉嫌其他犯罪被公安机关传唤后,主动交代了办案机关尚未掌握的犯罪事实,系自首,依法可对其减轻处罚。高某某认罪认罚,并已签署认罪认罚具结书,依法可对其从宽处罚。故依照《刑法》第389条第1款、第390条、第52条、第53条、第67条第2款及《刑事诉讼法》第15条之规定,判决被告人高某某犯行贿罪,判处有期徒刑五年,并处罚金20万元。①

二、入选理由

(一)贯彻党的二十大精神,坚决打赢反腐败斗争攻坚战持久战

在党的二十大报告中,习近平总书记指出:“腐败是危害党的生命力和战斗力

---

① 河南省南召县人民法院(2019)豫1321刑初535号刑事判决书。

的最大毒瘤,反腐败是最彻底的自我革命。只要存在腐败问题产生的土壤和条件,反腐败斗争就一刻不能停,必须永远吹冲锋号,坚持不敢腐、不能腐、不想腐一体推进,以零容忍态度反腐惩恶,决不姑息。"①党的十九大也曾作出"坚持受贿行贿一起查"的重要决策部署,中央纪委国家监委与中央组织部、中央统战部、中央政法委、最高人民法院、最高人民检察院联合印发了《关于进一步推进受贿行贿一起查的意见》,要求坚决查处行贿行为,重点查处多次行贿、巨额行贿以及向多人行贿,特别是党的十八大后不收敛不收手的;党员和国家工作人员行贿的;在国家重要工作、重点工程、重大项目中行贿的;在组织人事、执纪执法司法、生态环保、财政金融、安全生产、食品药品、帮扶救灾、养老社保、教育医疗等领域行贿的;实施重大商业贿赂的行为。②

人民健康是民族昌盛和国家富强的重要标志,身体健康是广大人民群众的共同追求。医疗医药领域出现的腐败问题,不仅腐蚀我们国家的医疗卫生体系,也伤害了全国人民的健康权益。在医疗医药领域,部分医药企业和从业人员以销售为目的行贿,部分医生与医院管理人员为中饱私囊而受贿,行贿与受贿互相滋生,共同组建了腐败利益同盟。严厉打击医疗医药领域的行贿受贿犯罪是保障民生权利、守护人民健康的重要措施。

(二)医疗医药领域腐败问题突出,行贿案件时有发生

2022年1月,中央纪委国家监委宣传部与中央广播电视总台联合摄制的年度反腐大片《零容忍》播出,第一集《不负十四亿》即将镜头对准医疗医药领域的腐败问题。

医疗医药领域行贿案件和受贿案件时有发生,长久以来,医生领导收受回扣、药企药代带金销售已成为医疗医药购销市场上备受诟病的潜规则,形成环环相扣的灰色利益链条,成为医疗腐败问题不断滋生的土壤。"6·28"腐败案中,云南省普洱市人民医院院长杨某某,在院领导班子其他成员都明确反对的情况下,执意购买一台进口价1500万元的医疗器械直线加速器,最终达成购买,医院以3520万元买入,院长杨某某一次就吃掉了1600万元的回扣。③令人瞩目的往往是这些数字

---

① 习近平:《坚决打赢反腐败斗争攻坚战持久战》,载《中国共产党第二十次全国代表大会专题报道》2022年10月16日,http://cpc.people.com.cn/20th/n1/2022/1016/c448334-32546321.html。

② 《中央纪委国家监委会同有关单位联合印发〈关于进一步推进受贿行贿一起查的意见〉》,载中央纪委国家监委网2021年9月23日,https://www.mem.gov.cn/jjz/ywgz/202109/t20210923_398941.shtml。

③ 齐晓勇:《揪出塌方式腐败背后的"猎手"》,载《中国纪检监察》2023年第3期。

极其巨大的受贿案，然而行贿行为与受贿行为一起滋生，严重贪污受贿的背后必然有严重的行贿行为。

江苏无锡徐某某对单位行贿案中，徐某某作为个体医药代表，在代理销售注射用头孢唑肟钠、头孢克肟胶囊、注射用血塞通等药品的过程中，为提高上述药品在无锡市新吴区某某街道社区卫生服务中心全科医疗科的销量，违反国家规定，先后多次送给某某社区卫生服务中心全科医疗科回扣共计人民币约 212 万元。①江苏邳州唐某某对非国家工作人员行贿案中，唐某某作为江西某某中药饮片有限公司医药代表，为推销其代理的江西某某中药饮片有限公司生产的“四季青”“天山雪莲”“红景天”等中药饮片，以给医务工作人员药品提成或礼品的方式，多次向邳州市碾某卫生院、陈某卫生院、徐某卫生院等多家医院的多名医务工作者行贿，行贿财物共计人民币 12 万余元。②

（三）高某某行贿案具有典型法治指导意义

2022 年 4 月 20 日，国家监察委员会、最高人民检察院选编了 5 起行贿犯罪案件印发行贿犯罪典型案例，其中就包括河南高某某行贿案，作为 5 起典型案例中医药领域巨额行贿案件的代表。此案例体现国家贯彻“从严查办涉及民生的重点领域行贿犯罪，切实增强人民群众的获得感幸福感安全感”的决心，力求推动有关行业顽瘴痼疾的整改，全面落实以人民为中心的发展理念。③

此案例为医疗医药领域行贿案件的处理提供了参照，为医药代表带金销售行贿案件中纪检监察机关介入、公安机关查案、检察机关起诉、审判机关裁定提供了指导，相关机关要在维持惩治受贿犯罪高压态势的同时，严肃查处行贿犯罪，多措施并举，提高打击行贿犯罪的精准性、有效性，推动对腐败问题的标本兼治。对医疗医药领域从业人员而言，此案例提醒部分医生和从业人员拾起治病救人的初心，也告诫部分医药企业与医药代表们带金销售的刑事风险。对广大人民群众而言，金额巨大的行贿案的破获，也增加了人民对国家机关打击医疗医药领域违法犯罪的信心，提高了人民对我国民生保障的安全感。

---

① 赛柏蓝器械：《医药代表，被警方带走！》，载健康界网 2022 年 2 月 6 日，https://www.cn-healthcare.com/articlewm/20220206/content-1312294.html。

② 江苏省邳州市人民法院（2020）苏 0382 刑初 414 号刑事判决书。

③ 国家监察委员会、最高人民检察院：《关于印发行贿犯罪典型案例的通知》，载中央纪委国家监委网 2022 年 4 月 20 日，https://www.ccdi.gov.cn/yaowenn/202204/t20220420_187588.html。

三、医药代表带金销售行贿犯罪的发展趋势

从2005年“回扣门”德普公司贿赂案,①2013年葛兰素史克“30亿最大罚单”案,②到如今2023“史上最强”医药反复风暴③(截至2023年8月,超180位院长书记落马,超50个三甲医院一把手落马),中国医疗医药反腐已经进行了将近二十年。医疗医药领域的腐败问题,多数发生在医药企业、医药代表、医院单位、医疗从业人员(国家工作人员或非国家工作人员)几方人员之间,几乎年年都有金额巨大、影响恶劣的医疗医药腐败案件发生。然而,这些腐败案件中以医疗从业人员(尤其医院高层管理人员)受贿案最为突出,“院长落马”“千万回扣”等标题屡见不鲜,行贿案则“隐身”于天价受贿案之后。其实,医药代表们作为背负业绩压力的销售人员,因带金销售而导致的行贿犯罪时有发生。

(一)医疗医药领域行贿犯罪近年来案件数量有所下降

在北大法宝数据库中,以“医疗”或者“医药”为关键词,以“行贿罪”“对单位行贿罪”“对非国家工作人员行贿罪”“对公司、企业人员行贿罪”“单位行贿罪”为判定罪名进行检索,共得到判决书1641篇。

如图3-1所示,2008年至2012年审结案件数量均少于20件,2014年审结案件数量攀升至228件,2017年为审结案件数量最高值336件,自此之后,案件数量断崖式下降。

由图3-1可知,2014年至2018年为我国医疗医药领域行贿案件判决书数量高峰。然而,这并不说明2014年至2018年是医药代表行贿犯罪的高峰。以高某某行贿案为例,本案于2022年被中央纪委国家监委、最高人民检察院选为行贿犯罪典型案例,本案判决书于2019年由河南省南召县人民法院发布,本案的作案时间

① 2005年5月20日,美国司法部调查发现,天津德普公司从1991年到2002年,向中国国有医院医生行贿162.3万美元现金,用来换取这些医疗机构购买DPC公司的产品,德普公司从中赚取了200万美元。美国司法部认为,DPC公司违反了美国《海外反腐败法》(FCPA)有关“禁止美国公司向外国有关人员行贿”的规定,被罚480万美元。

② 2014年9月19日,湖南省长沙市中级人民法院依法对葛兰素史克(中国)投资有限公司(简称GSKCI)和马某锐等人对非国家工作人员行贿、非国家工作人员受贿案进行不公开开庭审理,并于当日公开宣判。GSKCI被判处罚金人民币30亿元,这是迄今为止中国开出的最大罚单,马某锐等被告人被判处有期徒刑二到三年。

③ 根据中国新闻网统计,截至2023年8月17日,2023年至少已有184位医院院长、书记被查,特别是6月以来,至少有10位医院领导主动投案。落马院长、书记所在医院涉及全国24个省份,广东、四川、云南等地落马人员相对较多。从医院来看,三甲医院院长、书记超50个,有人为享受国务院特殊津贴专家。

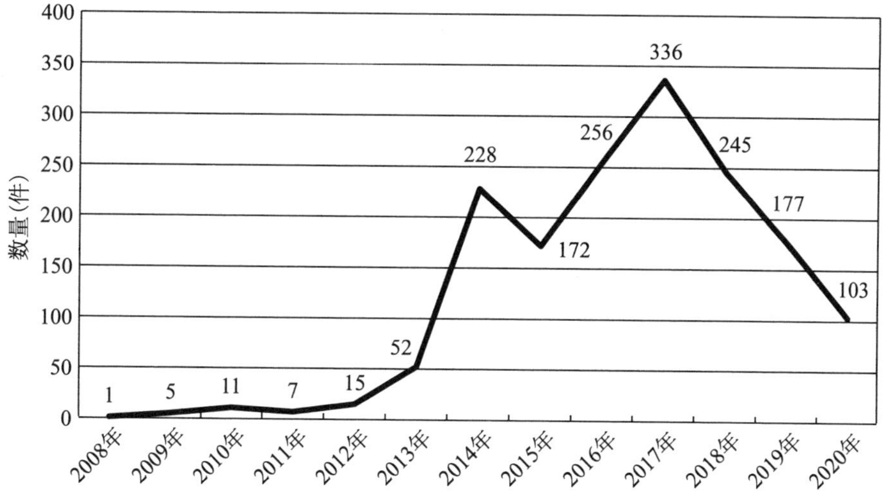

图3-1 医疗医药领域行贿案件判决书数量分布

则是2013年至2019年。可见医药代表行贿犯罪判决书发布时间一般是其终止犯罪时间之后,而起始犯罪时间各个案件都不相同,部分案件持续数年。

(二)腐败发生的环节多样,行贿的方式多变

行贿与受贿是相对应的犯罪行为,在医疗医药领域,受贿犯罪严重之处必然存在严重的行贿犯罪,因此,从医疗机构中受贿犯罪高发之环节,可以反推出医药企业、医药代表行贿犯罪高发之环节。

中国卫生法学会副会长郑雪倩受国家卫健委委托开展了一项医药反腐领域的相关课题,梳理了2013—2021年间2900多例涉及医疗腐败的刑事判决书,她总结道:"从关键环节来看,受贿行为出现在决策环节的比例最大,占比近45%,使用环节占36%,采购环节约占18%;从关键部门来看,判例中的行贿受贿行动者在行政管理部门的比例达49%,比如医院院长、科室主任等,临床科室占比17%,医技科室11%,后勤系统13%;从关键人群来看,受贿的正职领导占比29.67%,副职领导占比10.43%,中层干部的数量最多,占比40.57%。一般工作人员8.1%。另外,从行贿方的角度看,分析的判例中,行贿一方民营企业占比最大,约占73%,合资企业约占17.4%,国有企业占比低于4%。"①

① 邵萌:《2900多份医疗腐败刑事判决书背后》,载中国新闻网2023年8月10日,https://www.chinanews.com.cn/sh/2023/08-10/10059084.shtml。

武迎慧、苗国梅等学者基于2016个卫生刑事司法判决文书数据分析，对公立医院医疗腐败发生的环节进行了统计。根据数据显示，医院内的腐败所涉及的环节主要有医疗器械、药品、耗材、医保、基建。其他还包括某些贪污、挪用公款行为所涉及的环节。其中，两种以上、医疗器械、药品环节占绝大部分，涉及最多的环节为两种以上环节，为708例，占整体案件的35.12%。在涉及单个环节的案件中，医疗器械、药品环节涉及最多，分别为515例与466例，相应地占整体案件的25.55%和23.12%；耗材环节与其他环节在整个环节中的占比相似，为6.2%与5.8%；医保与基建环节占整个环节的极少部分。①（见图3-2）

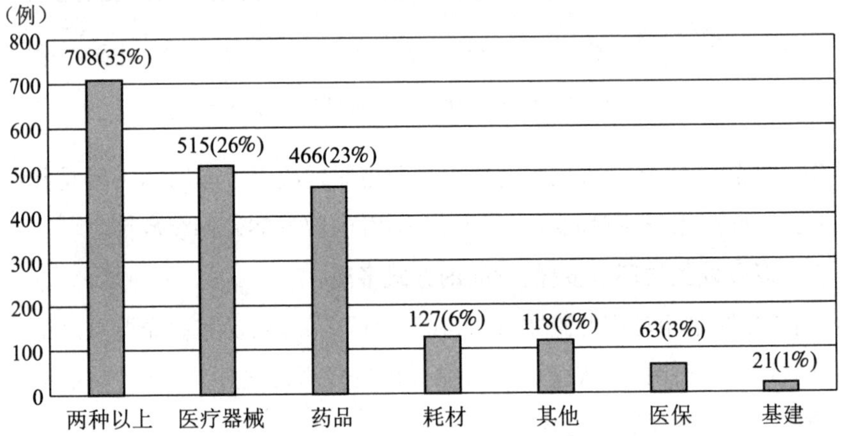

图3-2　公立医院医疗腐败发生的环节分布

近几年来，医疗医药领域行贿手段呈现出花样翻新、金额巨大、持续时间长等特点。以往常见的行贿手法是以“搞好关系”“感谢关照”为名赠送红包、购物卡、礼品卡等。随着监管加强，行贿手段也变得更加隐蔽，比如为医生请保姆，帮助医生子女升学，以考察、学习等名义安排医院人员境内外旅游，以给付技术服务费、咨询费、顾问费等名义处理各种行贿费用等。

（三）反腐势态逐年增强，强调“行贿受贿一起查”

在上述医疗医药领域行贿案件判决书数量分布图中，自2017年之后判决书数量断崖式下降，与国家对医疗医药领域腐败问题进行高压打击的势态有密不可分

① 武迎慧、苗国梅等：《公立医院腐败现状与法律建议——基于裁判文书网2016个卫生刑事司法判决文书数据分析》，载《中国卫生事业管理》2023年第3期。

的关系，表 3-1 为近年来部分反腐相关文件。

表 3-1　近年来医疗医药领域反腐相关文件

发布主体	文件名称
2020 年 5 月 15 日 国家卫健委、公安部等九部门	《2020 年纠正医药购销领域和医疗服务中不正之风工作要点》
2020 年 9 月 30 日 国家药监局	《医药代表备案管理办法(试行)》
2021 年 4 月 25 日 国家卫健委、公安部等九部门	《2021 年纠正医药购销领域和医疗服务中不正之风工作要点》
2021 年 8 月 6 日 国家卫健委、国家中医药局	《全国医疗机构及其工作人员廉洁从业行动计划(2021—2024 年)》
2022 年 5 月 9 日 国家卫健委、公安部等九部门	《2022 年纠正医药购销领域和医疗服务中不正之风工作要点》
2023 年 5 月 8 日 国家卫健委、公安部等十四部门	《2023 年纠正医药购销领域和医疗服务中不正之风工作要点》

从 2023 年这场反腐风暴来看，参与医药反腐的部门不断增加。2023 年 5 月 10 日国家卫健委官网发布的《关于调整纠正医药购销领域和医疗服务中不正之风部际联席工作机制成员单位及职责分工的通知》解读提到，该通知的重点是对成员单位进行了调整，由原来的 9 个增加到 14 个部门，国家卫健委为牵头单位，成员单位包括教育部、工业和信息化部、公安部、财政部、商务部、审计署、国资委、税务总局、市场监管总局、国家医保局、国家中医药局、国家疾控局、国家药监局。

7 月 31 日，上海发布了《上海市 2023 年纠正医药领域和医疗服务中不正之风工作要点》，在《2023 年纠正医药购销领域和医疗服务中不正之风工作要点》的基础上，重点强调上海开展"高值耗材专项检查""整治'红包'、回扣专项检查""医德医风教育主题活动"三项专项活动。从中央到地方，医疗医药领域的反腐力度都在逐年增加。

医疗医药领域反腐作为整个反腐工作的重要组成部分，国家极其重视这一领域的反腐成果。2023 年，反腐组织架构升级了，由原来的 9 个增加到 14 个部门；反腐协调机制升级了，纪检监察部门协同参与反腐工作，形成了合规、纪律和法律共同衔接的协调机制;查处的重点也升级了,由长期以来以惩罚受贿方为主,变为"行贿受贿一起查",强调全领域、全链条、全覆盖的系统治理,上下游一起抓。多方面的反腐力量升级,体现党中央和国务院进一步做好医药反腐工作的决心。人民健康是民族昌盛和国家富强的重要标志,严厉打击医疗医药领域犯罪,不仅推动卫生健康事业发展,也增进人民健康福祉,捍卫人民的财产和健康。

四、医药代表带金销售行贿犯罪的特点分析

(一)行贿犯罪与受贿犯罪密不可分,相互影响

在贿赂犯罪中,行贿与受贿相伴而生,互为成立前提,需要一同遏制。2021年,中央纪委国家监委与中央组织部、中央统战部、中央政法委、最高人民法院、最高人民检察院联合印发《关于进一步推进受贿行贿一起查的意见》,该意见指出,坚持受贿行贿一起查,是斩断"围猎"与甘于被"围猎"利益链、破除权钱交易关系网的有效途径。过去实践中长期存在"重查受贿、轻办行贿"的情况,其根源是因为没有抓住贿赂犯罪权钱交易的本质,忽视了"交易"才是贿赂犯罪的核心环节。①

行贿犯罪与受贿犯罪密不可分,两者中的任何一个都无法完全独立地进行,自然也无法独立被研究。在医疗医药购销领域,行贿犯罪与受贿犯罪的关联性体现为:

第一,行贿受贿的起始和终止不由单方决定。医药企业和医药代表为了销售提供回扣,或者医疗机构从业人员为赚外快索要回扣,如果对应的那一方坚持不收回扣(坚持不提供回扣),就不会有后续的贿赂犯罪。只有当两方人员达成合意,贿赂关系才会建立。一旦行贿受贿关系成立,那么两方人员就成为彼此犯罪的知情者、彼此犯罪证据的掌握者,此时贿赂关系的终止也不由单方可以决定。在安徽省邢某受贿案中,行贿人给邢某送好处费,邢某打电话让受贿人把钱拿回去,但是行贿人没有去拿。②此案中,邢某受贿犯罪开始后,即使她本人想要停止收受红包,这种贿赂关系也不是她单方可以叫停的。

第二,行贿受贿的金额不由单方决定。一般而言,初次行贿的金额由行贿方决

① 王帅:《为什么要坚持受贿行贿一起查》,载《学习时报》2021年9月22日,第2版。
② 安徽省固镇县人民法院(2016)皖0323刑初312号刑事判决书。

定或者由双方达成一致，而非初次行贿的金额则不再由单方决定。在黑龙江省贺某伟受贿案中，涉案药企董事长何某某发现，2019 年国家对药品采购管理制度的完善，供药商药品利润空间变小，给贺某伟 15%回扣后，药商几无利润可言，何某某一直想与贺某伟商谈降低回扣比例，但每次见面贺某伟都不说话，收钱后立马离去，前后不到十几秒。①此案中，行贿方发现回扣金额太高导致自己几无利润后，想要降低回扣金额，然而受贿方不同意，因此行贿方即使没有利润，也不得不维持高额回扣。

第三，行贿受贿双方“一损俱损”。贿赂关系建立后，行贿受贿双方成为一条绳上的蚂蚱，为了隐藏己方的犯罪行为，也会帮忙遮掩对方的犯罪事实。行贿受贿双方互相打掩护，其实留下更多关系密切的罪证，办案人员查处贿赂案件时，有时可以“拔出萝卜带出泥”，从一个突破口侦查出一连串的犯罪事实，从行贿人查到受贿人，又从受贿人查到新的行贿人，“牵一发而动全身”的情况体现了贿赂犯罪两方人员的紧密关联性以及“一损俱损”的特点。

（二）医疗医药行贿犯罪隐蔽性强，带金销售手段多样

“带金销售”，是指医药企业、医药代表通过给予处方医生、有进药决策权和影响力的人士回扣，以此谋取交易机会或竞争优势的不当行为。②

2017 年，江西省工商局、卫计委、食药监局联合印发的《全省医药流通领域商业贿赂专项整治行动工作方案》中提到，重点整治以“回扣”或假借“介绍费”“促销费”“宣传费”“广告费”“科研费”“统方费”“手续费”“酬劳费”“信息费”“佣金”“赞助费”等名义，或者以报销各种费用等方式，给付对方单位或者个人财物的行为。可见药企药代给红包回扣套用的名义之多，行贿人想方设法隐藏回扣，受贿人为了自己不被暴露，会帮助行贿人隐蔽犯罪事实，使得行贿犯罪的隐蔽性得到进一步增强。

随着国家对医疗医药领域腐败打击力度的加重，行贿人员带金销售越来越隐蔽的同时，其行贿手段也更加多样。直接给受贿人现金太明显，那就用这笔钱为受

---

① 韩亚栋：《深度关注｜严查医疗领域隐蔽利益输送》，载中央纪委国家监委网 2023 年 2 月 6 日，https://www.ccdi.gov.cn/toutiaon/202302/t20230206_244791.html。

② 管筱璞：《深度关注｜剑指药企带金销售》，载中央纪委国家监委网 2021 年 4 月 15 日，https://www.ccdi.gov.cn/toutiaon/202104/t20210415_99151.html。

贿人办事,一样达到贿赂的效果,于是就有了让医生入股分红、请医生旅游、为医生请保姆、帮助其子女升学、为其亲戚购房等行贿手段。

医药代表小李表示,近年来,医药企业行贿手段从几年前的虚开餐饮、礼品票据顶账,逐渐发展到开展虚假学术会议、虚增会议规模、赞助科研经费等。"研讨会通常选在气候宜人、风景秀丽的地方,让医生们放松放松,目的也是进一步拓展业务。"在具体贿赂案件中,购物卡、加油卡、旅游费名目繁多。北京市社会组织法律调解中心副理事长张新年说,医药企业行贿从单一的名烟名酒、购物卡发展到免费旅游、免费学术考察、包办孩子出国留学等,手段不断变化,实质还是为了建立长期的合作关系。①

医疗医药领域反腐高压之下,医药企业和医药代表的行贿行为也随之向更深层的黑暗中隐去,行贿人试图通用多种多样的障眼法逃避反腐监察,事实证明这种隐藏行为确实给我国的医疗医药反腐工作增加了困难,很多行贿犯罪都是持续数年才被发现。然而,触物必留痕,连年破获腐败大案也彰显了我国打击贿赂犯罪的司法能力和追究到底的决心。

(三)医疗医药行贿犯罪时间跨度长,涉案金额大

高某某行贿案中,双某药业业务员高某某在2013年至2019年间,每年多次向医院院长化某送大输液水利润,七年共送出现金615.9万元。徐某某行贿案中,个体医药代表徐某某先后多次送给新吴区某某社区卫生服务中心全科医疗科回扣共计人民币约212万元。雷某某受贿案中,丽水市某医院麻醉科主任雷某某五年间收受医药代表贿赂超300万元。种种案例表明,由于行贿受贿双方互相打掩护,案件隐蔽性高,导致案情难以被发现,等到调查人员确定犯罪事实时,犯罪行为已经潜伏了较长时间,涉案金额因为逐年的累加而变高。

傅虹桥、赖毅等学者通过对中国裁判文书网上2013年至2019年医疗腐败相关案件的判决书进行分析,得到的结果是:贿赂是中国医疗腐败的主要形式,占腐败总数的68.1%,79.8%的受贿人来自医疗机构,其次是政府(14.0%)和医疗保险机构(6.2%)。这些案件中,平均受贿金额是783000元人民币,金额的分布是倾斜的,金额中位数是207000元人民币。在大多数情况下,医生收受的回扣金额低于

---

① 徐婷婷、王振雅、王真:《10年3113起医药贿赂案》,载《健康时报》2019年9月3日,第3版。

10万元人民币，然而，有468名身为官员或医院院长的受贿犯罪者收受回扣超过了1000万元人民币，其中最大一笔贿赂超过1亿元人民币，犯罪者是一家省级医院的院长。此外，大多数被曝光的贿赂犯罪在犯罪人被逮捕前的超过五年时间里都未被发现。①“案均78万”“超5年才被发现”，以上数据从受贿犯罪的角度，印证了行贿犯罪时间跨度长，涉案金额大的特点。

（四）医疗医药领域腐败犯罪社会危害性极大

医疗卫生领域的腐败和不正之风，不仅严重破坏了社会主义市场经济秩序和公平竞争原则，败坏社会风气，腐蚀医疗机构及其工作人员，也直接损害群众利益，导致医患关系紧张，成为人民群众广泛关注的突出社会矛盾之一。②

从患者角度而言，药品价格直接关系到患者的医疗费用。医疗行贿案件中，医药企业和医药代表的“违法支出”，最终要从药品销量和药品价格上赚回来，这就导致药品价格变高，高价药抢占药品市场，患者对药品的选择空间进一步变小。药品价格高，不仅让患者的治病成本变高，也会影响百姓的就医欲望，进而对全民医疗环境产生负面影响，最终损害的是百姓的健康权。

从医生和医院的角度而言，医疗腐败影响的是我国医疗行业整体的形象。当天价受贿案频频爆出，人民对医疗行业的信任感一降再降，而患者对医生的不信任会导致医患关系紧张，可能进一步助长医闹的风气。个别医生和医疗从业人员的腐败，影响的是整个医疗行业的形象。

就医疗医药行业而言，行贿受贿行为本质上是一种不正当竞争。医药企业和医药代表关心的是药品的销量和利润，当医院医生对药品的选用不是根据药品效果或者药品价格，而是根据回扣金额时，那么这必然形成药企药代带金销售的风气。受贿人选回扣高药物舍无回扣药物，劣币驱逐良币，打击的是市场上正常生产销售药品的企业，最终损害的是医疗医药行业的未来发展。

医疗医药领域腐败问题的社会危害性极大，2023“最强反腐风暴”是国家打击医疗医药领域腐败问题的重要一步，也是捍卫人民财产权益健康权益的重要措施。

---

① Hongqiao Fu et al., Understanding Medical Corruption in China: A Mixed-methods Study, Health Policy and Planning, 2023, pp.1—13.

② 陈磊、刘紫薇：《新一轮反腐风暴吹向医疗领域》，载人民政协网2020年8月4日，https://www.rmzxb.com.cn/c/2020-08-04/2635182.shtml。

五、医药代表带金销售行贿犯罪的原因分析

行贿犯罪和受贿犯罪的对合关系让两者无法被独立地进行原因分析。以医疗医药反腐法律体系为例,如果《刑法》对行贿犯罪的刑罚设置较轻,那么行贿犯罪人就更加可能去试探法律底线,对医疗行业从业者或管理者进行金钱引诱,间接成为受贿者受贿的犯罪原因。反之亦然,如果医疗医药反腐监管组织对潜在受贿者的监管力度较轻,那么潜在受贿者可能出于侥幸心理和对金钱的渴望而索贿,向药企药代提出钱权交易,此举又成为行贿者行贿的原因。

(一) 医疗医药反腐体系存在不足

1. 医疗医药反腐领域法律规制有待完善

关于医疗医药领域腐败问题我国目前管制法律有《医师法》《药品管理法》《处方管理办法》《反垄断法》《反不正当竞争法》《行政处罚法》《刑法》等。自 2013 年起,国家卫健委、公安部等部门每年发布《纠正医药购销领域和医疗服务中不正之风工作要点》,重点整治医疗医药领域的腐败问题。

尽管相关法律数量众多,但是现存法律尚不能完全限制现实中各式各样的医疗腐败行为。比如,某医生在医疗器械的招标中有收受贿赂的行为,那么针对行贿方与此医生只能对其进行行贿罪与受贿罪的处罚,多为罚金刑,没有限制医疗业务、限制买卖医疗器械等(从业禁止)的专有处罚。为了防止腐败发生,要完善针对医疗腐败的法律规制,在立法上增加一些专门针对医疗腐败的法律条文,其解释要尽可能涵盖实际中的所有腐败形式,解决有些腐败现象难以界定的问题,以防漏网之鱼。①

2. 医疗医药反腐领域监管机制存在漏洞

北京科技大学教授、廉政研究中心主任宋伟说:“我们现在对于医药行业的这种监管的力度仍然还存在薄弱环节,还会存在一些盲区,使得这种监管没有形成全覆盖、无死角。”②医药领域的监管部门主要有卫生、药监、市场、财政等部门,监管

① 武迎慧、苗国梅等:《公立医院腐败现状与法律建议——基于裁判文书网 2016 个卫生刑事司法判决文书数据分析》,载《中国卫生事业管理》2023 年第 3 期。

② 陈丽霏:《人走“查”不凉、成就耀眼也无“法外开恩”……医药领域掀反腐风暴》,载廉洁四川网 2023 年 8 月 17 日,http://www.scjc.gov.cn/scjc/rdzx/2023/8/17/9c91f4b966fc4403a4bee2f5ad2c3a82.shtml。

力量分散加之监管力量不足，导致这种监管难以全面覆盖医药领域。

《医疗机构管理条例》规定，卫生行政部门对公立医院有监督管理职权。国家卫生健康委员会、国家医疗保障局等部门对医药企业有监督管理的权利。尽管有卫生行政部门对医院和医药企业进行监督管理，但是这种上级机关的监督在及时性上和灵敏度上是有所欠缺的，一名医院医生的异常可能立刻被同事察觉，却不可能由卫健委的人员第一时间发现。如果查办作风问题只能依靠举报，那这对于腐败犯罪太过于被动。医院内部的反腐监督组织和医药企业内部的反腐监督组织（企业合规）是不完善的，这种监督的缺失造成了腐败犯罪无法及时被发现。

（二）医疗医药行业不正风气盛行

1. 医疗机构从业人员（受贿方）权力寻租的不正风气

探究医院（医疗机构）腐败问题产生的根源，就是要寻找其腐败滋生的土壤。腐败的滋生和蔓延，是权力失控和失范的表现，既有权力过分集中的问题，也有对权力的制约和监督不到位的问题，但是从根本上说，它是由各种不合理的权力配置机制造成的。[①]

从医院的权利配置而言，"6·28"腐败案中，云南省普洱市人民医院院长杨某某可以在院领导班子其他成员都明确反对的情况下，最终拍板决定购买医疗器械直线加速器（医院以3520万元买入，院长杨某某收受1600万元回扣），此案中，可以说医院是杨院长的一言堂，权力高度集中于院长的职位，这种医院权利配置模式显然是不合理的。医院中存在不合理的权力配置问题，医患关系中同样存在权利不平等的问题。药品、医疗器械等属于被动消费品，患者不能主动进行选择，由此造成医院管理者和医生拥有更多主导权，进而让其成为权力寻租的对象。

北京大学廉政建设研究中心副主任庄德水说，医药领域腐败问题屡禁不止，其主要原因在于医药领域的腐败诱惑、腐败利益大，整个医药行业包括药品、医药器械、医疗服务，资金链长、资源富集、权力集中，腐败风险点多，容易发生"围猎"与被"围猎"利益输送等严重腐败问题。"医药领域腐败问题一般潜藏于整个医疗权力运行的背后，专业性强且非常隐蔽，非专业人士很难发现其中的'猫腻'。面对医药领域腐败问题，传统性的、常规性的反腐败方法难以从根源上切

① 谢鹏程：《滋生腐败的土壤究竟是什么》，载《学习时报》2007年第379期。

除其腐败的毒瘤。”①

2. 医药企业医药代表(行贿方)带金销售的不正风气

医药行业的利润空间很大,医药企业和医药代表为了追求利润,常常会采取各种手段来推销产品,为医药领域腐败提供了土壤。一家制药公司的销售代表(男性,东部地区)说:“在中国,药品的利润非常高,大多数医生都知道这一点。在某些情况下,我们在竞争给医生的回扣金额,如果我们能比其他竞争对手给更多的回扣,一些医生就愿意多开我们的产品。”②

医药企业本应该在药品效果、药品价格、药品供应上作良性竞争,这种“谁的回扣高谁的药就卖得好”的不正风气,是多种因素的综合作用而产生:第一,药品价格形成机制不透明,药品利润高所以药企药代拿到销售权就能赚钱,药企药代为了拿到销售权而选择走捷径,直接影响作决定的人(以行贿数额取胜)而非人的决定(以药品质量取胜);第二,医院选择药品理由不透明不公开,尤其是医院在同质化药品的选择上有很大自主权,当多种药物在药效药价上趋近相同时,医院成为唯一作决定的主体;第三,部分医院有“以药养医”现象,医生诊疗费用过低所以需要在药品上得到收益,给了医药企业和医药代表行贿的机会。

(三)医疗医药腐败犯罪个体原因

1. 受贿者的侥幸心理和补偿心理

“收受红包礼金行为比较隐蔽,你知我知,成本低、风险小,一般会抱以侥幸心理,如东窗事发怪运气不好,如幸运过关,则名利双收。”某个因受贿被捕的官员在悔过书里这样写道。正是因其心存侥幸,认为收点红包礼金被发现是小概率事件,自己认为能够隐瞒受贿事实,因此在收受贿赂中一次一次放任自己的欲望。侥幸心理实则是一种自我催眠,须知世上没有不透风的墙,也没有完美的犯罪,一旦犯罪事实发生,那么其存在过的痕迹永远留存,被发现只是时间问题。

除了侥幸心理,不少干部也因为补偿心理而收受贿赂。当某医院管理人员见识到部分药商豪车阔宅、挥金如土的生活后,心理会因为这种消费差距产生落差和

---

① 陈磊:《业内专家解析医药领域缘何成了腐败重灾区》,载光明网 2023 年 8 月 18 日,https://m.gmw.cn/2023-08/18/content.1303485219.htm。

② Hongqiao Fu et al., Understanding Medical Corruption in China: A Mixed-methods Study, Health Policy and Planning, 2023, pp.1—13.

不平衡感,觉得自己能力不比他们低,付出不比他们少,凭什么自己受苦受累却没有那样奢靡生活,进而形成自己需要"补偿"的观念。这种亏欠补偿的心理实则是受贿者放纵自己贪财欲望的借口,如果时刻将自己的付出与他人的报酬相比,那永远有更轻松的工作、更赚钱的工作,这种贪婪的欲望是无止境的。

2. 行贿者的犯罪情境理论

情境犯罪学继承了标签犯罪论的基本宗旨,认为任何人都可能犯罪,犯罪人和非犯罪人之间几乎没有什么差别,只是在有无犯罪机会方面存在差别;即便是良好公民,只要有适当的环境和机会,也会实施犯罪。①

试想如下情境,有一名医药代表,他的工资收入由他的销售额决定,他的上司(权威)要求他本月必须完成销售目标,并且告诉他给医生回扣是这一行的潜规则,大家都是这么完成工作的,同时,他的同事们(身边群体)都在为更高的收入而努力销售药品,其中部分人通过给医生回扣达成了很高的销售额,得到了公司的嘉奖。那么这名医药代表去带金销售的可能性是否很大?他可能也存在侥幸心理,认为大家都这么做那么我做也没事,即使出问题也是公司的问题,同时存在从众心理,如果自己不这么做就无法融入群体。

六、基于犯罪学角度的治理对策

(一)加强医疗医药反腐体系建设

1. 完善反腐法律规制

完善医疗医药行业的反腐相关法律规制,建立健全的惩治医疗腐败的法律体系,可以从法律文件、刑罚种类、刑罚适用、刑行衔接等角度作出相关调整。

医疗医药领域的行贿受贿行为一直在更新,从红包礼金到免费旅游、免费保姆,在人情交往中掺杂着利益输送行为,这就需要反腐法律文件随之与时俱进,在文件中尽可能涵盖所有腐败形式,尽可能解决腐败现象难以界定的问题。

刑罚部分,应当加重行贿受贿犯罪的罚金刑,有针对性地提高行贿人的违法犯罪成本,遏制行贿利益驱动,从根本上预防行贿。此外,还应当增加从业禁止的刑罚,以警示行贿受贿犯罪人珍惜自己的职业,不要因为贪图眼前利益断送自己的职

① [日]大谷实:《刑事政策学》,黎宏译,中国人民大学出版社2009年版,第314—315页。

业生涯。刑罚适用中,也应避免“抓大放小”情况,轻纵那些涉案金额小、情节不严重的行贿犯罪人,会助长潜在犯罪者的侥幸心理。

刑行衔接部分,卫生部门、监察部门、公安部门等应当积极联动,对于医疗医药领域发现的腐败问题尽早发现、尽早处理,包括举报信息及时共享、证据材料多方共同收集等。

2. 加强反腐监督管理

监管部门应加强对医疗机构和医疗从业人员的监管,建立医疗行业的监管网络,加强对医疗机构的检查和评估,确保医疗机构和医疗从业人员遵守相关法律法规。同时,加强对医药企业和医药代表的监督,对医疗器械和药品进行不定期检查,确保质量合格,价格合理。

监管部门可以借鉴国外反腐经验,美国 2014 年开始执行的《医生薪酬阳光法案》旨在提升医疗领域的透明度,规定了医药企业与医生、教学医院的经济往来必须每年都做公开。也可以借鉴其他领域的反腐监督措施,比如美国证券交易委员会(SEC)的举报人计划(吹哨人计划),举报人所举报的贪污贿赂案件如果其执法的金钱总额超过 100 万美元,那么举报人就能获得执法所获金钱制裁的 10%—30%的奖金幅度,这样高额的奖励制度鼓励从业者举报腐败贿赂,帮助监管部门尽早发现大案要案。①

医院内部的监督组织和医药企业内部的合规部门也要发挥积极作用,医院内部监督组织要定期对医院采购记录进行检查,向地区纪委监委汇报工作。企业合规部门应对企业销售支出进行审批,防范高额旅游费会议费等。

(二)整治医疗医药行业不良风气

整治医疗医药行业的不良风气,首先应从规范市场秩序开始。医疗器械和药品正当竞争的市场,受带金销售、招标内定等不良风气影响,市场上良性竞争的环境遭到破坏,这时就需要有关部门开展专项行动对市场进行规范。2023 年最强反腐风暴进行至今,已经显露良好成效,“截至 2023 年 8 月 17 日,今年至少已有 184 位医院院长、书记被查,其中至少有 53 人来自三甲医院。”贪官落马、企业被查,行

---

① 盛佳莹:《2.79 亿美元,美 SEC 天价奖励“吹哨人”》,载澎湃新闻网 2023 年 5 月 8 日,https://www.thepaper.cn/newsDetail_forward_22991011?commTag=true。

业不良风气得到整治。

专项行动是行业环境受严重破坏时的补救举措，而反腐反贿赂是各个行业长期的事业。医疗医药行业可以推行医疗信息公开制度，由医疗机构向患者公开医疗服务的价格、药品的价格等信息，让患者了解自己的权益，也便于监管部门对医疗机构进行监管。

医药企业也要自行推进合规事业，在反腐风暴雷霆打击之下，企业合规事业的重要性得到体现。有良好的合规制度并切实执行的企业，会觉得医疗医药反腐高压是件好事，既能证明他们做得对，也有利于他们未来开展工作，反之，没有合规体系或者合规事业执行得不是很好的企业，可能就要担心被倒查，担心未来面临的法律责任。总而言之，药企合规体系的重点在于真实性和合理性，无论是推广、销售还是招投标，一定要是真实的事情，支付的讲课费等资金必须是合理的。在真实、合理的基础上，引入第三方的监督和审核也将有利于保证企业合规运营。

（三）个人层面加强犯罪预防

1. 合理运用情境犯罪预防理论

美国犯罪学家克拉克与科尼西联合研究，提出了情境犯罪预防理论的五类措施，包括：第一，提高犯罪难度；第二，提高犯罪风险；第三，降低犯罪回报；第四，减少犯罪刺激；第五，排除犯罪借口。①

在医疗医药腐败领域，情境预防理论适用于医疗从业人员的受贿犯罪以及医药代表的行贿犯罪。提高犯罪风险部分，可以在医院实行入院的医药代表登记制度，让医药代表进出医院有记录，让潜在的行贿者知道自己的动向有记录；对医药代表的销售额度和相关报销进行记录，防止其多次宴请医生或者为领导埋单。减少犯罪刺激部分，就要提高医疗从业人员尤其基层医生的收入，防止其因为收入不够而铤而走险“以药养医”收受贿赂。比如排除犯罪借口，可以通过宣传规则，在医院内张贴反腐海报、医药企业内进行反利益输送教育等行动强化守法意识。

2. 加强个人道德建设

作为受贿方的医生个人和医疗机构管理人员和作为行贿方的医药企业医疗代

① Cornish & Clarke, Opportunities, Precipitators and Criminal Decisions: A Reply to Wortley's Critique of Situational Crime Prevention, in M. Smith & Cornish(eds), Theory for Situational Crime Prevention, Crime Preventions Studies, Vol.16, New York, Criminal Justice Press, 2003.

表,两方都要加强医生/领导/管理/药代的个人道德建设。

医院可以通过组织人员学习反腐败和反不当竞争的典型案例、进行反腐警示教育、对贿赂犯罪公开曝光等多种形式,提高医疗工作人员认知觉悟,加强医疗从业人员的职业道德。查办徐某亮案后,无锡市锡山区纪委监委摄制专题警示教育片《医疗耗材背后的猫腻》,应用于卫健系统观看使用,以身边事警示教育身边人。杭州市富阳区纪委监委组织卫健系统开展警示教育月活动,组织各医院领导班子、中层以上干部及重要岗位人员参加孙某龙案庭审旁听,营造庭审一案、警示一片、教育一批的效果。①

医药企业可以通过企业合规制度构建、企业反腐文化宣传、组织医药代表进行反贿赂教育等行动,让医药代表认识到自身的责任与担当,医药代表是介于医疗机构医务人员与药企之间的沟通桥梁,是具有专业医疗医药知识的从业人员,绝不是腐败犯罪的助推者。

① 韩亚栋:《深度关注|严查医疗领域隐蔽利益输送》,载中央纪委国家监委网 2023 年 2 月 6 日,https://www.ccdi.gov.cn/toutiaon/202302/t20230206_244791.html。

第四章 / Chapter 4

2022年度中国犯罪学学科发展动态

第一节 主要学术活动

一、主要学术活动概述

2022年的疫情对举办犯罪学学术活动的影响与前两年相比尤为明显。表现在:一是2022年度犯罪学学术活动的数量较前两年大幅减少,在多个搜索平台均未搜索到犯罪学研究重镇——上海在2022年举办的较大规模的犯罪学研讨会。二是线上形式的犯罪学研讨会成为本年度犯罪学学术活动举办形式的重要选择。这其中有防疫政策变化的外在因素影响,如2022年12月吉林、北京等省市犯罪学学会举办的年会均采用线上会议的形成。同时线上会议灵活性高,受场地、时间调配等因素影响少,会议受众广的优势也是专题性犯罪学论坛举办方采取线上会议的重要考量因素。如2022年4月16日在北京举办的“法大预防犯罪论坛”吸引了武汉警官职业学院700余名师生参与。

2022年度犯罪学学术活动虽然在举办数量和规模上受疫情影响,但是学者们对犯罪学问题的热情和关注度并未受到影响。其中2022年11月18日举办的中国犯罪学学会第31届学术研讨会适逢中国犯罪学会成立三十周年,与会的专家、学者人数众多,研讨的气氛热烈。会议专设了“中国犯罪学大家谈”环节,与会的专家从“犯罪学研究的发展”和“犯罪学研究的当代展开”两个方面既系统总结了中国犯罪学研究三十年的

发展,也为未来中国犯罪学的发展指明了方向。纵观2022年的犯罪学学术活动,呈现如下特点:

(一)绝大多数的犯罪学学术活动的主题涉及新型犯罪治理

近几年对于客体或客观方面有别于传统犯罪,以网络犯罪为典型样态的犯罪称为新型犯罪。由于人们的生产、生活空间大量向网络环境空间转移,导致大量的传统犯罪也向网络空间迁移,如网络诈骗、网络盗窃、网络性侵等,新型犯罪具有案件高发、种类多样、技术难度高等特征,导致新型犯罪成为犯罪治理的难点。2022年的犯罪学学术活动回应了新型犯罪治理的社会需求。本书统计的20个较有影响的犯罪学学术活动中,有16个学术活动涉及新型犯罪治理的内容。2022年全国新型犯罪研究中心也在各省、自治区、直辖市设立分中心,也对新型犯罪治理的学术活动起到推动作用。

2022年犯罪学学术活动中对新型犯罪治理的研讨达成一定的共识:(1)在新型犯罪治理中,技术治理或称技术赋能是新型犯罪治理的重要手段。(2)新型犯罪治理需要源头治理、社会治理。(3)新型犯罪治理中需要加强人才的培养。

2022年度犯罪学学术活动中对虚拟货币等领域犯罪的研讨由于有更多实务案例的出现,而更加深入。如江苏省犯罪学学会2022年年会上有多位检察官就所在院办理的涉虚拟币犯罪的案件提出犯罪治理的思路。同时随着"元宇宙"广泛的商业应用,产生"元宇宙"世界的行为是否构成犯罪,"元宇宙"世界存在的犯罪风险等问题,2022年中国计算机学会青年计算机科技论坛在西安发起了一场"虚拟侵害算不算侵害?元宇宙犯罪治理"的观点论坛,学者与企业家共同讨论元宇宙的犯罪治理问题。

(二)对企业刑事合规的研讨更为关注建设层面

2022年度对企业刑事合规方面的研讨是犯罪学学术活动中仅次于新型犯罪治理的第二大热度主题。关于企业刑事合规的学术活动的特点突出,首先是参与主体多元。2022年度第一场对企业刑事合规的研讨由南方财经法律研究院和中国司法大数据研究院联合主办,会议围绕"金融腐败和防控金融风险的关系、内控合规建设、存量风险处置等问题"展开。与会者除犯罪学领域的专家外,还包括银保监会、中国银行业协会等部门的专家,体现出对企业刑事合规的研究需要法学界、监管部门、企业界协力完成。

其次是2022年关于企业刑事合规的研讨主题切入口小。或者从金融企业刑事合规入手,如年初南方财经的论坛,或者从上市公司的刑事合规入手,如2022年

8 月 20 日的“第二届公大·海润经济犯罪学术论坛”,或者从企业家刑事风险防范入手,如 2022 年 12 月 24 日由吉林省法学会犯罪预防研究会主办的“第五届吉林省企业家刑事法律风险防范高端论坛”。反映了随着对刑事合规制度的适用,相关的学术活动越来越多地针对实践中反映出的问题进行回应。然而,刑事合规作为一项创新的制度,在适用的过程中发现的问题很多是由于理论准备不足造成的,还需要学界和实务界对刑事合规的基础理论进行更深入地研讨。

二、主要学术活动列表

表 4-1 2022 年国内犯罪学主要学术活动列表

序号	学术活动	主办方	举办时间	活动内容简介
1	法大预防犯罪论坛	中国政法大学犯罪与司法研究中心、海德智库社区矫正法治研究院、法商智库预防犯罪战略研究院等	2022 年 2 月 26 日、2022 年 4 月 16 日、2022 年 6 月 11 日	2022 年法大预防犯罪论坛为系列性论坛,每次论坛有明确、具体的主题,2 月 26 日论坛的围绕刑罚目的概念及意义展开研讨,4 月 16 日论坛的主题是“刑罚执行:内涵与外延”,6 月 11 日论坛的主题是“未成年人犯罪记录封存与预防犯罪”。系列性论坛的开展既有利于聚焦主题,也有利于主题研讨广泛深入地开展。
2	第四届毒品问题治理论坛	西南政法大学国家毒品问题治理研究中心	2022 年 6 月 18 日	论坛围绕“网络时代毒品问题治理的新路径”这一主题,分四个专题研讨环节。论坛充分汇集了理论界与实务界的最新研究成果,深刻总结了网络时代毒品问题的新态势、新挑战,全面介绍了网络时代毒品问题治理的新路径、新方法。论坛中涌现的真知灼见契合我国毒情、理论基础扎实、利于实践转化,对我国毒品问题治理体系和治理能力现代化大有裨益。
3	第九届犯罪地理和犯罪分析研讨会	广州大学	2022 年 7 月 9 日	会议围绕当前犯罪地理研究的学术前沿和社会需求,开展学术汇报、学生论文竞赛等活动,深入探讨犯罪时空分析、犯罪防控、大数据与犯罪预测、犯罪者地理画像、新冠疫情对犯罪的影响等内容。
4	新型网络犯罪打击与治理峰会	公安部第三研究所、ISC 互联网安全大会	2022 年 8 月 5 日	峰会聚焦新型电信网络诈骗安全态势及应对之道,从发展趋势、打击防范策略、典型案例及新型网络技术对网络犯罪影响等方面进行分享和探讨。

续表

序号	学术活动	主办方	举办时间	活动内容简介
5	中国犯罪学学会网络经济犯罪治理专业委员会成立仪式暨民营企业腐败治理研讨会	中国犯罪学学会	2022年8月15日	研讨会从民营企业腐败犯罪的类型与特点、民营企业腐败犯罪的原因与治理路径等三个方面就民营企业腐败犯罪治理问题进行了充分研讨。
6	特殊群体权利保护与犯罪治理论坛	中国犯罪学学会特殊群体犯罪治理专业委员会和西南政法大学特殊群体权利保护与犯罪预防研究中心	2022年8月26日	论坛以“未成年人犯罪与被害治理”的主题为中心,分别就“拐卖儿童犯罪治理研究”“性侵未成年人犯罪治理研究”“未成年人严重不良行为专门矫治教育研究”以及“未成年人犯罪处遇及其预防研究”四个单元议题对未成年犯罪治理的理论与实践展开探讨。
7	中国社会学会2022年学术年会“中国社会发展新阶段与犯罪治理”分论坛	中国社会学会犯罪社会学专业委员会、厦门大学社会与人类学院、中国人民公安大学当代犯罪问题研究中心	2022年9月4日	论坛共分为“学者及实务工作者专题一”“学者及实务工作者专题二”“博士生专题”“博士生、硕士生专题”四个单元,专家、学者分别对中国社会发展新阶段的犯罪统计、犯罪与被害、青少年越轨与犯罪、累犯与惯犯、警察信任、网络犯罪治理等犯罪社会学领域的热点议题,进行了全面与精彩的发言、探讨和交流。
8	第三届新型犯罪治理论坛	重庆市新型犯罪研究中心	2022年9月24日	本次论坛共分四个主题单元:新型犯罪治理的新态势及其应对、《反有组织犯罪法》的理解和适用、新型犯罪具体范畴的争议与回应、新法背景下的电信网络诈骗治理。来自科研院校、研究机构、实务部门的近百位学者参与本次会议。
9	中国犯罪学学会第31届学术研讨会	中国犯罪学学会	2022年11月18日	本次会议适逢中国犯罪学学会成立三十周年,会议首先介绍了中国犯罪学学会成立三十周年所取得的研究成果。并设置了由主题为“犯罪学研究的当代展开”的“中国犯罪学大家谈”板块。专题研讨主题为“犯罪学基础理论与研究范式”和“犯罪学综合治理与实践面向”的双主题。中国犯罪学学会会长万春表示本次犯罪学术研讨环节充分体现了理论工作者对实践问题的深入研究,也体现了实务工作者对理论问题的不断思考。

续表

序号	学术活动	主办方	举办时间	活动内容简介
10	“习近平法治思想引领下的犯罪治理研究”高端论坛暨湖北省法学会犯罪学研究会 2022 年年会	湖北省犯罪学研究会、中南财经政法大学犯罪治理研究院、《犯罪研究》杂志社、中南财经政法大学刑事司法学院	2022 年 11 月 19 日	论坛共同聚焦传统犯罪与新型犯罪，对习近平法治思想引领下的犯罪治理进行了充分讨论和研究，并围绕犯罪与治理的核心要义，对本论坛主体所指之犯罪治理进行了深刻解读。

第二节　重大科研项目

一、重大科研项目概述

据不完全统计，2022 年度犯罪学领域的省部级以上立项数为 53 项，其中，国家社科基金项目 13 项，与去年持平。项目涉及领域主要有轻罪背景下的犯罪学理论研究，如国家社科基金项目“轻罪背景下犯罪分类治理研究”；本年度共有网络犯罪类项目 8 项，仍属于热点项目之一，具体项目涉及网络毒品犯罪、电信网络诈骗犯罪、网络恐怖活动犯罪等，侧重于对网络新型犯罪的研究；此外还有涉及环境犯罪、金融犯罪、职务犯罪、传染病患者涉罪等领域的重点项目。本次统计项目立项资助主体主要有国家哲学社会科学基金委、最高人民检察院、教育部、司法部、中国法学会等，不断出现的新型犯罪为我国犯罪学的学科研究提供契机，随着犯罪学科研项目的开展与相关领域的投入，我国犯罪学理论体系与学科建设也将逐步完善，向更广泛的领域发展。

二、重大科研项目列表

2022 年度国内犯罪学领域重大科研项目具体条目见表 4-2。

表 4-2　2022 年度国内犯罪学重大科研项目列表①

序号	课题名称	姓　名	工作单位	项目类别	批准号
1	预防性犯罪化立法冲击下刑法教义学的应对与发展研究	欧阳本祺	东南大学	国家社科基金重点项目	22AFX008
2	预防性犯罪治理模式研究	刘军	上海政法学院	国家社科基金一般项目	22BFX042
3	网络毒品犯罪的刑事治理研究	胡江	西南政法大学	国家社科基金一般项目	22BFX043
4	资本市场变革下证券犯罪刑法制裁体系研究	商浩文	北京师范大学	国家社科基金一般项目	22BFX045
5	环境犯罪刑事治理模式转型研究	王勇	吉林大学	国家社科基金一般项目	22BFX047
6	事实自证的犯罪构成要素证明机制研究	张斌	西北政法大学	国家社科基金一般项目	22BFX059
7	轻罪背景下犯罪分类治理研究	刘传稿	首都经济贸易大学	国家社科基金一般项目	22BFX172
8	环境犯罪治理中法律责任的衔接及实现研究	侯艳芳	华东政法大学	国家社科基金一般项目	22BFX173
9	重大传染病患者涉罪诉讼程序完善研究	雷小政	北京师范大学	国家社科基金一般项目	22BFX175
10	我国禁止性犯罪制裁措施的司法适用研究	陈庆安	上海社会科学院	国家社科基金一般项目	22BFX176
11	轻罪化立法背景下罪量要素的体系与功能研究	李梦	中国政法大学	国家社科基金青年项目	22CFX013
12	数字时代支付结算犯罪认定模式转型研究	汪恭政	浙江工商大学	国家社科基金青年项目	22CFX014
13	数字经济时代新型财产犯罪认定规则研究	郑洋	北京理工大学	国家社科基金青年项目	22CFX063

① 司法部法治建设与法学理论研究部级科研项目课题编号因官方公告未予记录,本书仅记录立项公示文件中的顺序号,特此说明。

续表

序号	课题名称	姓　名	工作单位	项目类别	批准号
14	司法工作人员相关职务犯罪侦办质效提升研究	龚培华	上海市人民检察院	最高人民检察院检察理论研究课题一般课题	GJ2022C05
15	袭警罪入罪标准研究	张永强 陈荣鹏	西南政法大学，重庆市彭水苗族土家族自治县人民检察院	最高人民检察院检察理论研究课题一般课题	GJ2022C09
16	新型网络犯罪刑事规制研究	胡江 刘伟	西南政法大学，重庆市人民检察院第四分院	最高人民检察院检察理论研究课题一般课题	GJ2022C11
17	电信网络诈骗关联犯罪法律适用疑难问题研究	李怀胜 陈希娟	中国政法大学，北京市东城区人民检察院	最高人民检察院检察理论研究课题一般课题	GJ2022C12
18	轻罪案件侦查监督与协作配合机制构建研究	崔凯 魏建文	武汉大学，湖南省人民检察院	最高人民检察院检察理论研究课题自筹经费课题	GJ2022D06
19	能动检察理念下的职务犯罪侦查研究	周凯东	吉林省人民检察院	最高人民检察院检察理论研究课题自筹经费课题	GJ2022D11
20	司法工作人员相关职务犯罪侦办质效提升研究	彭玉伟	中国人民公安大学	最高人民检察院检察理论研究课题自筹经费课题	GJ2022D12
21	醉驾型危险驾驶罪实践疑难问题研究	李学东	广东省广州市人民检察院	最高人民检察院检察理论研究课题自筹经费课题	GJ2022D20
22	侵犯服务商标入罪标准研究	张怀印 李英	同济大学，上海市闵行区人民检察院	最高人民检察院检察理论研究课题自筹经费课题	GJ2022D21
23	数字经济视野下侵犯注册服务商标的刑事入罪标准研究	胡静	北京市朝阳区人民检察院	最高人民检察院检察理论研究课题自筹经费课题	GJ2022D22
24	电信网络诈骗关联犯罪法律适用疑难问题研究	殷军	陕西省渭南市人民检察院	最高人民检察院检察理论研究课题自筹经费课题	GJ2022D23

续表

序号	课题名称	姓　名	工作单位	项目类别	批准号
25	电信网络诈骗关联犯罪法律适用疑难问题研究	陈振兴 王平	天津市滨海新区人民检察院，中国政法大学	最高人民检察院检察理论研究课题自筹经费课题	GJ2022D24
26	电信网络诈骗关联犯罪法律适用疑难问题研究	赵玮 谢澍	最高人民检察院第四检察厅，中国政法大学	最高人民检察院检察理论研究课题自筹经费课题	GJ2022D25
27	重大传染病患者涉罪案件诉讼程序与证据问题研究	雷小政	北京师范大学	最高人民检察院检察理论研究课题自筹经费课题	GJ2022D41
28	刑法活性化背景下轻罪立法研究	张开骏	上海大学	教育部课题规划基金项目	22YJA820033
29	网络犯罪刑法理论范式的体系化变革研究	金鸿浩	北京化工大学	教育部课题青年基金项目	22YJC820015
30	职务犯罪治理视域下监检衔接机制研究	朱良	华中师范大学	教育部课题青年基金项目	22YJC820055
31	深化监察体制改革背景下腐败犯罪调查的程序构造研究	师索	西南大学	教育部课题青年基金项目	22YJC820029
32	粤港澳大湾区罪错未成年人教育矫治研究	程莹	广东金融学院	教育部课题青年基金项目	22YJC880012
33	基于韧性社区视角的侵财类犯罪传播机制及风险防控策略研究	王增利	河海大学	教育部课题规划基金项目	22YJAZH108
34	多模态城市犯罪数据视觉语义嵌入表示方法与跨模态信息管理方法研究	张天凡	湖北工程学院	教育部课题青年基金项目	22YJCZH242
35	基于裁判文书时空特征提取的犯罪格局演变与防控策略研究	徐念旭	江苏警官学院	教育部课题青年基金项目	22YJCZH202
36	防范打击恐怖融资犯罪立法研究	王剑波	首都经济贸易大学	法治建设与法学理论研究部级科研项目一般项目	22SFB3012

续表

序号	课题名称	姓　名	工作单位	项目类别	批准号
37	金融稳定背景下高利放贷行为出罪机制研究	何龙	中国政法大学	法治建设与法学理论研究部级科研项目一般项目	22SFB3013
38	网络恐怖活动犯罪的法治应对	阴建峰	北京师范大学	法治建设与法学理论研究部级科研项目一般项目	22SFB3014
39	安全事故犯罪的司法效果及其对立法的反馈	杜少尉	北京师范大学	法治建设与法学理论研究部级科研项目青年项目	22SFB4011
40	企业合规出罪的路径与限度研究	陶朗逍	北京科技大学	法治建设与法学理论研究部级科研项目青年项目	22SFB4014
41	重新犯罪预防性治理体系研究	闫佳	司法部预防犯罪研究所	法治建设与法学理论研究部级科研项目专项任务项目	22SFB5020
42	非接触性猥亵犯罪预防治理研究	周小雯	中华女子学院	法治建设与法学理论研究部级科研项目专项任务项目	22SFB5021
43	上访维权与敲诈勒索罪的界限:实务考察与理论重塑	郭晓红	江西财经大学	法治建设与法学理论研究部级科研项目专项任务项目	22SFB5025
44	轻罪时代刑事立法的知识转型与制度创新研究	蔡荣	南昌大学	法治建设与法学理论研究部级科研项目专项任务项目	22SFB5028
45	轻罪背景下深化刑法立法领域改革研究	刘传稿	首都经济贸易大学法学院	中国法学会 2022 年度部级法学研究课题一般课题	CLS(2022)C17
46	海上交通肇事犯罪认定的形式化症结及教义学纠偏	马永强	大连海事大学法学院	中国法学会 2022 年度部级法学研究课题一般课题	CLS(2022)C40
47	洗钱罪的国际因素与国内司法规范适用研究	陈伟	西南政法大学法学院	中国法学会 2022 年度部级法学研究课题自选课题	CLS(2022)D11

续表

序号	课题名称	姓　名	工作单位	项目类别	批准号
48	公共危险行为入罪的合宪性控制研究	刘振华	东南大学法学院	中国法学会 2022 年度部级法学研究课题自选课题	CLS(2022)D21
49	恐怖主义犯罪之文化治理模式提倡与理论建构	陈小彪	西南政法大学特殊群体权利保护与犯罪预防研究中心	中国法学会 2022 年度部级法学研究课题自选课题	CLS(2022)D29
50	网络诈骗犯罪新趋势及刑法规制	晁金典	江西科技学院	中国法学会 2022 年度部级法学研究课题自选课题	CLS(2022)D70
51	便利理论导向下区块链金融犯罪刑事治理机制构建研究	李瑞华	东南大学	中国法学会 2022 年度部级法学研究课题自选课题	CLS(2022)D85
52	非法商业代孕的刑法规制研究	张永强	西南政法大学法学院	中国法学会 2022 年度部级法学研究课题自选课题	CLS(2022)D99
53	受贿罪“严重情节”适用的现实困境与出路	丁胜明	西南政法大学法学院	中国法学会 2022 年度部级法学研究课题自选课题	CLS(2022)D100

第三节　代表性专著

一、代表性专著概述

(一) 金融犯罪研究成果丰富

据不完全统计,2022 年度犯罪学领域的外文译著和中文专著共 92 本,其中涉及金融犯罪相关话题专著共 8 本。如张庆华、卜祥瑞等人所著《金融领域犯罪辩护指引与风险防范》选取常发生的 23 个罪名,通过“构成要件与立案标准”“典型案例”“常见辩护理由”“风险防范建议”“法律法规索引”五个部分逐次论述,将每一罪名的常见争议焦点通过案例分析方式一一透析,并在此基础上提出辩护指引和针对金融行业的风险防范建议,准确回应金融领域犯罪辩护和企业合规的知识迭代需求。刘宪权所著《互联网金融犯罪研究》以互联网金融犯罪为研究对象，论述我国互联网金融犯罪的立法现状、问题与完善，研究互联网金融平台、互联网时代信用卡犯罪，互联网证券、期货犯罪的刑法问题。齐文远编著的《互联网金融犯罪治理研究》，着重探讨了互联网金融基本属性及刑事风险，互联网金融监管的规章制度之比较，互联网金融犯罪的构成与形态，互联网金融发展背景下的犯罪治理以及互联网金融犯罪的防控机制，以期为互联网金融的创新发展提供借鉴，为解决司法实践中存在的重大疑难问题提供解决路径。

（二）职务犯罪仍为研究热点

2022 年度，与职务犯罪有关的专著、编著、工具书共 12 本。其中，由最高人民法院刑事审判第二厅主编的《职务犯罪审判指导（第 1 辑）》以立足实践、突出实用、重在指导、体现权威为编辑宗旨，通过法律适用分析、法官会议纪要、实务释疑、经验交流等形式，固定审判、调研成果，为刑事司法人员办理职务犯罪案件提供有针对性和权威性的业务指导和参考。商浩文编著的《职务犯罪案件疑难问题精解》以办理职务犯罪案件中的疑难问题为导向，采用"案例解读"的形式，以案释法，直观、鲜活地阐释常见职务犯罪的罪名要点、定罪量刑标准等重点难点问题，为广大纪检监察干部提供可借鉴的业务指导和参考用书。陈丹所著《管理层权力、政府审计与高管侵占型职务犯罪》以企业自主经营权扩大以来频繁发生的高管侵占型职务犯罪现象作为研究地方国有企业问题的一个切入视角，以政府审计作为影响管理层权力与高管侵占型职务犯罪关系的一个重要治理机制，围绕管理层权力、政府审计和高管侵占型职务犯罪的三者关系展开理论研究和实证分析，着力于深化认识管理层权力、促进国企改革、完善市场经济体制，提升政府审计在微观企业层面的治理作用。

（三）水上交通犯罪研究渐成体系

受"重陆轻海"传统观念影响，水上交通领域的犯罪问题甚少引起学者的关注，但近年来，水上交通领域犯罪研究逐渐受到重视，2022 年度，与水上交通犯罪有关的专著共 2 本。由庞婧所著的《水上交通过失犯罪研究》在明确水上交通过失犯罪成立范围的基础上，对水上交通过失犯罪的实行行为认定、因果关系判断、不同过失类型下的主体范围限定以及水上交通过失不同主体的注意义务和注意能力展开研究，后提出增设独立罪名、优化入罪标准的建议并为水上交通事故致人失踪、致溢油污染选择合理规制路径。由王慧所著的《水上交通犯罪刑事责任研究》重点研究水上交通犯罪的刑事责任,以实体法研究为主,兼论追诉机制。

二、代表性学术专著、教材列表

表 4-3　2022 年国内犯罪学代表性学术专著、教材列表

序号	书　名	作　者	出版社	出版年月	内容简介
外文译著					
1	《21 世纪金融犯罪:法律与政策》	[英]尼古拉斯·赖德著,张磊、刘雪晴译	知识产权出版社	2022 年 12 月	20 世纪 80 年代国际社会认识到洗钱问题以来,金融犯罪的负面影响越来越大。20 世纪 80 年代末美国首次推出了反洗钱措施,自此不同类型的金融犯罪得到了国际社会的普遍关注。2001 年 9 月 11 日的恐怖袭击之后,乔治·布什发动了"反恐金融战争";巴林银行、安然和世通公司的倒闭以及金融危机期间抵押贷款欺诈给金融体系造成的威胁使欺诈犯罪成为许多国家金融犯罪政策关注的首要问题;内幕交易也已成为全球金融服务业的一个严重问题。本书研究的重点是国际社会采取的金融犯罪政策以及这些政策在英国和美国的实施情况;此外,本书还分析了没收和剥夺非法犯罪所得的适当性。本书侧重于讨论英国和美国两个司法管辖区的金融犯罪监管机构设置及其对金融犯罪适用刑罚的效力。本书的最终目标是在对上述政策和措施进行详细分析的基础上,构建一个"金融犯罪的政策模型"。
2	《金融犯罪与存在主义哲学》	[加]米歇尔·迪翁著,蒋苏淮、姚杏译	知识产权出版社	2022 年 12 月	本书以"现代社会与犯罪治理"为主题,以现实性、基础性、前瞻性和系统性为篇目甄选原则,强调高端学术价值,兼顾内容可读性,主要甄选了近年来在犯罪尤其是经济犯罪领域,以及警务治理方面颇有影响力的英美等国犯罪学人的研究成果,力图展现西方犯罪控制与警务治理研究的研究成果。

续表

序号	书名	作者	出版社	出版年月	内容简介
3	《犯罪侧写：理论与实践》	[美]劳伦·M.巴罗、[美]罗恩·A.鲁福、[美]索尔·阿若布纳著，郑雁升译	知识产权出版社	2022年12月	传统的犯罪心理画像的著作关注调查的细节，而刑事司法的发展鼓励人们更多地考虑精神病学、法医学和社会学的相关领域。本书由学术机构研究人员与实战专家共同撰写而成，其主要目的是为犯罪侧写提供双重视角，识别连环罪犯的个性和特征，以及认识犯罪侧写背后的理论。本书还重点介绍了犯罪现场调查，归纳和演绎推理的重要性，以及未来该领域的发展方向。本书强调当前犯罪学范式转向对行为的跨学科理解，为研究人员提供在当代理论背景下观察事件、数据和证据所需的洞察力。
4	《犯罪学与刑事司法统计：实证分析和解释》（原书第4版）	[美]杰弗瑞·T.沃克、[美]塞恩·马旦著，熊谋林、夏一巍译	重庆大学出版社	2022年10月	对于法学和犯罪学学者、专业人士来说，定量分析能为他们提供相对可靠且可信的论据来支撑他们的法律决策或行动，为特定群体的权益服务。通过科学地、系统地收集和分析与犯罪现象有关的社会数据，他们能够更深入地探究犯罪的性质和犯罪因果关系的理论，促成学术对话和知识积累。本书作为犯罪学和刑事司法学的统计学教材，将犯罪研究作为全书的核心主题，统计学基础较弱的学生也能轻松理解书中的实例。
5	《不会说谎的证据：从犯罪调查到法医学》	[英]苏·布莱克、[英]尼亚姆·尼克·达伊德编著，王晋译	电子工业出版社	2022年10月	本书讲述了法医是如何搜集犯罪现场的物理学、化学、生物学等方面的线索，并通过数据分析侦破一个个神秘案件。
6	《犯罪现场调查与重建》	[美]小罗伯特·R.奥格尔、[美]莎伦·L.普洛特著，张飞、胡辰辰、马艺宁、唐乐、杨蕾、朱丹浩译	南京大学出版社	2022年6月	本书系统全面地介绍了犯罪现场调查中的主要技术手段，重点介绍犯罪现场处理的方法，此外还包括数据库技术、数码相机、DNA分析和计算机辅助等现场重建技术的介绍。

续表

序号	书　名	作　者	出版社	出版年月	内容简介
7	《犯罪及其原因和矫治》	[意]切萨雷·龙勃罗梭著，吴宗宪译	商务印书馆	2022年2月	本书共分犯罪原因论，犯罪的预防和治疗，综合与应用等三个部分。内容包括：教育对犯罪的影响；年龄与早熟的影响；犯罪团伙及其原因；政治犯罪的原因；刑罚替代措施；刑罚制度；各种刑罚的研究；刑事诉讼程序中的荒谬矛盾之处等。
中文专著					
1	《开放的犯罪构成要件理论研究》(第二版)	刘艳红著	中国人民大学出版社	2022年12月	本书论证了我国刑法承认开放的构成要件之特点由法官补充适用刑法，将刑法的适用重心从国家主权者移向法官。承认开放的构成要件理论，有助于拓展和深化我国刑法犯罪构成理论的研究；有助于改变实践中僵化理解罪刑法定原则和机械操作法条的做法，并确立以法官自由裁量权为中心的刑法适用体制；有助于从刑事实体法的角度为我国的司法体制改革提供支持。
2	《经济犯罪案件审讯研究》	曹丹、章立早、王林著	当代中国出版社	2022年12月	本书运用刑事诉讼法学、刑法学、侦查学、犯罪心理学以及社会学等多学科知识，结合写作前期作者大量实务调研，对经济犯罪案件中的审讯问题进行了交叉研究。本书既有理论方面的探索，也力图兼顾实战，突出应用性与可操作性。
3	《监察机关职务犯罪调查法律实务》(第二版)	韩玉胜、王达主编	中国法制出版社	2022年12月	本书致力于为监察机关进行职务犯罪调查提供从理论到实务的全面而细致的参考。上编通过论述犯罪论、刑法论等基本理论，系统介绍取证措施、证据标准以及调查程序。下编从刑法规定、犯罪构成、定罪量刑标准、司法认定、易混罪名比较、指导案例等方面逐一梳理监察机关管辖的贪污贿赂、滥用职权、玩忽职守、徇私舞弊、重大责任事故等七类犯罪，共涵盖101个罪名。附录除《刑法》(节选)、《监察法》和《监察法实施条例》外，还收录了办案期限汇总表和差旅费住宿标准明细表，方便办案人员随时查阅。

续表

序号	书　名	作　者	出版社	出版年月	内容简介
4	《犯罪参与:模式、形态与挑战——中德刑法学者的对话(五)》	梁根林、[德]埃里克·希尔根多夫主编	北京大学出版社	2022 年 12 月	本文集是中德刑法学者联合会(CDSV)于 2019 年在德国维尔茨堡大学举办的第五届中德刑法学术研讨会中德双方学者的主旨报告、单元报告与单元评议的合集。本届会议的主题是“犯罪参与:模式、形态与挑战”,来自中德等国的刑法学者分别就“犯罪参与模式”“间接正犯”“中立帮助行为”“帮助自杀/安乐死”“参与理论面临的新挑战——数字化与互联网”展开了讨论。文集的出版,有利于拓展中国刑法学者与读者的理论视野,加强中外刑法学术交流,扩大中国刑法学术影响力。
5	《不作为犯研究的新展开》	黎宏等著	北京大学出版社	2022 年 12 月	本书是对刑法中不作为犯进行专题研究的专著。 以见危不救为代表的不作为特别是以不作为的形式实施刑法中通常理解为作为犯条款的不真正不作为犯该如何认定和处理,长期以来,是理论和实务中备受关注但众说纷纭、悬而未决的话题。《不作为犯研究的新展开》避开传统的以作为义务为核心内容的研究思路,而从作为犯的角度展开对不真正不作为犯的研究,开辟了不作为犯研究的新思路。 本书一方面考察了德日关于本问题的研究现状,特别是作为与不作为的区分标准、保证人地位、排他性支配等理论见解;另一方面从我国刑法中没有不真正不作为犯的规定,实务中也没有形成不真正不作为犯的处罚规则,难以对其进行体系性研究的实际出发,以问题为导向,就实务中所关注的问题进行了类型的研究。

续表

序号	书　名	作　者	出版社	出版年月	内容简介
6	《交通风险语境下间接危害行为犯罪化研究》	姜敏著	中国法制出版社	2022年12月	本书借助于危害原则及其衍生的间接危害行为,对我国刑法规制没有实害结果犯罪立法的完善予以分析。并引入英美法系的危害原则及其衍生的间接危害行为,对我国刑法应对交通风险的立法,尤其是没有实害结果犯罪立法的完善进行研究,在此基础上,根据交通犯罪领域的间接危害行为的种类、特征,提出完善我国交通犯罪刑事立法的解决路径。
7	《实质犯罪论》(第二版)	刘艳红著	中国人民大学出版社	2022年11月	本书基于刑法教义学的态度和方法,通过对我国刑法知识的批判性思考而展开探索,因此本书不仅仅是对刑法的一种态度和研究刑法的方法,而且是一个以刑法规范为起点而形成的知识体系。本书深受古典黑格尔法哲学(而非新黑格尔主义法哲学)和现代新康德主义法哲学(而非古典康德主义法哲学)的影响,但又对它们的法哲学立场与观点进行了基于当下时代与作者个人立场的扬弃。古典黑格尔法哲学中的辩证法以及客观主义的合理成分,新康德学派的唯物主义以及价值分析的认识论和价值论,决定了本书的应报主义、客观主义、结果无价值论、阶层的犯罪论体系等一系列基本学术立场,以及以实质评价为特色的实质的犯罪论等见解。新康德主义哲学中,作者尤其受其中弗莱堡学派观点的影响,强调价值评价在刑法研究中的地位和作用;以此为出发点,主张建立定型构成要件为前提、实质评价为补充的犯罪认识框架,主张实质的构成要件理论,认为构成要件是违法有责类型,在此基础上建立以客观违法构成要件与主观责任构成要件为内容的二阶层体系。基于此种犯罪论体系对刑法研究范式之影响,主张我国刑法学研究应实现从经验论到规范论之转型。

续表

序号	书 名	作 者	出版社	出版年月	内容简介
8	《全球网络犯罪发展及治理态势研究报告》	韩娜主编	知识产权出版社	2022年11月	本书以总体国家安全观为指导,内容覆盖网络灰黑产业链、网络数据犯罪、网络信息安全犯罪等领域,全面展示了全球网络犯罪发展态势,考察了各国的网络犯罪治理的制度、法律、战略、国际规则和合作机制。从计算机、法律、政治、国际关系等多学科复合视角出发,着力呈现全面、真实的全球网络犯罪及其治理图景,并基于各领域的犯罪态势与治理现状提出了针对性的对策。
9	《金融领域犯罪辩护指引与风险防范》	张庆华、卜祥瑞、刘靖晟、艾阳著	法律出版社	2022年11月	本书选取常发生的23个罪名重点论述。通过“构成要件与立案标准”“典型案例”“常见辩护理由”“风险防范建议”“法律法规索引”五个部分逐次论述,将每一罪名的常见争议焦点通过案例分析方式一一透析,并在此基础上提出辩护指引和针对金融行业的风险防范建议。 在法律法规索引方面并不局限于刑事法律规范,而是尽力穷尽涉及每一罪名现行有效的所有法律法规和规范性文件。 所选取的案例范围涵盖了银行、证券机构、期货公司、基金管理公司、保险公司、保险资产管理公司、金融资产管理公司、信托公司、企业集团财务公司、金融租赁公司、汽车金融公司、货币经纪公司、支付公司、小贷公司等主要金融领域机构及其工作人员犯罪类型。 所选用相关典型案例主要是近年来发生的案例,能够准确回应金融领域犯罪辩护和企业合规的知识迭代需求。

续表

序号	书　名	作　者	出版社	出版年月	内容简介
10	《大数据与犯罪侦查》	敖日其冷编著	商务印书馆	2022年11月	本书由大数据与侦查、视频侦查、通信大数据侦查和互联网大数据侦查四部分内容组成。其中,第一章介绍大数据与侦查,包括大数据基本概念、特点以及大数据侦查相关的基本知识;第二章为视频侦查,主要包括视频大数据侦查的基本知识、基本步骤和方法以及视频图像分析、辨识、查证、研判技能;第三章为通信大数据侦查,主要介绍通信大数据、手机信息及其提取、分析、查证技能;第四章是互联网大数据侦查,通过对互联网上交流、交易等各种数据资源的搜索、分析、辨识,搜寻犯罪线索、查证犯罪事实、锁定犯罪嫌疑人,后介绍互联网大数据侦查综合运用实例。
11	《纽约市犯罪问题的历史考察(1980—2004年)》	林广著	科学出版社	2022年11月	本书从城市经济、文化环境、人口构成、警务改革、“零容忍”政策、福利政策和教育培训等方面,探讨20世纪80年代至21世纪初纽约市犯罪率起伏的原因以及纽约市在治理犯罪过程中的启示、经验和教训。
12	《国际犯罪学前沿问题综述(2019—2020)》	赵希、龚红卫、刘志松编著	法律出版社	2022年11月	本书对全球主要国家和地区的犯罪学研究成果进行考察与分析,同时也对我国当前犯罪学研究中的前沿问题进行了概括和总结。
13	《职务犯罪审判指导(第1辑)》	最高人民法院刑事审判第二庭编	法律出版社	2022年11月	本书系人民法院刑事审判第二庭主办的针对职务犯罪案件审理的业务指导和研究性出版物,以立足实践、突出实用、重在指导、体现权威为编辑宗旨,通过法律适用分析、法官会议纪要、实务释疑、经验交流等形式,固定审判、调研成果,为刑事司法人员办理职务犯罪案件提供有针对性和权威性的业务指导和参考。

续表

序号	书　名	作　者	出版社	出版年月	内容简介
14	《毒品犯罪的新发展及其防治研究》	廖斌编著	中国政法大学出版社	2022 年 10 月	本书主要采用了文献研究、比较研究等方法，在多学科视角下综合运用了注释性研究、犯罪学研究、诉讼法研究、刑事一体化研究等等多种研究范式，将刑法与刑事诉讼法相结合，对涉及毒品犯罪出现的新情况和新出现的关键问题，进行详细论述。
15	《网络犯罪二十讲》(第二版)	喻海松著	法律出版社	2022 年 10 月	本书共二十讲，分为四章，针对网络犯罪的新近疑难问题，以典型案例的实务分析与学理阐释为切入点，全面探讨网络犯罪的对策调整与具体问题，实现技术与法律、实体与程序、理论与实践的“三融合”。本书在专题论述的基础上，附录常用法律规范，内容全面系统，覆盖前沿热点，适用于理论研究者和一线公检法律及互联网行业从业人员，既是一部网络刑事法的学术“讲义”，又是一部用于防范网络刑事风险的合规“指南”，还是一部贯穿网络刑事程序全过程的办案“手册”。
16	《西北地区毒品犯罪量刑规范化实证研究：以走私、贩卖、运输、制造毒品罪为核心》	梁文彩著	法律出版社	2022 年 10 月	本书以西北五省(自治区)(包括陕西省、甘肃省、青海省、宁夏回族自治区以及新疆维吾尔自治区)2014 年至 2018 年五年间的走私、贩卖、运输、制造毒品罪一审判决书为基础建立数据库，借助实证研究方法客观反映我国西北地区走私、贩卖、运输、制造毒品罪量刑的实际情况，通过实证检验和分析发现量刑中存在的问题并提出相应完善建议，为走私、贩卖、运输、制造毒品罪量刑规范化的进一步推进提供参考。
17	《业务监督过失犯罪研究》	刘纯燕、陈立著	武汉大学出版社	2022 年 10 月	本书从总论、各论两个方面展开对业务监督过失犯罪的研究。在总论方面，首先阐明对业务监督过失犯罪的规制立场，其后划定业务监督过失犯罪的规制范围，说明我国业务监督过失犯罪的规制现状，进而分析业务监督过失犯罪的构成要件。在各论方面，选取 20 个具有代表性的罪名，具体分析各罪的主体、注意义务、行为、结果、因果关系等构成要件要素。本书对业务监督过失犯罪的规制立场、范围、现状及构成要件进行探讨，并结合案例分析，对刑法各论中涉及业务监督过失犯罪的具体罪逐一进行了论述。

续表

序号	书　名	作　者	出版社	出版年月	内容简介
18	《犯罪心理学》	刘建清著	中国法制出版社	2022年10月	本书涵盖犯罪心理学基本理论、不同类型犯罪人的心理分析与犯罪心理对策三大部分,对犯罪心理学的传统理论和各个学派的新观点进行了详细的介绍和全面的论述。本书力求以微观的视角来解析犯罪人的犯罪动机与犯罪人格,在结合典型案例的心理分析与探索中,重新认识形形色色的犯罪人,为我们了解、走近犯罪心理学提供了一个兼具专业性和可读性的读本。
19	《水上交通过失犯罪研究》	庞婧著	法律出版社	2022年10月	本书在明确水上交通过失犯罪成立范围的基础上,对水上交通过失犯罪的实行行为认定、因果关系判断、不同过失类型下的主体范围限定以及水上交通过失不同主体的注意义务和注意能力展开研究,后提出增设独立罪名、优化入罪标准的建议并为水上交通事故致人失踪、致溢油污染选择合理规制路径。
20	《犯罪心理学》(第三版)	章恩友、宋胜尊主编	法律出版社	2022年10月	本书将犯罪心理学领域多年来形成的基本概念、成熟理论进行重点阐释;同时将近年来国内外关于犯罪心理研究的新成果反映在本书中,如有关犯罪心理学未来发展的研究,犯罪心理研究方法的新趋势,关于当前社会影响较大的一些犯罪类型的研究,还有犯罪心理应用技术的成果等。
21	《建筑企业串通投标犯罪刑事合规实务初探》	毛丽英主编	武汉大学出版社	2022年10月	本书是一本刑事合规实务操作范本,书稿从企业合规的起源与我国的发展路径出发,介绍企业合规的基本发展现状。然后,以笔者所参与串通投标刑事合规专项法律服务为蓝本,结合《关于建立涉案企业合规第三方监督评估机制的指导意见(试行)》的规定,以及最高人民检察院发布的企业合规改革试点典型案例等内容,将目前刑事合规实务操作进行了介绍。
22	《网络犯罪及其刑事追诉研究》	叶强、李雪健主编	当代中国出版社	2022年10月	本书以网络犯罪为研究对象,以网络犯罪所涉及刑法规范的理解与适用为研究内容,以理论及实践中关涉网络犯罪所出现的难点、疑点为研究重点,以宏观分析(总论)—中观分析(分论)—微观分析(罪名)为逻辑框架,试图对网络犯罪展开全面且细致的认识与研究。

续表

序号	书　名	作　者	出版社	出版年月	内容简介
23	《刑事一体化视阈中的环境犯罪研究》	贾学胜著	暨南大学出版社	2022年10月	本书为2019年度规划基金项目的结项成果，主要是用刑事一体化的方法论，以环境刑法的教义学为本体，从刑事政策、刑事诉讼法、刑事证据法以及比较法的多重视角下，研究我国的环境犯罪。
24	《社会变迁与未成年人犯罪：基于跨度三十年的犯罪实证调查》	王焱、魏慧静、赵希、龚红卫著	法律出版社	2022年10月	本书基于三十年的犯罪实证调查来研究社会变迁与未成年人犯罪的关系，依此展开了对未成年人犯罪理论的探讨，介绍了未成年人犯罪理论研究及其本土化、我国治理未成年人犯罪的刑事政策、未成年人犯罪现象特征及其变化、未成年犯罪人的社会特征及其变化、犯罪原因、未成年人犯罪变化的社会变迁因素、未成年人犯罪防控策略的演变、指出对预防未成年犯罪的措施的一些构想。
25	《无罪的逻辑：金融犯罪无罪判例解析及辩护要点》	盈科律师事务所编，刘高著	法律出版社	2022年10月	本书以金融犯罪理论与实务中的重点、难点、热点问题为导向，相对系统且深度地阐述金融犯罪研究中的重要问题，以无罪案例为引导，以核心概念与刑法知识点、刑法规范文本为串联，以金融刑法解释为主要内容，以金融刑法反思为思维拓展，通过对金融犯罪无罪案例的专题研究，深化对刑法理论与实务的认知、判断、理解与反思。 本书内容注重金融法与刑法的交叉，将刑法理论与司法实践相结合，在剖析刑法条文的原意和精神的基础上，重点对相关立法及司法解释进行了详细的分析和解读。
26	《危害食品药品安全犯罪典型类案研究》	张伟珂著	研究出版社	2022年9月	本书以典型案例为视角，围绕公安机关、食药监管部门执法办案中常见多发型案件办理中的疑难问题，选择食品中滥用食品添加剂、滥用农药、注水肉、地沟油、保健品、膏药、进口药、疫苗、医疗器械等危害食品药品安全犯罪案件司法认定与处理争议，进行规范性分析，并对上述典型类案的案件经营、证据收集、证明标准、移送标准、检定规则等进行深入探讨，为执法、司法部门办理此类案件提供镜鉴。

续表

序号	书　名	作　者	出版社	出版年月	内容简介
27	《淫促犯罪研究》	苏雄华著	中国政法大学出版社	2022年9月	在人类社会历史中卖淫现象长期存在，近年来卖淫合法化的主张兴起，认为卖淫是行为人自由处分自己性权利的无害行为，不断有人质疑卖淫行为的危害性和促使卖淫发生的淫促犯罪的正当性。关于卖淫危害性的传统观点过于笼统和随意，而卖淫合法化往往忽视了卖淫行为对卖淫者和性风俗的双重危害，需要深入分析卖淫行为的具体结构和社会影响，进而全面审视我国现行《刑法》第六章第八节规定的"组织、强迫、引诱、容留、介绍卖淫罪"，本书即基于这一命题展开写作，以期抛砖引玉，让更多的人关注这一隐秘的暗角。
28	《中国暴力犯罪人的心理与行为研究》	张卓著	中国政法大学出版社	2022年9月	本书以我国监狱、未成年犯管教所等多个监管场所内的暴力犯罪人为研究对象，首先从暴力犯罪的概念、类型、风险因素、评估工具等方面进行阐述，并通过档案筛查、量表测试、个案访谈、行为测试、事件相关脑电位和功能性磁共振等方法，系统考察了我国暴力犯的心理与行为特点，后尝试性对暴力犯进行分类、针对中高再犯风险的暴力犯开展团体心理矫正。书中部分数据和研究结果已在国内外的中英文期刊发表。本书是对笔者既往十多年研究结果的进一步分析和整合，相信能够对我国暴力犯罪人整体状况的了解和矫正工作的开展提供实证数据支持。
29	《污染环境犯罪治理的刑事司法保障》	陈冉著	知识产权出版社	2022年9月	本书将着重结合北京、天津、河北地区的裁判以及行政处罚为基础，重点研究环境犯罪认定中的具体疑难问题，对环境犯罪的行政违法和刑事违法问题进行具体探讨，完善行政处罚和刑事处罚的衔接。尤其针对环境生态的统一性，从三地区判决的量刑数据评估，确立规范化量刑，保证刑罚的效果。

续表

序号	书　名	作　者	出版社	出版年月	内容简介
30	《全球视野下的犯罪学原理》	王良顺、郭泽强、周凌著	法律出版社	2022 年 9 月	本书以反映犯罪学研究新成果和理论创新为基本目标。一方面,本书开阔视野,力求反映近期国内外犯罪学新理论和研究方法的新进展;另一方面,在充分消化和吸收犯罪学理论研究成果的基础上,立足于中国社会现实和文化环境,对犯罪现象提出新解释和新对策。本书以综述性和学术性兼备为基本特色,即以犯罪学的课程体系为主线,以专题形式述评犯罪学理论研究成果,并对犯罪学的基本理论问题作深入的探讨。
31	《网络金融犯罪若干问题研究》	张启飞著	中国政法大学出版社	2022 年 9 月	作为探讨网络金融犯罪的论著,本书以互联网金融创新、风险与犯罪为主线,提出了互联网金融入罪与出罪的判断标准,对于理论和司法实务有较大的参考价值。
32	《证券违法犯罪案件裁判精要》	唐新波主编	知识产权出版社	2022 年 9 月	2020 年 11 月 2 日,中央全面深化改革委员会第十六次会议审议通过《关于依法从严打击证券违法活动的若干意见》,这表明政策面对证券违法犯罪释放出了"零容忍"的强烈信号。与之相对应的是 2021 年 3 月 1 日实施的《刑法修正案(十一)》也加大了对证券犯罪的打击力度。鉴于以上情况,本书选择了一些典型案例对证券领域的违法犯罪行为进行解析。
33	《贿赂犯罪分层式罪名体系研究》	魏昌东著	法律出版社	2022 年 9 月	本书以罪名体系作为观察贿赂犯罪立法体系科学性的窗口,揭示中国特色贿赂犯罪立法体系发展中所存在的治理效能危机的立法成因,概括出"分体式"的理论范式,透过中国特色贿赂犯罪立法体系发达史的考察,阐述"分体式"贿赂犯罪罪名体系建设的一般原理、犯罪论基础、西方探索与理论建构,及优化的刑事政策根据,力求提出与中国特色国家治理目标相吻合的科学的贿赂犯罪罪名体系完善方案。

续表

序号	书　名	作　者	出版社	出版年月	内容简介
34	《犯罪预防学》	王瑞山著	北京大学出版社	2022年9月	本教材从厘清犯罪预防的内涵、类型和制约因素,以及犯罪预防的流程和原则等开始,根据时间线纵向按照专题论述了中国古代犯罪预防的思想和举措、现代西方犯罪预防理论,以及当代中国犯罪预防的综治战略;按照三级预防的分析框架论述犯罪预防的基本措施和理论依据,横向论述了初级预防、次级预防和三级预防;后论述了犯罪预防评估的基本概念和方法,以及犯罪预防评估中出现的犯罪转移和犯罪预防利益扩散等问题。
35	《网络犯罪帮助犯研究》	黄丽勤、周铭川著	法律出版社	2022年8月	随着互联网技术的飞速发展及其广泛运用,不法分子也在伺机利用信息网络兴风作浪、为非作歹,各种侵犯公民财产权的电信网络诈骗犯罪,侵犯公民隐私权的非法获取犯罪,侵犯公民名誉权的侮辱、诽谤犯罪等,令人防不胜防,严重破坏信息网络安全管理秩序,侵犯公民合法权益,迫切需要加强打击和防范。本书主要围绕网络犯罪帮助行为正犯化的问题展开了比较系统而深入的研究。
36	《犯罪故意概念与内容体系研究》	张健一著	中国人民公安大学出版社	2022年8月	本书针对近代刑法中故意犯罪这一犯罪治理的重要内容,首先探索故意责任的本质,然后探讨犯罪故意的本质违法性认识、因果关系认识、间接故意的意志因素、容许构成要件错误等教义学难题,后整合全书观点并展望故意论研究的前景。
37	《监察机关101个职务犯罪立案标准与法律适用·图解版》	《最新执法办案实务丛书》编写组编	中国法制出版社	2022年8月	本书将101个职务犯罪分成贪污贿赂犯罪(共19个罪名)、滥用职权犯罪(共21个罪名)、玩忽职守犯罪(共13个罪名)、徇私舞弊犯罪(共19个罪名)、重大责任事故犯罪(共12个罪名)、公职人员其他犯罪(共17个罪名)六类。对于每一个罪名,通过图表的形式列明刑法规定、立案标准、重点解读、法律适用,具有一定的指导性和针对性,可以为监察机关履职提供参考。

续表

序号	书名	作者	出版社	出版年月	内容简介
38	《恐怖主义犯罪侦防问题研究》	田野著	时事出版社	2022年8月	本书从侦防一体化的视角,对恐怖主义犯罪的基本问题及侦查与防控对策进行研究。首先从理论层面剖析恐怖主义犯罪,探讨恐怖主义犯罪侦防的理论依据;对典型国家的恐怖主义犯罪侦防进行比较研究;进而提出革新侦防观念、深化情报导侦、优化侦查机制、强化防控体系等恐怖主义犯罪侦防机制构建建议。
39	《秦汉魏晋犯罪学学说丛论》	刘志松、段知壮著	法律出版社	2022年8月	秦汉魏晋时期是我国历史上一个承前启后的大时代,基本奠定了此后两千余年中国发展的大格局。犯罪学思想学说作为中华传统文化体系中对于罪现象的自觉思考,在这一历史时期的各思想流派中多有体现。无论是法家的"一断于法"、黄老的"以道统法"、儒家的"原心定罪",还是《白虎通》《太平经》等重要历史典籍,以及陆贾、贾谊、董仲舒、扬雄、王充、王符、荀悦等思想家关于"罪"的争鸣与传承,其中无不散落着诸多关涉犯罪问题的思想溯源与理论探析,无疑也构成了秦汉魏晋之际犯罪学思想学说的知识盛宴。
40	《犯罪学教科书的知识反思与建构》	王燕飞著	社会科学文献出版社	2022年8月	犯罪学教科书是犯罪学知识的体系化呈现,可以反映一个国家犯罪学研究的真实水平。本书从知识论角度对犯罪学教科书的知识展开反思与建构,提出了中国犯罪学知识转型、转向、转生"三转"的发展问题,重构了一个具有中国特色的综合型犯罪学知识结构体系框架,对于该学科建设具有重要意义。
41	《互联网金融犯罪研究》	刘宪权著	上海人民出版社	2022年8月	本书以互联网金融犯罪为研究对象,分为五章。第一章论述我国互联网金融犯罪的立法现状、问题与完善;第二章研究互联网金融刑法的理念;第三章研究互联网金融平台的刑法问题;第四章研究互联网时代信用卡犯罪的刑法问题;第五章研究互联网证券、期货犯罪的刑法问题。

续表

序号	书　名	作　者	出版社	出版年月	内容简介
42	《职务犯罪案件疑难问题精解》	商浩文编著	中国方正出版社	2022年8月	本书以办理职务犯罪案件中的疑难问题为导向,采用“案例解读”的形式,以案释法,直观、鲜活地阐释常见职务犯罪的罪名要点、定罪量刑标准等重点难点问题,为广大纪检监察干部提供可借鉴的业务指导和参考用书。
43	《犯罪心理学》(第三版)	罗大华、马皑主编	中国人民大学出版社	2022年7月	本教材分为四大部分,分别是总论、基本理论、类型论和对策论,并由此构成广义犯罪心理学体系,以适应不同读者的需求。它系统地介绍了犯罪心理学在理论、方法、应用等诸方面的基本知识,总结了国内外犯罪心理学的研究成果,具备理论与实践的指导性。本书是一本适合高等院校法学、心理学、社会学等专业的学生使用,适合司法、执法系统从业人员阅读的简明教材。
44	《法经济学视角下我国公司行贿犯罪研究》	韩骁、刘帅、张颖睿、谢序荣著	四川大学出版社	2022年7月	本书根据企业所有权理论重新诠释了单位(法人)与自然人各自代表的利益及其行为动机,在厘清主观违法性与可谴责性的基础之上,利用经济学效用理论科学配置国家资源,实现刑罚威慑化,最终预防公司行贿犯罪的发生。
45	《中国犯罪治理现代化研究》	应培礼主编	商务印书馆	2022年7月	本书从犯罪治理现代化的视角,全面描述了改革开放四十年的犯罪态势和犯罪治理现代化的进程,进而评析了“严打”、社会治安综合治理和宽严相济三大刑事政策,分析了刑事立法、刑事司法和刑罚执行与犯罪治理的关系后,又具体阐释了未成年人犯罪、金融犯罪、新型毒品犯罪、网络犯罪、职务犯罪、流动人口犯罪以及老年人犯罪的治理现代化问题。

续表

序号	书　名	作　者	出版社	出版年月	内容简介
46	《走私禁限类货物、物品犯罪研究》	何萍著	上海人民出版社	2022年7月	本书从具体走私对象的管制目的、管制程度以及发布管制规定的规范性文件的层级等角度，具体分析走私国家禁止、限制进出口货物、物品犯罪的社会危害性以及刑法性质。对走私国家禁止进出口的货物、物品犯罪等罪名进行立法考察以及司法解读，结合相关司法解释，进行形式及实质分析，论述行政犯的二次违法性问题以及行为人的认识错误对构成本罪的影响。
47	《新犯罪学》(第四版)	王牧主编	高等教育出版社	2022年7月	本书以犯罪存在为前提，共分四个部分。绪论部分论述了犯罪学的概念和研究方法；犯罪现象发生论部分简要论述了关于犯罪产生的各种理论、机制和一般原理；犯罪现象存在论部分论述了犯罪现象存在的概念和根据犯罪现象对策论部分论述了犯罪对策的概念；论述了刑事惩罚对策和社会预防对策；论述了少年司法制度和我国的社会治安综合治理。
48	《职务犯罪案件实务操作与案例精解》	韩骁著	中国法制出版社	2022年7月	本书是一本专门针对职务犯罪进行全面解析的法律实务性图书，通过本书，读者能快速掌握职务犯罪相关法律的重要知识点。本书基本囊括了所有职务犯罪罪名，从概念、犯罪构成、刑事责任等方面对各个罪名进行分析阐述，辅以案例分析的方式，以案说法、娓娓道来，并对相关人员提出诤言挚语，提升读者法律意识，以期达到预防职务犯罪之目的。
49	《贪污贿赂犯罪新型疑难问题研究》	商浩文著	中国方正出版社	2022年6月	本书以专题解析的形式，对贪污贿赂犯罪在刑法实务中的重点热点难点问题进行阐释辨析。研讨专题包括特定关系人共同受贿的认定、中间人截留贿赂款行为的定性、套取科研经费行为的定性、监察机关适用违法所得没收程序的条件等，同时深入浅出地剖析案例背后蕴含的法理。

续表

序号	书　名	作　者	出版社	出版年月	内容简介
50	《职务犯罪案例解析》	本书编写组编写	中国方正出版社	2022年6月	本书选取30余个职务犯罪案例,采取一案一分析的形式,对案件基本案情、查处过程、纪法适用及实践中常见疑难点进行详解分析。同时,在每个案例前附要点提示,便于读者检索和整体把握。
51	《职务犯罪调查制度研究》	邵聪著	中国政法大学出版社	2022年6月	本书是关于职务犯罪调查制度的专题研究,共八章。具体包括职务犯罪调查机构的历史变迁、专门反腐机构与腐败治理的关系、职务犯罪调查权的法律规制、职务犯罪调查法与刑事诉讼法的体系衔接、职务犯罪调查措施的体系转型、职务犯罪调查中交易性调查措施和普通调查措施的适用、贿赂推定等内容。
52	《职务犯罪罪罚标准图表速查(徇私舞弊篇)》	魏昌东、钱小平、阳平著	中国方正出版社	2022年6月	本书以工作实务为导向,以罪刑要素解构为要点,通过表格形式直观解析贪污贿赂犯罪各罪名的构成要件及其定罪量刑标准,并从"两高"发布的指导性、典型性案例中精选整理裁判要旨,将适法规则分解至关键要件分析之中,为监察机关、司法机关及执法机关工作者严格把握职务犯罪罪与罚证据标准,进一步提高查办职务犯罪案件工作能力和水平提供参考借鉴。
53	《管理层权力、政府审计与高管侵占型职务犯罪》	陈丹著	中国财政经济出版社	2022年6月	本书以企业自主经营权扩大以来频繁发生的高管侵占型职务犯罪现象作为研究地方国有企业问题的一个切入视角,以政府审计作为影响管理层权力与高管侵占型职务犯罪关系的一个重要治理机制,围绕管理层权力、政府审计和高管侵占型职务犯罪的三者关系展开理论研究和实证分析,着力于深化认识管理层权力、促进国企改革、完善市场经济体制,提升政府审计在微观企业层面的治理作用。

续表

序号	书　名	作　者	出版社	出版年月	内容简介
54	《互联网金融犯罪治理研究》	齐文远主编	武汉大学出版社	2022年6月	本书着重探讨了互联网金融基本属性及刑事风险,互联网金融监管的规章制度之比较,互联网金融犯罪的构成与形态,互联网金融发展背景下的犯罪治理以及互联网金融犯罪的防控机制,以期能为互联网金融的创新发展提供借鉴,为解决司法实践中存在的重大疑难问题提供解决路径。
55	《贿赂犯罪》	高巍主编	北京大学出版社	2022年6月	本书是海峡两岸中青年刑法学者专题研讨贿赂犯罪的论文集。内容涵盖了海峡两岸贿赂犯罪重要领域,包括立法架构、保护法益、受贿罪和行贿罪构成要件法理解读、特殊类型贿赂犯罪的认定等问题。
56	《毒品犯罪治理若干问题探析》	张婷、向鹏著	中国政法大学出版社	2022年6月	研究青少年毒品犯罪的现状以及特点,有助于认清新时期毒品犯罪的发展动态,制定行之有效的措施和手段,对青少年毒品犯罪起到预防和治理效果。本书从未成年人犯罪的概念出发,考察了我国未成年人犯罪的现状及其发生的原因,并从社会、法律和个人三个层面提出了预防未成年人犯罪的各种措施和建议。
57	《税收犯罪立法研究:以意大利税收刑法为视角》	翁武耀著	法律出版社	2022年6月	本书对中意两国在税收犯罪刑事立法变迁、税收犯罪立法理念、税收犯罪体系、税款申报类犯罪(逃骗税犯罪)刑事立法、发票等会计资料类犯罪刑事立法、税款缴纳类犯罪刑事立法、税收犯罪共同条款等方面进行了比较研究。
58	《青少年违法犯罪的犯罪规律与防治对策研究》	于阳等著	法律出版社	2022年6月	本著作坚持贯彻“刑事一体化”研究理念,以犯罪学、刑事政策学、刑法学、刑事诉讼法学、刑事执行法学为研究视角,以事前预防、事中干预和事后矫治为研究进路,对我国当前预防青少年违法犯罪研究领域中的重大理论与现实问题展开较为深入地研讨。

续表

序号	书　名	作　者	出版社	出版年月	内容简介
59	《探究中国特色预防犯罪之路》	冯树梁著	法律出版社	2022年5月	本书主要阐释中国特色预防犯罪之路的内涵和外延,既有填补学术空白的犯罪预测反馈、反馈检验等内容,也有到基层亲自调查研究的“由乱而治”的典型经验,既有对“枫桥经验”的系统研究,也有对国家一级学科“国家安全学”的前瞻性研究。
60	《传统犯罪网络异化的刑法解释限度研究》	郭玮著	中国政法大学出版社	2022年4月	本书包括以下内容:(1)问题概说;(2)理论现状;(3)问题关键;(4)具体方案(上),以法条的可能文义为基础;(5)具体方案(下),以多种因素的考量为补充。
61	《上市公司刑事合规与犯罪预防》	常俊峰、李晓琤、甘雨来、花林广等编著	中国政法大学出版社	2022年4月	本书对近五年上市公司涉及刑事犯罪情况进行了全面统计分析,归纳了上市公司常见的犯罪类型及产生犯罪的常见原因,对上市公司涉及的典型犯罪进行了深度案例解读,全面展现上市公司犯罪规律性和类型化的问题。进而从一般社会预防的角度为上市公司和企业管理者提供上市公司合规管理和犯罪预防的警示和参考。
62	《中华人民共和国反有组织犯罪法理解与适用》	汪海燕、王志远主编	中国法制出版社	2022年4月	本书以反有组织犯罪法条文为据,逐章逐条作出解读,为相关行业从业者,法律实务人士提供了兼具高度与深度的工作指引,是防范法律风险、执法办案的参考书,也可以帮助广大读者学习掌握反有组织犯罪法的相关知识。
63	《国家监察体制改革背景下职务犯罪调查权运行机制研究》	马方著	法律出版社	2022年4月	本书通过对监察体制改革的历史溯源、监察调查、职务犯罪调查的法律语境分析等基础理论研究,为监察体制改革特别是职务犯罪调查权运行机制的构建提供理论基础。

续表

序号	书名	作者	出版社	出版年月	内容简介
64	《中华人民共和国反有组织犯罪法解读》	黄永主编	中国法制出版社	2022年4月	本书结合草案起草、修改、研究过程中的有关情况,对反有组织犯罪法逐条进行解读。在内容的具体编排上,先对条文规定的主旨和立法背景进行介绍和阐述,再对条文的含义及实践中需要注意的问题作详细解读,后列明法律法规、司法解释等相关规定,以期为读者正确理解和适用反有组织犯罪法提供参考和帮助。
65	《中华人民共和国反有组织犯罪法释义》	王爱立主编	法律出版社	2022年4月	本书通过提炼《反有组织犯罪法》的条文主旨、进行逐条解读的方式,帮助读者及时、准确地理解本法的立法原意。并且,此书附有该法草案说明、历次审议报告等立法资料,是国家立法机关法律释义的标准、专业文本。
66	《犯罪学》(第五版)	张远煌主编	中国人民大学出版社	2022年3月	本书是一部兼具知识性和学术性的本科生和研究生教材,反映了当代犯罪学发展的趋势。
67	《侵犯商业秘密犯罪研究》	刘科著	法律出版社	2022年3月	本书在写作体例和学术观点等方面进行了重要创新,对侵犯商业秘密犯罪出罪的一般理论、基本类型和理论基础等问题进行了开创性的研究。
68	《网络犯罪国际立法原理》	王肃之著	社会科学文献出版社	2022年3月	本书围绕网络犯罪国际立法这一前沿、焦点选题,系统梳理了该领域的国际化进程以及博弈态势,在全面归纳整理各项相关立法、中外理论成果的基础上,从立法原则、术语体系、实体规则、程序规则、国际合作等层面对关键理论问题和立法发展脉络进行体系化、结构化的阐释。
69	《中国反有组织犯罪刑事政策与法律法规适用指南》	靳高风、张雍锭主编	法律出版社	2022年3月	本书从商标法基础理论出发,研究普通商标与侵权判定标准,建立商标侵权民事救济体系,并针对实际损失赔偿、侵权获利赔偿、许可使用费赔偿、法定赔偿等补偿性赔偿和惩罚性赔偿的现实困境,提出相应的制度完善建议。

续表

序号	书　名	作　者	出版社	出版年月	内容简介
70	《中国老龄化社会的老年性犯罪》	王志强著	中国政法大学出版社	2022年2月	本研究以人口老龄化社会的老年健康与性健康塑造为研究起点,以犯罪研究为方法,通过老年性犯罪揭示老年生活在人口老龄化社会构造中存在的主要问题,以及如何通过老年性犯罪的预防与老年生活塑造形成一个整体。
71	《网络空间共同犯罪基本构造》	张楚著	法律出版社	2022年2月	本书以网络空间为时代语境和研究背景,切入原有共同犯罪理论,运用智能时代和网络时代的方法论,结合网络空间行为人犯意联络的特殊性以及行为联动的变异性,讨论原有的共同犯罪理论的解释、适用和改良。
72	《犯罪心理学》(第二版)	刘邦惠主编	科学出版社	2022年2月	本书注重心理学基本理论知识在犯罪领域中的运用和犯罪心理学实证研究资料的采集,并对近年采犯罪心理学理论对我国刑事司法实践影响较大的两个问题进行了较为详细的介绍,各章设有专栏,以帮助读者理解犯罪心理学的基本理论知识。
73	《传播犯罪研究》	罗斌著	中国社会科学出版社	2022年2月	本书系统梳理因传播行为侵害或威胁法益和借助传播权侵害或威胁法益,以及与传播行为密切相关的行为侵害或威胁法益引发的53种犯罪,从刑法基本原则角度研究其发展趋势和立法、司法中存在的主要问题。
74	《监察体制改革下的职务犯罪调查》	刘用军著	法律出版社	2022年2月	职务犯罪调查是监察权的核心权能,伴随监察法规的完善,职务犯罪调查的规范性、正当性也与时俱进,成为惩治腐败、维护司法程序公正和强化自身监督的重要体现。
75	《反有组织犯罪法重点解读与适用要点》	莫洪宪、李占州、王肃之著	法律出版社	2022年2月	本书以2021年新出台的《反有组织犯罪法》为脉络和主线,对《反有组织犯罪法》进行解读和分析,并提炼适用要点。

续表

序号	书　名	作　者	出版社	出版年月	内容简介
76	《犯罪现场勘查实训教程》	阳雁、罗光华主编	中国政法大学出版社	2022年1月	本书针对犯罪现场勘查各个环节设定不同的工作任务，以“工作过程为导向”是教材主线，教导学生如何进行痕迹、物品、人身等犯罪现场勘查，按照工作需求构建适合学生学习的教学内容体系。
77	《现代社会背景下青年学生犯罪原因及其预防研究》	袁希著	光明日报出版社	2022年1月	本书以道德与法律的关系为主线，立足于我国现代社会背景下青年学生犯罪的原因及特点，提出预防青年学生犯罪的基本途径，不仅对青年学生犯罪的原因，防治制度的构建具有全局性和根本性意义，更是可以为我们国家社会治理总方略提供方向性的参考。
78	《犯罪学通论》(第二版)	应培礼主编	法律出版社	2022年1月	本书强调在接受西方现代犯罪学的科学逻辑和研究方法的基础上，重视中国犯罪治理的传统，以理解和回应中国现代治理的现实需求，致力于打造有中国特色的犯罪学。
79	《降低重新犯罪危险的新范式：项目矫正》	翟中东著	中国法制出版社	2022年1月	本书作者经过对罪犯矫正方法近二十年的研究，并在与国内罪犯矫正机构，特别是监狱的共同尝试探索后提出了我国现有通过发展项目矫正方法降低重新犯罪概率的观点。
80	《现代社会背景下青年学生犯罪原因及其预防研究》	袁希著	光明日报出版社	2022年1月	本书围绕“立德树人”这一教育根本，以道德与法律的关系为主线，立足于我国现代社会背景下青年学生犯罪的原因及特点，提出预防青年学生犯罪的基本途径。
81	《故意犯罪停止形态新论》	徐跃飞著	群众出版社	2022年1月	本书对故意犯罪停止形态与相关刑法概念的关系、犯罪既遂、犯罪预备、犯罪未遂、犯罪中止、共同犯罪停止形态等问题，采用比较研究、归纳推理、实证研判等方法，进行了比较全面系统的研究与梳理。

续表

序号	书　名	作　者	出版社	出版年月	内容简介
82	《职务犯罪监察调查程序研究》	王小光著	北京大学出版社	2022年1月	本书探讨职务犯罪监察调查程序的内容构成、历史脉络、域外比较、程序运行等问题。
83	《"刑事一体化"视野下的贪污贿赂犯罪规制研究》	李冠煜著	中国社会科学出版社	2022年1月	本书立足于我国刑法修正、量刑规范化改革和反腐败追逃追赃工作实际，在"刑事一体化"理念的指导下，选取腐败犯罪的量刑基准，贪污罪的量刑规范化，受贿罪的对象，受贿罪的死刑适用标准等十个专题进行研究，以期提高贪污贿赂犯罪规制的刑事法治化程度。
84	《集资型金融犯罪刑法规制完善问题研究》	刘伟著	法律出版社	2022年1月	本书以集资型金融犯罪刑法规制的完善为着眼点，以近年来国内以及江浙沪三地的集资型金融犯罪的现状为基础，有重点分层次地对集资型金融犯罪刑法规制中的核心问题、难点痛点问题开展研究。
85	《水上交通犯罪刑事责任研究》	王慧著	中国社会科学出版社	2022年1月	本书重点研究水上交通犯罪的刑事责任，以实体法研究为主，兼论追诉机制。

第四节　代表性论文

一、代表性论文概述

2022年，我国犯罪学研究成果数量比前两年略少，不仅是核心期刊论文上的发文数量明显减少，非核心专业期刊中的犯罪学研究也越来越少，王瑞山教授对2022年犯罪学研究述评中如是说。本书的研究部分印证了王教授的结论。一方面与犯罪治理、刑事合规有关的论文数量大幅增加，推高了犯罪学研究的成果。另一方面关于犯罪学本体研究、犯罪对象研究、犯罪原因研究等方面的研究成果大幅减少。通过在中国知网上以“犯罪”为主题，勾选北大核心、CSSCI等核心期刊来源选项，从1287篇期刊论文中人工筛选出304篇犯罪学方面论文。总数较2021年153篇增幅较大。但是以犯罪学本体研究、犯罪对象研究、犯罪原因研究等方面的成果仅60篇，其中36篇是与犯罪地理学有关的论文。由于进入大数据时代后，新型犯罪越来越多，而且随着环境犯罪越来越多地成为研究热点领域，犯罪治理的研究成果较多共有74篇，然而这些犯罪治理方面的论文主要是从刑法治理的角度展开，从传统的犯罪学角度研究犯罪治理的论文较少。这在一定程度上反映出犯罪学研究呈现出走弱的研究态势，需要引起重视。基于此，在本次代表性论文的选取方面更多地选择从传统犯罪学角度展开研究的论文，希望能够促进犯罪学的发展。

二、代表性论文列表

表4-4 2022年国内犯罪学代表性学术论文列表

序号	篇名	作者	期刊	发表时间	内容简介
1	《青少年犯罪预防干预之政府应对策略研究——以美国为例》	路琦	《中国青年研究》	2022年12月5日	文章从国家政府部门角度对美国青少年犯罪预防干预工作进行了概述。研究了美国三十五年来少年犯罪的基本情况，美国政府预防干预青少年犯罪的理念宗旨、预防干预行政管理工作体系构建情况、运转模式及政府通过管控项目来统筹引导青少年犯罪预防干预工作的主要做法。在此基础上，呈现了八个方面的思考与启示：对预防干预工作的认知决定行动，立法保证犯罪预防干预工作，建立工作协调机制和相对独立的实体机构很必要，实操项目和实证研究项目交互作用的“动态管控提升模式”是做好预防干预工作的有效路径，科学评估项目对预防干预工作有重要引导作用，高质量实施项目是预防干预工作取得实效的保障，大规模突发事件给预防干预工作提出了挑战，恶性犯罪案件增长是预防干预工作面临的难题等。

续表

序号	篇　名	作　者	期　刊	发表时间	内容简介
2	《安全防控语境下乡村治理的困境与对策》	胡向阳、张晓华	《湖北警官学院学报》	2022年12月1日	平安乡村建设是平安中国建设的重要组成部分。新时代平安乡村建设的关键在于从总体国家安全观的视角审视乡村治理,寻求国家与乡村在安全治理领域的均衡互动。实践中,我国乡村治理面临治理主体职权不明、"三治"建设落实不到位、治安防控基础薄弱等现实困境。可通过借鉴与创新"枫桥经验"与"雪亮工程"等基层治理模式,从有效整合乡村治理资源与依托现代科技赋能入手,创新开展"三治"融合建设,积极促进多元共治,持续助推科技运用,全方位筑牢乡村社会治安防控网。
3	《犯罪思维模式:内涵、测量、影响因素》	张华威、刘洪广	《心理研究》	2022年12月1日	犯罪思维模式是指有助于实施和维持习惯性反社会行为和犯罪行为的思维内容和认知过程。作为一种扭曲的认知模式,犯罪思维模式对犯罪行为、再犯有显著的正向预测作用。犯罪思维模式的形成受到年龄、受教育程度等人口统计学变量,人格特征、低自我控制、精神病态等个体特征变量以及家庭环境、同伴关系等社会情境变量影响。后续研究还需要进一步关注犯罪思维模式的概念内涵、作用机制、测量工具、影响因素和干预机制等方面。
4	《论家庭教育中司法机关的角色定位》	邱格屏、牛智辉	《青少年犯罪问题》	2022年11月20日	《未成年人保护法》的修订与《家庭教育促进法》的颁布赋予司法机关适度干预家庭教育的权力。司法机关对未成年人的法定保护范围扩大,在离婚案件中更加关注未成年人的意见,建立同社会组织和政府部门的联动机制,均能有效促进家庭教育的正向发展。在"国家亲权理论"的基础上,司法机关有权要求父母接受家庭教育指导,对于严重损害未成年人利益的行为还可以作出人身安全保护令或者撤销监护人资格,运用强制手段保护未成年人。但是,两部法律尚未规定监护人怠于接受指导的后果,司法机关实施家庭教育指导的内容与方式较为混乱,还缺乏后续长期效果检验机制。因此,有必要在优化未成年人福利政策的前提下,制定家庭教育指导实施细则,明确司法机关与监护人双方责任,参考"亲职令"构建指导效果评测机制。

续表

序号	篇　名	作　者	期　刊	发表时间	内容简介
5	《2021年生活服务电子商务平台反欺诈研究报告》	时延安、岳向阳等	《犯罪研究》	2022年10月20日	网络欺诈行为日渐显示出犯罪行为组织化、犯罪手段多元化、犯罪受害微感化等特征。了解并把握网络欺诈的变化趋势,对惩治此类违法犯罪行为具有积极意义。同时,通过对案件进行理论评析,有利于对网络欺诈行为作出全面、合理的刑法评价。要以更为系统化、全面化的机制应对网络欺诈行为的挑战,应改变公权力"自上而下"的传统单一治理格局,发挥包括网络服务提供商在内的各方社会主体的力量,形成多元主体协同共治的新型治理格局。
6	《罪错未成年人分级干预机制研究》	吴羽	《犯罪研究》	2022年10月20日	罪错未成年人分级干预机制以干预主体的多元性、干预措施的阶梯性和转换性为主要特征。立足于最有利于未成年人原则,罪错未成年人分级干预机制可以从罪错行为分级、实体干预措施和干预措施适用程序规则三个方面进行构建。在罪错行为分级方面,由于罪错行为"三分法"的不足,应倡导罪错行为"四分法";在实体干预措施方面,应加强监护职责和强制亲职教育的实效、充分发挥专门教育与专门矫治教育的保护处分功能以及完善刑罚替代措施;在干预措施适用程序规则方面,应确立保护处分优先原则、构建强制性干预措施的司法化决定程序以及完善未成年人刑事司法程序。
7	《少年法治系统论纲》	高维俭	《政治与法律》	2022年9月29日	我国少年法治事业四十年的成就可圈可点,但屡屡遭遇系统发展的瓶颈。以系统论的理念来梳理少年法治的总体格局,是相关系统发展瓶颈的破解之道。就总体格局而言,少年法治系统包括基础系统、干预系统和环境系统三大部分。其基础系统由相应的理论体系、立法体系、教培体系和信息体系组成;其干预系统由相应的行政体系、司法体系和社工体系组成;其环境系统由相应的家庭体系、学校体系和社区体系组成。全面认知少年法治的系统格局,才有可能系统科学地推进少年法治事业的高效发展。目前而言,我国少年法治系统结构多有缺憾,有待各子系统的补足、协同、优化及完善。作为国家发展战略的一个重要组成部分,少年法治亟待系统的顶层设计及变革。

续表

序号	篇　名	作　者	期　刊	发表时间	内容简介
8	《美国废除死刑历程的法律社会学分——以大卫·加兰德的死刑社会学研究为视角》	李波	《国外社会科学》	2022年9月15日	死刑存废问题牵涉哲学、伦理、政治、文化等多个方面，一直以来是困扰人类的重大课题之一。多数学者从哲学、法学、刑事政策学等方面研究死刑，很少从法律社会学的角度分析死刑存废的原因。美国著名刑罚学家大卫·加兰德所著的《怪异的机制：废除死刑时代的美国死刑》一书，从法律社会学的新视角对"为何美国难以废除死刑制度"问题进行了入木三分的分析。该书提出，死刑不仅是一种刑罚制度，还是重要的政治和社会制度，具有不可忽视的政治和社会效用；美国之所以难以废除死刑，主要是因为美国是联邦制国家，在国家组织的设计上崇尚分权制衡，州具有独立于联邦的重要权力，地方主义和民粹主义对于死刑的保留发挥了重要作用。大卫·加兰德的美国死刑研究，对中国死刑研究乃至整个刑罚制度与实践的研究都具有重要启示。
9	《女性服刑人员攻击性与儿童期性虐待的关系》	马澜毓、罗震雷、许博洋	《中国心理卫生杂志》	2022年9月14日	文章探讨女性服刑人员攻击性与儿童期性虐待的关系，分析冷酷无情、自我控制在其关系间的作用。在某女子监狱选取服刑人员254人，采用简版童年创伤问卷(CTQ-SF)性虐待分量表、冷酷无情特质量表(ICU)、自我控制量表(SCS)、Buss-Perry攻击性量表(BPAQ)进行调查。结论是儿童期性虐待会直接加剧女性服刑人员的攻击性，并通过提升冷酷无情特质间接强化女性服刑人员的攻击性，自我控制在其中起到调节作用。
10	《中国现代化进程中犯罪类型的波动特征及其原因》	张小虎	《广东社会科学》	2022年9月2日	统计数据表明，伴随着持续的社会转型，中国犯罪类型的结构呈现出危害公共安全及妨害社会管理秩序犯罪的比重趋于增强的态势。究其原因，与公职懈怠、制度落空等治理漏洞不无关系。治理漏洞不仅有损于公共利益，而且忽视了相关群众的期待，易于动摇他们的道德信念，甚至会引发某些深感因治理漏洞而致自身利益受损者的强烈不满，从而发生严重的反社会行为。因此引发的犯罪也可谓是一种"涉众失范型犯罪"。制度规范对权力的控制不够严格是治理漏洞产生的一个重要因素，避免治理漏洞须要强健制度规范的机体，"把权力关进制度的笼子里"。

续表

序号	篇　名	作　者	期　刊	发表时间	内容简介
11	《大数据推动社会治理迈向“社会智理”——以社区矫正领域为例》	付立华	《山东师范大学学报(社会科学版)》	2022年7月25日	基于社区矫正力量不足、矫正对象的社会融入不够、技术(方法)不够先进等问题和需求,使大数据应用于司法社会治理领域成为必要。大数据与社会治理的有机融合,可以提升司法社会治理的智能化水平和工作效率。但是,大数据在司法社会治理中的应用程度仍然较低,以社区矫正为例,主要表现为司法大数据不够“大”、不够“全”、不够“准”等问题。大数据可以应用于社区矫正的全过程:在初入矫正阶段,通过采集社区矫正对象的社会状态监测数据,搭建社区矫正大数据平台,做好监测和犯罪预防;通过构建社区矫正案例库和数据库,利用大数据开展循证矫正;研究基于社会状态监测大数据的矫正方案,利用算法实现社会帮扶智能推荐。大数据通过“智慧矫正”和“智慧治理”,为社区矫正对象提供科学化、智能化、个性化的矫正方案,促进矫正对象融入社会,同时,在庞大群体、海量数据和个别化的帮扶和矫正方案之间架起了一座桥梁,提升了社会治理智能化水平。
12	《刑事政治视域的跨境婚姻人口贩运问题研究》	周建军	《云南民族大学学报(哲学社会科学版)》	2022年7月8日	源于跨境人口贩运的机械管控,出现了跨境事实婚姻治理的悖反——跨境事实婚姻家庭的美好生活目标与人口贩运管控思维的冲突,即违反跨境事实婚姻当事人意愿被驱逐出境的情况。基于无差别的婚姻权利,现存于跨境事实婚姻人口贩运、秩序管控的法益冲突,普遍存在基于美好生活目的的人性、情感、习惯、不得已等方面的因素。结合政治(善治)思维及其美好生活目的的要求,跨境婚姻治理也要考虑到跨境事实婚姻家庭的实际困难,立足民族区域自治、地方事务范畴,通过《中华人民共和国民法典》的实施,《中华人民共和国外国人永久居留管理条例(征求意见稿)》的修订和移民法的制定,进一步发挥地方立法的贴身效应,维护跨境通婚权利,改善边民生活,实现边疆社会治理及其民生福祉的更上层楼。

续表

序号	篇　名	作　者	期　刊	发表时间	内容简介
13	《罪犯狱内暴力的决策机制与行动逻辑》	郭晶英、孔一	《中国人民公安大学学报(社会科学版)》	2022年6月15日	虽然身处监狱高墙之下,也明知会导致必然、即时、严厉的惩罚,部分在押罪犯还是会实施暴力行为,这对犯罪学的经典理性选择理论提出了挑战。基于对J省监狱因实施暴力行为被单独监禁的27名罪犯的深度访谈,借助理性选择理论分析其暴力行为实施过程中的系列选择后发现:看似瞬间爆发的狱内暴力行为大都是高度理性的,行动者有对被害人、攻击时机和伤害程度等方面的"战术"考量和技术控制,传统管控措施无法彻底消除狱内暴力行为。申言之,狱内"全景敞视理性"场景下的暴力行为,难以用基于传统理性选择理论演绎出的惩罚威慑和情景预防策略加以防控,必须寻求新的防治路径以降低狱内暴力行为的发生概率。
14	《美国减少审前羁押最新举措——保释制度改革》	夏菲	《犯罪研究》	2022年6月20日	审前羁押规模庞大是美国刑事司法体系中的一个严重问题。保释制度在美国的刑事司法体系中具有非常重要的意义,美国宪法禁止对被告人科处过多的保释金,各州宪法亦对保释权有不同的规定,但保释金保释实际上造成大规模审前羁押。美国保释制度专门立法经历了三次大的变化,最新的变化是各州针对保释金保释进行改革,目标是大幅减少审前羁押人数,在方法上是采用循证风险评估基础上的司法裁量。
15	《未成年人刑事责任年龄制度文化基座的古今变奏——从〈大清律例〉到〈刑法〉》	孙远航	《南大法学》	2022年6月15日	传统中国法中关于未成年人刑事责任年龄制度的设计体现了传统中国独特的刑事责任观,与近现代刑事法律中的刑事责任年龄制度产生了鲜明的对比。传统中国未成年人刑事责任年龄制度基于关系本位的常识理性展开,而近代现代刑事责任年龄制度则是建立在个人本位的形式理性观基础之上的。民意/社会需要与立法/司法之间的互动关系构成了法律文化基座变迁的实质背景和法律制度/规则演变的具有一般意义的约束结构。我国刑法未成年人刑事责任年龄制度的未来发展必须基于"个人本位—形式理性"的文化基座展开,同时充分关照"关系本位—常识理性"的积极意义,以更好地回应民意/社会需要。

续表

序号	篇　名	作　者	期　刊	发表时间	内容简介
16	《对性侵儿童犯罪人实施化学阉割的本土化探索》	姚建龙	《环球法律评论》	2022年5月28日	化学阉割实际只是一种已经较为成熟的通过激素药物治疗并辅以心理辅导达到降低性犯罪人再犯率的治疗措施。国外化学阉割主要适用于性侵儿童犯罪人，是刑事司法进化的结果，也有对儿童最大利益的考量，其虽不完美但却是必要的选择。近年来，性侵未成年人犯罪在我国已成为广受关注的社会问题。刑法修正积极回应，呈现出严密惩治性侵未成年人犯罪法网，加重性侵未成年人犯罪处罚力度的特点。在现阶段，化学阉割的引入可行、必要且正当，其在有利于强化未成年人保护的同时，还能缓解性侵未成年人犯罪过度重刑化倾向。借鉴域外经验及结合本土实际，应当毫不迟疑地通过刑法修正案引入化学阉割，并更名为"药物治疗措施"，专门适用于性侵未成年人犯罪。
17	《论转化犯罪学的理论脉络与本土化发展》	吴宗宪	《政法论坛》	2022年5月13日	可以将转化犯罪学定义为探讨如何将相关研究成果转化为治理犯罪的实践、政策和法律的犯罪学分支学科。在国外，已经进行了较多的转化犯罪学研究和实践。在我国，对转化犯罪学也进行了一定研究；我国的监狱体制改革研究与实践和社区矫正改革研究与实践，是转化犯罪学研究与实践的成功实例。为了发展我国的转化犯罪学研究，促进我国的转化犯罪学实践，应该充分发挥相关各方的积极作用。
18	《京津冀社会治安联防联控机制研究》	卞婉萍	《北京警察学院学报》	2022年4月27日	随着京津冀一体化进程的持续推进，区域间人口流动与经贸往来的日益频繁，三省市之间社会生产生活的关联性不断增强，社会治安问题也日益趋于互动，逐步形成了相互依存、相互制约、相互影响的局面。为了更好地适应京津冀一体化发展的客观需要，解决当前复杂的区域治安问题，有效维护区域治安稳定，必须充分发掘京津冀社会治安整体优势，合理构建京津冀社会治安联防联控机制，为有效防控、打击违法犯罪，维护首都安全和区域稳定提供持续动力。

续表

序号	篇 名	作 者	期 刊	发表时间	内容简介
19	《2021年我国犯罪学研究述评》	王瑞山	《犯罪研究》	2022年4月20日	2021年我国犯罪学研究主要讨论了犯罪学学科发展路径、犯罪测量与犯罪趋势、犯罪人犯罪倾向的影响因素、犯罪行为发生的情境因素、网络犯罪防控、青少年犯罪治理、大数据技术与犯罪预防等主题,在一定程度上回应了疫情防控背景下犯罪治理现代化的理论需求。当前及未来我国犯罪学研究在全面加强的基础上,重点研究以下几个方面:犯罪测量研究、我国犯罪下降现象研究、犯罪原因理论的整合应用、犯罪预防措施的科学评估、犯罪科学或犯罪预防学科建设等。
20	《2021—2022年中国犯罪形势分析与预测》	靳高风、张雍锭、郭兆轩	《中国人民公安大学学报(社会科学版)》	2022年4月15日	在全球新冠疫情肆虐、经济下滑和社会治安形势恶化的背景下,2021年中国创造了经济大幅增长和社会持续稳定两大奇迹。随着全国范围内疫情的持续好转和生产生活秩序的逐步恢复,全国犯罪数量回归到了疫情之前,基本与2019年持平,群众安全感连续五年保持高位,社会治安持续向好。严重暴力犯罪持续下降,网络犯罪日趋增加,常态化扫黑除恶背景下黑恶势力犯罪数量大幅回落。从横向、纵向比较来看,中国以犯罪数量减少、严重暴力犯罪占比较低和社会治安持续向好的实际效果,创造了现代化进程中统筹发展与安全的中国犯罪治理新格局和中国特色的犯罪治理模式。根据中国经济社会发展趋势和犯罪治理策略,2022年中国犯罪态势将持续平稳,社会治安形势稳定。
21	《解构与建构:未成年人罪错行为分级制度研究》	朱良	《学习与实践》	2022年4月15日	未成年人罪错行为分级制度对于未成年人犯罪预防具有重要意义。我国现有的法律规范将未成年人罪错行为分为不良行为、严重不良行为和犯罪行为三种,该分级体系在分级标准、行为划分以及配套措施等方面,还无法满足未成年人犯罪预防的现实需要。下一步,应当根据危害行为、责任年龄以及法律后果,将未成年人罪错行为分为不良行为、触法行为、违警行为、触刑行为和犯罪行为五类,并在此基础上对现有立法进行局部修改,形成定位明确、层次清晰和衔接紧密的未成年人罪错行为分级体系。

续表

序号	篇　名	作　者	期　刊	发表时间	内容简介
22	《犯罪脚本分析框架构建及在犯罪防控中的应用研究》	隋晋光、陈鹏	《中国人民公安大学学报(社会科学版)》	2022 年 4 月 15 日	作为犯罪科学的一个新兴热点,犯罪脚本以理性选择、犯罪模式及日常活动等环境犯罪学理论为基础,以表格和流程图为主要表示方法,从犯罪人的角度出发采用模型化分析框架详细刻画犯罪过程的各个场景,帮助研究人员发现可能的干预点,据此设计实现情境犯罪预防。在理论研究和实践中,也可根据应用场景结合监管和被害人的视角对犯罪过程进行透视分析。针对应用中面临的现实挑战,犯罪脚本需依托知识图谱等大数据技术实现分析框架的自动化构建,注重与其他信息技术相结合,开展综合性分析研判。
23	《综合犯罪率测算方法与应用》	白建军	《中国刑事法杂志》	2022 年 4 月 9 日	传统犯罪率测算方法存在内容上的片面性、计量方法上的主观性、数据来源上的人为性等弊端。综合犯罪率是以法院刑事案件审理大样本为直接数据来源,对多个维度的刑事案件信息进行统计学降维处理而计算的犯罪率,是多个细分犯罪率以及从中提炼浓缩的主成分因子的综合。其测算方法实现了内容上的综合性、计算方法上的客观性和数据来源上的原始性三个突破。综合犯罪率的测算方法属于法学实证发现的工具理性范畴,为犯罪、刑法以及刑事政策研究拓展出一些新的知识推进场景:犯罪状况的评估与预测、刑事大样本数据信息的构造发现、犯罪与相邻社科现象之间关系的实证研究。470 万个样本的综合犯罪率测算结果发现,目前中国社会最突出的犯罪问题主要不是财产犯罪、暴力犯罪、人身犯罪,而是失信犯罪。此外,不能一般地说“经济越发达,犯罪问题就越严重”或者相反,不宜再将犯罪状况的“轻重”与刑事政策的“宽严”简单对应起来。
24	《虚拟货币犯罪现状、防治困境与对策研究》	蒋海涛	《山东警察学院学报》	2022 年 3 月 20 日	虚拟货币犯罪是当前新型犯罪类型中一种常见多发的犯罪形式,不法分子以虚拟货币为载体,进行新型传销、新型诈骗、新型洗钱等各种违法犯罪行为。虚拟货币本身的特点使得防治虚拟货币犯罪面临诸多困境,随着金融技术的进步和法律法规的不断更新,有部分防治虚拟货币犯罪的对策,已经不适应现状的变化,需要立足现状提出新的贴近实战的对策和建议。

续表

序号	篇　名	作　者	期　刊	发表时间	内容简介
25	《“冒充公检法”诈骗中犯罪嫌疑人的身份建构:社会符号学视角》	叶宁、赵云	《浙江工商大学学报》	2022年3月15日	电信网络诈骗是一种非接触式犯罪,无论犯罪嫌疑人采用什么样的科技手段,主要的媒介是语言。社会符号学强调符号在社会行动和交际中的功能。犯罪嫌疑人调用相关话语资源与语言策略对身份进行选择与建构的动态过程,是符号在语境再构下的解释和再解释过程。在“冒充公检法”类诈骗中,犯罪嫌疑人运用语类模板中的话语资源编造虚假信息,构建虚拟语境,通过话语实践确立虚假身份,利用话语策略实现不同身份的多元转换。在话语交际过程中,犯罪嫌疑人一方面限制受话人对话语资源的权力与控制,另一方面拓展对话空间加强与受话人之间的协商与互动,将目标身份通过语言符号经由对方建构,在确立自身的“机构代表身份”和受话人的“违法者身份”后,达到获取受话人信任、骗取钱财的交际目的。
26	《犯罪专业化及其对累犯和再犯精准化量刑的启示——基于260名在押犯人犯罪生涯的实证研究》	汪晓翔、刘仁文	《社会科学研究》	2022年3月1日	犯罪专业化是指犯罪人在多次犯罪中倾向于犯下同类型犯罪的现象,以先前犯罪经历预测当前犯罪类型的方法来探究犯罪专业化问题比较符合中国社会的特点。以260名有先前犯罪经历的在押犯人为研究对象的逻辑回归分析结果证实了犯罪专业化的存在:即盗窃、抢劫、故意伤害、强奸、诈骗和毒品犯罪6种(类)罪行中,每一种(类)先前犯罪行为都与同类型的当前犯罪行为显著相关,即以往某种类型的犯罪经历将大幅增加后续同类型犯罪的可能性。犯罪专业化揭示了犯罪原因和犯罪理论的多元性,对不同罪犯采取针对性矫正措施的必要性,以及关注犯罪生涯的重要性。前罪后罪之间的关系为累犯和再犯的精准化量刑提供了相对明确的参考,应从重处罚前后罪一致的累犯,不同再犯情形也应差异化对待。

续表

序号	篇　名	作　者	期　刊	发表时间	内容简介
27	《青少年越轨自我选择与社会原因解释力的比较》	杨学锋、张金武	《中国刑警学院学报》	2022年2月20日	为比较自我选择与社会原因视角的解释力,以概率抽样方法在某市选取了千余名中学生作为样本,对自我控制理论、社会纽带理论、一般紧张理论、社会学习理论在青少年越轨流行性与多样性上的预测效度进行了探索性的实证检验。一系列Logistic回归与负二项回归分析表明,四种理论基本上能够独立有效地解释青少年越轨;此外,鉴于自我控制理论对于其他实证犯罪学理论的极端排斥缺乏足够的经验支持,因而自我选择与社会原因视角的竞争关系应该让位于对各种潜在整合路径的探索。未来的本土犯罪学实证研究需要更加关注后者。
28	《修复正义观念下社会调查报告制度功能探析》	李小恺、苏志远	《预防青少年犯罪研究》	2022年1月27日	在未成年人司法运作体系中,参照社会调查报告的价值根基,再度考察发现,功能目标与法律规定的偏差、制作过程中的"接力—协作"模式以及适用过程中的"共性—同质"效果,制约着社会调查报告基础作用的发挥。通过不同视野的透视,法律体系下的"从宽"异化、个案处遇中的价值冲突,可能使社会调查制度具有形式化的风险。通过汲取修复正义观念这一理论资源,引导社会调查报告发挥预设功能。从主体连接、功能选择和内容提升等方面探讨改进措施,回归社会调查报告以教育矫正和社会修复为导向的制度设计目标。
29	《联合国成员国最低刑事责任年龄研究》	姜敏	《法律科学》	2022年1月26日	低龄少年儿童犯罪日趋严重,已使最低刑事责任年龄成为一个世界性难题。联合国成员国的最低刑事责任年龄规定差异较大,这使最低刑事责任年龄变成了一个具有跨文化特征的地方性概念。受多种因素的影响,我国学界对诸多成员国的最低刑事责任年龄的认知存在误区。不能孤立地解读和评价其他国家的最低刑事责任年龄"数字",而应动态和全面地审视其他国家的最低刑事责任年龄制度涉及的各种因素,才能得出合理、

续表

序号	篇　名	作　者	期　刊	发表时间	内容简介
29	《联合国成员国最低刑事责任年龄研究》	姜敏	《法律科学》	2022 年 1 月 26 日	中肯的评判结果。尽管联合国成员国对于以何年龄作为最低刑事责任年龄难达完全共识,但均认同最低刑事责任年龄应是犯罪时已具有认识能力和控制能力的年龄,且这也应是成员国立法拟制最低刑事责任年龄应遵守的一般原则。“立法+司法”确定事实年龄的双层机制,即立法明确规定年龄幅度和最低刑事责任年龄一般原则,司法机关根据具体情况确定事实年龄的机制,能最大限度地弥合立法拟制年龄与事实年龄之间的偏差,也是贯彻最低刑事责任年龄一般原则的合理路径。
30	《论刑事一体化视角的危险驾驶罪》	周光权	《政治与法律》	2022 年 1 月 5 日	近十年来,危险驾驶罪逐步成为我国刑法体系中发案数位列第一的罪名。但是,每年将 30 万左右的人贴上罪犯标签并使之承担过重的犯罪附随后果,甚至沦为社会的对立面,这无论对于国家、社会还是危险驾驶者个人来说,都是巨大损失,属于司法和个人的“两败俱伤”。基于刑事一体化的理念,有必要对危险驾驶罪进行体系化治理。实务中直接适用“但书”规定得出无罪结论是一种大而化之的做法,存在说理不足、与罪刑法定原则相抵触的“硬伤”。“但书”规定只能在行为缺乏刑事不法,以及虽具备刑事不法但存在免责事由,从而缺乏处罚必要性等事实得以确认之后才能有限适用。为限定本罪的适用范围,在司法上,需要准确理解本罪的客观构成要件要素,尤其要对抽象危险进行必要的司法“印证式”判断,以确定立法者所预设的法益危险是否存在,妥当认定违法阻却事由,准确认定本罪的自首,提高缓刑适用率,将认罪认罚之后的从宽处罚落到实处;在立法政策上,有必要根据犯罪发生的实证数据进行调整,适度提高入罪门槛,将“醉驾型”危险驾驶罪限定为“不能安全驾驶”的情形,同时配套修改公职人员政务处分法,建立轻微犯罪的前科消灭制度,以有效降低犯罪的附随效果;在犯罪的情境预防方面,强制汽车制造商安装车载酒精监测装置是减少犯罪的关键手段。

第五节 科研机构和人才培养

一、代表性科研机构、学术平台

随着中国特色社会主义法治体系的不断建设，我国犯罪学领域的科研机构、学术平台蓬勃发展，为我国犯罪学理论体系与学科建设持续提供重要的学术支撑与理论支持。

在往年《中国犯罪治理蓝皮书》的基础上，本部分拟对我国犯罪学领域代表性科研机构和学术平台的基本情况作进一步的更新和完善。

表 4-5 国内犯罪学代表性科研、实务、学术平台列表

序号	名 称	基本情况	任务功能、特色成果等
1	中国人民公安大学新型犯罪研究中心	2019 年 5 月，为全面贯彻落实习近平总书记在全国公安工作会议上关于坚持发展“枫桥经验”的重要讲话精神，落实总体国家安全观和公安部《关于全国公安机关坚持发展新时代“枫桥经验”的意见》，校党委研究决定成立非在编科研机构新型犯罪研究中心。	新型犯罪研究中心以系统性、持续性开展新犯罪类型及犯罪新手段的感知、建模、预警、预测、预防及综合治理策略研究为主要工作目标，努力推出一批高质量学术著述、专项研究报告、个案研判意见和智库建议，积极打造新型犯罪领域的一流学术方阵。 主要任务包括：一是追踪研究国内外新犯罪类型、犯罪新手段，编撰《国内外新型犯罪及研究动态》，持续推出年度《新型犯罪专题研究报告》并建设新型犯罪理论及案例研究数据库；二是整合团队跨学科优势资源，开展跨学科人才培养，为国家犯罪治理输送兼具较高理论政策水平和实战能力的复合型、智慧型人才；三是将研究成果凝练为教学内容，开设新型犯罪专题研究课程，推动学校相关学科专业教学改革。
2	全国新型犯罪研究中心重庆分中心	2022 年 7 月 28 日，全国新型犯罪研究中心重庆分中心揭牌成立。该中心首批聘任了顾问 5 名、研究员 37 名，聘任期限为 3 年。研究团队将开展侦查打击技战法、大数据智能应用等方面的研究，努力使全国新型犯罪研究中心重庆分中心成为打击治理新型犯罪的理论研究高地，指导服务实战的成果转化平台，培育高水平专业人才的摇篮园地。	随着信息化快速发展，以电信网络诈骗为代表的新型犯罪加速滋生发展，呈现出“多行业支撑、产业化分布、集团化运作、精细化分工、跨境式布局”等特点，大量诈骗团伙盘踞缅北等境外国家地区，利用区块链、虚拟货币、人工智能等新技术新业态，迭代升级犯罪手法，打不胜打、防不胜防。 特别是随着元宇宙等虚拟现实技术出现，更多难以预料的新型犯罪手段层出不穷。为了应对此严峻形势，国务院联席办牵头成立了全国新型犯罪研究中心，并根据工作成效、研究成果、发展前景等在全国选取

续表

序号	名　称	基本情况	任务功能、特色成果等
2	全国新型犯罪研究中心重庆分中心		了重庆市公安局等11家公安机关和通信科研部门设立了分中心。 全国新型犯罪研究中心重庆分中心将依托重庆市反诈骗中心运转,并聘任学术机构、金融、通管、新闻等部门行业、互联网安全企业等专家学者共同组建新型犯罪研究团队。
3	重罪检察证据分析研究基地	2022年4月15日,最高人民检察院与中国政法大学合作共建的重罪检察证据分析研究基地揭牌,最高人民检察院党组书记、检察长张军,教育部党组成员、副部长宋德民与中国政法大学领导共同为基地揭牌。	最高人民检察院党组成员、副检察长陈国庆表示,最高人民检察院与中国政法大学联合建立重罪检察证据分析研究基地,是践行习近平法治思想,落实最高人民检察院党组提出的“质量建设年”要求,提高检察官的证据审查、分析、判断能力,提升办案质量,推动重罪检察工作高质量发展的重要举措,希望将重罪检察证据分析研究基地打造成为重罪案件证据分析中心、证据科学研究中心、学术交流中心和咨询服务中心,助力做优做强重罪检察工作。
4	北京市犯罪学研究会企业职务犯罪治理专业委员会	2022年2月,北京市犯罪学研究会企业职务犯罪治理专业委员会宣布成立,并在北京本同律师事务所成功举办揭牌仪式暨专委会发展座谈会。	企业职务犯罪治理专业委员会是在北京市犯罪学研究会领导下,专门针对企业职务犯罪预防与治理、刑事合规与反舞弊等领域进行学术理论与实践研究的专业研究机构。在国家廉政建设反腐工作全面深入开展的大背景下,深入开展企业职务犯罪治理研究,对加快企业法治化进程意义重大,是企业治理的必要条件,也是中国企业提高市场竞争力,走向国际化的必由之路。 企业职务犯罪治理专业委员会旨在汇集科研机构、司法机关、企业、专家学者及行业实务人员的研究成果和实务经验,围绕企业职务犯罪预防与治理主题,研究企业职务犯罪的原因、特点、规律及趋势,提出治理预防企业职务犯罪对策、方法、建议,推动提升企业职务犯罪治理水平,提高企业廉政建设能力,帮助企业健康可持续发展。

续表

序号	名　称	基本情况	任务功能、特色成果等
5	广州市涉烟违法犯罪情报研判中心	2022年5月20日，广州市涉烟违法犯罪情报研判中心在市公安局食药环侦支队正式揭牌成立，该中心是由广州市公安局和广州烟草专卖局共同建设打造的数字化情报工作高地，是全国首个由地方公安机关、烟草部门合建的高水平综合情报研判平台。	广州市涉烟违法犯罪情报研判中心旨在运用信息化手段开展信息深度研判，为强力整治烟草领域制售假违法犯罪突出问题提供重要支撑，并在打击食药环知领域违法犯罪工作中进一步发挥大数据科技优势新动能。
6	雄安新区“侦查监督与协作配合办公室”	2022年2月17日，雄安新区两级检察机关和公安机关在新区公安局执法办案管理中心举行侦查监督与协作配合办公室揭牌仪式。	侦查监督与协作配合办公室的设立，标志着雄安构建新型检警关系步入了新阶段，新时代检察工作、公安工作将更加规范、更加高效、更加有力。要以侦查监督与协作配合办公室为新起点，切实增强责任感和使命感，依托侦查监督前移的特点和公安局执法办案管理中心集约化、一站式的特征，发挥优势，正确履行法律监督职责，搭建起合作平台，共同维护司法公正，以实际成效彰显侦查监督与协作配合新活力。
7	大连市中级人民法院“人民法院证券期货犯罪审判基地”	为落实中央对资本市场违法犯罪“零容忍”的工作要求，严厉打击证券期货犯罪，建立健全依法从严打击证券期货违法犯罪的司法体制机制，2020年12月，最高人民法院决定在全国8个中级法院成立“人民法院证券期货犯罪审判基地”；2022年3月8日，东北地区唯一一家“证券期货犯罪审判基地”在大连市中级人民法院正式揭牌成立。	证券期货犯罪审判基地揭牌后，大连市中级人民法院将积极推进证券期货犯罪审判基地的建设工作，完善证券期货犯罪案件审判机制，总结审判经验、提炼裁判规则，有效遏制证券期货犯罪案件多发、频发态势，维护资本市场秩序，助力法治化营商环境建设。同时，将进一步加强与检察、公安、证券期货监管等单位的协同配合，合力构筑信息互通、资源共用、成果共享的全链条金融安全防护屏障，努力打造可复制、可推广、可借鉴的证券期货犯罪审判大连模式。
8	岳阳市警税联合侦查中心	2022年4月29日，岳阳市警税联合侦查中心正式揭牌成立，标志着岳阳市深化税收征管改革、构建税收精诚共治格局进入新的阶段。	作为湖南省首个警税协作实体化机构，岳阳市警税联合侦查中心将有效构建岳阳“公安+税务”合成打击和防范涉税犯罪新格局，进一步提升打击涉税违法犯罪的影响力和威慑力。

二、犯罪学人才培养简况

2022 年全国高校、科研机构的硕士、博士学位论文中有大量选题属于犯罪学专业、方向,或与犯罪学领域存在直接相关性。本部分在往年度梳理总结犯罪学专业、方向硕士、博士学位点的情况基础上,将 2022 年全国犯罪学领域硕士、博士学位论文选题进行梳理汇总,同时也为在读硕士生、博士生科研选题提供一定的选题思考与指导。

表 4-6 2022 年犯罪学领域硕士、博士论文选题汇总表

序号	培养单位	学位层次	学院/导师情况	专业/方向	2022 年学位论文选题及作者
1	中国人民公安大学	博士	犯罪学学院/刘洪广	犯罪学	张华威:记忆主动抑制影响基于反应时的犯罪心理测试有效性
		硕士	侦查学院/杨郁娟	侦查学	杨晓成:投资型“杀猪盘”网络诈骗犯罪案件侦查研究
			韩娜	侦查学	马向涛:涉毒人员再犯罪预警模型研究——以 L 州毒品犯罪为例
			张磊	侦查学	杨虎林:针对老年群体诈骗犯罪预警模型构建研究
			毕惜茜	侦查学	刘英杰:犯罪嫌疑人在讯问中的受暗示性研究
			陈刚	侦查学	杨剑:跨境网络赌博犯罪案件侦查研究
			王晓伟	侦查学	李笑语:涉 GOIP 电信网络诈骗犯罪案件侦查研究
			王晓伟	侦查学	崔岱瑶:“杀猪盘”式电信网络诈骗犯罪跨境侦查协作研究
			刘明辉	侦查学	李昕彧:基于互动理论的恐怖组织合作特征演化规律研究
			曾庆华	侦查学	吕聿婷:基于社会治理创新视角的反恐防控体系建设研究
			张黎	侦查学	李煜盛:陆丰市毒品犯罪问题治理对策研究

续表

序号	培养单位	学位层次	学院/导师情况	专业/方向	2022 年学位论文选题及作者
1	中国人民公安大学	硕士	吴绍忠	侦查学	李继萌:“中国—中亚—西亚经济走廊”沿线恐怖袭击时空演化研究
			李丽华	侦查学	陈晨:一带一路背景下我国对外直接投资涉恐风险评估——以菲律宾为例
			井晓龙	侦查学	刘艺绚:危险废物污染环境犯罪侦查取证研究
			陈刚	侦查学	李徐铭:“杀猪盘”诈骗犯罪案件侦防对策研究
			李勇男	侦查学	魏巍:虚拟货币传销犯罪预警及侦查对策研究
			赵桂芬	侦查学	李颖:女性贩卖毒品犯罪嫌疑人的心理特征和讯问对策研究
			犯罪学学院/戴继诚	犯罪学	姜李萌:“东突”网络恐怖主义的资源动员与应对研究
			靳高风	犯罪学	柴琪:我国家庭成员间“一杀多人”严重暴力犯罪研究
			李春雷	犯罪学	孟强:农村生产、销售假冒伪劣食品犯罪问题研究——以 S 省为例
			王宏玉	犯罪学	潘振生:基于地点警务的盗窃犯罪地理空间分析与防控策略——以 H 市 X 区为例
			王明生	犯罪学	李佳佳:当前我国新精神活性物质犯罪防控研究
			王宏玉	犯罪学	王昱颖:我国侵犯网络著作权犯罪及对策研究
			张学超	犯罪学	沈宇佳:我国吸毒女性毒品犯罪及对策研究
			靳高风	犯罪学	崔一帆:黑恶势力犯罪特征及发现机制研究
			曹文明	犯罪学	陈浩:东部发达地区城市社区犯罪治理研究——以甲市为例

续表

序号	培养单位	学位层次	学院/导师情况	专业/方向	2022 年学位论文选题及作者
1	中国人民公安大学	硕士	王世卿	犯罪学	李梦真:“民族资产解冻类”诈骗犯罪治理研究
			郝英兵	犯罪学	周孟辞:被害人视域下网络婚恋交友诈骗犯罪防治研究
			王世卿	犯罪学	程鸿鑫:“涉黑涉恶型”套路贷犯罪治理研究
			李春雷	犯罪学	管建皓:我国非法处置医疗废物犯罪及防控研究
			周俊山	犯罪学	李鑫冰:公共安全支出视角下中国犯罪治理成效研究
			周俊山	犯罪学	王晨曦:住房保障视角下的犯罪治理实证研究
			胡宝荣	犯罪学	穆坤明:社区矫正对象重新犯罪预防研究
			马亚雄	犯罪学	丁正晗:C2C 城市民宿的犯罪预防研究
			治安学院/王莉	治安学	李子麒:完善中国与东盟治理跨国网络犯罪合作路径研究
			法学院/田力男	法学	孔飞:共同犯罪分案诉讼问题研究
			白俊华	法学	林晓狄:论环境犯罪刑事附带民事公益诉讼
			李玉华	法学	魏云皓:环境犯罪合规不起诉制度研究
			李玉华	法学	季荣祥:企业认罪认罚从宽制度研究
			郭晶	法学	陈影珊:认罪认罚协议破裂后的制度应对问题研究
			张伟珂	法学	赵欣瑜:高空抛物罪刑法限缩研究
			杨金彪	法学	刘哲:行贿罪的“为谋取不正当利益”研究
			杨金彪	法学	王琳景:盗窃罪中占有问题研究
			张伟珂	法学	胡凌晨:职务侵占罪“非法占有目的”的司法认定

续表

序号	培养单位	学位层次	学院/导师情况	专业/方向	2022年学位论文选题及作者
1	中国人民公安大学	硕士	法学院/杨金彪	刑法学	姚佳音:强奸罪中违背妇女意志疑难问题研究
			张伟珂	刑法学	赵伟池:药品犯罪中的中立帮助行为研究
			法学院/马明亮	法律硕士（法学）	殷悦佳:共同犯罪适用认罪认罚从宽制度研究
			史丹如范贞	法律硕士（法学）	崔健飞:运输毒品罪停止形态研究
			杨金彪	法律硕士（法学）	王晓晨:论侵犯著作权罪中的“复制发行”
			法学院/徐伟红	法律（非法学）	李冬:反恐重点目标的立法完善研究
			李玉华	法律（非法学）	许紫仪:环境犯罪检察建议研究
			田力男	法律（非法学）	邢华商:性侵犯罪中未成年被害人司法保护研究
			郭晶	法律（非法学）	栾佳星:认罪认罚从宽制度中的被害人保护问题研究
			黄娜、刘东根	法律（非法学）	向承志:以危险方法危害公共安全罪疑难问题研究
			陈志军	法律（非法学）	张春晓:非驾驶人道路交通犯罪刑事责任研究
			信息网络安全学院/陈鹏	电子信息	张超鹏:盗窃犯罪人群体空间行为选择及预测研究
			陈鹏	电子信息	赵迪:基于地域特征的犯罪人共案关系网络及预测
			信息网络安全学院/金华	安全防范工程	吴铭:面向爆炸威胁的大型体育场馆安全风险评估研究
			陈鹏	安全防范工程	陈泳奇:大型体育赛事对犯罪风险的影响及预测——以北京夏季奥运会为例

续表

序号	培养单位	学位层次	学院/导师情况	专业/方向	2022 年学位论文选题及作者
1	中国人民公安大学	硕士	金华	安全防范工程	任建宇:面向恐怖袭击的安全防范系统效能评估方法研究
			胡啸峰	安全防范工程	沈兵:城市犯罪风险时空分布预测方法研究
			信息网络安全学院/李欣	网络空间安全执法技术	焦凯楠:面向反恐领域的命名实体识别
2	华东政法大学	博士	知识产权学院/曹文泽	知识产权	胡建文:网络商标权犯罪裁判标准研究
			刑事法学院/卢勤忠	刑法学	何鑫:弱人工智能产品致害的刑法归责原理
			刘宪权	刑法学	姜天琦:论交通肇事罪中的“因逃逸致人死亡”
			于改之	刑法学	练泰霖:论我国海外商业贿赂犯罪的刑事规制
			郑伟	刑法学	张弘:抽象危险犯问题研究
			王永全、邱格屏	公安法学	陈柄臣:数据犯罪研究
		硕士	刑事法学院/何萍	刑法学	汪小芳:论假药犯罪主观故意之认定
			王玉珏	刑法学	江淑娟:轻罪立法的扩张理念与平衡机制
			毛玲玲	刑法学	寿宁静:刑事合规制度构建的本土化路径研究
			李翔	刑法学	郝雪婷:不作为犯罪中先行行为的问题研究
			卢勤忠	刑法学	童心怡:利用他人错漏薅电商羊毛的刑法研究
			吴允锋	刑法学	王珠:网络爬虫行为的刑事法律规制
			刘宪权	刑法学	张香林:刑法修正案修正罪名的溯及力研究

续表

序号	培养单位	学位层次	学院/导师情况	专业/方向	2022年学位论文选题及作者
2	华东政法大学	硕士	张勇	刑法学	王温柔:论刑法中的悔罪表现
			王恩海	刑法学	孙雪洁:被害人过错在司法实践中的运用
			吴允锋	刑法学	韩转:私募基金领域非法吸收公众存款罪的司法认定研究
			徐宏	刑法学	朱首章:受贿犯罪保护法益研究
			孙万怀	刑法学	胡静:违法性认识的司法适用及判断
			卢勤忠	刑法学	洪晨露:被害人危险接受情境下的刑法归责研究
			吴允锋	刑法学	王雨嫣:帮助信息网络犯罪活动罪的司法适用
			毛玲玲	刑法学	刘慧:保险诈骗罪主体及共犯问题研究
			李翔	刑法学	范诗瑶:过失犯中注意义务的边界
			李翔	刑法学	田瑜:抽象危险犯之定义及正当化问题研究
			李振林	刑法学	刘聪谚:侵犯商业秘密罪的入罪标准探析
			刘宪权	刑法学	彭赛嘉:合法方式勒索财物行为刑法规制研究
			卢勤忠	刑法学	王羽:人脸信息刑法保护制度研究
			何萍	刑法学	戴柠卉:网络爬虫技术下深度链接行为的刑法规制
			毛玲玲	刑法学	沈昱熙:论法定犯的刑事违法性判断
			于改之	刑法学	孙天洋:权利行使与敲诈勒索罪的界分
			吴允锋	刑法学	陶宁:论不真正不作为犯的作为义务来源
			刘宪权	刑法学	石雄:滥用职权罪的结果归属与罪过形式
			何萍	刑法学	荆纬:截贿行为的刑法定性研究
			马寅翔	刑法学	张子钰:论“欺骗”电子代理人侵财行为的刑法定性和规制路径

续表

序号	培养单位	学位层次	学院/导师情况	专业/方向	2022 年学位论文选题及作者
2	华东政法大学	硕士	何萍	刑法学	刘继琨:单位犯罪归责问题研究——以刑事合规为进路
			王玉珏	刑法学	朱媛:黑社会性质组织的特征认定
			吴允锋	刑法学	武东方:侵犯公民个人信息罪中“公民个人信息”的认定
			孙万怀	刑法学	李珈:论拒不履行信息网络安全管理义务罪的虚置困境与解决之道
			李振林	刑法学	宋梓源:新型网络黑灰产活动的刑法规制
			于改之	刑法学	李双剑:互殴与防卫的界分——从互殴的限缩解释与类型化入手
			刘宪权	刑法学	朱斌斌:网络服务提供者的刑事责任研究
			卢勤忠	刑法学	吴蕊君:刑事合规视角下我国单位犯罪制度的重构
			刘宪权	刑法学	茅智锋:欺诈发行证券罪的规范构造
			孙万怀	刑法学	徐佳蓉:帮助犯的规范化认定
			何萍	刑法学	阮持特:双重买卖行为的刑法规制
			徐宏	刑法学	薛静怡:刑事合规的本土化建构
			刘宪权	刑法学	吴珈伊:侵犯公民个人信息罪的认定困境与解决路径
			徐宏	刑法学	喻蓉:修正二元论下金融犯罪的限缩适用路径
			毛玲玲	刑法学	李敏:网络中立帮助行为司法认定问题研究
			卢勤忠	刑法学	杨旭涛:客观处罚条件的体系定位和解释适用
			李翔	刑法学	康晶晶:刑法中客观处罚条件的研究
			李振林	刑法学	赵漪萍:侵犯商业秘密罪“情节严重”之认定
			王恩海	刑法学	管丽:论负有照护职责人员性侵罪

续表

序号	培养单位	学位层次	学院/导师情况	专业/方向	2022年学位论文选题及作者
2	华东政法大学	硕士	王恩海	刑法学	张楠:论法定犯出罪路径探究
			刘宪权	刑法学	戴滢:编造、故意传播虚假信息罪的司法适用与立法完善——以网络造谣为视角
			孙万怀	刑法学	张怡静:论受虐妇女事后反击行为出罪事由——以紧急避险二分说为视角
			刘宪权	刑法学	陈丽铃:自洗钱行为的刑法分析
			张勇	刑法学	郑疏越:非法植入基因编辑、克隆胚胎罪问题研究
			徐宏	刑法学	孟潞潞:论洗钱罪的保护法益
			应培礼	公安法学	鲍柯舟:我国民营企业犯罪现状及治理研究
			陈和华	公安法学	程心怡:“杀猪盘”网络诈骗犯罪被害研究
			吴羽	公安法学	张明晗:未成年人侦查讯问制度研究
			王永全	公安法学	洪珊珊:网络非法集资案件侦查研究——基于上海市司法案例实证分析
			肖建国	公安法学	周梦雨:预防未成年人犯罪信息化建设中的问题研究
			高慧开	公安法学	林曦:网络传销案件的侦查研究——基于司法案例的实证分析
			虞浔	公安法学	钱玉荣:智能合约犯罪风险及防控
			应培礼、王瑞山	公安法学	史秀珍:水污染犯罪行为生成机制及其防控研究
			马贺	公安法学	刘静玮:针对女性的“亲密伴侣故意杀人犯罪”研究
			倪铁、栾时春	公安法学	陶宇杰:职务犯罪治理视野中监察权与检察权衔接机制研究
			法律学院/邵军	诉讼法学	王莹莹:涉罪民间借贷案件刑民程序衔接问题研究
			刑事法学院/邓晓霞	诉讼法学	王悦:未成年被害人隐私权保障问题研究

续表

序号	培养单位	学位层次	学院/导师情况	专业/方向	2022 年学位论文选题及作者
2	华东政法大学	硕士	王戬	诉讼法学	车永红:认罪认罚从宽在重罪案件中的适用研究
			陈邦达、张栋	诉讼法学	李赫:告诉才处理犯罪追诉模式研究——以网络侮辱、诽谤为视角
			知识产权学院/龙文懋	知识产权	黄滢:侵犯商业秘密罪中的行为因素研究
			刑事法学院/于改之	法律硕士(法学)	王俊博:骗购经济适用房行为的法教义学分析
			何萍	法律硕士(法学)	王艾琦:侵财型虚假诉讼行为的刑法规制
			吴允锋	法律硕士(法学)	王孟昕:帮助信息网络犯罪活动罪司法适用疑难问题研究
			徐宏	法律硕士(法学)	郝飒:自洗钱刑法规制问题研究
			卢勤忠	法律硕士(法学)	贾慧芳:逃税罪出罪条款的适用问题研究
			孙万怀	法律硕士(法学)	柴雪映:人工智能生成物著作权的刑法保护研究
			李翔	法律硕士(法学)	赵梦杰:第三方支付背景下非法取财行为的刑法定性问题研究——以支付宝为例
			于改之	法律硕士(法学)	刘铉:担保贷款双重欺诈行为定性研究
			徐宏	法律硕士(法学)	陈晓楠:截贿行为的刑法定性研究
			龙敏	法律硕士(法学)	张瑞宁:恶意注册网络账号黑灰产业链的刑法规制研究
			龙敏	法律硕士(法学)	郭桦森:转移他人支付宝财产行为的刑法分析
			马寅翔	法律硕士(法学)	吴成:高空抛物罪的司法适用问题研究

续表

序号	培养单位	学位层次	学院/导师情况	专业/方向	2022年学位论文选题及作者
2	华东政法大学	硕士	龙敏	法律硕士（法学）	马安平：高空抛物犯罪司法适用问题研究
			张勇	法律硕士（法学）	冯明昱：侵犯商业秘密罪的刑法适用问题研究
			吴允锋	法律硕士（法学）	廖士佳：侵犯商业秘密罪立法修正与司法适用
			王恩海	法律硕士（法学）	陈湘琳："套路贷"行为的刑法规制研究
			李振林	法律硕士（法学）	张含雨：降低刑事责任年龄规定的限制适用
			王玉珏	法律硕士（法学）	丁海媛：非法利用信息网络罪司法认定问题研究
			李振林	法律硕士（法学）	吴仪：流量劫持行为的刑法定性
			马寅翔	法律硕士（法学）	罗好：新型支付方式下盗骗交织型侵财案件定性研究
			卢勤忠	法律硕士（法学）	张慕琴：表见代理中诈骗罪的司法认定
			李翔	法律硕士（法学）	王茗：论被害人过错对量刑的影响
			王玉珏	法律硕士（法学）	周宇航：侵犯不动产行为刑法定性研究
			王玉珏	法律硕士（法学）	王禹周：袭警罪司法适用若干问题研究
			邓晓霞	法律硕士（法学）	陈婵媛：共同犯罪案件确定刑量刑建议研究
			毛玲玲	法律硕士（法学）	严颖哲：高空抛物罪的司法适用研究
			王恩海	法律硕士（法学）	王亚丽：黑社会性质犯罪的组织特征研究

续表

序号	培养单位	学位层次	学院/导师情况	专业/方向	2022年学位论文选题及作者
2	华东政法大学	硕士	张勇	法律硕士(法学)	郑明明:负有照护职责人员性侵罪问题研究
			孙万怀	法律硕士(法学)	李金忞:不作为犯罪中先行行为的认定标准研究
			马寅翔	法律硕士(法学)	王赫彬:论网络谣言犯罪的刑法适用
			徐宏	法律硕士(非法学)	张利:受贿罪量刑标准独立化研究
			李振林	法律硕士(非法学)	杨欣欣:制作、销售网络游戏外挂行为的刑法规制
			何萍	法律硕士(非法学)	陈皓:冒用花呗的刑法定性研究
			于改之	法律硕士(非法学)	全璐媛:高空抛物罪的教义学分析
			孙万怀	法律硕士(非法学)	陈烨坪:论强奸案中被害人不同意的认定问题
			于改之	法律硕士(非法学)	黄敏:妨害安全驾驶罪的刑法认定
			马寅翔	法律硕士(非法学)	王旷俨:侵犯商业秘密罪中"情节严重"的认定
			卢勤忠	法律硕士(非法学)	刘汉璇:帮助信息网络犯罪活动罪的司法认定
			张勇	法律硕士(非法学)	韩超:抢夺罪若干问题研究
			龙敏	法律硕士(非法学)	孙诚建:ICO行为的刑法规制
			龙敏	法律硕士(非法学)	王新建:聚众斗殴罪司法认定疑难问题研究
			王恩海	法律硕士(非法学)	张昊天:高空抛物罪的教义学分析与司法适用

续表

序号	培养单位	学位层次	学院/导师情况	专业/方向	2022 年学位论文选题及作者
2	华东政法大学	硕士	张勇	法律硕士（非法学）	乔竞成：妨害药品管理罪问题研究
			毛玲玲	法律硕士（非法学）	吕凤晶：消费者过度维权与敲诈勒索之边界研究
			吴允锋	法律硕士（非法学）	何家荣：骗取贷款罪的规制限缩研究
			毛玲玲	法律硕士（非法学）	王可尔：骗取贷款罪的认定：罪质、罪量、罪状
			李翔	法律硕士（非法学）	侯晓瑞：被害人醉酒状态下被性侵的刑法定性研究
			何萍	法律硕士（非法学）	夏炳楠：自洗钱入罪后的司法适用问题研究
			卢勤忠	法律硕士（非法学）	陈萍：我国涉兴奋剂犯罪的刑法规制研究
			国际法学院/于南	法律硕士（非法学）	张诗琪：对网络恐怖主义犯罪定义统一的研究
			社会发展学院/杨旭	社会工作	林佩佩：导师制在青少年犯罪预防中的本土化构建——借鉴美国发展经验
			政府管理学院/彭彦强	公共管理	梁宇：电信网络诈骗犯罪协同治理研究——以S市P区为例
3	中国政法大学	博士	刑事司法学院/马皑	刑法学	张蔚：犯罪恐惧感实证研究——基于大湾区四城调查展开
		硕士	刑事司法学院/阮齐林	刑法学	明铭：违法性认识的体系定位、功能和判断方法——以本土犯罪论体系为背景
			耿佳宁	刑法学	吕文易：电信网络诈骗犯罪的共犯形式及认定——基于个人信息安全保护的角度展开
			民商经济法学院/周长玲	知识产权法学	唐久英：侵犯商业秘密犯罪研究

续表

序号	培养单位	学位层次	学院/导师情况	专业/方向	2022 年学位论文选题及作者
3	中国政法大学	硕士	法学院/施鹏鹏	法律硕士（法学）	张文哲:刑事合规本土化的反思与重构
			董淑君	法律硕士（法学）	潘丹婧:扒窃型盗窃罪的入罪标准研究
			董淑君	法律硕士（法学）	董浩然:骗取贷款罪适用的疑难问题研究
			法律硕士学院/林静	法律硕士（非法学）	钱楠:重罪案件适用认罪认罚从宽制度研究
			李本森	法律硕士（非法学）	陈晨:非法吸收公众存款罪案件适用认罪认罚从宽制度实证研究
			阮齐林	法律硕士（非法学）	樊迪:猥亵儿童犯罪人人格特点与刑事政策和刑事处置措施
			石亚淙	法律硕士（非法学）	全婧:代孕的刑法规制
			政治与公共管理学院/刘星	公共管理（MPA）	高尚:加密货币犯罪的防范及监管研究
4	甘肃政法大学	硕士	司法警察学院/马红平	侦查学	唐朝:网络枪支犯罪的侦查困境与对策
			李波阳	侦查学	关文斌:大数据引导女性职务犯罪案件调查的研究
			马红平	侦查学	姬万里:洗钱犯罪的特点及侦查对策研究
			魏克强	侦查学	卢逸薇:网络赌博犯罪案件侦查研究
			贺小军	侦查学	孟君:网络涉众型经济犯罪案件侦查机制研究
			张郁	侦查学	桑志强:网络涉毒犯罪的侦查难点及对策研究
			魏克强	侦查学	魏睿明:侵犯公民个人信息犯罪侦防研究
			王春梅	侦查学	闫振伟:流窜犯罪情报导侦机制研究

续表

序号	培养单位	学位层次	学院/导师情况	专业/方向	2022年学位论文选题及作者
4	甘肃政法大学	硕士	祁虹	侦查学	王浩伟:监察委职务犯罪调查权监督机制研究
			李波阳	侦查学	王进玉:网络寄递渠道贩毒案件的侦查研究
			金涛	法学	张磊:电信诈骗犯罪中电子数据取证研究
			史玉成	法学	张墁针:恢复性司法在环境资源犯罪领域的适用问题研究——基于239份刑事判决文书样本的分析
			刘宁生	刑法学	康蕊:恐怖主义融资行为刑法规制研究
			屈耀伦	刑法学	鹏措昂杰:自洗钱的刑法适用研究
			屈耀伦	刑法学	袁颢:"套路贷"犯罪认定困境及对策研究——基于实证考察的视角
			康诚	诉讼法学	陶叔中:犯罪心理测试认定主观罪过的效度研究
			周爱保	诉讼法学	王丽:认知负荷对犯罪心理测试中个体反应的影响
			司法警察学院/秦冠英	法律硕士(法学)	冷佳珉:我国强奸罪问题研究——基于性别平等的视角
			秦冠英	法律硕士(法学)	吕东娟:交通肇事罪中"逃逸"行为的司法认定
			曾磊	法律硕士(法学)	刘镇宏:人工智能体的刑法规制研究
			王宏璎	法律硕士(法学)	张潇月:"两法"施行背景下涉罪未成年人审前程序保护研究
			贺小军	法律硕士(法学)	康元昊:未成年人犯罪适用认罪认罚从宽制度的问题及完善对策
			王春梅	法律硕士(法学)	王欣怡:企业犯罪附条件不起诉制度构建研究
			王春梅	法律硕士(法学)	吕云婕:我国技术侦查立法完善研究

续表

序号	培养单位	学位层次	学院/导师情况	专业/方向	2022年学位论文选题及作者
4	甘肃政法大学	硕士	祁亚平	法律硕士(法学)	宋雨:未成年人罪错行为规制研究
4	甘肃政法大学	硕士	武晓红	法律硕士(法学)	旷银:我国保险诈骗罪"着手"问题研究
4	甘肃政法大学	硕士	武晓红	法律硕士(法学)	王立业:我国过失致人死亡罪实行行为司法认定研究
4	甘肃政法大学	硕士	武晓红	法律硕士(法学)	文旭东:我国环境犯罪刑罚配置问题研究
4	甘肃政法大学	硕士	叶竹梅	法律硕士(法学)	吴慧君:网络谣言的刑法规制
4	甘肃政法大学	硕士	刘宁生	法律硕士(法学)	刘小田:论袭警罪的司法认定
4	甘肃政法大学	硕士	刘宁生	法律硕士(法学)	唐茗:宣扬恐怖主义、极端主义罪司法认定问题研究
4	甘肃政法大学	硕士	叶竹梅	法律硕士(法学)	张呈乐:人工智能刑事责任主体资格探究
4	甘肃政法大学	硕士	屈耀伦	法律硕士(法学)	李彦桥:《刑法修正案(十一)》药品犯罪增改之立法分析
4	甘肃政法大学	硕士	曾磊	法律硕士(法学)	沈莹:网络服务提供者刑事责任研究
4	甘肃政法大学	硕士	屈耀伦	法律硕士(法学)	刘慷:妨害安全驾驶罪的司法适用研究
4	甘肃政法大学	硕士	叶竹梅	法律硕士(法学)	陶登贺:环境犯罪刑事立法的不足与完善
4	甘肃政法大学	硕士	武晓红	法律硕士(法学)	颜建行:截贿行为的刑法定性研究
4	甘肃政法大学	硕士	曾磊	法律硕士(法学)	何婷婷:网络恐怖主义犯罪的法律规制研究
4	甘肃政法大学	硕士	武晓红	法律硕士(法学)	汪筱月:大数据时代侵犯公民个人信息罪的司法适用困境

续表

序号	培养单位	学位层次	学院/导师情况	专业/方向	2022年学位论文选题及作者
4	甘肃政法大学	硕士	曾磊	法律硕士（法学）	陶龙太：区块链应用风险及刑法规制研究
			屈耀伦	法律硕士（法学）	郑金荣：高空抛物罪的教义学分析
			郑高键	法律硕士（法学）	姜芃伊：新型支付背景下诈骗罪认定疑难问题研究
			曾磊	法律硕士（法学）	李忠洋：电信网络诈骗犯罪司法认定问题研究
			武晓红	法律硕士（法学）	任家英：涉人工智能犯罪中生产和使用者的刑事责任研究
			刘宁生	法律硕士（法学）	潘书丹：高空抛物罪司法适用问题研究
			张郁	法律硕士（法学）	杨戈：商业代孕入刑及立法设计研究
			陈君武	法律硕士（法学）	郑祖贻：我国轻罪扩张问题研究——基于《刑法修正案十一》的分析
			李波阳	法律硕士（法学）	陈文静：性侵未成年人的犯罪人员信息公开制度研究
			秦冠英	法律硕士（法学）	张晓涵：积极主义刑法观下代孕行为入刑研究
			秦冠英	法律硕士（法学）	孟繁琪：高空抛物行为的刑民交叉案件程序问题研究
			陈洁	法律硕士（法学）	曹永艳：电信网络诈骗犯罪治理研究——以A市为例
			张郁	法律硕士（法学）	张凯迪：流量类黑灰产犯罪治理路径研究
			秦冠英	法律硕士（法学）	高歌：自动驾驶汽车交通肇事的刑事归责研究
			马红平	法律硕士（法学）	张秋实：论我国未成年人罪错行为分级处遇制度的完善

续表

序号	培养单位	学位层次	学院/导师情况	专业/方向	2022 年学位论文选题及作者
4	甘肃政法大学	硕士	张郁	法律硕士(法学)	那依:校园贷犯罪治理研究
			祁虹	法律硕士(法学)	周小雯:未成年人犯罪的量刑研究
			叶竹梅	法律硕士(法学)	王盼盼:我国校园霸凌行为的刑法规制
			张郁	法律硕士(法学)	孟亚鹏:高空抛物罪法律适用问题研究
			祁虹	法律硕士(法学)	杨玉麟:网络空间中寻衅滋事罪适用探究
			陈君武	法律硕士(法学)	孔银繁:性侵犯罪中未成年被害人刑事法律保护研究
			公共管理学院/任文启	社会工作	卢欣妍:涉罪未成年人人身危险性评估量表的本土化建构研究
5	北京师范大学	博士	刑事法律科学研究院/吴宗宪	刑法学	李易尚:当前我国女性服刑人员监狱适应问题研究
			张远煌	刑法学	秦开炎:企业反腐败合规机制研究
			张远煌	刑法学	赵炜佳:合作预防政策理念下企业刑事合规机理研究
		硕士	刑事法律科学研究院/吴宗宪	刑法学	董姝含:我国配偶杀人犯罪中女性被害因素及预防研究
			吴宗宪	刑法学	于跃:暴力伤医犯罪的生成与预防——基于默顿“社会结构-失范”理论的研究
			赵军	刑法学	牟丹阳:纠缠型性骚扰行为的刑法规制探讨——以自我民族志的被害经历为切入
			赵军	刑法学	冀彩阳:论警察用枪原则及合法性判断基准——以美国为参照
			苏明月	刑法学	陈新蕊:触罪未成年人保护处分制度研究

续表

序号	培养单位	学位层次	学院/导师情况	专业/方向	2022年学位论文选题及作者
5	北京师范大学	硕士	王秀梅	刑法学	岳艾洁:人工智能产品事故中制造商的刑事责任研究
			王超	诉讼法学	陈强:企业犯罪暂缓起诉协议研究
			法学院/吴宗宪	法律(非法学)	董优:亲密伴侣暴力犯罪研究
			吴宗宪	法律(非法学)	窦思敏:非法集资犯罪被害研究
			吴宗宪	法律(非法学)	王晓文:论“杀猪盘”犯罪及其预防
			赵军	法律(非法学)	吴勇起:与智障女发生性关系定性问题研究——以同居情境为中心
			赵军	法律(非法学)	张红丽:性同意年龄的“保护立场”与“主体立场”研究——以纵向观察的个案为中心
			赵军	法律(非法学)	田园:强奸指控型诬告陷害研究
			赵军	法律(非法学)	潘中宜:贿赂犯罪不对称惩罚研究——以实验法为中心
			张远煌	法律(非法学)	孙昕锴:刑事合规计划的有效性判断
			张远煌	法律(非法学)	袁晓童:企业合规附条件不起诉的适用研究
			张远煌	法律(非法学)	邓冰纨:企业刑事合规激励机制研究
			赵书鸿	法律(非法学)	周宇:亲密伴侣杀人犯罪中犯罪人特征研究
			赵书鸿	法律(非法学)	郭旭龙:中国亲密伴侣杀人犯罪风险因素经验性研究
			夏扬	法律(非法学)	崔安琪:情理和法理的冲突与协调——以国产犯罪电影的塑造为例
			黄晓亮	法律(非法学)	陈敏:未成年人校园危害活动的惩治与防范

续表

序号	培养单位	学位层次	学院/导师情况	专业/方向	2022年学位论文选题及作者
5	北京师范大学	硕士	黄晓亮	法律（非法学）	刘流：未成年人犯罪适用缓刑的考察与反思
			黄晓亮	法律（非法学）	侯清许：未成年缓刑犯社区矫正的考察与研究
			王秀梅	法律（非法学）	吕松雨：我国未成年人校园暴力犯罪的惩治
			郑延谱	法律（非法学）	刘宏剑：建立我国未成年人罪错行为先议制度刍议
			郑延谱	法律（非法学）	何佳栩：对未成年人犯罪适用缓刑制度的考察与反思
			苏明月	法律（非法学）	张朝霞：刑事责任年龄规定的适用问题研究——以刑法第十七条第三款为切入点
			印波	法律（非法学）	袁韬：醉驾行为的非犯罪化研究
			印波	法律（非法学）	陈婉萍：社交电商渐进式合规路径研究——以某团队计酬型企业为例
			周振杰	法律（非法学）	金美贤：日本反腐败合规的经验与启示
			法学院/张远煌	法律（非法学、2021年）	李雨婷：民营企业家职务侵占犯罪的特征与预防
6	中南财经政法大学	博士	刑事司法学院/杨宗辉	侦查学	方康澜：电信网络诈骗犯罪侦查方法论
			董邦俊	侦查学	毛彦民：海上侦查制度研究
			齐文远	刑法学	杨百合：刑事法视阈内出罪制度研究
			周详	刑法学	农海东：危害数据生产行为犯罪化研究
			齐文远	刑法学	汪千力：生物安全视角下的环境刑法立法研究
			齐文远	刑法学	魏玲：网络言论的刑法规制研究

续表

序号	培养单位	学位层次	学院/导师情况	专业/方向	2022年学位论文选题及作者
6	中南财经政法大学	博士	徐立	刑法学	陈文培:故意杀人罪的类型化探析
			童德华	刑法学	陈清水(TRAN THI THANH THUY):中越单位(商业法人)犯罪比较研究
		硕士	刑事司法学院/付凤	侦查学	冯向程:行踪数据在侦查中的应用与规制研究
			杨立云	侦查学	孔维婕:智慧人脸识别的侦查应用研究
			彭峰	侦查学	田宇同:网络婚恋平台诈骗犯罪侦查研究
			胡向阳	侦查学	吴欣楠:论毒品犯罪特情引诱合法性审查方法
			付凤	侦查学	黄叶谛:机动车保险诈骗案件侦查对策研究
			杨宗辉	侦查学	张亮:调查核实阶段电子数据取证制度研究
			胡向阳	侦查学	杜畅:涉快递毒品犯罪案件侦查取证研究
			王安全	侦查学	李唯秀:网络集资诈骗犯罪案件侦查对策研究
			周鑫	侦查学	徐轶琳:危害食品安全犯罪侦查研究
			彭峰	侦查学	干莹:交通肇事逃逸犯罪侦查取证研究
			杨宗辉	侦查学	毛敏:毒品犯罪侦查中风险决策应用研究
			王安全	侦查学	王渠成:网络刷单犯罪案件侦查对策研究
			杨立云	侦查学	张婷:侵犯公民个人信息犯罪案件取证研究
			彭峰	侦查学	赵雪莲:走私珍贵动物及其制品犯罪侦查研究
			杨立云	侦查学	胡凯强:家庭暴力犯罪取证问题研究
			戴涛	侦查学	王福玲:黑社会性质组织犯罪侦查取证研究
			董邦俊	侦查学	樊超越:“杀猪盘”网络诈骗犯罪侦查研究
			杨柳	刑法学	朱凌寒:虚假诉讼罪既遂的认定

续表

序号	培养单位	学位层次	学院/导师情况	专业/方向	2022 年学位论文选题及作者
6	中南财经政法大学	硕士	田国宝	刑法学	宁笑笑:污染环境罪罪过形式研究
			童德华	刑法学	马嘉阳:监督过失犯罪中实行行为定型的研究
			王安异	刑法学	方亨通:论侵害英雄烈士名誉、荣誉罪的保护法益
			夏勇	刑法学	孟崔国:“截贿”行为刑法定性研究
			周详	刑法学	范睿彬:故意杀人罪死刑适用条件研究
			王安异	刑法学	王钰琪:大数据时代侵犯公民个人信息罪研究
			周详	刑法学	翁少凡:袭警罪司法适用的限缩研究
			周凌	刑法学	赵佳雨:论“家暴反杀”行为之出罪路径
			张正宇	刑法学	王冬芹:污染环境罪中的抽象危险犯研究
			田国宝	刑法学	姚乐发:担保贷款双重欺骗行为的刑法定性研究
			赵俊新	刑法学	陈克琴:医疗事故罪中“严重不负责任”的司法认定
			丁友勤	刑法学	严慧洁:论虚开增值税专用发票罪的司法认定标准
			张正宇	刑法学	綦纪:论共犯的脱离
			郭泽强	刑法学	高园:“深度伪造”刑法规制研究
			王良顺	刑法学	胡琪:自动驾驶汽车交通肇事刑事归责研究
			夏朝辉	刑法学	乐梦宁:医疗美容过失致害行为的构罪研究
			程红	刑法学	段甜甜:租车质押借款行为的刑事司法认定问题研究
			夏勇	刑法学	闫玲玲:冒用他人消费信贷产品行为的罪名适用研究
			夏勇	刑法学	闫思茜:非法使用公民个人信息行为入罪研究

续表

序号	培养单位	学位层次	学院/导师情况	专业/方向	2022年学位论文选题及作者
6	中南财经政法大学	硕士	王安异	刑法学	赵俊源:高频交易行为之刑法定性分析
			张克文	刑法学	冯瑞治:数额犯未遂问题研究
			王复春	刑法学	董争辉:论刑法中的特别残忍手段——以故意杀人罪为核心
			周凌	刑法学	杨璠:论"假药"的刑法学认定标准
			齐文远	刑法学	李婧:恶势力犯罪集团首要分子刑事责任研究
			郭泽强	刑法学	张德权:河道内非法采砂行为的刑法定性研究
			丁友勤	刑法学	曹素兰:假想防卫过当的罪过认定问题研究
			童德华	刑法学	梁萌瑜:合规作为单位污染环境罪责任阻却事由研究
			夏朝辉	刑法学	邹立:轻微暴力致死行为的刑法定性研究
			童德华	刑法学	张珂:论洗钱罪共同犯罪参与人的分类
			齐文远	刑法学	郭云飞:合同诈骗罪之"非法占有目的"的认定研究
			李正新	刑法学	简敏红:合规本土化下的企业刑事责任制度构建
			王复春	刑法学	张兰:担保贷款双重欺诈行为刑法定性研究
			周详	刑法学	银杉敏慧:自动驾驶事故中的过失犯罪研究
			赵俊新	刑法学	金斓:高空抛物罪的司法适用研究
			齐文远	刑法学	马雪萌:食品监管渎职罪研究
			赵俊新	刑法学	单鸿:利用加密货币洗钱犯罪问题研究
			程红	刑法学	张依楠:使用盗窃行为刑法定性问题研究
			郭泽强	刑法学	蔡铭林:对我国刑法危险犯的重新认识

续表

序号	培养单位	学位层次	学院/导师情况	专业/方向	2022年学位论文选题及作者
6	中南财经政法大学	硕士	杨柳	刑法学	白若辰:诈骗罪中被害人错误认识的认定研究
			夏勇	刑法学	杨娜:利用网络编造、传播虚假信息行为的刑法定性
			王安异	刑法学	吴超莹:妨害传染病防治罪的因果关系研究
			王良顺	刑法学	邓兆锦:醉驾型危险驾驶罪的立法限缩研究
			张克文	刑法学	汤嘉欣:运输毒品罪的司法适用
			法学院/石晓波	诉讼法	罗琬钧:罪错未成年人分级处遇制度研究
			陈实	诉讼法	张欣:企业犯罪附条件不起诉制度研究
			法律硕士教育中心/齐文远	法律硕士(法学)	张昊元:刑法三百三十四条之一非法采集行为认定
			杨柳	法律硕士(法学)	王微:高空抛物罪客观方面的认定研究
			郭泽强	法律硕士(法学)	任贺新:侵犯商业秘密罪的司法认定问题研究
			杨柳	法律硕士(法学)	张思远:侵犯公民个人信息罪的法益探究
			齐文远	法律硕士(法学)	兰美青:网络型诽谤罪定罪研究
			丁友勤	法律硕士(法学)	邵海宏:醉酒型危险驾驶罪构成要件要素的出罪解释
			郭泽强	法律硕士(法学)	王益瑜:高空抛物罪构成要素研究
			齐文远	法律硕士(法学)	陈滢琪:自动驾驶汽车交通致害犯罪的刑法规制研究
			姚培培	法律硕士(法学)	高飒:袭警罪司法适用研究

续表

序号	培养单位	学位层次	学院/导师情况	专业/方向	2022年学位论文选题及作者
6	中南财经政法大学	硕士	袁建伟	法律硕士（法学）	张军蓝：论贷款诈骗罪"非法占有目的"的认定
			童德华	法律硕士（法学）	孙思雯：数额犯罪数处断研究
			严本道	法律硕士（法学）	何挺松：我国企业犯罪暂缓起诉制度的构建
			付凤	法律硕士（法学）	贾向汝：未成年人故意杀人罪量刑规范化问题研究
			刘代华	法律硕士（法学）	杨夏：冒名顶替罪的主体界定
			李正新	法律硕士（法学）	田添昊：催收非法债务罪中非暴力催收行为研究
			齐文远	法律硕士（法学）	陈淦：论非法经营罪规范的限缩适用
			董邦俊	法律硕士（法学）	王佳欣：我国涉罪未成年人观护制度研究
			董邦俊	法律硕士（法学）	谢亮亮：商业代孕行为的刑法规制研究
			夏勇	法律硕士（非法学）	魏琳峰："涉黑"组织首要分子刑事责任的认定
			刘代华	法律硕士（非法学）	付小芳：集资诈骗罪"非法占有目的"认定研究
			李正新	法律硕士（非法学）	柳海洲：妨害安全驾驶罪的司法认定研究
			夏朝晖	法律硕士（非法学）	李虎：网络文学作品著作权的刑法保护问题分析
			齐文远	法律硕士（非法学）	张雯锦：非法吸收公众存款罪的司法限缩适用
			张克文	法律硕士（非法学）	徐海坤：平和型高速公路逃费行为的刑法定性研究

续表

序号	培养单位	学位层次	学院/导师情况	专业/方向	2022 年学位论文选题及作者
6	中南财经政法大学	硕士	汪军民	法律硕士（非法学）	张瑾瑜:数据爬取行为的私法规制问题研究
			张克文	法律硕士（非法学）	夏敏:交通肇事罪中的“事故责任”认定研究
			杨柳	法律硕士（非法学）	罗青瑶:以危险方法危害公共安全罪限缩适用论
			刘代华	法律硕士（非法学）	朱玉霞:窃取网络虚拟财产行为的刑法定性分析
			周详	法律硕士（非法学）	郭娜:防卫过当罪过形式研究
			夏勇	法律硕士（非法学）	张谷:骗租车辆质押套现行为的定罪处罚研究
			刘代华	法律硕士（非法学）	臧婧秋:侵害英雄烈士名誉、荣誉罪认定问题研究
			夏勇	法律硕士（非法学）	黄子琰:高速公路闯卡逃费行为罪名适用研究
			刘代华	法律硕士（非法学）	韩瑞:非暴力型强奸中妇女性同意问题研究
			程红	法律硕士（非法学）	吴倩:利用爬虫技术侵犯个人信息行为刑法定性研究
			杨柳	法律硕士（非法学）	刘金晶:非法植入基因编辑、克隆胚胎罪适用问题研究
			张德淼	法律硕士（非法学）	王昕:吸毒驾驶行为刑法规制研究
			郭泽强	法律硕士（非法学）	余新平:受虐妇女杀夫案件的量刑问题探究
			赵俊新	法律硕士（非法学）	马竹林:醉驾型危险驾驶罪实质出罪研究
			张敬	法律硕士（非法学）	温萌:过度维权的刑法规制——以敲诈勒索罪为视角

续表

序号	培养单位	学位层次	学院/导师情况	专业/方向	2022年学位论文选题及作者
6	中南财经政法大学	硕士	郭泽强	法律硕士（非法学）	陈金露：网络环境下侵犯著作权罪的司法认定研究
			信息与安全工程学院/李毅鹏	管理科学与工程	丁晓：基于图神经网络的反洗钱算法研究
			金融学院/柏艺益	金融学	张瑞云：金融素养与金融诈骗——基于CHFS2015的微观证据
			会计学院/唐国平，刘忠全	会计	夏余诚：商业银行反洗钱管理内部控制优化研究——以HK银行为例
7	安徽大学	博士	法学院/魏汉涛	刑法学	陈心哲：新时代知识产权刑法保护面临的挑战及其应对
		硕士	法学院/魏汉涛	刑法学	向梅：高空抛物罪的刑法教义学解读
			行江	刑法学	杨璇：帮助信息网络犯罪活动罪司法适用研究
			陈结淼	刑法学	方沁怡：有偿代孕行为的刑法规制研究
			李婕	刑法学	徐敬文：公民人脸识别信息的刑法保护
			刘少军	诉讼法学	金鹏坤：毒品犯罪适用技术侦查措施研究——以300份裁判文书为样本
			储陈城	法律硕士（法学）	王帆：论增设侵犯公民隐私罪
			何俊	法律硕士（法学）	唐小利：论人类基因编辑行为的刑法规制
			陈结淼	法律硕士（法学）	徐佳佳：故意杀人案件中被害人过错对刑罚裁量的影响研究——以188例故意杀人案件为样本
			行江	法律硕士（法学）	刘子慧：聚众斗殴中实行过限研究
			行江	法律硕士（法学）	张凯：袭警罪之法律适用研究

续表

序号	培养单位	学位层次	学院/导师情况	专业/方向	2022 年学位论文选题及作者
7	安徽大学	硕士	魏汉涛	法律硕士(法学)	陈茜茜:虚假诉讼罪的司法适用问题研究
			鲁雪英	法律硕士(法学)	解飞翔:高空抛物罪司法适用问题研究
			储陈城	法律硕士(法学)	范学松:致特殊体质被害人死亡结果归责问题研究
			行江	法律硕士(法学)	朱晓:高空抛物罪研究
			陈结淼	法律硕士(法学)	史焰翔:帮助信息网络犯罪活动罪司法适用的典型问题研究
			秦策	法律硕士(法学)	宋帅帅:网络型开设赌场罪司法认定问题研究
			陈结淼	法律硕士(法学)	孙珍:虚假诉讼行为入罪标准研究——以261份判决为样本
			魏汉涛	法律硕士(非法学)	秦晓:污染环境罪争议问题研究
			张辉	法律硕士(非法学)	范小梅:污染环境罪罪过形式研究
			高尚	法律硕士(非法学)	张朝阳:自动驾驶交通肇事主体的刑事责任研究
			郭志远	法律硕士(非法学)	王佳意:袭警罪适用问题研究
			陈浩淼	法律硕士(非法学)	张梦晴:妨害传染病防治罪司法适用研究——以66份刑事裁判文书为样本
			陈浩淼	法律硕士(非法学)	满晴晴:危险作业罪的司法认定研究
			行江	法律硕士(非法学)	丁越:帮助信息网络犯罪活动罪司法适用研究
			李婕	法律硕士(非法学)	吴嫚:未成年人罪错行为分级干预体系研究

续表

序号	培养单位	学位层次	学院/导师情况	专业/方向	2022年学位论文选题及作者
7	安徽大学	硕士	陈浩淼	法律硕士（非法学）	葛钰：涉疫情以危险方法危害公共安全罪研究
			管理学院/杨剑、宛任磊	MPA	韦政：合肥市电信网络诈骗犯罪治理研究
8	吉林大学	博士	法学院/李海滢	刑法学	陈闻博：海外追赃中腐败犯罪资产分享机制研究
			王充	刑法学	刘健：合同诈骗罪实质解释研究
			姚建宗	法学理论	陈伟健：职务犯罪讯问的心理学应用问题研究
		硕士	法学院/郑军男	刑法学	杨汉宇：刑事强制措施的若干问题研究
			张旭	刑法学	刘柳斯：交通肇事罪之逃逸行为研究
			徐岱	刑法学	刘治含：论被害人过错对交通肇事罪定罪量刑的影响
			徐岱	刑法学	谢非：醉酒型危险驾驶罪量刑问题研究
			王充	刑法学	马书雷：网络诈骗犯罪问题研究及防控对策——以J省C市为例
			王军明	刑法学	刘冠楠：国家安全刑法体系完善研究
			张旭	刑法学	郑春文：轻伤害案件司法实务的思考
			李立丰	刑法学	陈黎铭：收买被拐卖的妇女、儿童罪量刑适用问题研究
			王弘宁	刑法学	游凯婕：论贿赂犯罪完成形态的对向关系——以对向行为与对向关系的应用辨析为视角
			郑军男	刑法学	王健伊：信用卡诈骗犯罪防控研究
			张旭	刑法学	于晰：偷换二维码取财犯罪行为性质认定研究
			李立丰	刑法学	宋鲁娟：双罚制语境下单位犯罪刑罚制度的立法完善

续表

序号	培养单位	学位层次	学院/导师情况	专业/方向	2022年学位论文选题及作者
8	吉林大学	硕士	李立丰	刑法学	张鑫蕾:帮助信息网络犯罪活动罪增设背景下网络中立帮助行为处罚范围研究
			李立丰	刑法学	阿茹菡:婚内强奸犯罪化研究
			贾志强	刑法学	李昀泽:未成年人犯罪社区矫正存在的问题及对策研究
			李海滢	刑法学	付祎:网络涉毒行为刑法规制研究
			贾志强	刑法学	胡笛:野生动物资源刑事保护问题研究
			徐岱	刑法学	崔兢赫:论未遂犯的处罚根据
			王充	刑法学	周子钰:论骗取贷款罪中"重大损失"的认定
			徐岱	刑法学	林冠旭:受贿且枉法裁判行为罪数问题研究
			王弘宁	刑法学	宋飞龙:共犯关系脱离的认定与归责问题研究
			李海滢	刑法学	徐梦滢:"两头骗"式租车诈骗行为定性研究
			陈劲阳	刑法学	刘卓:污染环境罪与投放危险物质罪竞合情形的司法适用研究
			郑军男	刑法学	温瑞:论过失犯中的预见可能性
			张旭	刑法学	如海燕·阿布拉克木:侵犯公民个人信息罪的司法适用研究
			张旭	刑法学	热依扎:"暴力型"虐待罪司法适用研究
			郑军男	刑法学	陈佳南:新冠疫情防控期妨害传染病防治罪司法适用及其反思——以最高法发布的第三批典型案例为研究对象
			王勇	刑法学	刘一帆:论帮助信息网络犯罪活动罪中的明知
			张旭	刑法学	朱笑延:数字社会背景下电信网络诈骗的刑法应对研究

续表

序号	培养单位	学位层次	学院/导师情况	专业/方向	2022年学位论文选题及作者
8	吉林大学	硕士	李蓁通	刑法学	杨丛:强迫交易罪司法认定研究
			李立丰	刑法学	张馨月:论我国反腐机制中财产申报制度的刑法落实
			李海滢	刑法学	李一楠:侵犯财产罪中存款占有归属问题研究
			王充	刑法学	王旭烽:诈骗罪中的处分意识问题研究
			徐岱	刑法学	战铁鸣:侵犯商业秘密罪中电子侵入行为研究
			王勇	刑法学	丁悦:集资诈骗罪“非法占有目的”司法认定研究
			王军明	刑法学	于文彧:论非法吸收公众存款罪的限缩适用
			李海滢	刑法学	安桂鱼:转移第三方支付平台信用卡内资金行为定性研究
			张旭	刑法学	刘琦:网络爬取公民个人信息行为的入罪标准判断
			李蓁通	刑法学	郭阳:刑事案件中正当防卫的司法适用问题研究
			陈劲阳	刑法学	刘人铭:法秩序统一视野下自救行为的出罪功能研究
			陈劲阳	刑法学	朱研婷:非法获取型侵犯商业秘密罪新增行为方式的理解与适用——以《刑法修正案(十一)》为背景
			张旭	刑法学	史云舟:对非法经营罪扩张研究的省思
			陈劲阳	法学	赵子轩:利用网络开设赌场罪的司法认定
			王军明	法律硕士(法学)	孟欣:醉酒型危险驾驶出罪路径研究
			徐岱	法律硕士(法学)	李月:盗刷支付宝绑定银行卡行为的认定

续表

序号	培养单位	学位层次	学院/导师情况	专业/方向	2022年学位论文选题及作者
8	吉林大学	硕士	陈劲阳	法律硕士(法学)	周岩:高空抛物罪认定问题探究
			闵春雷	法律硕士(法学)	于佳序:刑事合规不起诉中合规考察模式问题研究
			徐岱	法律硕士(法学)	吴怡岑:诈骗罪中处分意识问题研究
			张旭	法律硕士(法学)	王喆:袭警罪司法适用实证研究
			郑军男	法律硕士(法学)	郭雪:论故意伤害罪中的"伤害"
			李海滢	法律硕士(非法学)	李木子:猥亵行为刑法定性研究
			王弘宁	法律硕士(非法学)	王越:中立帮助行为的限制处罚研究
			张旭	法律硕士(非法学)	刘雪阳:帮助信息网络犯罪活动罪司法适用探析
			郑军男	法律硕士(非法学)	张竞艺:侵犯公民个人信息罪犯罪客体研究
			钱大军	法律硕士(非法学)	朱鸣宇:网络中立帮助行为的规制研究
			徐岱	法律硕士(非法学)	赵宗龙:论任意损毁型寻衅滋事罪的适用
			徐岱	法律硕士(非法学)	马春竹:论窃取网络虚拟财产的认定
			王军明	法律硕士(非法学)	孙一丹:组织、领导传销活动罪中组织者、领导者的司法认定
			徐岱	法律硕士(非法学)	杨光:妨害传染病防治罪的罪过形式研究
			徐岱	法律硕士(非法学)	曹津瑞:论催收非法债务罪的适用

续表

序号	培养单位	学位层次	学院/导师情况	专业/方向	2022年学位论文选题及作者
8	吉林大学	硕士	张旭	法律硕士（非法学）	郎小雨：催收非法债务罪的认定研究
			陈劲阳	法律硕士（非法学）	范静玲：负有照护职责人员性侵罪司法适用疑难问题探析
			陈劲阳	法律硕士（非法学）	戈莹：催收非法债务罪实行行为认定问题探究
			徐岱	法律硕士（非法学）	任行：网络开设赌场行为的司法认定研究
			王军明	法律硕士（非法学）	特日格乐：代币发行的刑法规制
			李海滢	法律硕士（非法学）	丁玲：逃税罪中初犯免责条款适用问题研究
			王军明	法律硕士（非法学）	于晓彤：终身监禁的适用问题研究
			李立丰	法律硕士（非法学）	王乙渊：卖淫类犯罪中"外包型代聊手"刑事责任认定研究
			李立丰	法律硕士（非法学）	邱艳红：过度维权行为的刑法处罚界限
			郑军男	法律硕士（非法学）	郭海铭：交通肇事罪"逃逸"问题研究
			王勇	法律硕士（非法学）	吕鑫：新型支付方式下盗窃罪与诈骗罪的界分
			张旭	法律硕士（非法学）	周禹彤：高空抛物罪司法适用研究
			陈劲阳	法律硕士（非法学）	鹿宏飞：妨害药品管理罪立法完善探析
			王军明	法律硕士（非法学）	色米拉·艾则孜：非法经营罪兜底条款司法适用问题研究
			王充	法律硕士（非法学）	刘泽民：论司法解释中"严重污染环境"的体系化理解

续表

序号	培养单位	学位层次	学院/导师情况	专业/方向	2022 年学位论文选题及作者
8	吉林大学	硕士	王军明	法律硕士(非法学)	任丽莉:侵犯公民个人信息罪中"情节严重"的认定
			王军明	法律硕士(非法学)	马佳懿:论不纯正不作为犯作为义务来源的认定
			王勇	法律硕士(非法学)	徐佳新:拒不执行判决、裁定罪司法适用问题研究
			王勇	法律硕士(非法学)	赵志辉:侵犯公民个人信息罪中公民个人信息认定研究
			王军明	法律硕士(非法学)	张雪:公民个人信息刑法保护研究
			李拥军	法律硕士(非法学)	李裕川:数据化时代侵犯公民个人信息罪法益的重新厘定
			行政学院/马雪松	公共管理	赵俊达:吉林省农村黑恶势力犯罪打击治理问题研究
			李靖	公共管理	滕一赫:J 省电信网络诈骗治理面临的问题及对策研究
			哲学社会学院/李晓玲	社会工作	马小梅:非机构化处遇下涉罪未成年人认知行为偏差矫正社会工作研究——以 Z 机构小组介入为例
9	广西师范大学	硕士	法学院/苏方元	法学	袁六群:组织商业代孕行为的刑法规制研究
			苏方元	法学	张博:英国仇恨犯罪研究
10	贵州民族大学	硕士	法学院/吴大华	法学	刘佳秋子:水上交通肇事行为的刑法规制
			陈孝平	法学	周超:被害人承诺若干问题新探——基于规范犯罪论视角
			封贵平、向鹏	法学	蒋爱:侵占不动产行为的刑法规制
			陈孝平	法学	郑成:组合犯类型化研究
			张雯、刘伟琦	法学	潘爽:以危险方法危害公共安全罪若干特殊行为类型适用研究

续表

序号	培养单位	学位层次	学院/导师情况	专业/方向	2022年学位论文选题及作者
11	河北大学	硕士	法学院/田旭	刑法学	魏颖:侵害英雄烈士名誉、荣誉罪争议问题研究
			赵学军	刑法学	栾思远:妨害药品管理罪研究
			田旭	刑法学	刘琳:集资诈骗罪中的被害人过错适用问题研究
			赵学军	刑法学	刘啸:妨害安全驾驶罪立法与司法适用问题研究
			牛忠志	刑法学	王开:数罪并罚的疑难问题研究
			赵学军	刑法学	郝晨彤:妨害传染病防治罪司法认定问题研究
			牛忠志	刑法学	晋泽禹:渎职罪法定刑配置研究
			苏永生	刑法学	李百超:生态文明视野下环境刑法的保护法益研究
			苏永生	刑法学	袁高娜:非法代孕行为犯罪化研究
			陆洲	诉讼法学	付逸玮:职务犯罪案件适用认罪认罚从宽制度研究
			陈玉忠、赵雪莲	法律硕士(法学)	裴天回:重罪案件适用认罪认罚从宽制度问题研究
			田旭、赵雪莲	法律硕士(法学)	冀荟竹:寻衅滋事罪司法适用问题研究
			牛忠志、刘文峰	法律硕士(法学)	李博岚:帮助信息网络犯罪活动罪司法适用疑难问题研究
			冯军、张德新	法律硕士(法学)	杜炜纯:罪错未成年人分级干预体系研究
			田旭、李冀闽	法律硕士(法学)	徐晨:电信网络诈骗行为定罪问题研究
			苏永生、姚志强	法律硕士(法学)	刘婷:不真正不作为犯的归责研究

续表

序号	培养单位	学位层次	学院/导师情况	专业/方向	2022年学位论文选题及作者
11	河北大学	硕士	田旭、朱良酷	法律硕士（法学）	贾雨婷:盗窃虚拟财产行为定罪问题研究
			牛忠志、李冀闽	法律硕士（法学）	李泽君:催收非法债务罪的法教义学解析
			苏永生、姚志强	法律硕士（法学）	张衍:大数据背景下公民个人信息的刑法保护
			陈玉忠、何秉群	法律硕士（非法学）	申佳:网络诈骗犯罪案件证据收集问题研究
			苏永生、戴军峰	法律硕士（非法学）	杜晓倩:我国土地犯罪立法研究
			赵学军、赵雪莲	法律硕士（非法学）	姚浩:催收非法债务罪研究
			赵学军、李磊	法律硕士（非法学）	徐永亮:危险作业罪研究
			冯军、彭少勇	法律硕士（非法学）	张雪琦:醉酒型危险驾驶犯罪刑事治理问题研究——以刑事裁判文书为样本的分析
			苏永生、田文利	法律硕士（非法学）	高京京:“入户抢劫”的司法认定问题
			苏永生、陈庆瑞	法律硕士（非法学）	尹登峰:篡改型虚假诉讼行为定性问题研究
			管理学院/孙伊凡	公共管理	关海龙:河北省B监狱老年罪犯管理研究
12	河南财经政法大学	硕士	刑事司法学院/臧冬斌	刑法学	晁艺华:刑法中的中立帮助行为研究
			张二军	刑法学	朱明慧:虚开增值税专用发票罪研究
			焦占营	刑法学	李亚飞:催收非法债务罪研究
			房清侠	刑法学	李昊洋:诈骗罪中的处分行为研究
			臧冬斌	刑法学	杨兰:大数据背景下个人信息刑法保护研究

续表

序号	培养单位	学位层次	学院/导师情况	专业/方向	2022年学位论文选题及作者
12	河南财经政法大学	硕士	丁华宇	刑法学	闫振亚:刑法出罪事由研究
			张二军	刑法学	高碧东:扫黑除恶背景下强迫交易罪司法适用研究
			法学院/梁静	法律硕士(法学)	梁继元:涉罪企业合规不起诉制度研究
			姜保忠	法律硕士(法学)	连薇:刑事案件"同案同判"的困境及其实现路径研究
			焦占营	法律硕士(法学)	吕胜楠:醉酒型危险驾驶罪认定问题研究
			陈璐	法律硕士(法学)	张新歌:积极刑法观视域中的轻罪立法研究
			焦占营	法律硕士(非法学)	杨文涛:非法植入基因编辑、克隆胚胎罪研究
			公共管理学院/任宝玉	公共管理	李钰:监狱罪犯文化教育管理研究——以YN监狱为例
			社会学院/王金山、赵锦路	社会工作	赵晓广:小组工作介入青少年网络犯罪社区矫正实务研究——以"枯木逢春"小组为例
13	河南大学	硕士	法学院/谷永超	刑法学	赵迈:污染环境罪的罪过形式研究
			樊建民	刑法学	刘祥蕊:徇私型渎职罪的认定问题研究
			王爱鲜	刑法学	李啸天:侵犯公民个人信息罪的检视与完善
			刘夏	刑法学	李琦:ICO融资行为的刑法规制研究
			蔡军	刑法学	董琪:虚假诉讼罪的司法适用问题研究
			刘夏	刑法学	陈佳玉:我国帮助行为正犯化立法的反思与完善
			庞冬梅	刑法学	马佳慧:电信诈骗取款行为定性研究

续表

序号	培养单位	学位层次	学院/导师情况	专业/方向	2022年学位论文选题及作者
13	河南大学	硕士	谷永超	法律硕士(法学)	张金灿:帮助信息网络犯罪活动罪的适用问题研究
			庞冬梅	法律硕士(法学)	牛俊华:黑社会性质组织司法认定问题研究
			樊建民、付钦斌	法律硕士(法学)	姜润生:论高空抛物罪
			樊建民、耿景智	法律硕士(法学)	孙先哲:论催收非法债务罪
			蔡军	法律硕士(法学)	张翀:论网络恶势力犯罪的司法认定
			晋涛、刘英旭	法律硕士(法学)	李帅:网络爬虫的刑法规制研究
			刘夏、杨硕	法律硕士(法学)	李秋瑶:妨害安全驾驶罪的司法认定
			蔡军、孙仲贤	法律硕士(法学)	李腾宇:侵犯公民个人信息罪的司法认定
			庞冬梅、代朝辉	法律硕士(法学)	王忍:骗取贷款罪司法适用研究
			蔡军、邓强	法律硕士(法学)	谢寒:论妨害安全驾驶罪
			杨金科、王丽霞	法律硕士(法学)	赵修迎:高空抛物罪司法适用研究
			郝守才、赵根元	法律硕士(法学)	陈栋:共罚的事后行为研究
			樊建民	法律硕士(非法学)	孙凡清:“变相吸收公众存款行为”的刑法分析
			郝守才	法律硕士(非法学)	徐孟辉:论合同诈骗与民事合同欺诈的界分——以张某杰合同诈骗案为例
			谷永超	法律硕士(非法学)	时晨茜:论“职务侵占罪”中利用职务上的便利

续表

序号	培养单位	学位层次	学院/导师情况	专业/方向	2022年学位论文选题及作者
13	河南大学	硕士	樊建民	法律硕士（非法学）	栾梦娟：校园欺凌刑法规制的缺陷及其完善
			王爱鲜	法律硕士（非法学）	沈刚：网络中立帮助行为可罚性研究
			刘夏	法律硕士（非法学）	沙子暄：催收非法债务罪的司法认定研究
			蔡军	法律硕士（非法学）	王磊：拒不履行信息网络安全管理义务罪司法适用问题研究
			庞冬梅	法律硕士（非法学）	郭东阳：中立帮助行为可罚性研究——以帮助信息网络犯罪活动罪为视角
14	黑龙江大学	硕士	法学院/董玉庭	刑法学	王玥：贪污罪与其他财产犯罪量刑不均衡研究
			于逸生	刑法学	丛璐：校园暴力行为的刑法规制
			刘彦辉	刑法学	田思阳：拒不履行信息网络安全管理义务罪研究
			刘彦辉	刑法学	刘明哲：利用影响力受贿罪疑难问题研究
			董玉庭	刑法学	兰天：律师伪证罪研究
			丁玉翠	刑法学	王舒：风险社会背景下环境犯罪的刑法规制
			陈建旭	刑法学	单欣欣：盗窃欠条犯罪问题研究
			董玉庭	刑法学	付莹：置换二维码的犯罪问题研究
			法学院/陈晨	法律硕士（法学）	刘京源：挪用公款罪若干问题研究
			于文沛	法律硕士（法学）	邢家衡：郭某某贷款诈骗罪案研究
			丁玉翠	法律硕士（法学）	陈阳：利用网络猥亵儿童犯罪的司法认定
			陈晨	法律硕士（法学）	马甜甜：妨害安全驾驶罪的司法认定

续表

序号	培养单位	学位层次	学院/导师情况	专业/方向	2022年学位论文选题及作者
14	黑龙江大学	硕士	刘彦辉	法律硕士(法学)	杨娅:网络造谣行为的刑法规制
			于文沛	法律硕士(法学)	徐大勇:高空抛物的刑法学分析
			丁玉翠	法律硕士(法学)	鄂明月:高空抛物罪的司法认定
			王静	法律硕士(法学)	马召霞:刘某等敲诈勒索罪案研究
			李欣	法律硕士(法学)	刘金鑫:碰瓷行为的刑法规制
			董玉庭	法律硕士(法学)	吴治学:侵犯公民个人信息罪的司法适用研究
			于文沛	法律硕士(法学)	上官士尚:教唆自杀行为的刑法定性分析
			李欣	法律硕士(法学)	李敏婷:论强迫交易罪的认定
			刘彦辉	法律硕士(法学)	袁紫琦:侵犯公民个人信息罪问题研究
			陈建旭	法律硕士(法学)	冯佳聪:郭某敲诈勒索案研究
			王静	法律硕士(法学)	付雪莹:汪某某交通肇事案研究
			董玉庭	法律硕士(法学)	王丹:论网络爬虫的刑法规制
			王静	法律硕士(法学)	孙梦哲:秦某某散布网络谣言行为性质研究
			陈建旭	法律硕士(法学)	马冰琛:张某正当防卫案研究
			董玉庭	法律硕士(法学)	吴思宇:“套路贷”刑事案件司法适用困境与突破

续表

序号	培养单位	学位层次	学院/导师情况	专业/方向	2022年学位论文选题及作者
14	黑龙江大学	硕士	丁玉翠	法律硕士（法学）	王丽艳:非法获取网络虚拟财产司法认定研究
			陈建旭	法律硕士（法学）	张玲玲:网络寻衅滋事司法问题研究
			陈晨	法律硕士（法学）	张昆:张某某等网络诈骗案研究
			刘彦辉	法律硕士（法学）	时盼:受贿罪疑难问题研究
			丁玉翠	法律硕士（法学）	宋卓琳:涉人工智能犯罪的刑事责任问题研究
			陈建旭	法律硕士（非法学）	李瑞洋:高空抛物罪案研究
			于逸生	法律硕士（非法学）	李金淞:我国轻罪制度的构建研究
			刘彦辉	法律硕士（非法学）	胡云萍:李志荣、吴世忠受贿案研究
			王静	法律硕士（非法学）	于洋:流量劫持行为罪名辨析
			于逸生	法律硕士（非法学）	姜殷跃:网络募捐诈骗若干问题研究
			王静	法律硕士（非法学）	赵贺:自动驾驶汽车肇事刑事责任问题研究
			董玉庭	法律硕士（非法学）	李玥:醉酒型危险驾驶罪司法实证问题研究
			陈建旭	法律硕士（非法学）	董岩:过度维权与敲诈勒索罪司法认定研究
			王静	法律硕士（非法学）	陈禹:“软暴力”犯罪认定问题研究
			于文沛	法律硕士（非法学）	宋豆豆:韩某某职务侵占罪案研究

续表

序号	培养单位	学位层次	学院/导师情况	专业/方向	2022年学位论文选题及作者
14	黑龙江大学	硕士	李欣	法律硕士(非法学)	王胜楠:高速公路闯杆逃费行为定性研究
			丁玉翠	法律硕士(非法学)	张鑫:虚假诉讼罪的司法认定
			董玉庭	法律硕士(非法学)	曹家栋:未成年人犯罪低龄化问题研究
			丁玉翠	法律硕士(非法学)	周祥伟:高空抛物罪案研究
			陈晨	法律硕士(非法学)	李磊:朱某全等信访索财案研究
			陈建旭	法律硕士(非法学)	李佳妍:论阻却构成要件的被害人承诺
			陈建旭	法律硕士(非法学)	王天聪:帮助自杀行为的定性分析
			陈晨	法律硕士(非法学)	余梦瑶:公民个人生物信息的刑法保护
			于文沛	法律硕士(非法学)	楚天琪:受虐待妇女杀夫案研究
15	江西财经大学	硕士	法学院/郭晓红	刑法学	曹志情:妨害安全驾驶罪与以危险方法危害公共安全罪界分的实证考察
			刘孝敏	刑法学	曾文文:污染型环境犯罪因果关系探究
			刘孝敏	刑法学	邓蔚:论醉酒型危险驾驶罪的限制适用
			黄华生	刑法学	陈龙:我国犯罪工具没收制度的不足与完善
			徐光华	刑法学	章阳标:合同诈骗罪成立范围的实质认定
			姜红仁	刑法学	毛文文:骗取贷款罪中“重大损失”的认定——以江西省159份刑事判决书为例
			徐光华	刑法学	江艳:高空抛物罪司法适用的纠偏
			谢小剑	法律硕士(法学)	刘汉武:重罪未成年犯监禁刑行刑制度研究

续表

序号	培养单位	学位层次	学院/导师情况	专业/方向	2022年学位论文选题及作者
15	江西财经大学	硕士	姜红仁	法律硕士（法学）	冯琳华：妨害药品管理罪司法适用探析
			郭晓红	法律硕士（法学）	许忠民：“醉驾”型危险驾驶罪的适用困境与反思
			徐光华	法律硕士（法学）	杨渝凯：高空抛物罪溯及力问题研究
			黄华生	法律硕士（非法学）	王顺金：论我国刑事诉讼财产保全制度的完善
			卢希起	法律硕士（非法学）	童列鹏：职务犯罪案件非法口供排除规则的完善
			谢小剑	法律硕士（非法学）	郑电涛：侦查阶段适用认罪认罚从宽制度研究——以Y区基层公安机关为调研对象
			姜红仁	法律硕士（非法学）	黄逸：集资诈骗罪“非法占有目的”认定中存在的问题与对策研究
			姜红仁	法律硕士（非法学）	郑梓梦：论牵连犯的保留与适用
			郭晓红	法律硕士（非法学）	王亚男：中小学师源型性侵犯罪防治研究
			刘孝敏	法律硕士（非法学）	丁启平：“部分篡改型”虚假诉讼行为的刑事责任研究
			徐光华	法律硕士（非法学）	周丽莉：抢劫罪与敲诈勒索罪的区分
			黄华生	法律硕士（非法学）	李承立：非法占有目的司法虚化及其应对
16	昆明理工大学	硕士	法学院/陈伟强	刑法学	陈铭凯：云南边境地区三非人员犯罪治理研究
			张薇薇	刑法学	代星：强奸犯罪的立法研究
			王太宁	刑法学	张芷瑜：受虐妇女杀夫行为抗辩理论研究
			舒旻	环境与资源保护法学	郑洁：论非法狩猎罪——基于4798份裁判文书的分析

续表

序号	培养单位	学位层次	学院/导师情况	专业/方向	2022 年学位论文选题及作者
16	昆明理工大学	硕士	罗薇	法律硕士(法学)	钱蕊迪:环境犯罪适用认罪认罚从宽制度的问题研究
			杨锦芳	法律硕士(法学)	陈治东:电信诈骗犯罪的司法认定问题研究
			张薇薇	法律硕士(法学)	郭敏:交易欺诈型诈骗罪的司法认定研究
			王彦昕	法律硕士(法学)	刘敬豪:未成年人犯罪社区矫正实施的问题研究
			王太宁	法律硕士(非法学)	杨佳仪:网络公关异化的刑事责任认定
17	兰州大学	硕士	法学院/陈航	刑法学	韩泰元:反思责任刑情节与预防刑情节的划分
			俞树毅	法律硕士(法学)	陈丽锟:环境监管失职罪主体问题研究
			李清宇	法律硕士(法学)	曹雪梅:涉众型非法集资案件被害人权益保护研究
			陈航	法律硕士(法学)	黄事攀:侵犯公民个人信息罪犯罪对象的识别性研究
			李清宇	法律硕士(法学)	李帆:类型化视角下网络服务提供者刑事责任研究
			陈航	法律硕士(法学)	罗成标:袭警罪客观要件研究
			马明贤	法律硕士(法学)	茹丽霞:“知假买假”索赔行为刑事司法认定研究
			俞树毅	法律硕士(法学)	李强:“骗取贷款罪”既遂问题研究
			邓小兵	法律硕士(非法学)	陈扬:截贿行为的定性研究
			李清宇	法律硕士(非法学)	吕捷:非机动车交通肇事刑事责任认定疑难问题研究

续表

序号	培养单位	学位层次	学院/导师情况	专业/方向	2022年学位论文选题及作者
17	兰州大学	硕士	俞树毅	法律硕士(非法学)	牛云生:环境监管失职罪因果关系研究
			申伟	法律硕士(非法学)	王怡凡:家庭暴力受害人极端反击行为的刑法评价问题研究
			陈航	法律硕士(非法学)	吴玉杰:黑恶势力"保护伞"认定研究
			申伟	法律硕士(非法学)	叶羚羚:伪证罪的司法认定问题研究——基于裁判文书网903份判决书
			陈航	法律硕士(非法学)	张凯:虚假诉讼罪的客体问题研究
			李清宇	法律硕士(非法学)	张阔:醉酒型危险驾驶罪出罪研究
			邓小兵	法律硕士(非法学)	张涛:共犯论视角下自杀参与行为的认定及其适用
			申伟	法律硕士(非法学)	赵映:致救援者法益受损的刑事责任划分
			申伟	法律硕士(非法学)	王艳:强奸未成年人犯罪预防研究
18	辽宁大学	硕士	法学院/邢志人	刑法学	余长江:未成年人刑事司法分流制度完善研究
			路军	刑法学	丁磊:"寄血验子"行为的刑法评价——以顾某非法行医案为例
			唐煜枫	刑法学	于新力:诈骗罪中的处分意识研究
			唐煜枫	刑法学	王娃妮:贩卖毒品罪既未遂的司法认定
			路军	刑法学	徐楠:跟踪、骚扰催收合法债务行为的刑法评价
			邢志人	刑法学	江寒:寄递型运输毒品罪的犯罪形态研究
			范淼	刑法学	郭琪:家事虐童案件刑法适用问题研究
			范淼	刑法学	李晓曦:组织"刷单炒信"的刑法评价研究

续表

序号	培养单位	学位层次	学院/导师情况	专业/方向	2022年学位论文选题及作者
18	辽宁大学	硕士	王晓滨	刑法学	张帆:职业打假人“维权索赔”行为与敲诈勒索罪的界分
			唐煜枫	刑法学	刘东玥:破坏野生动物资源犯罪的刑法规制
			范淼	刑法学	杨雪玲:论拒不执行判决、裁定罪“执行能力”之认定
			王晓滨	刑法学	李倩:论伪造并传播虚假疫情信息的刑法评价——以赵某某编造、传播虚假信息罪为例
			唐煜枫	刑法学	鲁娜:处置型污染环境罪的未遂问题研究
			范淼	刑法学	吴烨琦:论骗取贷款罪中的“重大损失”
			唐煜枫	刑法学	孙新圆:虚假诉讼罪“实行行为”的司法认定
			路军	刑法学	董怡平:侵犯公民个人信息罪的保护法益及实践问题展开
			范淼	刑法学	张圣雷:醉酒型危险驾驶罪前科消灭制度构建
			王晓滨	刑法学	彭雪莲:非法获取计算机信息系统数据罪认定问题研究
			路军	刑法学	鞠铭:租车并质押套现行为的刑法评价问题研究
			王晓滨	刑法学	张医针:“套路贷”型诈骗罪中“以非法占有为目的”要素的司法认定研究——基于810份裁判文书的实证分析
			唐煜枫	刑法学	王晓冬:强拿硬要型寻衅滋事罪的司法认定
			邢志人	刑法学	安文圣:双层法益理论视域下的抽象危险犯限缩研究
			范淼	刑法学	冯雪:盗用机动车定罪疑难及解决
			王晓滨	刑法学	王亚阁:非法占用农用地罪的保护法益及其展开

续表

序号	培养单位	学位层次	学院/导师情况	专业/方向	2022年学位论文选题及作者
18	辽宁大学	硕士	范森	刑法学	梁浩轩:捐赠诈骗类案件财产损失的认定
			张云鹏	诉讼法学	刘海利:告诉才处理犯罪追诉制度研究
			王晓滨	法律硕士(法学)	谷长帅:网络撞库行为的刑法评价
19	南昌大学	硕士	法学院/熊永明	刑法学	胡雯莉:醉酒驾驶但书出罪研究
			胡祥福	刑法学	刘飞鸿:非法经营罪兜底条款司法适用研究——以646份司法判决为样本
			熊永明	刑法学	刘雅娟:生产、销售伪劣产品罪中的金额认定问题研究
			周光清	刑法学	丘政贤:我国金融刑法边界的反思、限制与调整
			胡祥福	刑法学	汪丽:内外勾结共同骗取贷款的定性研究
			张兰馨	刑法学	熊泽华:直播平台竞猜行为的刑法规制
			胡祥福	刑法学	徐珊:危险作业罪的司法认定
			胡祥福	刑法学	赵丽莎:网络失范言论的刑法规制研究
			熊永明	法律硕士(法学)	陈娇:冒名顶替行为不宜单独设罪
			刘本燕	法律硕士(法学)	吴立驰:我国侵害未成年人案件强制报告制度的研究
			熊永明	法律硕士(法学)	胡佳:第三人二次碾压型交通肇事问题研究
			熊永明	法律硕士(法学)	郭亮亮:软暴力限缩认定问题研究
			熊建明、胡东平	法律硕士(法学)	管仕杰:宠物犬致人伤亡案件中的刑事责任问题研究
			熊建明、胡东平	法律硕士(法学)	肖瑶:投资型受贿犯罪的认定
			周光清	法律硕士(非法学)	冯奇标:侵犯公民个人信息罪中的“公民个人信息”司法认定研究

续表

序号	培养单位	学位层次	学院/导师情况	专业/方向	2022年学位论文选题及作者
19	南昌大学	硕士	胡祥福	法律硕士(非法学)	李靖靖:借款型受贿罪与非罪问题研究
			胡祥福	法律硕士(非法学)	罗龙桥:污染环境罪的刑罚适用实证研究
			熊建明	法律硕士(非法学)	罗睿:"恶意差评"行为的刑法规制
			熊永明	法律硕士(非法学)	石丽平:假药犯罪司法适用合理化研究
			胡祥福	法律硕士(非法学)	史圣洁:破坏生产经营罪的破坏行为研究
			熊建明	法律硕士(非法学)	万悦:不当维权的刑法规制阈值分析
			张兰馨	法律硕士(非法学)	吴海海:组织卖淫罪从犯与协助组织卖淫罪的区分
			张兰馨	法律硕士(非法学)	谢慧东:深度链接行为刑法规制研究
			熊永明	法律硕士(非法学)	李翔:妨害安全驾驶罪客观方面问题研究
20	南京大学	博士	法学院/狄小华	诉讼法学	马啸:侦查分流机制研究
		硕士	法学院/张淼	刑法学	何金璞:多次盗窃的刑法含义与适用研究
			孙国祥	刑法学	宁弘毅:诈骗罪财产损失的认定规则
			杨辉忠	刑法学	宋文莉:违法二元论下行政犯罪的入罪限制
			单勇	刑法学	宋谦:诈骗罪中的不法原因给付研究
			孙国祥	刑法学	陈福牛:集资诈骗罪"非法占有目的"认定研究
			孙国祥	刑法学	张林潇:论个人信息的刑法保护——以侵犯公民个人信息罪为视角

续表

序号	培养单位	学位层次	学院/导师情况	专业/方向	2022 年学位论文选题及作者
20	南京大学	硕士	狄小华	诉讼法学	王心宁:论未成年人社会调查报告的证据资格
			狄小华	诉讼法学	石杭莹:认罪认罚自愿性保障研究
			狄小华	诉讼法学	申晓楠:论大数据分析结果的刑事证据资格
			吴卫星	环境与资源保护法学	胡宇行:污染环境罪之“处置”研究
			黄旭巍	法律硕士(法学)	周金婧:论轮奸的认定
			孙国祥	法律硕士(法学)	冉羽仙:侵犯公民个人信息罪之“情节严重”探析
			杨辉忠	法律硕士(法学)	邓叶:拾得他人信用卡并使用行为定性研究
			狄小华	法律硕士(法学)	李叶:认罪认罚背景下量刑协商之检讨
			单勇	法律硕士(法学)	朱永荔:侵犯公民个人信息罪的发展式预防研究
			张淼	法律硕士(法学)	刘艳:论非法经营罪中的无证经营
			孙国祥	法律硕士(法学)	郭添情:斗殴与防卫关系研究
			狄小华	法律硕士(法学)	李海文:认罪认罚自愿性保障研究
			杨辉忠	法律硕士(非法学)	王娟:容留他人吸毒罪的司法认定问题研究
			狄小华	法律硕士(非法学)	巩文雪:我国强制医疗救济制度的问题研究
			狄小华	法律硕士(非法学)	徐乔乔:论刑事缺席审判被告人的权利保障
			杨辉忠	法律硕士(非法学)	刘佳佳:浅析高空抛物型以危险方法危害公共安全罪

续表

序号	培养单位	学位层次	学院/导师情况	专业/方向	2022年学位论文选题及作者
20	南京大学	硕士	张淼	法律硕士（非法学）	胡淑敏:论逃税罪“不予追究刑事责任”的理解与适用
			孙国祥	法律硕士（非法学）	陈惠:套路贷中诈骗行为的性质分析和司法认定
			杨辉忠	法律硕士（非法学）	刘欢:新冠肺炎形势下虚假疫情信息的刑法规制
			张淼	法律硕士（非法学）	华乔:非法获取网络虚拟财的刑法规制研究
			狄小华	法律硕士（非法学）	余涵:附条件不起诉适用研究
21	内蒙古大学	硕士	法学院/邢娜、王君	法律硕士（法学）	顾梓桐:单位犯罪不起诉制度相关问题研究——以刑事合规为视角
			张秀玲、张健男	法律硕士（法学）	高金龙:非法利用信息网络罪司法认定问题研究
			张秀玲	法律硕士（法学）	李芳菲:受贿罪中“非数额情节”司法适用问题研究
			龙长海	法律硕士（法学）	李美玲:虚开增值税专用发票罪司法适用问题研究
			龙长海	法律硕士（法学）	马玲玲:网络虚拟财产刑法保护问题研究
			青格勒图	法律硕士（法学）	道伦:拒不支付劳动报酬罪司法认定疑难问题研究
			马改然、王君	法律硕士（法学）	郝彦栋:危险作业罪相关问题研究
			龙长海、武建军	法律硕士（法学）	苗春雷:妨害安全驾驶罪司法认定问题研究
			马改然、张健男	法律硕士（法学）	刘彦慷:非法猎捕、收购、运输、出售陆生野生动物罪相关问题研究
			张秀玲、郭培英	法律硕士（法学）	李开阳:催收非法债务罪司法认定问题研究

续表

序号	培养单位	学位层次	学院/导师情况	专业/方向	2022年学位论文选题及作者
21	内蒙古大学	硕士	张秀玲、陈雪梅	法律硕士（法学）	雷洁：危险作业罪认定疑难问题研究
			龙长海、郭培英	法律硕士（法学）	赵鑫：醉酒型危险驾驶罪的现实问题与完善路径研究
			李卫东、宗那生	法律硕士（非法学）	李想：职务犯罪案件中的认罪认罚从宽原则适用研究
			张秀玲、王洪皞	法律硕士（非法学）	清得格：滥用职权罪客观方面司法认定争议问题研究
			龙长海	法律硕士（非法学）	那木拉：罪错未成年人分级处遇制度研究
			龙长海、宗那生	法律硕士（非法学）	苗子阳：集资诈骗罪中“非法占有目的”的认定
			张秀玲、宗那生	法律硕士（非法学）	骆雅楠：食品、药品监管渎职罪司法认定问题研究
			张秀玲、王红霞	法律硕士（非法学）	郭静静：强令、组织他人违章冒险作业罪司法认定问题研究
			马改然、佟春华	法律硕士（非法学）	师盼盼：妨害安全驾驶罪相关问题研究
			龙长海、王红霞	法律硕士（非法学）	李颖男：刑法第十七条第三款的理解与适用研究
			邢娜、孙玺	法律硕士（非法学）	李雪盈：非法吸收公众存款罪相关问题研究
			龙长海、孙玺	法律硕士（非法学）	张静：“自洗钱”型洗钱罪疑难问题研究
			张秀玲、王君	法律硕士（非法学）	王一赢：负有照护职责人员性侵罪认定疑难问题研究
			邢娜、王庆华	法律硕士（非法学）	刘源：侵犯著作权罪相关问题研究
			张秀玲、孙玺	法律硕士（非法学）	刘晓丹：高空抛物罪司法认定问题研究

续表

序号	培养单位	学位层次	学院/导师情况	专业/方向	2022年学位论文选题及作者
21	内蒙古大学	硕士	陈晓青、王庆华	法律硕士（非法学）	吴伟恒:生产、销售假药案件行刑衔接问题研究
			马改然、王庆华	法律硕士（非法学）	贾彦蓉:食品监管渎职罪司法适用问题研究
			龙长海、张向晖	法律硕士（非法学）	朱惠敏:网络爬虫行为刑法规制问题研究
22	山东大学	硕士	法学院/张小宁	刑法学	夏慧婷:电信网络诈骗犯罪的认定研究
			吴丙新	刑法学	王其腾:“集体法益”刑法保护研究
			柳忠卫	刑法学	马家彬:非法植入基因编辑胚胎罪的教义学解读
			李本灿	刑法学	刘成君:黑社会性质组织中组织领导者的刑事责任问题研究
			柳忠卫	刑法学	胡子轩:论“以危险方法危害公共安全罪”司法适用标准的完善
			侯艳芳	刑法学	杜子馨:承继共犯的刑事责任研究
			侯艳芳	法律硕士（法学）	王萌:贿赂犯罪中“谋取不正当利益”的司法认定
			周啸天	法律硕士（法学）	杨胜刚:论帮助行为的正犯化——正犯视角下二分说的提倡
			李本灿	法律硕士（法学）	王若愚:首次代币发行行为的刑法规制
			张小宁	法律硕士（法学）	刘佳:催收非法债务罪的司法适用
			王瑞君	法律硕士（法学）	王迪:“竞合”情形下刑法适用的难题及解决——基于实务个案的分析
			王瑞君	法律硕士（法学）	陈柯嘉:司法解释出罪事由研究
			刘军	法律硕士（法学）	吴涵:高空抛物罪司法适用研究

续表

序号	培养单位	学位层次	学院/导师情况	专业/方向	2022 年学位论文选题及作者
22	山东大学	硕士	柳忠卫	法律硕士（法学）	张洪尘:高空抛物罪的教义学解释
			侯艳芳	法律硕士（法学）	李哲:侵犯商业秘密罪司法认定研究
			胡常龙	法律硕士（法学）	付恩睿:滋扰行为的刑法治理
			周啸天	法律硕士（法学）	池梦姣:新型支付方式下诈骗罪处分意识不要说之提倡
			柳忠卫	法律硕士（法学）	高玉冰:催收非法债务罪的教义学解读
			周啸天	法律硕士（非法学）	房美莹:涉第三方支付平台冒用型侵财行为的刑法定性
			侯艳芳	法律硕士（非法学）	包国莉:强令、组织他人违章冒险作业罪的司法认定
			侯艳芳	法律硕士（非法学）	李阳:涉众民间借贷的刑法规制边界
			魏华	法律硕士（非法学）	王政法:我国儿童虐待规制措施优化研究
			侯艳芳	法律硕士（非法学）	王靖:虐待被监护、看护人罪的司法适用
			刘军	法律硕士（非法学）	于柠杉:网络数据爬取行为的刑法规制
			张小宁	法律硕士（非法学）	尹航:骗取贷款罪之适用:定位、型构与界分
			王瑞君	法律硕士（非法学）	石栢毓:犯罪信息纳入社会信用评价的理性思考
			周啸天	法律硕士（非法学）	高敏:高速公路闯杆行为的刑法定性问题研究
			周啸天	法律硕士（非法学）	李玉玲:论结果加重犯的限缩适用
			丁杰	法律硕士（非法学）	于可心:家庭内部虐待儿童犯罪治理问题研究
			冯俊伟	法律硕士（非法学）	邢正:毒品犯罪中“毒品”认定问题研究——以毒品不在案为研究重点

续表

序号	培养单位	学位层次	学院/导师情况	专业/方向	2022年学位论文选题及作者
23	山西大学	硕士	张天虹、周雪松	法律硕士(法学)	彭柳:代孕及其相关行为的刑法规制
24	上海师范大学	硕士	哲学与法政学院/雷昊	刑法学	章微微:第三方支付平台侵财案件罪名适用研究
			胡廷松	法律硕士(法学)	刘晓霖:单位犯罪中的附条件不起诉问题研究
			雷昊	法律硕士(法学)	李昊屿:非法持有气枪的出罪路径探析
			程兰兰	法律硕士(法学)	叶蕊茵:负有照护职责人员性侵罪司法适用问题研究
			吴敢铮	法律硕士(非法学)	刘程:企业刑事合规制度化研究
25	沈阳师范大学	硕士	法学院/张田田	刑法学	刘潇阳:醉酒型危险驾驶罪的法律问题研究
			马乐	刑法学	李鹤:虚开增值税专用发票罪的问题研究
			马乐	法律硕士(法学)	王尚:网络爬虫刑法规制的限度研究
			马乐	法律硕士(法学)	付晓东:民事、行政枉法裁判罪疑难问题探究
			王旭伟	法律硕士(法学)	崔勇:正当防卫司法适用若干问题的研究——以“赵宇故意伤害案”为例
			李凤梅	法律硕士(法学)	赵越:反向炒信的刑法定性问题研究
			武航宇	法律硕士(法学)	梁新:网络型寻衅滋事罪的认定——以常某某案为例
			方芳	法律硕士(法学)	贾雨杨:偷换二维码取财行为的认定分析
			武航宇	法律硕士(法学)	杨子文:强迫借贷行为的刑法定性研究——以宋某某使用暴力威胁借款案为例

续表

序号	培养单位	学位层次	学院/导师情况	专业/方向	2022年学位论文选题及作者
25	沈阳师范大学	硕士	马乐	法律硕士（非法学）	于龙：虚开增值税专用发票罪的司法认定
			李凤梅	法律硕士（非法学）	刘博：虚开增值税专用发票罪问题研究——以A石化公司虚开增值税专用发票案为例
			董琳	法律硕士（非法学）	曲靖伍：非法吸收公众存款罪疑难问题研究——以2021年辽宁省106份判决书为样本
			李凤梅	法律硕士（非法学）	王思宇：深度链接行为以侵犯著作权罪规制的问题研究
			李凤梅	法律硕士（非法学）	赵小丹：网游账户非法充值游戏币行为的刑法认定
			方芳	法律硕士（非法学）	于小雯：家庭成员间故意伤害行为司法认定问题研究
			赵威	法律硕士（非法学）	王志鑫：骗取贷款罪司法认定问题研究
26	西北大学	硕士	法学院/尉琳	刑法学	毋梦瑶：掩饰、隐瞒犯罪所得、犯罪所得收益罪实证研究——基于陕西省247份裁判文书
			王秀梅	法律硕士（法学）	李琳：企业刑事合规制度的本土化构建
			余高能	法律硕士（法学）	朗舒睿：我国洗钱罪的立法缺陷及其完善
			戴炜	法律硕士（非法学）	郭静：环境犯罪治理中刑事和解适用性研究
			尉琳	法律硕士（非法学）	申晓玉：网络空间中组织、领导传销活动罪实证研究——以311份判决书为样本
			余高能	法律硕士（非法学）	郭皓圆：财产罪中“非法占有目的”之法理探究
			刘雁冰	法律硕士（非法学）	白霜：醉酒型危险驾驶罪的司法适用问题研究——基于近两年判决书的数据分析

续表

序号	培养单位	学位层次	学院/导师情况	专业/方向	2022 年学位论文选题及作者
27	郑州大学	硕士	法学院/随庆军	刑法学	刘浩雨:受贿犯罪的法益及其展开
			许桂敏	刑法学	范玉婷:论污染环境罪中"污染"的界定
			吴林生	刑法学	郑相宜:网络赌博犯罪实务问题研究
			李淑娟	刑法学	宁宁:共犯转化问题研究
			李淑娟	刑法学	陈婷婷:论刑法中的被胁迫行为
			吴林生	刑法学	牛晨:野生动物刑法保护若干疑难问题研究
			毛乃纯	刑法学	廖倩茹:论强奸罪中的共同犯罪问题
			张阳	刑法学	王彦倬:论刑法中的多次犯
			毛乃纯	刑法学	陈玲:问题疫苗的刑法规制研究
			马松建	刑法学	陈姝冰:抽象危险犯的限缩问题研究
			吴林生	法律硕士(法学)	马伟纪:论侵害英雄烈士名誉、荣誉罪
			许桂敏	法律硕士(法学)	岳可心:论负有照护职责人员性侵罪
			吴林生	法律硕士(法学)	刘慧丽:受贿罪共犯若干问题研究
			王立志	法律硕士(法学)	郭一蒙:论高空抛物罪
			马松建	法律硕士(法学)	孔文清:贿赂犯罪中财产性利益研究
			李淑娟	法律硕士(法学)	彭旭东:论妨害安全驾驶罪
			毛乃纯	法律硕士(法学)	房晨:妨害传染病防治罪的司法适用
			刘德法	法律硕士(法学)	刘德华:网络犯罪若干问题研究

续表

序号	培养单位	学位层次	学院/导师情况	专业/方向	2022年学位论文选题及作者
27	郑州大学	硕士	李淑娟	法律硕士（法学）	马骋:论冒名顶替罪
			陈冬	法律硕士（法学）	彭欠欠:污染环境罪实证研究
			许桂敏	法律硕士（非法学）	郭培渊:虚开增值税专用发票罪司法实务问题研究
			许桂敏	法律硕士（非法学）	郑威:网络暴力的刑法规制研究
			刘德法	法律硕士（非法学）	胡诗岚:侵财犯罪中的财产性利益研究
			马松建	法律硕士（非法学）	闫帅豪:拒不执行判决、裁定罪若干问题研究
			马松建	法律硕士（非法学）	王栋:网络赌博行为的刑法规制
			许桂敏	法律硕士（非法学）	吴敏:诈骗罪非法占有目的研究
			王建国	法律硕士（非法学）	程倩楠:论网络暴力的法律规制
			王立志	法律硕士（非法学）	魏娇:骗取贷款罪若干问题研究
			刘志高	法律硕士（非法学）	郑原杭:恶势力构成特征及其认定
			马松建	法律硕士（非法学）	张梦笛:“套路贷”的刑法规制问题研究
			毛乃纯	法律硕士（非法学）	许程程:论经济犯罪中超个人法益范围的限制
			李淑娟	法律硕士（非法学）	王爽:共同受贿罪问题研究
			毛乃纯	法律硕士（非法学）	周梦迪:第三方支付中的诈骗犯罪问题研究

续表

序号	培养单位	学位层次	学院/导师情况	专业/方向	2022 年学位论文选题及作者
27	郑州大学	硕士	张阳	法律硕士（非法学）	潘一豪:论妨害传染病防治罪的司法认定
			政治与公共管理学院/韩恒	公共管理	赵臣媛:H 省电信网络诈骗治理研究
			余兴龙	公共管理	王璐:电信诈骗防范机制研究——以 Z 市高新区为例
			魏海深	公共管理	张琰:Y 市电信网络诈骗协同治理路径优化研究
28	北京交通大学	硕士	法学院/陶杨	刑法学	葛芸芃:流量劫持的刑法规制研究
			朱本欣	刑法学	理锦田:妨害传染病防治罪的教义学分析
			高晓莹	刑法学	白歌:论高空抛物罪的司法适用
			高晓莹	刑法学	储一农:网络谣言型寻衅滋事罪研究
			朱本欣	法律硕士（非法学）	张奥:网络刷单行为的性质认定
			朱本欣	法律硕士（非法学）	杨昊运:网络环境下破坏生产经营罪的解释
29	贵州大学	硕士	法学院/魏红	刑法学	常城:劫持网络域名行为刑法规制研究
			刘莉	刑法学	李彬如:操纵证券市场罪疑难问题研究
			李运才	法律硕士（法学）	姚依林:电信网络诈骗共同犯罪研究
			刘莉	法律硕士（法学）	李玉琪:专断医疗行为的刑事可罚性研究
			王占洲	法律硕士（法学）	张圆凯:专断医疗犯罪行为的司法认定研究
			康军	法律硕士（法学）	黄一鹤:侵犯公民个人信息罪司法现状及疑难问题研究

续表

序号	培养单位	学位层次	学院/导师情况	专业/方向	2022年学位论文选题及作者
29	贵州大学	硕士	魏红	法律硕士（法学）	熊丽娟:黑社会性质组织犯罪中“软暴力”行为司法认定研究
			魏红	法律硕士（法学）	尚蓉:破坏环境资源保护罪空白罪状解释困境及出路
			穆昌亮	法律硕士（非法学）	杨旭:涉罪企业合规不起诉制度探究
			魏红	法律硕士（非法学）	刘天霞:受虐妇女“恶逆变”犯罪形成研究
			李运才	法律硕士（非法学）	程俊:诈骗罪中的处分行为研究
			曹波	法律硕士（非法学）	李沁尧:危害数据安全犯罪刑法规制研究
			李红权	法律硕士（非法学）	耿世勇:家庭暴力刑法规制思考
			曹波	法律硕士（非法学）	杨婷:深度伪造技术异化的刑事风险及其规制
			康军	法律硕士（非法学）	李仪:“网络刷单”刑法规制问题研究
			邹易材	法律硕士（非法学）	魏铖:网络型寻衅滋事行为刑法规制研究
			邹易材	法律硕士（非法学）	李赛:竞技体育中运动员使用兴奋剂刑法规制问题研究
			尚勇	法律硕士（非法学）	周育如:涉第三方支付侵财行为刑法定性研究
			尚勇	法律硕士（非法学）	韦欢欢:非法利用信息网络罪司法适用问题及其出路
			李红权	法律硕士（非法学）	刘宇:网络环境下诽谤罪认定的疑难问题研究
			康军	法律硕士（非法学）	杨代勇:利用未公开信息交易罪司法认定问题研究

续表

序号	培养单位	学位层次	学院/导师情况	专业/方向	2022年学位论文选题及作者
29	贵州大学	硕士	李红权	法律硕士（非法学）	谢存伦:过度维权与敲诈勒索罪界限探析
			曹波	法律硕士（非法学）	于世淇:食品药品监管渎职罪因果关系司法认定研究
			王占洲	法律硕士（非法学）	毕梦书:非法制、销“网游外挂”犯罪行为的司法认定
			李运才	法律硕士（非法学）	郭常飞:受贿罪既遂标准研究
			刘莉	法律硕士（非法学）	杨茜:侵犯商业秘密罪司法认定问题研究——以1998—2021年110份判决书为例
			刘莉	法律硕士（非法学）	吴正梅:洗钱罪司法适用问题研究
			刘莉	法律硕士（非法学）	孙静贤:非法吸收公众存款罪司法适用问题研究——以济南市2014—2020年151份判决为样本
			李红权	法律硕士（非法学）	殷鑫:基因编辑技术的刑法规制研究
			魏红	法律硕士（非法学）	秦磊:污染环境罪中单位过失研究
			唐军	法律硕士（非法学）	石程程:跨境代购走私犯罪刑法规制研究
			李红权	法律硕士（非法学）	张瑾:骗取贷款罪司法认定疑难问题探究
			唐军	法律硕士（非法学）	赵滕:刑事合规下单位犯罪问题——以雀巢奶粉案例为切入点
			王占洲	法律硕士（非法学）	金少明:破坏野生动物资源犯罪中犯罪对象的司法认定研究
			曹波	法律硕士（非法学）	姜天翌:企业刑事合规与单位犯罪归责之耦合性研究

续表

序号	培养单位	学位层次	学院/导师情况	专业/方向	2022年学位论文选题及作者
30	河北经贸大学	硕士	法学院/翟海峰	刑法学	申宇涛:网络赌博的刑法规制
			张亚军	刑法学	刘然:负有照护职责人员性侵罪研究
			翟海峰	刑法学	隽城桭:截取贿赂行为的刑法规制
			翟海峰	刑法学	张艾诗:洗钱罪法律适用探析——以《刑法修正案(十一)》为视角
			翟海峰	刑法学	李伊眉:论催收非法债务罪
			王越飞	刑法学	贡晨月:代孕行为的刑法规制研究
			王沛	国际法	李雅迪:打击跨国网络犯罪国际司法合作研究
			柴建国	法律硕士(法学)	杨瑞晗:打击网络恐怖主义犯罪相关问题研究
			翟海峰	法律硕士(法学)	芦阳:损害商品声誉罪法律适用研究——以鸿茅药酒案为例
			王韬	法律硕士(法学)	耿明明:非法利用信息网络罪相关问题研究
			张亚军	法律硕士(法学)	孙浩然:袭警罪认定问题研究
			王沛	法律硕士(法学)	张厚田:网络个人数据的刑法保护研究
			王韬	法律硕士(法学)	杨宇:非典型强奸案"违背妇女意志"认定问题研究
			何秉群	法律硕士(法学)	郑雅明:企业刑事合规改革实践中的问题研究
			王韬	法律硕士(法学)	牟雪纯:论我国逃税罪中的不予追究刑事责任条款
			翟海峰	法律硕士(法学)	杨佩佩:帮助信息网络犯罪活动罪的法律问题研究——以广东冼溪文等案为视角
			翟海峰	法律硕士(法学)	章锦纯:套路贷犯罪认定研究

续表

序号	培养单位	学位层次	学院/导师情况	专业/方向	2022年学位论文选题及作者
30	河北经贸大学	硕士	冯军	法律硕士(法学)	褚影怡:妨害传染病防治罪的立法问题研究
			张亚军	法律硕士(非法学)	武博扬:网络直播涉赌行为的刑法规制研究
			王韬	法律硕士(非法学)	李兴扬:论合同诈骗罪之“非法占有目的”的认定
			张亚军	法律硕士(非法学)	王巧元:教唆自杀行为的刑法规制
			工商管理学院/祁红梅	工商管理	边甜甜:数字化背景下N银行HB分行反洗钱风险管控研究
31	华东交通大学	硕士	人文社会科学学院/张祥志	刑法学	俞钦耀:网络爬虫获取数据行为的刑法规制研究
			卢宇	刑法学	旷丽丽:网络服务提供者的刑事责任研究
			卢宇	刑法学	徐剑:网络谣言的刑法规制研究
			卢宇	法律硕士(法学)	曹静:非法获取网络虚拟财产行为的刑事司法认定研究
			程小白	法律硕士(法学)	胡羽颖:我国网络恐怖主义犯罪的刑法规制研究
32	淮北师范大学	硕士	法学院/张训	法律硕士(法学)	咸鲁涵:醉酒驾驶电动车刑法适用实证研究
			张训	法律硕士(非法学)	陈云卿:高空抛物罪的法律适用研究——基于90份刑事判决书的考察
			张训	法律硕士(非法学)	连周林:网络犯罪帮助行为正犯化之泛化问题研究
			张训	法律硕士(非法学)	张洁:帮助信息网络犯罪活动罪的实证研究——以“涉卡型”案件为切入点
33	江西理工大学	硕士	法学院/苏雄华	刑法学	刘芳:猥亵儿童罪研究
			钟健生	刑法学	钟丽:虚假诉讼罪研究

续表

序号	培养单位	学位层次	学院/导师情况	专业/方向	2022 年学位论文选题及作者
33	江西理工大学	硕士	钟健生、温金来	法律硕士（法学）	张慧:过度维权行为与敲诈勒索罪的界限研究
			李贤春、温金来	法律硕士（法学）	王金莹:“套路贷”罪数认定问题研究
			李贤春、赖朝晖	法律硕士（非法学）	黄雪凡:持有型犯罪研究
			钟健生、温金来	法律硕士（非法学）	莫色世薪:强迫交易罪客观要件研究
			钟健生、郭复彬	法律硕士（非法学）	吕春花:执行判决、裁定失职罪研究
			钟健生、赖朝晖	法律硕士（非法学）	刘丽霞:催收非法债务罪研究
			苏雄华、温金来	法律硕士（非法学）	古丽阿依木汗 · 艾沙:论贪污罪的犯罪对象
34	辽宁科技大学	硕士	经济与法律学院/蒋喆、李健	法律硕士（法学）	李昂:违法发放贷款罪共犯认定问题研究
			张洪波、刘忠	法律硕士（法学）	李盈:非法转移他人第三方支付平台资金行为定性研究
			房娇娇、齐瑞铎	法律硕士（非法学）	李泊洋:“截贿”行为的司法认定研究
			蒋喆、李健	法律硕士（非法学）	薛佳慧:套路贷案件诈骗罪实务认定问题研究
			曹强、徐金平	法律硕士（非法学）	于博尧:集资诈骗罪中“非法占有目的”的司法认定
			张洪波、刘忠	法律硕士（非法学）	武杏杏:强迫交易罪认定问题研究
35	青岛大学	硕士	法学院/李瑞生	刑法学	刘亚星:论单位犯罪主观归责
			李瑞生	刑法学	魏明辉:论共谋共同正犯在我国刑法的确立

续表

序号	培养单位	学位层次	学院/导师情况	专业/方向	2022年学位论文选题及作者
35	青岛大学	硕士	王静	诉讼法学	徐家祥:醉驾型危险驾驶案件智能化处理机制研究
			牛传勇	法律硕士(法学)	杨桂鹏:网络型诽谤罪的公诉适用研究
			董桂武	法律硕士(法学)	任常鑫:涉网络黑产帮助行为的定性
			逄晓枫	法律硕士(法学)	李昊:企业刑事合规建设的制度逻辑
			董桂武	法律硕士(法学)	王燕:掩饰、隐瞒犯罪所得、犯罪所得收益罪司法适用研究
			李瑞生	法律硕士(非法学)	朱琳:论妨害传染病防治罪——以新冠疫情为背景
			李瑞生	法律硕士(非法学)	孙金发:论帮助信息网络犯罪活动罪的限缩适用
			皇甫明国	法律硕士(非法学)	李煜:专利权刑法保护研究
			李瑞生	法律硕士(非法学)	李纯展:论非法植入基因编辑、克隆胚胎罪及其完善
			孙莉	法律硕士(非法学)	郎晓:共同犯罪与身份问题研究
			孙莉	法律硕士(非法学)	丁慧:平和手段下公然非法占有他人财物行为的认定
			政治与公共管理学院/王振海	公共管理	蔡治燕:电信网络诈骗治理优化思路研究——以青州市为例
36	汕头大学	硕士	法学院/怀效锋	法律硕士(法学)	周冉欣:非法转让、倒卖土地使用权罪争议问题研究
			赵学军	法律硕士(非法学)	林淑妹:新时期受贿犯罪的现实考察与治理路径

续表

序号	培养单位	学位层次	学院/导师情况	专业/方向	2022年学位论文选题及作者
36	汕头大学	硕士	赵学军	法律硕士（非法学）	王鹏程：监狱罪犯财产性判项与减刑假释联动机制的执行问题研究——以某监狱为例
			怀效锋	法律硕士（非法学）	李劲：广东省黑社会性质组织的发展趋势及打防对策研究——以广东省扫黑除恶专项斗争的案例为样本
			医学院/朱少毅	精神病与精神卫生学	邓洲源：潮汕地区精神分裂症患者的暴力犯罪行为的相关影响因素研究
37	四川师范大学	硕士	法学院/陈山	刑法学	伏思宇：论选择性罪名的犯罪竞合
			张光云	刑法学	臧锦：缺陷产品的刑事过失责任
			蔡鹤	刑法学	张小会：集资诈骗罪与非法吸收公众存款罪的区别研究
			唐稷尧	刑法学	舒婷：负有照护职责人员性侵罪主体问题研究
			李长城	诉讼法学	韩舒蕾：我国罪错未成年人分级处遇制度研究
			唐稷尧	法律硕士（非法学）	阳秋菊：拒不支付劳动报酬罪客观方面研究
38	太原科技大学	硕士	法学院/段丽	法律硕士（法学）	党凯凯：袭警罪的司法适用研究
			周洁	法律硕士（法学）	张津铭：醉酒型危险驾驶罪规范化量刑实证研究——以山西省400份案例样本为研究对象
			周洁	法律硕士（法学）	杨琛：职务侵占罪司法适用疑难问题研究
			周洁	法律硕士（法学）	郝建锐：恐吓行为的刑法规制
			段丽	法律硕士（法学）	高亚东：积极刑法观下我国理性刑法理念的坚守
			段丽	法律硕士（法学）	党娜：高空抛物罪理论阐释与司法适用研究

续表

序号	培养单位	学位层次	学院/导师情况	专业/方向	2022年学位论文选题及作者
39	天津师范大学	硕士	法学院/吴占英、季美君	刑法学	褚凯娜:污染环境罪若干问题研究
			王海军、季美君	刑法学	万泉:自洗钱行为入罪基本问题研究
			吴占英、季美君	刑法学	李秋汶:破坏计算机信息系统罪若干问题探究
			王海军、季美君	刑法学	郭占伟:“套路贷”犯罪司法认定研究
			吴占英、季美君	刑法学	张乃俏:非法行医罪若干疑难问题研究
			张晶、季美君	刑法学	陈梓浩:论妨害药品管理罪
			张晶、季美君	刑法学	孟庆杰:骗取贷款罪的法益确证及司法认定——以50份刑事判决为样本的展开
			张晶、季美君	刑法学	叶子轩:侵害英雄烈士名誉、荣誉罪研究
			王海军	刑法学	肖雨:网络侮辱行为的刑事分析与规制
			张晶	刑法学	杨诚:分类分级框架下数据安全刑法保护研究
			吴占英	刑法学	张晋铭:转化型抢劫疑难问题研究
			阮大强	诉讼法学	韩梓昂:诱惑侦查制度研究
			于增尊、庞世耀	刑事诉讼法学	刘园林:跨境电子证据取证制度研究——以三个跨境网络犯罪案件为视角
			张晶、季美君	法律硕士(法学)	赵晨霞:退赃退赔从宽情节研究——以非法吸收公众存款罪为例的展开
			王海军、季美君	法律硕士(非法学)	赵鸿:起哄闹事型寻衅滋事罪的司法认定

续表

序号	培养单位	学位层次	学院/导师情况	专业/方向	2022年学位论文选题及作者
39	天津师范大学	硕士	王海军、季美君	法律硕士（非法学）	金哲如：论非法利用信息网络罪
			吴占英、季美君	法律硕士（非法学）	王明德：医疗事故罪的过失认定问题研究
40	西南大学	硕士	法学院/张步文	刑法学	侍飞虎：贩卖毒品罪既遂未遂区分标准研究
			邹兵	刑法学	许丽红："明知他人利用信息网络实施犯罪"中"明知"的认定
			张步文	刑法学	连杰：贪污罪之"特定款物"研究
			邹兵	刑法学	杨扬：我国恐怖主义目的的解释与认定
			付小容	民商法学	张丽：帮助信息网络犯罪活动罪司法认定若干问题研究
			郝川	法律硕士（非法学）	杨春霞：犯罪行为为先行行为的正当化根据及其限界
			郝川	法律硕士（非法学）	杨童：论被害人怀疑对诈骗罪认定的影响
			张步文	法律硕士（非法学）	彭韵霖：非法商业代孕的刑法规制
41	西南科技大学	硕士	法学院/刘永强	刑法学	罗连：开设赌场罪研究
			刘永强	刑法学	范文强：非法利用信息网络罪若干问题研究
			廖天虎	刑法学	郝中银：医疗事故罪疑难问题研究
			廖天虎	刑法学	蒋艾伶：交通肇事罪量刑相关影响因素问题研究
			廖斌	刑法学	李宁宁：侵犯商业秘密罪研究
			廖斌	刑法学	韩心如：虐待罪适用问题研究
			何显兵	刑法学	袁杰：性侵未成年人犯罪立法问题研究
			刘永强	刑法学	郑艳玲：窝藏、转移、隐瞒毒品、毒赃罪研究

续表

序号	培养单位	学位层次	学院/导师情况	专业/方向	2022 年学位论文选题及作者
42	信阳师范学院	硕士	法学与社会学学院/黄烨、娄匡元	法律硕士(法学)	崔蕤:窃取网络虚拟财产行为之刑法规制研究
			古瑞华、司凌丽	法律硕士(法学)	黄思谦:高空抛物行为入刑司法适用问题研究——基于 2012—2021 年间 167 份裁判文书的实证分析
			黄烨、司凌丽	法律硕士(非法学)	张弘:我国新型毒品犯罪的法律规制研究
			古瑞华、祝杰	法律硕士(非法学)	笔河茜:我国罪错未成年人保护处分研究
43	延边大学	硕士	法学院/金光虎	刑法学	赵婷:我国电信网络诈骗犯罪司法疑难问题研究
			金光虎	法律硕士(法学)	孙楠:网络型寻衅滋事罪的司法适用问题研究
			崔军勇	法律硕士(法学)	常顺辉:“医闹型”聚众扰乱社会秩序罪立法完善研究
			金光虎	法律硕士(非法学)	张甜甜:窃取网络虚拟财产行为的刑法定性分析
			玄松鹤、李忠日	法律硕士(非法学)	张雪娇:信用卡信息供他人用于网络犯罪行为的刑法定性分析
44	燕山大学	硕士	文法学院/姜南	诉讼法学	张美英:性侵未成年被害人案件“一站式”取证救助机制研究
			刘立霞、高俊霞	法律硕士(非法学)	薄秋誉:“天价盗窃案”盗窃数额认定问题研究
			钱洪良、何苗	法律硕士(非法学)	马贺超:高空抛物罪的司法适用问题研究
45	扬州大学	硕士	法学院/高永明、江厚良	法律硕士(法学)	陈曲:诈骗罪中欺骗行为的边界研究
			马荣春、徐晓明	法律硕士(法学)	吕灵兮:“交友型”网络直播诈骗罪案量刑均衡问题研究

续表

序号	培养单位	学位层次	学院/导师情况	专业/方向	2022年学位论文选题及作者
45	扬州大学	硕士	张爱菊、姚爱国	法律硕士（非法学）	赵晓波：股东侵犯公司财产出罪要素研究
			万国海、周羽正	法律硕士（非法学）	陆鹏：论寻衅滋事罪扩张适用的限制
			曾凡燕、王圣平	法律硕士（非法学）	贺军磊：受贿罪的保护法益及其实践价值
46	浙江工商大学	硕士	法学院/楼伯坤	刑法学	王钰婷：组织出卖卵细胞行为的刑法规制问题研究
			董文辉	刑法学	周雪：醉酒型危险驾驶罪司法适用的困境与出路
			谢治东	法律硕士（法学）	刘珊珊：帮助信息网络犯罪活动罪的规范属性及司法认定问题研究
			方福建	法律硕士（非法学）	傅佳美：自杀性个体恐怖犯罪防控研究
			谢治东	法律硕士（非法学）	王玲：过度维权行为的刑法分析
47	中南林业科技大学	硕士	政法学院/蒋兰香	刑法学	贺文：单位矿产资源犯罪实证研究
			蒋兰香	刑法学	王荣周：非法狩猎罪司法扩大化问题研究
			吴献萍	刑法学	曹若男：非法拘禁罪疑难问题研究
48	中央民族大学	硕士	法学院/田刚	法律硕士（法学）	贾纬静：高空抛物罪的司法适用问题研究
			韩轶	法律硕士（法学）	杨慧：容留他人吸毒罪司法适用问题研究
			李荣	法律硕士（法学）	衣启铭：以危险方法危害公共安全罪的司法适用的泛化与限制
			韩轶	法律硕士（法学）	杨沛东：高空抛物罪的司法适用研究
49	大连理工大学	硕士	人文与社会科学学部/刘艺工	公共管理	牛诗慧：沈阳市青少年女性犯罪社会救助对策研究

续表

序号	培养单位	学位层次	学院/导师情况	专业/方向	2022年学位论文选题及作者
50	重庆工商大学	硕士	法学与社会学学院/黄文	法律硕士（法学）	罗育杰:“杀猪盘”式网络诈骗犯罪研究
			胡霞	法律硕士（法学）	常鹏飞:袭警罪司法认定问题研究
			胡霞	法律硕士（法学）	童睿瑶:网络虚假信息型寻衅滋事罪的认定
51	重庆邮电大学	硕士	网络空间安全与信息法学院/赵长江	法学	周涵月:区块链犯罪证明的困境与出路
			经济管理学院/石全胜	管理科学与工程	王研:电信网络诈骗协同治理影响因素及促进机制研究
52	安徽财经大学	硕士	法学院/黄信瑜	法律硕士（法学）	欧阳超:网络诽谤行为的刑法规制研究
			刘永伟	法律硕士（非法学）	陈小康:网络自洗钱犯罪规制问题研究
			杨仕兵	法律硕士（非法学）	武林:妨害安全驾驶罪司法认定研究
53	东南大学	硕士	法学院/刘艳红	刑法学	季成佳:传授犯罪方法罪的除罪化研究
			欧阳本祺	刑法学	朱永青:破坏计算机信息系统罪的限缩适用研究
			刘艳红	刑法学	卢梦佼:冒充军人招摇撞骗罪的除罪化研究
			李川	刑法学	张敏迪:负有照护职责人员性侵罪的适用问题研究
			欧阳本祺	刑法学	黄铃:骗取贷款罪的客观要件研究
			刘艳红	刑法学	曹雅茹:高利转贷罪除罪化研究
			欧阳本祺	刑法学	刘梦:帮助信息网络犯罪活动罪的限缩适用研究

续表

序号	培养单位	学位层次	学院/导师情况	专业/方向	2022 年学位论文选题及作者
53	东南大学	硕士	李川	刑法学	王野:洗钱罪修正背景下网络交易自洗钱刑事责任研究
			钱小平	刑法学	游之洲:非法猎捕、收购、运输、出售陆生野生动物罪的司法认定
			刘建利	刑法学	颜黎珠:新冠疫情背景下妨害传染病防治罪的理解与适用
			李川	刑法学	于寒玉:冒用入学资格行为的刑事责任问题研究——基于冒名顶替罪视角的展开
			陈洪兵	刑法学	李韬:抢劫罪加重犯的中止问题研究
			刘艳红	刑法学	莫凡:闯卡逃费行为的刑法定性研究
			刘艳红	刑法学	朱雪儿:网络猥亵儿童行为定罪研究
			陈洪兵	刑法学	黄奕:非法利用信息网络罪的限缩适用研究
			王禄生	大数据与互联网法学	杨艳:侵犯个人生物识别信息的刑法适用研究——以侵犯公民个人信息罪为视角
			刘建利	法学	施映:论非法行医罪应限制适用
			李川	法律硕士(法学)	刘晓宁:妨害传染病防治罪的法益释明及其适用展开——以妨害传染病防治罪适用问题为视角
			钱小平	法律硕士(法学)	牛梦倩:贷款信用安全法益下骗取贷款罪的司法认定研究
			钱小平	法律硕士(法学)	李雅慧:催收非法债务罪的司法认定研究
			刘艳红	法律硕士(法学)	何阳:冒名顶替罪实行行为研究
			刘建利	法律硕士(非法学)	顾新月:非法采集人类遗传资源、走私人类遗传资源材料罪的理解与适用
			李川	法律硕士(非法学)	孙竹青:未成年人专门矫治教育的功能定位与矫治模式研究——基于新近立法修正的展开

续表

序号	培养单位	学位层次	学院/导师情况	专业/方向	2022 年学位论文选题及作者
54	广东外语外贸大学	硕士	法学院/谈萧	环境与资源保护法学	苏雁:环境刑事附带民事公益诉讼责任承担体系化研究
55	汕头大学	硕士	法学院/怀效锋	法律硕士(法学)	周冉欣:非法转让、倒卖土地使用权罪争议问题研究
56	南华大学	硕士	经济管理与法学学院/欧阳爱辉、周福元	法律硕士(法学)	龙靖:冒名顶替罪共同犯罪主从犯认定研究
			傅华丽、梁新平	法律硕士(法学)	王兴茹:家暴受虐妇女“以暴制暴”行为的刑事责任认定
57	西北民族大学	硕士	法学院/安兵	法律硕士(法学)	石佳:儿童性侵害案被害人陈述问题研究
			张贵玲	法律硕士(法学)	刘哲:侵犯商业秘密罪认定问题研究
			俞楠	法律硕士(法学)	田萌:假冒注册商标罪中非法经营数额的认定问题研究
			蒋宏伟	法律硕士(法学)	宋纪贺:醉驾型危险驾驶罪认定问题研究
			韦玉成	法律硕士(非法学)	杨强:冒名顶替罪若干问题研究——以冒名顶替入学行为为切入点
58	西华大学	硕士	法学与社会学学院/郑鈜、任虹	法律硕士(非法学)	杨博文:数字人民币监管法律问题研究
59	云南财经大学	硕士	法学院/屈舒阳	法律硕士(法学)	梁寄:刑事合规视域下企业犯罪刑事责任研究
			张吟竹	法律硕士(法学)	叶海洋:自动驾驶汽车刑事责任问题研究
			张吟竹	法律硕士(法学)	高无悔:妨害传染病防治罪研究
			张吟竹	法律硕士(非法学)	陈佳喻:传播艾滋病病毒行为的刑法规制研究

续表

序号	培养单位	学位层次	学院/导师情况	专业/方向	2022 年学位论文选题及作者
59	云南财经大学	硕士	财政与公共管理学院/王敏	公共管理	林则瑾:昆明市互联网金融涉众型经济犯罪协同治理研究
60	中国矿业大学	硕士	人文与艺术学院/宗玲	法律硕士(非法学)	薛玥:男性性自主权利的刑法保护研究
			公共管理学院/段鑫星	公共管理	范佳伟:涉众型经济犯罪引发群体性事件的政府防控对策研究
61	中国社会科学院研究生院	硕士	法学院/刘仁文	刑法学	刘文钊:刑民关系视角下"套路贷"行为的刑法规制
62	长江大学	硕士	法学院/胡承武	法律硕士(法学)	章溪:已满 12 周岁未满 14 周岁人特定行为犯罪研究
			陈群辉	法律硕士(非法学)	马振宁:性贿赂及其入罪研究
			彭泽君	法律硕士(非法学)	李鑫涛:安乐死的刑法教义学检视
			胡承武	法律硕士(非法学)	宋燕青:冒名顶替罪研究
63	贵州财经大学	硕士	法学院/周剑云、郭民	法律硕士(非法学)	代福涛:P2P 平台非法吸收公众存款罪的司法认定研究
			赵松、蒋浩	法律硕士(非法学)	周留薪:海外代购走私犯罪的刑法适用研究
			韩敏霞、吴大华	法律硕士(非法学)	李月:强迫交易罪之司法认定研究——以三个典型案例为例
64	桂林电子科技大学	硕士	法学院/宋志国	法律硕士(非法学)	姬喆:债务催收引发寻衅滋事犯罪的法律问题研究
65	北京外国语大学	硕士	法学院/米良	国际司法与执法合作	高悦:网络爬虫行为的刑法规制研究
			王文华	国际司法与执法合作	白杨:组织参与国(境)外赌博罪司法适用问题研究

续表

序号	培养单位	学位层次	学院/导师情况	专业/方向	2022年学位论文选题及作者
65	北京外国语大学	硕士	王文华	国际法律与区域治理	李东方:纯正网络犯罪刑法规制比较研究
			刘丽娟	知识产权法	张雪花:侵犯商业秘密罪的比较研究
			王文华	法律硕士(法学)	郑悦:网络黑恶势力犯罪研究
66	河北师范大学	硕士	法政与公共管理学院/孙燕山	刑法学	刘子豪:网络共同犯罪研究
			王丽华	刑法学	高菲:袭警罪研究
			任广浩	法律硕士(法学)	白烁:恶势力犯罪的司法认定
			孙燕山	法律硕士(法学)	韩璐:“套路贷”犯罪刑法适用研究
			孙燕山	法律硕士(非法学)	初中:非法买卖制毒物品罪司法认定研究
67	湖北大学	硕士	法学院/刘祎	刑法学	邱本媛:风险刑法语境下环境犯罪立法问题研究
68	华北电力大学	硕士	人文与社会科学学院/赵旭光	刑事诉讼法	樊聪:未成年人犯罪记录封存制度的检视与完善——以前科消灭制度的建立为目标
69	华北理工大学	硕士	人文法律学院/朱勇、马汝云	法律硕士(法学)	徐婧妍:关于传染病防治失职罪若干问题研究
			任学婧、王翠玲	法律硕士(非法学)	龙妍宇:论侵犯公民个人信息罪的司法适用
			管理学院/吴红霞、李智	工程管理	薛飞:基于PDCA的罪犯心理矫治管理体系研究——以A监狱为例
70	华东师范大学	硕士	法学院/张伟	法律硕士(法学)	陆文奕:监督过失犯罪的司法认定
			钱叶六	法律硕士(法学)	洪薇:帮助信息网络犯罪活动罪的教义学分析与司法适用

续表

序号	培养单位	学位层次	学院/导师情况	专业/方向	2022 年学位论文选题及作者
70	华东师范大学	硕士	樊传明	法律硕士（非法学）	马爽:毒品犯罪中推定明知规则的效力与适用
			钱叶六	法律硕士（非法学）	盛伟庆:妨害安全驾驶罪研究
			钱叶六	法律硕士（非法学）	王妍:袭警罪研究
71	吉林财经大学	硕士	法学院/王凤昌	刑法学	成瑶笙:玩忽职守罪司法认定问题研究
			徐博强	法律硕士（法学）	孙束桧:民营企业腐败犯罪预防研究
			王凤昌	法律硕士（法学）	李静文:以危险方法危害公共安全罪的司法适用问题研究
			王凤昌	法律硕士（非法学）	孙孟寒:骗取贷款罪的司法认定问题研究
			方也媛	法律硕士（非法学）	高毓蔓:合同诈骗罪的司法认定研究
72	辽宁师范大学	硕士	法学院/毛淑玲	法律硕士（法学）	费靓雯:毒品犯罪案件中特殊侦查手段研究
			王祖书	法律硕士（法学）	张宁:高空抛物罪的法律适用争议问题研究
			姜俊山	法律硕士（法学）	王宇坤:风险社会视域下的人类基因编辑犯罪立法研究
			王祖书	法律硕士（非法学）	蒋雷帅:虚开增值税专用发票罪的法律适用争议问题研究
			王瑞恒	法律硕士（非法学）	赵默:催收非法债务罪司法适用问题研究
73	内蒙古财经大学	硕士	法学院/陈彦艳	法律硕士（法学）	吕特:粉圈集资发起人危害行为的刑法规制
			沈源洲	法律硕士（法学）	王元蓁:我国贪污罪量刑标准研究

续表

序号	培养单位	学位层次	学院/导师情况	专业/方向	2022 年学位论文选题及作者
74	青海师范大学	硕士	法学与社会学学院/马兰花	刑法学	马金云:破坏野生动物资源类犯罪法益研究
			马兰花	刑法学	何一凡:代孕行为入罪问题研究
			马兰花	法律硕士(法学)	邱云飞:非法经营罪适用范围的限缩问题研究——以李某某等人非法经营案为例
			马兰花	法律硕士(法学)	张加飞:妨害传染病防治罪主观罪过研究
75	山东财经大学	硕士	法学院/施锐利	刑法学	王钰晗:金融新业态下贷款诈骗罪疑难问题研究
			吕欣、谢萍	法律硕士(非法学)	李雅萌:网络型寻衅滋事罪司法认定问题研究
			吕欣、刘振会	法律硕士(非法学)	孙金凤:涉人工智能犯罪刑法规制研究
			公共管理学院/张莹	公共管理	韩晓亮:基层税务干部职务犯罪问题及治理对策研究
			王庭东	公共管理	刘静:Z 区公安机关电信诈骗犯罪防控研究
76	西北政法大学	硕士	刑事法学院/付玉明	刑法学	孙鹏:论间接正犯的规范构造
			王政勋	刑法学	杨雅雯:洗钱罪研究
			法治学院法律硕士教育学院/朴宗根	法律硕士(非法学)	赵楠:非法应用人脸识别技术的刑法问题研究
			毕成	法律硕士(非法学)	张瑜:重新犯罪影响因素及预防对策的实证研究——以 S 省 Y 市监狱重新犯罪群体为样本
77	西南政法大学	博士	法学院/高维俭	刑法学	史运伟:以危险方法危害公共安全罪司法边界问题研究
			梅传强	刑法学	董为:我国间谍罪立法问题检视与修正——以总体国家安全观为视角

续表

序号	培养单位	学位层次	学院/导师情况	专业/方向	2022年学位论文选题及作者
77	西南政法大学	博士	高维俭	刑法学	高蕴嶙:聚众斗殴罪司法认定研究
			梅传强	刑法学	全威巍:毒品数量在量刑中的功能定位研究
			梅传强	刑法学	苏轲:公共危险犯刑法适用问题研究
			梅传强	刑法学	刁雪云:经济刑法中兜底条款的适用研究
			石经海	刑法学	付倩:论行政行为的出罪功能
			梅传强	刑法学	臧金磊:水污染环境犯罪刑事司法裁量研究
			梅传强	刑法学	傅秋羽:民营企业家集资诈骗犯罪的司法认定问题研究
			胡江	刑法学	李聪:我国收容教养的制度检讨和完善路径
			陈伟	刑法学	李晓梅:网络猥亵儿童行为的刑法认定研究
			袁林	刑法学	史丰丽:非法经营罪兜底条款废除论
			梅传强	刑法学	欧明艳:特别没收制度研究——以刑民交叉为视角
			梅传强	刑法学	伍晋:毒品犯罪刑罚适用研究
			行政法学院/龙大轩	法律史	黄玺:清代海洋盗案的法律规制研究
			龙大轩	法律史	刘奇:中国古代疑狱审断机制研究
			经济法学院/徐以祥	环境与资源保护法学	徐海东:污染环境罪司法适用问题研究
		硕士	刑事侦查学院/陈伟	刑法学	冯思柳:单位犯罪主观意志研究
			陈荣飞	刑法学	王琛:虚开增值税专用发票罪的问题审视与优化路径
			刘湘廉	刑法学	王安聪:袭警罪犯罪对象研究

续表

序号	培养单位	学位层次	学院/导师情况	专业/方向	2022年学位论文选题及作者
77	西南政法大学	硕士	法学院/胡江	刑法学	魏东方:网络时代下“公共场所”的解释难题与适用路径研究——以寻衅滋事罪为例的分析
			法学院/陈伟	刑法学	程双:破坏计算机信息系统罪的司法不当扩张及对策
			陈伟	刑法学	肖洁丹:容留他人吸毒罪中“容留”认定研究
			谢佳君	刑法学	周忠朴:民事赔偿影响交通肇事罪量刑的规范化研究
			人工智能法学院/刘渝峡	刑法学	薛慧婕:妨害传染病防治罪的司法认定研究
			法学院/谢佳君	刑法学	袁媛:非法植入基因编辑、克隆胚胎罪的理解与适用
			袁林	刑法学	宋培峰:催收非法债务罪的边界问题研究
			丁胜明	刑法学	麻晓云:罪数视野下“另有规定的,依照规定”的性质
			陈小彪	刑法学	吴润苗:论催收非法债务罪的保护法益
			贾健	刑法学	杨琪琪:危害陆生野生动物罪的法益确定与保护研究
			朱建华	刑法学	陈其琨:本犯既遂后关联犯罪处罚问题研究
			高维俭	刑法学	宋玥:论少年司法的二元处遇模式
			朱建华	刑法学	李丁涛:受贿罪共犯司法认定研究
			人工智能法学院/刘渝峡	刑法学	王芳:合作投资型受贿罪的司法认定问题研究
			法学院/刘湘廉	刑法学	李婷红:高空抛物罪之规范解构与界限厘清
			胡江	刑法学	王康:回应性刑事立法的理性审视与限缩路径

续表

序号	培养单位	学位层次	学院/导师情况	专业/方向	2022年学位论文选题及作者
77	西南政法大学	硕士	石经海	刑法学	陈美丽:“组织刷量”犯罪认定问题研究
			姜敏	刑法学	赖佳敏:监护失职刑法规制研究
			梅传强	刑法学	王心一:“互联网+寄递”贩毒犯罪及治理研究
			陈小彪	刑法学	吕思雨:侵犯商业秘密行为的刑民界分
			张武举	刑法学	徐畅:网络隐私侵权行为的刑法规制
			梅传强	刑法学	唐月:个人生物识别信息的刑法保护
			陈小彪	刑法学	刘佳伶:保理交易违规行为的刑法评价
			梅传强	刑法学	陈宁清:网络直播诈骗行为的司法认定问题研究
			丁胜明	刑法学	范钊言:论污染环境罪中的“严重污染环境”
			陈伟	刑法学	刘天颖:受虐妇女杀夫行为出罪问题研究——以美国“受虐妇女综合症”为启示
			高维俭	刑法学	李炫晓:罪错未成年人分级处遇制度实施现状调研报告——以重庆市D县相关改革探索为样本
			刘湘廉	刑法学	吴水清:醉酒型危险驾驶罪的司法困境及其对策研究
			蔡英	刑法学	王孟存:数据安全法益视角下非法获取计算机信息系统数据罪中“数据”之认定
			陈世伟	刑法学	王珂:寻衅滋事罪“口袋化”及其限制路径研究——以990份生效判决为研究对象
			刘沛谞	刑法学	耿腾飞:合同诈骗罪与合同欺诈的边界厘定
			高维俭	刑法学	王鑫:虚开增值税专用发票罪疑难争议问题研究
			张武举	刑法学	姚丹青:“受过行政处罚”入罪研究
			陈伟	刑法学	李纳:司法解释中出罪条款的规范适用研究

续表

序号	培养单位	学位层次	学院/导师情况	专业/方向	2022年学位论文选题及作者
77	西南政法大学	硕士	袁林	刑法学	杨孝成:闹访型寻衅滋事罪司法认定研究
			袁林	刑法学	陈琪琪:对违法票据承兑、付款、保证罪司法认定研究
			张武举	刑法学	王琪:增设妨害医疗活动罪研究
			石经海	刑法学	杨馨:破坏计算机信息系统罪的司法扩张与应对
			陈小彪	刑法学	陈晓旸:租车质押借款案件的刑法定性研究——基于410份裁判文书的样本分析
			王利荣	刑法学	刘梦达:特情介入下贩卖毒品行为的刑法性质
			胡江	刑法学	胡光辉:非法放贷行为刑法规制问题研究
			陈伟	刑法学	龚思思:“定罪免刑”条款的刑法适用研究——《刑法》第37条为中心的实证研究
			袁林	刑法学	钟梓龙:非法期货交易行为刑法定性研究
			刘湘廉	刑法学	孙茜:非法利用信息网络罪客观行为边界问题研究
			肖敏	刑法学	杨帆:想象竞合犯处断原则研究
			马家福	刑法学	张海洋:噪声污染的刑事规制研究
			卢有学	刑法学	陈玢旭:刑事合规构建研究
			蔡英	刑法学	杨紫薇:婚姻家庭矛盾影响量刑的实证研究——以故意杀人案为研究对象
			胡江	刑法学	吴钰婕:人类基因编辑行为刑行衔接的立法问题研究
			朱建华	刑法学	谢好:“套路贷”行为刑法性质认定研究
			李永升	刑法学	夏菁:利用信任地位性侵未成年人犯罪的立法规制
			张武举	刑法学	李森:论刑法中的煽动行为
			胡江	刑法学	郑斌:网络游戏直播画面版权刑法保护的价值意蕴与规范路径

续表

序号	培养单位	学位层次	学院/导师情况	专业/方向	2022年学位论文选题及作者
77	西南政法大学	硕士	梅传强	刑法学	曾婕:擅自发行私人数字货币行为的刑法规制研究
			梅传强	刑法学	盛浩:毒品数量在量刑中的功能定位研究
			梅传强	刑法学	张阳:民营企业犯罪治理中刑事合规制度构建研究
			梅传强	刑法学	李新宇:监察对象与职务犯罪主体衔接问题研究
			姜敏	刑法学	谷雨:婚内强奸行为入罪问题研究
			蔡英	刑法学	李晓雨:"事出有因"型敲诈勒索罪司法认定实证研究——以350份判决书为样本
			高维俭	刑法学	张藕:侵犯公民个人信息罪认定问题研究
			朱建华	刑法学	徐吟:强迫交易罪与抢劫罪的界分探析
			梅传强	刑法学	胡雅岚:盗窃罪与职务侵占罪刑罚配置均衡研究
			刘沛谞	刑法学	任建林:选择性罪名之罪数问题研究
			李永升	刑法学	陈洁:污染环境罪中处置行为的法律适用研究
			石经海	刑法学	刘钊林:体系化视野下受贿罪立法问题研究
			刘沛谞	刑法学	陈东东:非法搜查罪适用问题实证研究
			高维俭	刑法学	谭海康:侵犯公民个人信息罪立法研究
			刘湘廉	刑法学	张静:逃税罪初犯处罚阻却条款的立法反思
			戴勇才	刑法学	苏春兰:虚假诉讼罪的既遂与未遂问题研究——以张某虚假诉讼案为切入点
			任海涛	刑法学	韩文静:论交通肇事后"逃逸"的性质
			朱建华	刑法学	杨锁伟:轮奸的成立条件研究
			刘湘廉	刑法学	王婉君:电信诈骗犯罪帮助取款行为的定罪研究

续表

序号	培养单位	学位层次	学院/导师情况	专业/方向	2022年学位论文选题及作者
77	西南政法大学	硕士	王利荣	刑法学	陈庆:容留犯罪类型化思考
			马家福	刑法学	刘斌:受贿罪的本质与受贿罪的立法完善
			蔡英	刑法学	马新书:双方多重交通违章致人死亡伴逃逸行为的司法认定——以谭某交通肇事案为例
			谢佳君	刑法学	朱嘉华:我国性侵未成年人犯罪的现状与立法完善
			卢有学	刑法学	高岸芷:论累积犯——以环境污染罪为视角
			贾健	刑法学	赵亚琨:实害犯法益可恢复问题研究
			陈伟	刑法学	黄梦圆:非法经营罪兜底条款的社会相当性适用研究
			梅传强	刑法学	赵聪:恶势力的司法认定研究
			梅传强	刑法学	严磊:论我国毒品犯罪司法认定的缺陷与修正
			法学院/刘湘廉	刑事法实务	吴小莲:袭警罪司法认定中的疑难问题探析
			胡江	刑事法实务	董淳:容留他人吸毒罪中"容留"的司法认定疑难问题研究
			陈小彪	刑事法实务	李红蕾:污染环境罪因果关系认定实证研究
			陈荣飞	刑事法实务	赵耀耀:利用职务便利型虚假诉讼行为认定实证研究——以48份裁判文书为样本
			贾健	刑事法实务	魏博:论募捐诈骗中的被害人因素
			姜敏	刑事法实务	郑青林:"截贿"行为的刑法定性研究——以150份判决书为分析样本
			姜敏	刑事法实务	石微微:淫秽直播行为的定罪问题研究——以101份生效判决为分析样本
			胡江	刑事法实务	张熙:索债型非法拘禁罪的适用问题研究——以周某等人非法拘禁案为例

续表

序号	培养单位	学位层次	学院/导师情况	专业/方向	2022年学位论文选题及作者
77	西南政法大学	硕士	张武举	刑事法实务	刘佳:组织他人偷越国(边)境罪共犯问题研究——以吴某某等人组织他人偷越国(边)境案为例
			胡江	刑事法实务	王羽:风险刑法视野下妨害传染病防治罪的问题考察与规范适用
			刘沛谞	刑事法实务	杨秋仙:走私共犯与间接走私的疑难认定——以刘某等走私普通货物、物品案为例
			刘沛谞	刑事法实务	郭琳:利用向系统植入漏洞程序取款行为之司法认定——以覃某胜盗窃案为例
			卢有学	刑事法实务	崔师桦:网络主播隐瞒长相引诱打赏行为性质的认定
			姜敏	刑事法实务	祝亚辉:利用航班延误与保险公司"对赌"定性研究——以李某利用航班延误骗保案为例
			刘湘廉	刑事法实务	张春迪:网络游戏交友中取得他人财产行为定性研究——以"我的贪玩'女友'案"为例
			姜敏	刑事法实务	张坤龙:复制饭卡并使用行为的定性分析——以桑一迪伪造、倒卖伪造的有价票证案为例
			秦宗川	刑事法实务	刘瑞康:以"性暗示"引诱顾客充值会员行为的定性研究——以易某诈骗案为例分析
			姜敏	刑事法实务	何加明:利用漏洞恶意退货获取商场积分行为定性——以江某盗窃案为例
			陈小彪	刑事法实务	陈友浩:有真实足额抵押的骗取贷款行为的认定——以马某骗取贷款案为例
			卢有学	刑事法实务	曾茜:利用网络修改他人商品价格行为的定性——以陈某破坏生产经营案为例
			蔡英	刑事法实务	舒铋烈:利用"嗅探"设备冒用他人网络信贷产品的定性分析——以吴某等信用卡诈骗案为例

续表

序号	培养单位	学位层次	学院/导师情况	专业/方向	2022年学位论文选题及作者
77	西南政法大学	硕士	陈小彪	刑事法实务	杨澳:电子游戏著作权犯罪刑法适用实证研究
			高维俭	刑事法实务	林雄辉:微信群抢红包赌博行为的刑法定性问题研究——以郭凤刚案为例
			刘湘廉	刑事法实务	刘小如:猥亵妇女及其网络分享行为的定性分析——以朱某等猥亵女性案为例
			王利荣	刑事法实务	夏森:消费者过度维权的刑民界限研究——以马某敲诈勒索案为例
			高维俭	刑事法实务	李烨辉:派出所收取辖区内单位赞助费行为的定性研究
			刘沛谞	刑事法实务	朱丰秋:高空抛物、坠物案件的刑法适用问题研究
			贾健	刑事法实务	杨艳宇:寻衅滋事罪在司法中的新近扩张及限制研究——以近三年全国新型案件为实证基础
			张武举	刑事法实务	冉金:故意杀人罪量刑起点研究——以重庆市469个案例为分析样本
			李永升	刑事法实务	杨攀:论诈骗罪中被害人的处分行为
			张武举	刑事法实务	张雪梅:对有影响力的人行贿罪司法适用研究——罗某行贿案分析
			王利荣	刑事法实务	石小刚:论容留他人吸毒罪的构成要件要素
			贾健	刑事法实务	岳醒醒:编造、故意传播虚假信息罪的认定现状及其问题研究——以近五年来的相关案例为视角
			高维俭	刑事法实务	陈前:诈骗罪财产损失的司法判定——以姚某某诈骗案为例
			袁林	刑事法实务	林著玮:《刑法》第204条司法适用问题分析——以王某骗取出口退税案为例
			袁林	刑事法实务	王莎:涉“花呗”套现行为的刑法定性研究

续表

序号	培养单位	学位层次	学院/导师情况	专业/方向	2022 年学位论文选题及作者
77	西南政法大学	硕士	姜敏	刑事法实务	卢春燕:盗窃车牌后勒索财物行为的定性研究——以董某盗窃案为例
			陈世伟	刑事法实务	王钰鹏:借名骗取贷款行为的刑法定性分析——以耿某军、耿某运贷款诈骗一案为例
			刘湘廉	刑事法实务	周才深:骗购"病牛"并予以销售行为的刑法分析——以单某等人购销"病牛"案为例
			姜敏	刑事法实务	耿帅:非法转移他人支付宝内钱款行为的刑法性质——以胥某某盗窃案为例
			肖敏	刑事法实务	贾林衡:帮助信息网络犯罪活动罪司法认定问题研究——以王某某为出售野生动物提供网络中介服务案为例
			李林	刑事法实务	王雅楠:银行工作人员违规发放贷款化解不良贷款的行为定性研究——以李某违规发放贷款案为例
			陈伟	刑事法实务	黄泽敏:醉驾二次碰撞致人重伤的罪名认定研究——以丁某案为例
			蔡英	刑事法实务	杨梦琳:有偿删改差评行为的刑法定性研究——以李某某破坏计算机信息系统案为例
			张武举	刑事法实务	杨思诗:关于纯度极低时毒品的认定问题——以董某非法持有毒品案为例
			姜敏	刑事法实务	肖文琪:存款名义人挂失取走实际人存款定性研究——以李某盗窃案为例
			胡江	刑事法实务	刘芸:贩卖毒品案件中供述上下家信息的司法认定研究——以邱某贩卖毒品案为例
			刘湘廉	刑事法实务	刘敏霞:自杀行为引发交通秩序混乱的定性研究——以姚某自杀案为例
			马家福	刑事法实务	刘良萌:"被告人一贯表现"量刑价值的实证研究——以 345 份河北省故意伤害案判决书为样本

续表

序号	培养单位	学位层次	学院/导师情况	专业/方向	2022 年学位论文选题及作者
77	西南政法大学	硕士	刑事侦查学院/王跃	侦查学	潘镇洋:破坏矿产资源犯罪案件侦查研究
			刘莹	侦查学	谢兴林:互联网金融背景下恐怖融资犯罪治理对策研究
			王小海	警察科学	荣冲:日本少年警察制度研究及借鉴
			张晓薇	民事司法实务	吴育佳:论涉罪财产责令退赔与民事另诉关系的厘清
			民商法学院/林刚	民商法学	李婷:非法集资案件中民间借贷合同效力问题研究
			法学院/闫召华	诉讼法学	李雅曼:重罪案件适用认罪认罚从宽制度研究
			王彪	诉讼法学	唐盛燕:死刑案件罪轻量刑事实证明问题研究
			孙长永	诉讼法学	潘运:重罪案件适用认罪认罚从宽制度若干问题研究
			知识产权学院/邓宏光	知识产权法学	温存:侵犯商业秘密罪中主观明知的认定
			行政法学院/温泽彬	宪法学与行政法学	周哲昊:治安管理处罚与刑罚的功能调适和体系接驳
			刘泽刚	宪法学与行政法学	朱梅:论逃税罪行政前置程序
			朱颖	律师实务	周思源:违法涉罪未成年人帮教矫正体系完善研究
			胡仁智	法律史	叶萍:规范之间:律、令、条例下的“谋反大逆”罪
			胡仁智	法律史	李德龙:唐代反逆犯罪研究
			胡仁智	法律史	唐红:晚清民国时期堕胎罪及其司法实践研究
			周欣宇	法律史	刘君婷:清代“子孙违犯教令”罪研究

续表

序号	培养单位	学位层次	学院/导师情况	专业/方向	2022 年学位论文选题及作者
77	西南政法大学	硕士	袁春兰	法律史	乔宇琛:中国无夫奸罪嬗变研究
			人权学院/张永和	法学理论	张嘉琪:司法实践中适用刑法第 237 条第 2 款的法理分析——以 125 个猥亵案例为素材
			人工智能法学院/张光君	人工智能法学	孙子惠:流量造假行为犯罪化论
			聂慧苹	应用法学	邱月贞:高利贷刑法规制反思研究
			经济法学院/徐以祥	环境资源与保护法学	刘铭鑫:论非法狩猎罪的规范解释与司法适用
			人工智能法学院/张光君、徐文转	法律硕士(法学)	周红瑜:袭警罪中"暴力袭击"的司法认定研究——基于 362 份裁判文书的分析
			法学院/李永升	法律硕士(法学)	刘洋铭:强拿硬要型寻衅滋事罪司法认定的实证研究——以 S 省基层法院 401 份判决书为例
			陈伟	法律硕士(法学)	易向媛:拒不执行判决、裁定罪的规范适用探究
			人工智能法学院/张光君、陈佳佳	法律硕士(法学)	唐雪:帮助信息网络犯罪活动罪中"明知"的理解与认定
			法学院/刘沛谞	法律硕士(法学)	王倩:敲诈勒索罪中"非法占有目的"之认定——以情感纠纷类案件为视角
			张武举	法律硕士(法学)	王康桢:集资诈骗罪中被害人过错问题研究
			陈荣飞	法律硕士(法学)	邹芳芳:民营定点医疗机构骗取医保行为的定性研究
			张武举	法律硕士(法学)	洪曦:占用性质不明土地行为的刑法定性——以王某成非法占用农用地案为例

续表

序号	培养单位	学位层次	学院/导师情况	专业/方向	2022 年学位论文选题及作者
77	西南政法大学	硕士	秦宗川	法律硕士(法学)	陈岚:利用网络消费系统漏洞获利行为的刑法分析
			人工智能法学院/聂慧苹、陈学敏	法律硕士(法学)	黄振华:高空抛物罪适用疑难问题研究
			法学院/高维俭	法律硕士(法学)	赵静雯:高空抛物罪司法适用疑难问题研究
			艾明	法律硕士(法学)	赵凯:认罪认罚轻罪案件繁简分流实证研究
			陈小彪	法律硕士(法学)	庹锦:我国轻罪附随后果之考察及其反思性建构
			刘沛谞	法律硕士(法学)	周峥:生产、销售不符合标准的医用器材罪司法认定争议问题研究
			人工智能法学院/聂慧苹	法律硕士(法学)	罗言:“套路贷”犯罪罪数问题研究
			法学院/姚万勤	法律硕士(法学)	蔡仕玉:交通肇事逃逸后自首的认定——以余某某交通肇事案为例
			贾健	法律硕士(法学)	赵雪:反向刷单炒信行为的定性——以钟某某破坏生产经营案为例
			高维俭	法律硕士(法学)	张玥:在校生暴力劫取少量财物行为的定性分析——以黄某某等人抢劫案为例
			高维俭	法律硕士(法学)	张瀚文:跟车逃缴 ETC 通行费的司法定性——以王某诈骗案为例
			谢佳君	法律硕士(法学)	王丹旎:为吸毒者代购毒品行为定性研究——以王某某贩卖毒品案为例
			刘湘廉	法律硕士(法学)	苗淑萍:利用跟踪贴靠手段索债行为定性分析——以朱某、邵某案为例
			谢佳君	法律硕士(法学)	陈春晓:殴打他人并录制视频传播行为的认定研究——以常某寻衅滋事案为例

续表

序号	培养单位	学位层次	学院/导师情况	专业/方向	2022年学位论文选题及作者
77	西南政法大学	硕士	石经海	法律硕士（法学）	郑琳:诱骗他人进行期货交易行为应如何定性——以张某非法经营案为例
			刘湘廉	法律硕士（法学）	崔永飞:冒名购买延误险理赔获利行为的定性研究——以李某保险诈骗案为例
			袁林	法律硕士（法学）	黄佳媚:利用亲密付取得他人钱财的行为定性研究
			高维俭	法律硕士（法学）	聂佳敏:刷单炒信行为之刑法解释——以李某某非法经营案为例
			谢佳君	法律硕士（法学）	张晓姝:非法经营罪兜底条款的司法适用研究
			谢佳君	法律硕士（法学）	晏晓雨:网购调包退款行为的定性研究——以张某某诈骗案为例
			陈世伟	法律硕士（法学）	王越:挪用违规收取的客户资金之行为定性分析——以林某挪用资金案为例
			聂慧苹	法律硕士（法学）	王睿:第三方支付方式下侵财犯罪的定性研究
			陈荣飞	法律硕士（法学）	廖璇:《刑法修正案(十一)》背景下之妨害安全驾驶罪解读
			刘沛谞	法律硕士（法学）	罗娜:网络刷单平台设立者的“中介行为”定性研究——以李某某非法经营案为例
			聂慧苹	法律硕士（法学）	居晨:大数据时代下侵犯公民个人信息罪的实证研究——基于400份判决书的分析
			肖敏	法律硕士（法学）	楼益锋:强奸罪中若干加重情形的司法认定研究——以李某强奸案为例
			人工智能法学院/付其运	法律硕士（法学）	周林林:论行贿罪的司法适用与立法完善——以A省法院司法实践为样本
			法学院/马家福	法律硕士（法学）	王平平:犯罪动机影响量刑的实证研究——以471份故意杀人罪一审判决书为切入
			陈世伟	法律硕士（法学）	臧艳菡:跟车冲卡逃费行为的定性研究——以王某抢夺案为例

续表

序号	培养单位	学位层次	学院/导师情况	专业/方向	2022年学位论文选题及作者
77	西南政法大学	硕士	袁林	法律硕士（法学）	张明威:轮奸情节认定研究——以王某、李某强奸案为例
			陈伟	法律硕士（法学）	吴翔:不法原因给付下侵财行为的定性研究——以尹某案为例
			张武举	法律硕士（法学）	黄媛媛:冒用本公司名义消灭本公司债权行为定性研究——李某合同诈骗案分析
			谢佳君	法律硕士（法学）	武博雯:在交付邮寄前被抓获的贩毒行为之定性——以钟某贩毒案为例
			陈荣飞	法律硕士（法学）	张蓉:帮助他人违法提取公积金并收取“点子”费的行为定性研究——以王某收取“点子”费为例
			人工智能法学院/付其运	法律硕士（法学）	郭绵多:教唆、帮助自杀行为的刑法规制
			法学院/张静、王蕾	法律硕士（法学）	何嘉怡:销售假药罪的司法认定研究——以孙勇平案为例
			姜敏	法律硕士（法学）	曾繁林:代币发行融资刑法定性研究——以白某集资诈骗案为例
			肖敏	法律硕士（法学）	王天宇:盗窃信用卡骗取被害人激活后透支的行为定性——以陶某盗窃信用卡案为例
			肖敏	法律硕士（法学）	余倩芸:杀人及其后索财行为的定性——以梁某某故意杀人案为例
			法学院/丁胜明	法律硕士（非法学）	詹浩哲:受贿罪“严重情节”适用的现实困境与出路
			人工智能法学院/聂慧苹	法律（非法学）	刘绍斌:寻衅滋事罪司法认定探究
			聂慧苹	法律硕士（非法学）	蒋倩云:法秩序统一原理下侵犯公民个人信息罪的完善研究
			聂慧苹	法律硕士（非法学）	侯婷婷:以危险方法危害公共安全罪中“其他危险方法”的实务认定研究

续表

序号	培养单位	学位层次	学院/导师情况	专业/方向	2022 年学位论文选题及作者
77	西南政法大学	硕士	法学院/高峰	法律硕士（非法学）	包世金：环境犯罪刑附民公益诉讼中生态损害定量问题的研究——以吴某污染环境罪一案为例
			纪虎	法律硕士（非法学）	刘金曦：诽谤罪自诉转公诉研究——以杭州何某、郎某网络诽谤案为例
			刘沛谞	法律硕士（非法学）	李绍旺：为参赌者提供“上下分”服务行为定性研究
			人工智能法学院/付其运	法律硕士（非法学）	卓会：“套路贷”的司法认定问题研究
			付其运	法律硕士（非法学）	王志：人工智能时代个人信息的刑法保护
			人工智能法学院/聂慧苹	法律硕士（非法学）	董美娇：网络谣言刑法规制研究
			经济法学院/陈司谨	法律硕士（非法学）	郑凯明：逃税罪“初犯免责”条款的理解和适用
			陈司谨	法律硕士（非法学）	谭娜：虚开增值税专用发票罪的刑法处罚研究
			法学院/丁胜明	法律硕士（非法学）	叶明：上访索财行为的刑法定性——以王某某敲诈勒索案为例
			刘沛谞	法律硕士（非法学）	唐聆嘉：给他人下药后赌博作弊行为刑法定性研究
			姜敏	法律硕士（非法学）	陈静：以试驾之名将车驶离行为定性研究——以谢某某盗窃案为例
			袁林	法律硕士（非法学）	鲁基民：利用“APP 积分漏洞”非法获利行为的刑法定性——以刘某强盗窃案为例
			陈世伟	法律硕士（非法学）	金甜甜：非法操纵他人股票账户进行交易的行为应如何定性——以关某故意毁坏财物案为例
			人工智能法学院/邓为	法律硕士（非法学）	洪书城：以暴力强迫他人提供贷款行为之定性分析——以郑某平、邹某虎抢劫案为例

续表

序号	培养单位	学位层次	学院/导师情况	专业/方向	2022年学位论文选题及作者
77	西南政法大学	硕士	刘沛谞	法律硕士(非法学)	李圣瑶:互联网消费信贷套现行为的刑法认定研究
			行政法学院/谭宗泽	法律硕士(非法学)	余涌:监察视阈下的“双非”人员处置研究
			刘湘廉	法律硕士(非法学)	张燕梅:货到付款型精准诈骗中快递员刑事责任研究——以卫某诈骗案为例
			袁锦凡	法律硕士(非法学)	李学姣:诈赌案件中参赌人员诉讼身份及财产认定——以邓×波等八人诈骗案为例
			陈世伟	法律硕士(非法学)	程月:制售恶意点击软件行为应如何定性——以倪某某案为例
			李永升	法律硕士(非法学)	朱川徽:声誉型刷单行为的刑法定性研究
			王利荣	法律硕士(非法学)	许圣煜:侵入网络获取游戏装备的刑法性质
			张武举	法律硕士(非法学)	许龄均:我国罪错未成年人分级处遇制度构建——以日本非行少年保护处分制度为借鉴
			人工智能法学院/聂慧苹	法律硕士(非法学)	赵庆忠:侵犯公民个人信息罪的实证研究——基于裁判文书的分析
			法学院/谢佳君	法律硕士(非法学)	周心怡:传播淫秽物品牟利罪研究——以无被害人犯罪为视角
			王利荣	法律硕士(非法学)	龚莉君:组织、介绍卖淫行为争议问题研究——以何某某介绍卖淫案为例
			蔡英	法律硕士(非法学)	保羽倩:接受投注并在外围网站下注赚取佣金行为的定性研究——以刘某某赌博案为例
			蔡英	法律硕士(非法学)	段凯文:拖欠信用卡购车专项分期款行为的定性分析——以刘某霞信用卡诈骗案为例
			石经海	法律硕士(非法学)	侯琳琳:贪污贿赂犯罪悔罪情节适用研究

续表

序号	培养单位	学位层次	学院/导师情况	专业/方向	2022年学位论文选题及作者
77	西南政法大学	硕士	胡江	法律硕士（非法学）	颜悦：村基层组织人员属于“国家工作人员”情形的刑法认定——以孟某某挪用公款案为例
			政治与公共管理学院/刘莉	公共管理	张媛：社会组织参与涉罪未成年人考察帮教的优化路径研究——以J区Y社会工作服务中心为例
			外语学院/张绍全、高维俭	英语笔译	陈瑞均：《刑法》（第七章）翻译报告
78	复旦大学	博士	法学院/汪明亮	刑法学	唐韵：集资诈骗犯罪治理之被害人视角
		硕士	汪明亮	刑法学	付驿：考试作弊类犯罪生成机制及其治理
			汪明亮	刑法学	宋志强：论生物安全的刑法保护
			汪明亮	刑法学	宋桢：违规披露、不披露重要信息罪司法适用研究
			汪明亮	刑法学	王苏珊：破坏承重墙行为的刑法规制
			汪明亮	刑法学	周寅子：论环境监测数据造假型污染环境犯罪
			汪明亮	刑法学	段一鸣：网络游戏外挂行为的刑法规制
			汪明亮	刑法学	焦婷婷：职务侵占罪司法认定疑难问题研究
			汪明亮	刑法学	范航：我国证券犯罪刑事政策之考察与优化建议
			汪明亮	刑法学	林威：“套路贷”犯罪中被害人权益保护问题研究
			汪明亮	刑法学	王达轩：中国洗钱犯罪刑法规制之困境与出路
			汪明亮	刑法学	周宇瑶：我国未成年人犯罪从宽处罚刑事政策研究
			汪明亮	刑法学	陈欢：私募基金领域的经济犯罪问题研究
			汪明亮	刑法学	陶睿：论高利贷的非刑事治理

续表

序号	培养单位	学位层次	学院/导师情况	专业/方向	2022年学位论文选题及作者
78	复旦大学	硕士	汪明亮	刑法学	钱佳凤:我国毒品犯罪死刑适用率过高问题研究
			汪明亮	刑法学	李阳:“套路贷”刑法适用疑难问题研究
			汪明亮	刑法学	安汇玉:论污染环境犯罪刑法适用过程中的社会参与
			汪明亮	刑法学	胡之建:民间融资行为之刑法规制
			汪明亮	刑法学	余菁菁:私募基金犯罪治理对策研究
			汪明亮	刑法学	陈晨:非法吸收公众存款罪扩张适用之反思
			汪明亮	刑法学	顾伊笛:生态文明语境下环境刑法法益保护前置化研究
			汪明亮	刑法学	刘宜芳:逃税罪处罚阻却事由研究
			汪明亮	刑法学	陈能:利用未公开信息交易罪司法适用疑难问题研究
			汪明亮	刑法学	陈永圣:刑法适用中的违法性认识因素考察
			汪明亮	刑法学	刘禹:“套路贷”刑法规制研究
			汪明亮	刑法学	骆意:第三方支付机构帮助行为之刑事可罚性

第五章 / Chapter 5

2022 年度中国犯罪学研究述评

除了社会政治经济形势的变化和科技的发展,2022 年中,疫情依然是中国公共安全的严重威胁,疫情防控不仅直接影响着社会经济的发展,影响人们的就业和收入,而且直接改变人们的日常活动,基于社会紧张、日常活动理论等既有犯罪学理论,这些因素必然给犯罪现象带来变化。同时,疫情防控也可能导致犯罪研究的变化,例如,一些调查研究难以开展、参与疫情防控占用大量时间等因素可能会导致犯罪研究成果的减少,疫情防控相关的犯罪会受到关注。上述变化会不会发生?本章拟以 2022 年我国犯罪学研究的主要成果为考察对象,按照犯罪学研究对象的基本框架进行内容分析,尝试寻找答案。

第一节　样本来源及其特征

本部分样本包括核心期刊论文和非核心犯罪学专业期刊论文两部分。核心期刊论文是来自北大中文核心期刊和南大 CSSCI 期刊的论文,分别以"犯罪""暴力""强奸""杀人""性侵""伤害"为篇名进行高级检索,并逐一筛选;非核心犯罪学研究期刊是指以犯罪研究为题名或设有犯罪研究专栏,对复合影响因子排名前十的非核心犯罪学研究期刊;相比前两年略有变动,《上海公安学院学报》的复合影响因子超过了《江西警察学院学报》而进入前十,因而 2022 年综述的犯罪学研究非核心期刊有《青少年犯罪问题》《预防青少年犯罪研究》《犯罪研究》《中国刑警学院学报》《山东警察学院学报》《湖北警官学院学报》《北京警察学院学报》《浙江警察学院学报》《河南警察学院学报》《上海公安学院学报》。通过上述方法检索并筛选到 184 篇期刊论文，其中核心期刊论文 85 篇，非核心犯罪学研究期刊论文 99 篇。①（笔者学习阅读所涉中英文论文虽在下文内容分析中体现，但不在本部分样本特征的分析范围。）

一、发文作者及机构情况

据统计，2022 年在核心期刊中发表犯罪学相关文献数量最多的学者为李钢，共发表 8 篇，其他相对高产的发文作者还有周俊俊（7 篇）、宋广文（5 篇）、陈鹏（5 篇）、单勇（4 篇）、柳林（4 篇）、张小虎（2 篇）。而在各非核心期刊中，并无发文数量显著较多的作者。结合 VOSviewer 软件对文献作者的关联度进行分析，可以得到所有样本文献作者之间的学术合作状况（如图 5-1 所示），学者间的合作网络主要由李钢、周俊俊、徐嘉辉、于悦、洪丹丹、杜梦佳、夏海、黄雨珊、徐锋等人组成，李钢教授所在的团队基于对各省各区的拐卖犯罪、职务犯罪的时空格局、决策机制的深入研究，以多人合作形式产出 9 篇文献。总体而言，样本文献的作者以个人为主要组成部分，合作占比不高，大部分学者为独立研究状态，故而跨学科、跨领域的合作作品数量欠缺。

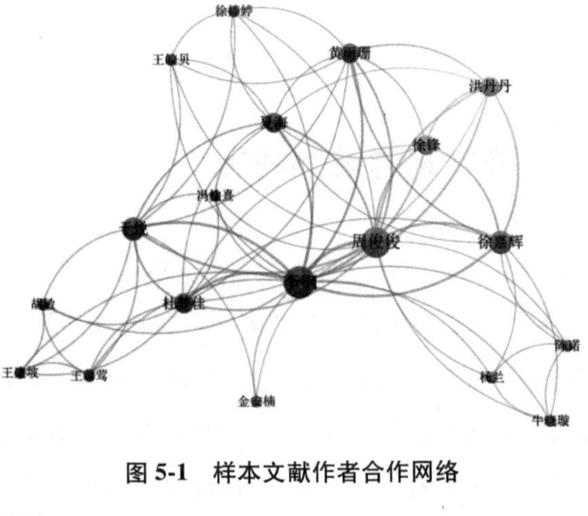

图 5-1　样本文献作者合作网络

---

① 检索日期截至 2023 年 2 月 3 日。由于有些期刊出刊或中国知网收录有一定的滞后性，有的期刊只能检索到 2022 年的部分期数。

对比样本文献的来源机构，在核心期刊中发文量占据前五的是中国人民公安大学、西北大学、广州大学、南京大学和北京师范大学，分别发文 10 篇、8 篇、7 篇、6 篇和 5 篇（详见图 5-2）。此外，中国人民公安大学同样也是在非核心期刊中发文最多的机构，与华东政法大学、西南政法大学、中国政法大学、中南财经政法大学等共同构成了核心研究群体（详见图 5-3）。

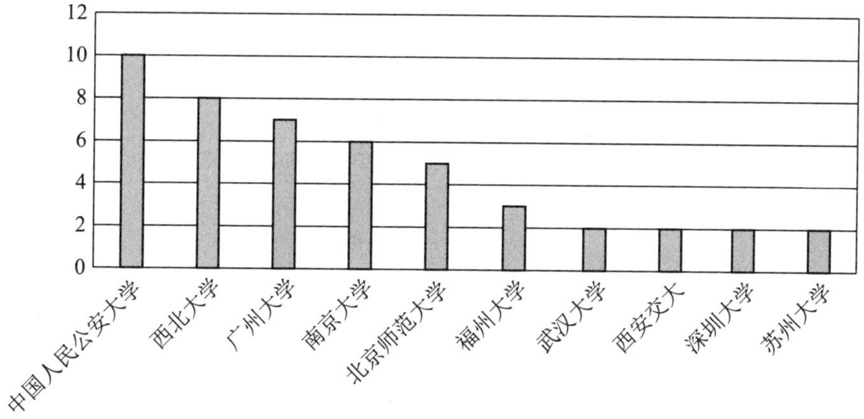

图 5-2　2022 年核心期刊样本来源机构分布

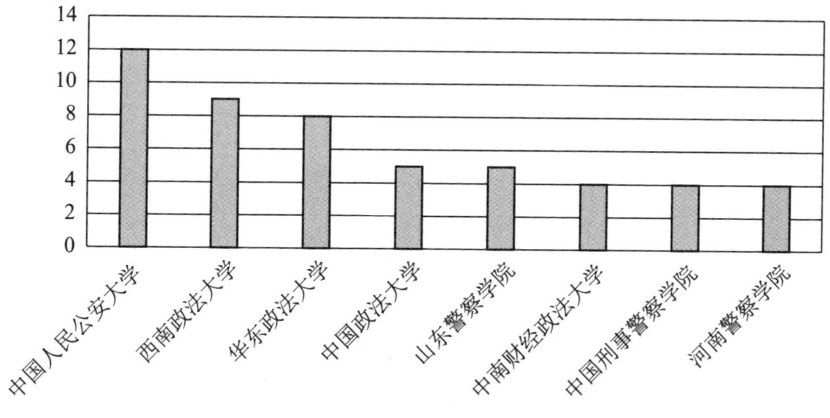

图 5-3　2022 年非核心期刊样本来源机构分布

二、来源期刊分布

《热带地理》（12 篇）、《中国人民公安大学学报（社会科学版）》（6 篇）、《地理研究》（6 篇）成为了 2022 年刊登犯罪学研究论文数量前三的核心期刊，数量占据了核心期刊所有相关文献的28%,位列其后的则是《人民论坛》《中国青年社会科学》及《广东社会科学》,发文数均为2篇,其余的文献则零散分布于《政治与法律》《现代法学》等50多本核心期刊中。整体上来看,样本文献来源的核心期刊主要是以下几种类型:地理规划类、综合性学报、社会学类、法学类、科技类、医药卫生类、教育类、计算机类、体育类、金融类、数学类及新闻传播类(详见图5-4)。

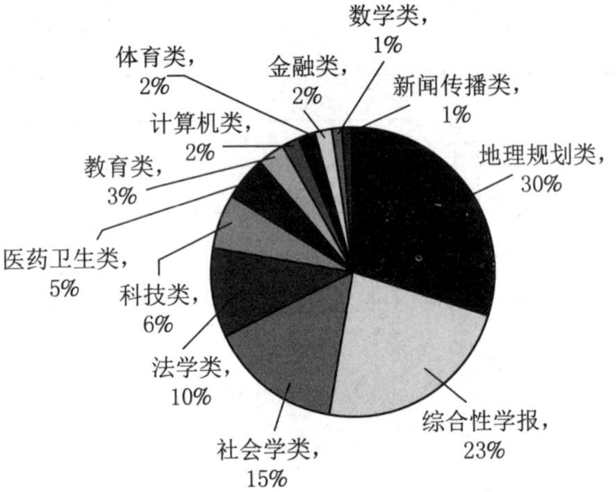

图5-4 2022年核心期刊样本来源分布

而在被采纳为样本文献来源的10种非核心期刊中,《犯罪研究》的相关文献数量达到16篇,占比最大,《预防青少年犯罪研究》《浙江警察学院学报》次之,位列第二、第三(详见图5-5)。

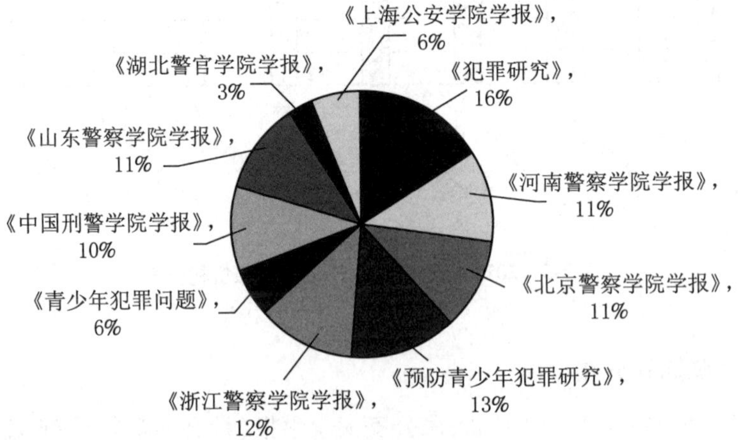

图5-5 2022年非核心期刊样本来源分布

三、研究主题分析

对关键词频次、内容的分析有助于梳理和发现特定领域内的研究热点和发展趋势。通过 VOSviewer 软件对现有样本文献进行数据处理后,可发现其中的关键词在图谱上可大致划分为左右两块区域,若干个较大的聚类,分别以犯罪地理、拐卖犯罪、电信网络诈骗、犯罪治理、网络犯罪、未成年人、社会解组等为小中心,其各自的关联关系如图 5-6 所示。结合各个共现频率较高的关键词可将图谱的左右区域予以展开阐释:首先,不论是相关主题的文献数量,还是来源期刊的学科类型分布,“犯罪地理”在 2022 年犯罪学相关的文献主题中占据绝对地位,与其在关键词共现图谱中的突出位置相吻合。在对犯罪现象的研究中,探究拐卖、“两抢一盗”等类型犯罪的时空分布规律成为了诸多学者热衷的研究方向;在讨论致罪因素时,也有不少学者从区域性质、街道形态等地理因素出发。此外,犯罪治理和预防作为永恒的研究重点,在 2022 年度更为强调宽严相济、综合治理的策略模式,而在所有类罪中联结最为紧密,研究热度最高的则是网络犯罪和电信网络诈骗,其纷繁复杂、形势严峻程度之深引起了学者的广泛关注。社会解组理论作为唯一一个出现在图谱中的犯罪学经典理论,其重要性及适用广泛性无需多言,尤其是在通过实证方式研究多样化的城市社会问题时,社会解组理论受到了不少学者的青睐。

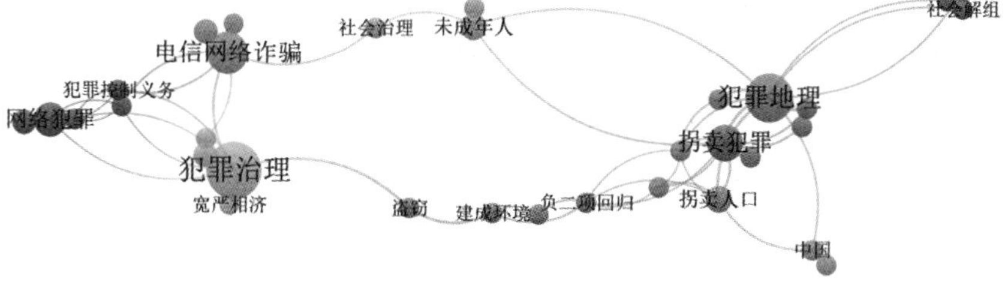

图 5-6　高频关键词聚类视图

上述分析可见,我国犯罪地理学研究异军突起,在核心期刊发文量中优势明显,这些作者并不长期从事犯罪学研究,而是犯罪地理学的发展为他们提供了跨学科研究的机会。相对来讲,传统犯罪学研究乏力,这背后有学科发展、学术平台建设等诸方面的因素,亟待进一步研究。

第二节 关于犯罪学本体的研究

近年来学术界关于犯罪学基本概念和整体发展的成果不多,2022 年对犯罪学本体的关注主要体现在对国外犯罪学前沿理论的引介,以促进国内相应的研究。

一、生命历程犯罪学理论

继 2021 年讨论过生命历程犯罪学基本原则之后,①张小虎在 2022 再次撰文讨论了生命历程犯罪学的历史演进、研究方法和内容特征,最后提出本土化期待。②

生命历程犯罪学持有一种理论整合的视角,尽管生命历程犯罪学理论有一些不同的侧重点,但它们通常都聚焦于生命历程的不同阶段:婴儿期、儿童期、青春期、成年早期及其之后反社会行为、越轨和犯罪的开始和终止,以及影响导致这些"开始"或"终止"的生命事件,如同伴的影响、参军、就业、婚姻等。生命历程犯罪学持一种整合的视角,不仅借鉴了许多社会结构和社会过程角度对犯罪的解释,同时也利用了来自儿童和发展心理学方面的成果,受到来自生物学、心理学和社会学背景的犯罪学家的支持。③不过,生命历程犯罪学理论也受到一些学者的批评,如赫希坚信理论整合弊大于利,整合只会产生"理论浆糊";甚至一些支持理论整合的学者也认为,理论整合可能会减少这些理论的"清晰度和强度";不过,巴坎却认为,犯罪学的理论整合虽存在风险但充满了希望。④

当然,生命历程犯罪学理论在国内的发展情况并非如该文所说"一片荒野","连'生命历程犯罪学'这个术语似乎都需要'普法'"。⑤近年来,生命历程犯罪学

---

① 参见张小虎:《生命历程犯罪学的本土探究:典型罪案与核心原则》,载《社会学研究》2021 年第 4 期。

② 参见张小虎:《生命历程犯罪学的关键性维度及本土化期待》,载《社会科学》2022 年第 4 期。

③ 参见[美]斯蒂芬·E.巴坎:《犯罪学:社会学的理解》,秦晨等译,上海人民出版社 2011 年版,第 253 页。

④ 参见[美]斯蒂芬·E.巴坎:《犯罪学:社会学的理解》,秦晨等译,上海人民出版社 2011 年版,第 253—259 页。

⑤ 张小虎:《生命历程犯罪学的关键性维度及本土化期待》,载《社会科学》2022 年第 4 期。

理论已经引介到国内，①该理论框架以及以其为理论基础的发展式犯罪预防已为个别学者用以具体犯罪治理的讨论。②此外，样本中还有关于犯罪断念(desistance from crime)的相关成果，对犯罪断念的含义、测量、影响因素和实践进行了介绍。③犯罪断念是生命历程犯罪学视角下的重要概念，对国内学者而言，犯罪断念也不是一个陌生的概念。④生命历程犯罪学理论的引介构成了 2022 年我国犯罪学本体讨论中一个比较聚焦的话题。如何能将生命历程犯罪学理论(包括犯罪断念理论)用于中国的犯罪治理实践值得期待。

二、现代生物社会犯罪学

罗力群将现代生物社会犯罪学称为“西方犯罪学研究的新取向”，他追溯了生

① 吴宗宪先是在《西方犯罪学》第十章中第一、第二节分别以“综合型犯罪学研究和理论”“发展犯罪学研究”为题对它们进行了介绍，后在《西方犯罪学史(第四卷)》第九编第 42 章以“其他研究与整合理论”对它们进行了更加详细地梳理。美国学者斯蒂芬·巴坎所著的《犯罪学：社会学的理解》(第四版)一书第 7 章中专门介绍了生命历程理论，包括生命历程犯罪学的总体范式、主要观点和四个代表性理论。刘仁文等译介的《牛津犯罪学指南》(第四版)第 19 章介绍了大卫·法林顿的《儿童期风险因素与以风险为中心的预防》。参见吴宗宪：《西方犯罪学》，法律出版社 2006 年版，第 449—504 页；吴宗宪：《西方犯罪学史(第四卷)》(第 2 版)，中国人民公安大学出版社 2010 年版，第 1295—1370 页；[美]斯蒂芬·E.巴坎：《犯罪学：社会学的理解》，秦晨等译，上海人民出版社 2011 年版，第 253—260 页；[英]麦克·马圭尔、罗德·摩根、罗伯特·赖纳：《牛津犯罪学指南》，刘仁文、李瑞生译，中国人民公安大学出版社 2012 年版，第 464—480 页。

② 参见王瑞山：《当前我国城市流动未成年人犯罪特征及发展式预防——以 2013—2017 年 S 市未成年人检察案件为例》，载《中国人民公安大学学报(社会科学版)》2018 年第 5 期；崔海英：《生命历程理论对未成年人犯罪危险防控的启示》，载《预防青少年犯罪研究》2017 年第 1 期；马岩、张鸿巍：《生命历程理论视野下的未成年人犯罪防控》，载《犯罪防控与平安中国建设——中国犯罪学学会年会论文集(2013 年)》，中国检察出版社 2013 年版，第 589—598 页。

③ 参见[美]迈克尔·洛克：《论犯罪断念的定义与测量》，杨艺朝译，载《河南警察学院学报》2022 年第 3 期；[美]丹尼尔·博伊斯沃特：《生物社会因素对犯罪断念的影响(上)》，牛智辉译，载《河南警察学院学报》2022 年第 4 期；[美]丹尼尔·博伊斯沃特：《生物社会因素对犯罪断念的影响(下)》，牛智辉译，载《河南警察学院学报》2022 年第 5 期；[美]克里斯托弗·布雷特·巴克伦：《以犯罪退出理论为导向的刑事司法实践》，殷海峰译，载《河南警察学院学报》2022 年第 1 期。

④ 从中国知网检索结果来看，关于犯罪断念的研究，集中出现在 2007 年和 2008 年，之后较为鲜见，直到 2021 年《河南警察学院学报》刊登了引介英国“断念与脱离项目”为主题的论文。参见房师营、赵军：《域外去极端化策略的探索与思考——以英国的“断念与脱离项目”为例》，载《河南警察学院学报》2021 年第 2 期；王庆法、谢思军：《论犯罪断念的塑成路径》，载《上海公安高等专科学校学报》2008 年第 3 期；王庆法、钟石：《塑造犯罪断念的综合途径》，载《吉林公安高等专科学校学报》2008 年第 3 期；沈立、赵志方、谢思军：《论犯罪断念与青少年犯罪预防》，载《福建警察学院学报》2008 年第 3 期；蔡军：《青少年犯罪预防理论的新径路：犯罪断念》，载《求索》2008 年第 2 期；谢思军、Jay X.Urban、吴盛：《青少年犯罪预防理论的研究视角：从犯罪原因到犯罪断念的转向》，载《政法论丛》2007 年第 3 期；谢思军、Paris Hilton、李鹏：《断念：犯罪预防语境下的基础构造》，载《江西公安专科学校学报》2007 年第 1 期。

物社会犯罪学的发展历史,强调“生物社会犯罪学倡导结合生物学和社会科学的知识和洞见来解释犯罪行为”,它包括进化犯罪学、犯罪的行为遗传学研究、神经犯罪学三个主要研究分支。①博伊斯沃特的《生物社会因素对犯罪断念的影响》也是从生物社会犯罪学对犯罪断念进行了解释。②

我国学术界通常将生物社会犯罪学称为犯罪生物学。罗力群认为,犯罪生物学研究能够丰富传统犯罪学研究的解释层次,为犯罪研究带来新的知识和洞见,进而为犯罪预防和矫正提供更有效的对策。③当然,犯罪生物学研究也面临一些问题。首先,犯罪的多样化问题。生物学因素可以解释一些暴力的侵犯行为,但它们无法解释大多数犯罪行为。同时,它们无法合适地解释越轨行为的相对性,即为什么有些具有生物学犯罪倾向体质的人会卷入街头犯罪,而有些则会参加足球之类的含有身体暴力接触的活动。其次,群体之间的犯罪率差异问题。社会学理论能够在一定程度上解释不同群体、不同地点的犯罪率差异及其变化,但生物学解释无法很好地做到这一点。最后,犯罪生物学对社会政策可能影响的担忧问题。④如果想要减少犯罪就必须纠正引起犯罪的生物缺陷,那么这将会带来伦理问题。

犯罪生物学研究面临的问题并不是让我们裹足不前,而是让我们更加科学、全面地认识犯罪问题,并将生物技术运用于犯罪治理。特别是针对持续性的杀人犯罪、性侵犯罪等人身犯罪,通常个体生理因素被认为是主要的原因,这些犯罪的治理中生物学理论有着较大的用武之地。至于是否从犯罪生物学研究成果转化为政策制度,往往是国家根据犯罪形势衡量利弊的决定。以化学阉割为例,随着国际上化学阉割制度的不断完善,有学者针对国内性侵未成年人犯罪现象的发生情势,提出应该对该类犯罪行为人进行化学阉割(并更名为“药物治疗措施”)的建议。⑤

① 参见罗力群:《现代生物社会犯罪学:西方犯罪学研究的新取向》,载《犯罪研究》2022 年第 5 期。

② 参见[美]丹尼尔·博伊斯沃特:《生物社会因素对犯罪断念的影响(上)》,牛智辉译,载《河南警察学院学报》2022 年第 4 期;[美]丹尼尔·博伊斯沃特:《生物社会因素对犯罪断念的影响(下)》,牛智辉译,载《河南警察学院学报》2022 年第 5 期。

③ 参见罗力群:《现代生物社会犯罪学:西方犯罪学研究的新取向》,载《犯罪研究》2022 年第 5 期。

④ 参见[美]斯蒂芬·E.巴坎:《犯罪学:社会学的理解》,秦晨等译,上海人民出版社 2011 年版,第 169—170 页。

⑤ 参见姚建龙:《对性侵儿童犯罪人实施化学阉割的本土化探索》,载《环球法律评论》2022 年第 3 期。

三、转化犯罪学

吴宗宪梳理了国外转化犯罪学的内容、发展状况和案例，检讨了国内转化犯罪学理论和实践现状，并提出我国发展转化犯罪学的建议。①继 2021 年撰文介绍了转化犯罪学的产生背景、发展历程、美国实践及其前景后，②白羽、肖宇喆合作撰文讨论了公安科研成果的转化研究，将转化犯罪学理论框架运用于我国公安科研成果的转化。③不难理解，转化犯罪学是一种将犯罪学和刑事司法研究成果与犯罪应对实践连接的研究范式。但不可偏废的是，在犯罪应对实践中检验和评估犯罪学成果，发现和提出问题，为犯罪学研究提供思路、指导实验设计的过程，这两个方面构成转化犯罪学的双循环。④

转化犯罪学与犯罪科学二者至少有两个共同或相近之处。⑤一是以犯罪学理论成果的有效应用为追求，具有亲政策或亲实践的特征。与探索犯罪原因理论为导向、追求"纯粹"科学的传统犯罪学不同，犯罪科学则以解决现实犯罪问题为导向，追求科学的"应用"，与警务政策结合紧密。转化犯罪学强调研究成果与政策实践之间的转化，二者具有相同的追求。二是强调科学评估和循证方法。两者均借鉴了坎贝尔协作组织的做法，强调科学方法，特别是实验或准实验的方法，提倡基于证据的实践，强调证据本身的准确性和可靠性。

转化犯罪学不仅是一个研究范式，也是一种思维方法，对于我国当下犯罪学发展具有借鉴意义。刘建宏曾认为，"我国目前最大的犯罪学学术市场应该是：犯罪控制和犯罪预防研究、对犯罪相关政策和项目的评估研究"。⑥转化犯罪学为这一最大的犯罪学学术市场提供助力。转化犯罪学是以现有犯罪学理论成果为前提，研究人员根据实务工作的不同情况和特点，重新"加工"犯罪学研究成果，将它们

---

① 参见吴宗宪：《论转化犯罪学的理论脉络与本土化发展》，载《政法论坛》2022 年第 3 期。

② 参见白羽、肖宇喆：《转化犯罪学：缘起、实践与展望》，载《武汉公安干部学院学报》2021 年第 3 期。

③ 参见白羽、肖宇喆：《基于转化犯罪学的公安科研成果转化研究》，载《武汉公安干部学院学报》2021 年第 2 期。

④ 参见白羽、肖宇喆：《转化犯罪学：缘起、实践与展望》，载《武汉公安干部学院学报》2021 年第 3 期。

⑤ 参见王瑞山：《犯罪科学的界定及其与犯罪学的关系——以伦敦学院大学的犯罪科学学科建设为例》，载《中国人民公安大学学报（社会科学版）》2019 年第 2 期。

⑥ 刘建宏：《学术、学科与市场——国际视野下中国犯罪学的发展进路》，载《犯罪研究》2021 年第 3 期。

转化为应对犯罪的工具、干预措施、工作方案等可以直接应用的"产品"。可见,转化犯罪学研究需要研究人员和实务部门具有良好信任的合作关系,我国的公安院校具有这方面的天然优势。

第三节 犯罪现象研究

样本中关于犯罪现象研究占比较高,特别是犯罪地理学研究成果(共25篇)在核心期刊样本(85篇)中约占三成。这可能与犯罪地理学的兴起且诸多地理学期刊成为中文核心期刊有关。这里从犯罪行为要素、犯罪发生过程、犯罪地理分布、犯罪趋势和犯罪预测五个方面的研究加以梳理。

一、关于犯罪行为要素的研究

第一,对犯罪行为要素的综合考察。通过对犯罪人、犯罪手段、犯罪时空等多个要素的考察来分析犯罪行为的特征,这是国内学术界常见的做法,样本中有对我国电信网络诈骗犯罪、暗网犯罪、性侵犯罪、网络传销犯罪等犯罪特征的分析研究。①这类研究多数为简单案例总结,是为进一步治理对策提供基础。

第二,对犯罪人的研究。样本中关于犯罪人的研究包括三种情况:(1)对犯罪人出行特征的研究。有研究发现,超过50%的案件中盗窃犯罪人作案地到其居住地的交通距离均不超过10千米。②至于影响盗窃犯罪人出行距离的原因,有个人层面的原因,如男性、年龄较轻的犯罪人的空间出行距离更远,团伙化较"独

---

① 参见李亚可:《我国电信网络诈骗犯罪的态势特征及打击思路探析》,载《浙江警察学院学报》2022年第2期;侯林:《河南省电信网络新型诈骗犯罪问题研究——以河南省X市为样本的分析》,载《河南警察学院学报》2022年第2期;王枫梧:《我国暗网犯罪现状、治理困境及应对策略》,载《中国人民公安大学学报(社会科学版)》2022年第1期;史立梅、孙若尘:《性侵害未成年人犯罪语境下的性引诱行为研究》,载《中国青年社会科学》2022年第5期;董昊赟、张纯琍:《网络传销犯罪的量化特征及其治理困境——基于2012—2021年裁判文书判例》,载《科学决策》2022年第6期;赵天水:《我国网络直播犯罪的态势特征及惩防体系构建研究》,载《浙江警察学院学报》2022年第2期。

② 参见张超鹏、陈鹏、江欢、于越:《X市入室盗窃犯罪人空间出行距离及其影响因素分析》,载《地球信息科学学报》2022年第10期。

狼式”犯罪人的出行距离更远;也有社区层面的原因,如交通、犯罪目标、社区治安等因素。①(2)对犯罪人关系网络的分析。有研究利用社会网络分析法,以涉案人员为节点,以涉案人员之间的信息沟通关系为边构建关系数据,对网络黑产犯罪进行网络模型构建。②(3)对犯罪人所使用的犯罪语言的研究。例如,通过对网络暴力语言的分析发现其含义、构成和暴力色彩,③通过对“毒品隐语”的考察分析毒品亚文化中的反叛主义、享乐主义、青年倾向、游民特性等文化谱系。④

二、关于犯罪发生过程的研究

样本中不乏对犯罪发生过程的揭示,这是对犯罪行为的动态呈现。例如,有研究对于网络黑灰产犯罪的生成模式进行了分析;⑤还有研究批判性地探讨了国内假冒汽车零部件犯罪现象的发生机制;⑥还有研究发现中国大学生网络欺凌与受害行为存在重叠现象。⑦

在犯罪发生过程的分析中,犯罪脚本理论受到学者的关注。有学者对犯罪脚本理论及其应用进行了理论梳理。⑧有两项研究分别运用犯罪脚本理论对“刷单”类网络诈骗犯罪行为和电子商务平台上客户对客户(C2C)欺诈行为进行了分析。⑨

---

① 参见张超鹏、陈鹏、江欢、于越:《X市入室盗窃犯罪人空间出行距离及其影响因素分析》,载《地球信息科学学报》2022年第10期;黎家琪、宋广文、肖露子、张学炜:《盗窃者犯罪出行距离的特征及其影响因素——基于社区及出行物理障碍的综合考虑》,载《地理科学进展》2022年第11期。

② 参见王爱华、李辉:《网络黑产犯罪的复杂结构识别与精准治理探究——基于复杂网络理论的分析》,载《中国人民公安大学学报(社会科学版)》2022年第5期。

③ 参见王梦、王会:《网络暴力语言的危害与规治》,载《青年记者》2022年第4期。

④ 参见张学文:《毒品亚文化的批评话语分析与治理展开》,载《犯罪研究》2022年第2期。

⑤ 参见王枫梧:《网络黑灰产犯罪生成模式与多元治理机制研究》,载《浙江警察学院学报》2022年第5期。

⑥ See Anqi Shen, Sue Turner, Georgios Antonopoulos, Driven to Death: A Chinese Case Study on the Counterfeiting of Automotive Components, Asian Journal of Criminology: (2022) 17:311—329.

⑦ See Tzu-Hsuan Liu, Zhihao Ma, and Yiwei Xia, Cyberbullying Victimization Overlap Among Chinese University Students: Does Network Structure Matter?, Crime & Delinquency 2022, Vol. 68(13—14):2581—2601.

⑧ 参见隋晋光、陈鹏:《犯罪脚本分析框架构建及在犯罪防控中的应用研究》,载《中国人民公安大学学报(社会科学版)》2022年第2期。

⑨ 参见李康:《“刷单”电信网络诈骗犯罪脚本分析及其防控》,载《中国刑警学院学报》2022年第5期;Claire Seungeun Lee, How Online Fraud Victims are Targeted in China: A Crime Script Analysis of Baidu Tieba C2C Fraud, Crime & Delinquency 2022, (13—14):2529—2553。

三、关于犯罪时空分布的研究

第一,类型犯罪时空分布规律的研究。《热带地理》杂志设专题从不同视角对拐卖犯罪分布规律进行了研究,包括对安徽省、河北省、云南省、广西壮族自治区、西南地区等不同区域拐卖犯罪的研究,以及亲生亲卖现象的研究。①还有学者分别对我国职务犯罪、旅游中"两抢一盗"犯罪的时空形态进行了分析。②此外,柳林等人以盗窃和电信网络诈骗为例,对接触型与非接触型犯罪的时空稳定性进行对比研究。③

第二,对犯罪行为时空研究方法的探索。柳林等人基于犯罪地理和时空行为领域的交叉维度,探讨了犯罪时空行为创新研究框架的构建。④还有研究认为犯罪的时空传播特点与热力学的热传导模式有一定相似之处,将犯罪源比作热源,传播模式亦从高犯罪指数区域向低犯罪指数区域传播,结论得到验证。⑤还有研究设计了一种顾及案件多维特征的犯罪热点语义挖掘方法,以获得犯罪热点内案件更为详细的特征。⑥

四、关于犯罪趋势的研究

第一,对犯罪趋势的全面考察。张小虎研究发现,改革开放以来我国总体犯罪

---

① 参见李钢、于悦、周俊俊、金安楠:《中国拐卖人口犯罪地理研究:进展评述与治理启示》,载《热带地理》2022年第9期;薛芮等:《拐卖犯罪与"后拐卖"研究的关系地理学探新》,载《热带地理》2022年第9期;洪丹丹、李钢:《安徽省跨国拐卖妇女犯罪的时空分异与形成机制》,载《热带地理》2022年第9期;徐嘉辉、李钢:《典型拐入地河北省拐卖犯罪的多维特征与形成机制——聚焦犯罪人的实证分析》,载《热带地理》2022年第9期;杨兰等:《1958—2019年云南省拐卖未成年人犯罪的时空格局及影响因素》,载《热带地理》2022年第9期;夏海、李钢、周俊俊、于悦、杜梦佳、冯忱熹:《西南地区拐卖犯罪时空特征与影响因素》,载《热带地理》2022年第9期;王建坡、李钢等:《基于多源数据整合的广西拐卖妇女儿童犯罪多维时空特征及其形成机制》,载《热带地理》2022年第9期;徐锋、李钢、洪丹丹、徐嘉辉、周俊俊、夏海:《中国亲生亲卖犯罪的时空格局与决策机制》,载《热带地理》2022年第9期。

② 参见于悦、李钢、徐婷婷、王皎贝、周俊俊、黄雨珊、夏海:《中国职务犯罪的时空分异、关联网络与防控对策》,载《热带地理》2022年第9期;黄锐、谢朝武、赖菲菲:《中国旅游"两抢一盗"犯罪事件时空分布及组态影响因素》,载《热带地理》2022年第5期。

③ 参见柳林等:《接触型与非接触型犯罪时空稳定性对比及其联合防控——以盗窃和电信网络诈骗为例》,载《地理研究》2022年第11期。

④ 参见柳林、吴林琳、宋广文、周素红、关美宝:《基于时空行为视角的犯罪地理创新研究框架》,载《地理研究》2022年第6期。

⑤ 参见丁伟杰、周凯、沈守枫:《基于热传导方程的城市犯罪时空数值源分析》,载《高校应用数学学报》2022年第2期。

⑥ 参见郭雅琦、陈鹏、朱冠宇、林艳:《顾及案件多维特征的犯罪热点语义挖掘——以北京市入室盗窃案件为例》,载《科学技术与工程》2022年第9期。

率和类型犯罪的犯罪率均呈波动样态，他指出“中国现代化进程中犯罪类型波动的较为独特的现象”，即侵财犯罪以及侵犯公民个人犯罪所占比重逐步缩小，而针对公共安全和社会秩序的犯罪所占比重则日渐增大。①郑滋椀等人研究发现疫情显著改变了犯罪的演变趋势，强奸猥亵、故意伤害、涉交通、涉黄等犯罪呈现反弹趋势，而诈骗、涉赌、抢夺抢劫、涉毒等犯罪依然呈现下降趋势，盗窃犯罪则基本维持不变。②靳高风等总结了 2021 年我国的主要犯罪特点，包括传统的盗抢犯罪、严重暴力犯罪持续减少，黑恶势力犯罪大幅减少，而网络犯罪持续增长，涉未成年人犯罪增加等。③

第二，仅对犯罪下降现象的考察。在上述关于犯罪趋势研究的两个样本中均包含有犯罪下降现象的总结。正如面对犯罪率攀升一样，我们需要探讨其原因以寻找应对对策，犯罪下降现象也需要解释。目前，犯罪下降研究已成为国际犯罪学领域一个重要话题。王瑞山考察了 1981 年至 2019 年中国刑事案件发案率发现：在我国，强奸、杀人、抢劫、伤害、盗窃机动车等犯罪发案率在不同的年份开始并形成十年以上的持续下降趋势。④当然，犯罪现象趋势描述并不复杂，困难的是以科学的方法找到其背后的真正原因。特别是对当前犯罪下降现象，需要针对特定区域具体类型犯罪类型开展进一步的研究，为犯罪治理提供科学依据。

五、对犯罪预测的研究

样本中针对犯罪预测的研究不多，主要是对犯罪预测模型的改进研究。有研究提出一种 PCA-XGBoost 联合预测模型以提升预测优化和泛化能力，该模型对盗窃犯罪数量的预测准确度明显高于其他预测模型。⑤还有研究提出一种基于 Mnd-Knox 算法以及时空交互网格结构改进的犯罪预测模型，它比传统的预防模型预测

---

① 参见张小虎：《中国现代化进程中犯罪类型的波动特征及其原因》，载《广东社会科学》2022 年第 5 期。

② 参见郑滋椀、陈鹏、顾海硕、刘璐、董齐芬：《基于犯罪预测模型的疫情期间犯罪演变特征研究》，载《中国人民公安大学学报（自然科学版）》2022 年第 4 期。

③ 参见靳高风、张雍锭、郭兆轩：《2021—2022 年中国犯罪形势分析与预测》，载《中国人民公安大学学报（社会科学版）》2022 年第 2 期。

④ 参见王瑞山：《中国社会的犯罪下降现象及其理解》，载《公安学研究》2022 年第 2 期。

⑤ 参见朱小波、栗赫遥：《基于 PCA-XGBoost 联合算法的盗窃犯罪预测模型》，载《计算机应用与软件》2022 年第 5 期。

效果更好,模型平均绝对误差值降低了 88.56%。[①]此外,有学者立足于社会治理信息化的时代背景,借鉴欧美先进经验并提出我国犯罪预测信息化转型发展的建议。[②]当然,犯罪预测是建立在已有犯罪数据的基础上,犯罪黑数给犯罪趋势测量和犯罪预测带来困扰。犯罪黑数发生的原因通常包括民众报案率低和警察立案不实。有学者对我国居民犯罪报告率低的原因进行了实证分析,其中,对警察不当行为的感知是人们不愿报案的最重要和最有力的预测因素。[③]

总之,无论是从整体层面揭示犯罪现象的发展态势,还是从犯罪行为要素层面认识犯罪现象的细微规律,抑或针对类罪地理分布规律进行考察,均对我们认识犯罪的客观表现提供重要参考,特别是对犯罪治理资源的分配具有重要的意义。为了更加准确地研究犯罪发生规律,需要更加具有针对性的研究。值得一提的是,国内学术界不乏关于疫情防控期间刑事司法的讨论,[④]然而关于犯罪学视角的研究成果不多。[⑤]

第四节　关于犯罪原因的研究

虽说犯罪原因研究是犯罪学研究的核心,但从样本来看,谈到犯罪原因的研究不少,采取实证研究的却不是很多。传统犯罪学聚焦犯罪人犯罪倾向的影响因素,通常可以从个人和社会两个方面进行分析。而影响犯罪的社会因素较为复杂多元,可以分为社会和社区两个层面:社会因素是指社会结构、政治、经济、文化等宏

① 参见魏东、张天祎:《Knox 特征优化在网格化犯罪时空预测中的应用》,载《小型微型计算机系统》2022 年第 11 期。

② 参见金泽刚:《犯罪预测的域外经验与中国信息化转型》,载《河南警察学院学报》2022 年第 4 期。

③ See Yuning Wu, Ivan Y Su, Rong Hu, Chinese Reluctance to Report Crime-political Efficacy, Group Care and Hukou, Criminology and Criminal Justice, 2022(05):733—754.

④ 参见姜涛:《非常时期涉疫情犯罪教义学的重要问题》,载《法学》2020 年第 4 期;王文华、姚树举:《涉疫情犯罪案件的法律适用与刑事政策衡平》,载《人民检察》2020 年第 8 期;林喜芬:《疫情期间刑事司法治理的挑战与回应》,载《上海交通大学学报(哲学社会科学版)》2020 年第 5 期;卢建平、姜瀛:《疫情防控下网络谣言的刑法治理》,载《吉林大学社会科学学报》2020 年第 5 期。

⑤ 参见郑滋椀、陈鹏、顾海硕、刘璐、董齐芬:《基于犯罪预测模型的疫情期间犯罪演变特征研究》,载《中国人民公安大学学报(自然科学版)》2022 年第 4 期;朱柠:《疫情常态化下诈骗犯罪的演化与防治——基于口罩诈骗犯罪分析》,载《公安研究》2022 年第 3 期。

观方面的因素,而社区因素是指家庭、同伴、学校、社区环境等方面的因素。环境犯罪学聚焦犯罪机会,提出影响犯罪机会的情境因素。情境因素和社区层面的因素都处于一个中观层面,但它们解释的理论指向不同,前者是犯罪机会,后者是犯罪倾向。因此,犯罪原因的单一分析视角可分为个人、社会、社区和情境四个视角,单一视角的结合可以形成多种整合视角。

一、单一视角的原因研究

第一,个人心理动机方面的研究。(1)狱内犯罪动机研究。有研究基于理性选择的视角对狱内暴力行为的心理动因进行了质性分析,展示了更全面的监狱暴力图景。①(2)暴力犯罪动机。有研究发现,暴力犯会为了调节情绪而实施攻击,情绪调节动机在负性情绪与攻击间起完全中介作用。②(3)犯罪恐惧研究。有研究发现盗窃及暴力犯罪密度对犯罪恐惧感并无显著关联或影响偏弱。③

第二,影响犯罪的社会因素。(1)文化因素。有研究发现,国内一些地方的冥婚陋习催生了绑架和谋杀妇女、袭击坟墓和停尸房、偷窃和贩卖尸体的现象。④还有研究发现,方言距离、同乡等因素与流动人口共同犯罪成正比。⑤(2)社会结构因素。有研究发现,因男女比例失衡等引起的婚姻挤压而被排除在正式婚姻制度之外的行为人容易引起购买行为,本质是社会资源的结构紧张。⑥(3)科技因素。有研究发现,数字金融发展导致盗窃犯罪的下降,且没有导致其他犯罪类型数量增加,并且数字金融发展主要减少了年龄较小、受教育程度较高的个人进行盗窃犯罪。⑦(4)经济

---

① See Jing-ying Guo, Yi Kong, "I Just Need to Send This Message": Rationality Underlying Inmate-on-Inmate Violence, Asian Journal of Criminology: 2022(17):1—17.

② 参见刘宇平、周冰涛、杨波:《情绪如何引发暴力犯的攻击?基于情绪调节理论的解释》,载《心理学报》2022 年第 3 期。

③ 参见张延吉、游永熠、朱春武、郭华贵:《犯罪恐惧感与犯罪活动空间分布的匹配关系及其影响因素——以北京市为例》,载《地理科学》2022 年第 6 期。

④ See T. Wing Lo, Ghost Brides and Crime Networks in Rural China, Asian Journal of Criminology, 2022(17):371—389.

⑤ 参见赵迪、陈鹏、江欢、李海成、苗红斌:《基于犯罪人地域特征的共同犯罪网络及影响因素研究》,载《地理与地理信息科学》2022 年第 5 期;章平、许哲伟:《方言距离与城市流动人口犯罪的同群效应——基于广州、深圳、东莞三市的实证分析》,载《社会》2022 年第 5 期。

⑥ 参见姜金良:《婚姻挤压与人口推拉效应:拐卖妇女犯罪发生学的一种解释》,载《青少年犯罪问题》2022 年第 4 期。

⑦ 参见江鸿泽、梁平汉:《数字金融发展与犯罪治理——来自盗窃案刑事判决书的证据》,载《数量经济技术经济研究》2022 年第 10 期。

因素。有研究发现,社会经济水平正向影响社会结构和社会支持,社会结构正向影响电信网络诈骗犯罪率,社会支持负向影响电信网络诈骗犯罪率。①还有研究发现,旅游发展带来游客增加可以减少本地和邻近城市犯罪率。②

第三,对社区因素的研究。(1)家庭因素。有研究认为,家庭暴力暴露对校园欺凌具有显著正向影响,并通过结交越轨同伴间接对校园欺凌产生消极作用;父母学业参与在家庭暴力暴露与校园欺凌、家庭暴力暴露与结交越轨同伴间起调节作用。③还有研究揭示了父母迁移,特别是母亲和双亲迁移会导致监护弱化,使儿童更多地参与危险的生活方式,显著增加了儿童的性受害风险。④(2)同伴因素。有研究发现,同伴侵害对青少年自杀意念具有预测效应,包括同伴侵害的直接效应以及通过自我控制和非自杀性自伤行为的间接效应。⑤(3)社会隔离。有研究发现,不同衡量维度的社会隔离(即通过社会联系、邻里联系、活动联系、情感联系四个方面来测量)与社区的非正式社会控制、居民对犯罪的警惕程度有关,从而导致其对居民遭受犯罪侵害概率的影响存在差异,且这种差异随受侵害类型的变化而发生变化。⑥

第四,对情境因素的研究。(1)城市夜光。有研究发现,夜间"两抢一盗"犯罪发生率亦与城市夜光相关,特别是在商业与服务业用地功能区中。⑦(2)周边生活区性质。张勃等对犯罪热点路段的研究表明,与居民生活有关的区域易对盗窃犯罪的发生产生促进作用,与居民精神文化有关的区域较多对盗窃犯罪的产生呈现抑制效果。⑧(3)街道网络形态。有研究发现,街道网络形态和日常行为主

---

① 参见唐赫、许博洋、赵民:《社会经济对电信网络诈骗犯罪率的影响机制——基于全国300个城市样本的多重中介效应与空间规律分析》,载《河南警察学院学报》2022年第4期。

② See Jun Zhang and Guopeng Xiang, Revisiting the Relationship Between Tourism and Crime Based on a Dynamic Spatial Durbin Model, Crime & Delinquency 2022, Vol.68(11):2146—2171.

③ 参见周雨锴、李洁琦、李小青、蒋索:《家庭暴力暴露与儿童校园欺凌的关系:有调节的中介检验》,载《中国特殊教育》2022年第2期。

④ See Xiaojin Chen, Yuning Wu, and Jia Qu, Parental Migration and Risk of Sexual Assault Against Children in Rural China, Crime & Delinquency 2022(4): 613—643.

⑤ 参见王春蕾、赵军燕、秦焕莉:《同伴侵害对青少年自杀意念的影响:一个链式中介模型》,载《中国健康心理学杂志》2022年第2期。

⑥ 参见古杰、周素红、宋广文:《社会隔离与城市居民遭受犯罪侵害的相关性分析——以广州市为例》,载《热带地理》2022年第10期。

⑦ 参见王灿祥、朱萌、滕茹洁、姚宇超、何佳琦、余帆:《功能区视角下城市夜光与夜间"两抢一盗"犯罪的空间相关性——以H市市辖区为例》,载《热带地理》2022年第10期。

⑧ 参见张勃、张馨泽、林艳:《犯罪热点路段识别及影响因素分析》,载《科学技术与工程》2022年第21期。

体要素几乎都表现出了与盗窃犯罪的显著相关性，而在“两抢”犯罪方面没有明显发现。①(4)城市发展。有研究对城市新区的研究发现，犯罪活动呈集聚态势、犯罪活动扩散方向与城市空间扩展方向密切相关。②(5)游戏叙事情境。随着互联网的发展，更多的人生活在平行空间，情境不仅包括现实的物理空间，也包括网络空间。有研究发现，相比于无叙事的暴力游戏，男性游戏者进行有叙事暴力游戏时攻击行为更高，但攻击情绪更低；游戏中的叙事因素会影响男性游戏者的内隐攻击评价。③

二、综合视角的犯罪原因研究

与前两年相比，越来越多的成果关注犯罪原因解释的综合理论视角，以避免单一原因视角“盲人摸象”式的解释困境。

第一，个人因素与社会因素的整合。有研究比较性地检验了自我控制理论、一般紧张理论、社会纽带理论、社会学习理论在解释青少年越轨上的预测效度，结果对社会原因视角提供了更多的经验支持。④还有研究发现，低自我控制、社会纽带弱化、社会学习、网络风险生活方式均会显著提升女性青少年成为网络性骚扰被害人的风险；个体收到涉“性”信息也同样会显著提升其遭到明确网络性骚扰的概率。⑤还有研究发现，当个人道德水平较低时，控制机制（即自我控制和威慑）对欺凌行为的抑制作用较弱。⑥

第二，个人因素与情境因素的结合。有研究发现，自我控制理论和生活方式理论对诈骗犯罪具有部分解释力。自我控制与遭受诈骗被害存在负相关关系，从事

---

① 参见毛媛媛、李凤仪、殷玲、王德：《基于网络形态的街道空间环境与“两抢一盗”犯罪的关系研究——以HS市原DP区为例》，载《地理研究》2022年第11期。

② 参见李琛、吴映梅、高彬嫔、郑可君、武燕：《城市新区犯罪数量与犯罪危害程度空间分异规律研究》，载《浙江大学学报（理学版）》2022年第2期。

③ 参见李立言、赵亮、彭越、雷秀雅：《暴力视频游戏中的叙事因素对男性游戏者攻击性的影响》，载《中国健康心理学杂志》2022年第2期。

④ 参见杨学锋、张金武：《青少年越轨自我选择与社会原因解释力的比较》，载《中国刑警学院学报》2022年第1期。

⑤ 参见许博洋、周由、魏帅、张彦：《女性青少年网络性骚扰被害的实证归因——基于多元犯罪学理论的量化分析》，载《青少年犯罪问题》2022年第3期。

⑥ See Weidi Liu, Geping Qiu, and Sheldon Zhang, Situational Action Theory and School Bullying: Rethinking the Moral Filter, Crime & Delinquency, 2022(4): 572—593.

高风险生活方式的人也更容易遭受诈骗被害。①

第三,情境因素与社会因素的结合。有研究结合可渗透环境和社会解组因素对盗窃行为进行解释,随着社会解组程度的加深,可渗透性环境的犯罪引致作用将不断放大,防卫空间理论更具适用性;而在社会结构稳定的社区中,街道眼能够发挥自然监控作用,街道眼理论的解释力更强。②还有研究分析了人口流动和住房类型对入室盗窃的影响,人口流动性高的社区入室盗窃率较高;自建住房比例对入室盗窃率有显著的正向影响,原公有住房比例和商品房比例则呈显著的抑制作用;人口流动性与自建住房、经济适用房、原公有住房的交互变量对入室盗窃的发生具有显著的促进作用,而与商品房的交互对入室盗窃的影响并不显著。③

第四,个人、社会因素和情境因素的结合。笔者在犯罪下降现象的解释中,尝试提出犯罪发生机制的理论模型,将总体考察犯罪现象的影响因素分为两大类:一类是影响犯罪动机的因素,也就是影响潜在犯罪人的个体(即生理、心理)因素和社会(即家庭、学校、社区、交往等)因素;另一类是影响犯罪发生的情境因素,包括特定的刺激或合适的犯罪机会。两者相结合导致犯罪的发生,即潜在的犯罪人在遇到特定的情境下实施犯罪。④

由上可见,犯罪原因的研究成果视角多元,但较为分散,无论是单一视角还是整合视角,都没有对某一个方面的聚焦,很难形成学术对话。

第五节 关于犯罪治理的研究

随着国家治理体系和治理能力现代化目标的提出,关于社会治理的讨论成为

① 参见夏一巍、陈卓、蒋霜:《低自我控制、生活方式暴露与诈骗被害——基于 CHFS 的实证研究》,载《犯罪研究》2022 年第 4 期。

② 参见张延吉、林钦熙、朱春武、茅明睿、姜冬睿:《可渗透性环境对盗窃犯罪分布的影响及社会解组的调节作用——兼论街道眼理论与防卫空间理论的适用性》,载《地理科学进展》2022 年第 6 期;张延吉、庄宇丹、邓伟涛、郭华贵:《盗窃犯罪易发地的构成、影响及其区域异质性——基于地理探测器方法》,载《地理研究》2022 年第 11 期。

③ 参见宋广文、黎晓彐、肖露子、柳林、陈建国:《交互作用视角下人口流动性与住房类型对城市入室盗窃空间格局的影响》,载《地理研究》2022 年第 11 期。

④ 参见王瑞山:《中国社会的犯罪下降现象及其理解》,载《公安学研究》2022 年第 2 期。

各学科的讨论热点，犯罪治理是其重要内容。样本中关于犯罪治理的讨论不少，可以从犯罪治理策略、犯罪治理评估和类罪治理三个层面来考察。

一、对犯罪治理策略的讨论

犯罪学领域对犯罪预防或犯罪治理的理解通常是广义的，即罪前的预防、罪中的干预和罪后的刑事司法处遇，而刑法学通常将刑罚的设立和应用作为犯罪治理的全部，以至于有刑法学者提出“民刑共治”的“犯罪治理新模式”。①当然，这是对我国犯罪治理实践中长期依赖刑罚手段的反思。这种反思，在20世纪80年代“严打”之后就一直存在，随着犯罪治理实践从“严打”转向“社会治安综合治理”（“严打”作为手段之一），刑事政策层面转向“宽严相济”。时至今日，有学者更进一步，“应该彻底摈弃严打重刑思维，从宽严相济转向以宽为主的刑事政策”，“营造更为宽容的社会环境”；②而有的学者考虑到互联网犯罪治理的挑战，仍主张坚持宽严相济的基本刑事政策，不过宽、严各有侧重，即以严为主适当扩宽立法犯罪圈，以宽为主合理规范刑事司法活动。③可见，法学学者对犯罪治理的理解着眼于刑罚的设计和应用来实现犯罪治理目标。

然而，当下治理实践告诉我们，以刑罚打击这种“事后回应模式”应对网络犯罪的严峻挑战时捉襟见肘，相应地，“平台治理”的功能凸显，它包括政府的数字综治平台和大型或超大型互联网商业平台，后者在犯罪预防宣传、减少犯罪机会、服务公安机关的犯罪调查等方面发挥着重要的作用。④2022年12月1日实施的《反电信网络诈骗法》也反映了犯罪治理超越刑事司法的现实，强调了电信业务经营者、金融机构、互联网服务提供者以及相关主管部门等多机构在电信网络诈骗犯罪治理中的责任。同时，互联网的虚拟性、国际性使得网络犯罪治理更需要国际合作，有学者基于现有的网络犯罪国际治理合作机制存在的问题，提出了新机制的思考。⑤

---

① 刘艳红：《民刑共治：中国式现代犯罪治理新模式》，载《中国法学》2022年第6期。

② 卢建平：《轻罪时代的犯罪治理方略》，载《政治与法律》2022年第1期。

③ 参见赵靓：《论信息网络犯罪发展态势与刑事政策完善》，载《中国应用法学》2022年第1期。

④ 参见单勇：《数字平台与犯罪治理转型》，载《社会学研究》2022年第4期；单勇：《数字看门人与超大平台的犯罪治理》，载《法律科学》2022年第2期；单勇：《论互联网平台的犯罪控制义务》，载《现代法学》2022年第3期。

⑤ 参见江溯：《打击网络犯罪的国际法新机制》，载《法学》2022年第11期。

二、对犯罪治理策略有效性评估的研究

正如上文讨论的转化犯罪学,犯罪学理论的生命力在于依据它所制定的犯罪预防策略在现实中有效。因此,犯罪预防策略的有效性评估应该成为犯罪治理研究中最重要的内容,然而,样本中这类研究不多。例如,有研究针对"雷霆扫毒"策略对贩卖毒品犯罪的影响展开经验性评估,发现"雷霆扫毒"专项行动开展后一年,贩卖毒品犯罪的"主阵地"由城市半公共空间逐渐向室外公共空间和室内私人空间转移。①还有研究对北京交警"随手拍"交通违法举报平台运行效果进行了分析。②此外,还有研究对网络犯罪治理中宣传教育措施存在的宣传内容"悬浮化"、宣传形式"被动化"、宣传效果"内卷化"等现实困境进行了总结。③可见,犯罪治理有效性评估的研究亟待进一步加强。

三、关于类罪治理和具体治理措施的研究

关于类罪治理的研究多是在总结犯罪现象特征或发生机制的基础上提出相应的建议,往往是综合的。例如,有研究讨论了网络黑灰产暗刷流量乱象治理之不足,并提出完善建议;④有研究在分析新型网络犯罪发生趋势的基础上探讨其治理体系;⑤还有研究在分析网络刷单诈骗现象的特征和过程的基础上构建模型并提出阻断与预警对策;⑥等等。

同时,还有诸多针对犯罪治理的原则、策略、机制或模式的研究。例如,有研究提出"饭圈"乱象治理的法、德结合原则;⑦有研究提出以数字公民伦理为本的网络

---

① 参见柳林、刘慧婷、陈建国、肖露子、祝卫莉、孙秋远:《"雷霆扫毒"对贩卖毒品犯罪的影响及后续时空分布变化——以ZG市主城区为例》,载《地理学报》2022年第6期。

② 参见栗继红:《"随手拍"交通违法举报平台运行效果及理论分析——以北京交警"随手拍"为例》,载《北京警察学院学报》2022年第1期。

③ 参见王晨、卢建军:《深嵌—共鸣—内化—迁移:网络犯罪宣传教育防范的渐进逻辑与优化进路》,载《中国人民公安大学学报(社会科学版)》2022年第1期。

④ 参见岳平、苗越:《网络黑灰产暗刷流量乱象的治理路径研究》,载《浙江警察学院学报》2022年第4期。

⑤ 参见徐海清、曹俊梅:《共同防治新型网络犯罪研究——犯罪网络化趋势应对与治理体系构建》,载《上海公安学院学报》2022年第5期。

⑥ 参见庄华、梁赞全、秦琳:《网络刷单诈骗犯罪态势及预警对策——基于2136起案件数据的实证研究》,载《上海公安学院学报》2022年第3期。

⑦ 参见郝铁川、吴美玲:《依据法治和德治相结合原则治理"饭圈"乱象》,载《青少年犯罪问题》2022年第2期。

暴力治理新路径;[1]有研究提出了以被害人中心主义为原则的集资诈骗犯罪治理路径;[2]有研究提出增强对校园欺凌旁观者的教育、引导以改变同伴生态环境来减少欺凌行为;[3]有研究探讨了罪错未成年人分级干预机制的合理构建;[4]还有研究对当前我国毒品犯罪治理模式进行了探讨。[5]

由此可见,法学研究者对犯罪治理的理解与犯罪学学者有一定的差异,他们还偏重于刑罚设计和应用,有了这样的参照,才进行刑罚内外(即刑治模式、民刑共治模式)、刑罚轻重(即宽、严的问题)。然而,在犯罪学领域,犯罪治理通常包括犯罪抑制的一切手段,刑事司法的应对也包含于其中。关于犯罪治理的研究,需要充满思辨的策论,更需要具体犯罪治理策略的设计和实践检验。显然,关于后者的研究是非常缺乏的,亟待加强,这是犯罪治理本身的客观要求,也是犯罪治理体系和治理能力现代化的必然路径。

结语

2022 年我国犯罪学研究成果数量比前两年略少,不仅是核心期刊论文上的发文数量明显减少,非核心专业期刊中的犯罪学研究也越来越少。其中,犯罪学本体的研究和犯罪预防策略评估更少,这可能是犯罪学研究越来越不受重视的结果。犯罪学研究需要全方面的加强,任重路远。

第一,进一步加强犯罪学本体的研究。不仅要厘清犯罪学概念,明确方法和方向,为犯罪学对话提供标准;还要加强新概念、新理论、新方法的研究,同时放眼世界,加强犯罪学理论的引介和本土化,用中国样本检验它的适用性,解释其差异性。

第二,进一步加强公共卫生事件发生期间犯罪规律的研究。新型犯罪以及影

---

① 参见王静:《数字公民伦理:网络暴力治理的新路径》,载《华东政法大学学报》2022 年第 4 期。

② 参见唐韵:《集资诈骗犯罪治理中被害人中心主义的提倡》,载《甘肃政法大学学报》2022 年第 1 期。

③ 参见何树彬:《不做欺凌"剧场"的观众——国际视阈下校园欺凌中的旁观者群体研究》,载《外国教育研究》2022 年第 4 期。

④ 参见吴羽:《罪错未成年人分级干预机制研究》,载《犯罪研究》2022 年第 5 期。

⑤ 参见胡江、沙良旺:《非传统安全视野下的毒品犯罪治理模式探究》,载《河南警察学院学报》2022 年第 1 期。

响犯罪的新问题的研究,通常是学术界关注的热点。新冠疫情对我国社会生活的影响改变着人们的日常活动,也影响着潜在犯罪人与实际发生的犯罪现象。新冠疫情与某些犯罪消长之间的因果关系值得进一步研究,从而为未来重大公共卫生事件发生期间犯罪防控提供参考。

第三,进一步加强对犯罪下降的研究。尽管对犯罪趋势有了一定的总体认识,但更需要进一步的解读,特别是要开展区域犯罪学研究。我国疆土辽阔,在人文、地理、经济发展、社会建设等方面,地区差异明显,只有加强地区犯罪现象和原因的研究,才能更加客观地、清晰地认识犯罪规律,使之成为市域治理现代化的科学依据。

第四,进一步加强犯罪原因及其政策转化研究。我国学者对犯罪原因的实证研究逐级增多,一方面要加强国内同主题、同假设的研究,形成学术对话,深化对犯罪原因的认识,丰富我国犯罪学本土理论成果;另一方面应加强同主题、同假设研究的国际对话与比较,不仅检验相关理论在我国的适应性和差异性,而且还要作出对中国犯罪学的理论贡献。当然,不可忽视的一点就是要加强犯罪原因理论向犯罪治理策略的转化研究,使犯罪原因研究实现社会效益。

第五,进一步加强犯罪治理评估。犯罪治理策略的评估包括决策评估和有效性评估,其实二者在犯罪治理循环中是一体的,有时候对一项犯罪治理有效性评估往往是下一项犯罪治理决策的开始。因此,犯罪治理评估不仅源于犯罪治理本身科学有效性的需求,还有节约社会资源、预防犯罪治理腐败的功能。例如,随着互联网发展和科技进步,犯罪治理日益技术化,一个犯罪治理项目往往伴随着大量的技术、资金投入,这一决策是建立在科学评估的基础上的。

后　记

习近平总书记在党的二十大报告中29次提到“国家安全”，在党的全国代表大会历史上首次设专章专门论述“推进国家安全体系和能力现代化，坚决维护国家安全和社会稳定”。犯罪既是社会发展和变革的“晴雨表”，更是关乎国家安全的重大社会问题。故而犯罪治理是作为贯彻总体国家安全观，提升社会治理效能，维护国家安全和社会稳定的重要内容，成为摆在理论界和实务界面前的一项重要工作。

坚持以习近平法治思想引领新时代法治中国建设，准确把握科学理论体系，自觉运用好蕴含其中的科学认识论、方法论，进而对当下一系列长期积累和新出现的犯罪问题开展统计分析，对人民群众广泛关注的典型案例开展深入剖析和对犯罪对策开展考察探讨，不断从理论和实践的结合上取得新成果，这是剖析、解读、预防犯罪并以此开展犯罪治理工作的关键，是提升社会治理效能的逻辑起点，也是我们犯罪学理论学习者、研究者和工作者义不容辞的使命担当。

《中国犯罪治理蓝皮书》（以下简称《蓝皮书》）正是我们犯罪学研究者对这一重大责任和光荣使命所作出的不懈努力。2019年1月起，受中国犯罪学学会委托，依托华东政法大学犯罪学学科基础和研究团队，吸纳校内外专家学者组成项目团队，正式启动《蓝皮书》编撰工作。华东政法大学犯罪学学科办学历史悠久，自1985年创建新中国第一个犯罪学系以来，始终致力于犯罪学理论与实践的深度融合、创新发展，开创了本领域的诸多第一：编写国内第一本犯罪学教材，招收第一批犯罪学专业方向硕士研究生，创办第一本犯罪学类学术期刊《犯罪研究》，成立国内第一个省级政法综治研究机构——上海市社会治安综合治理研究所，创办了国内唯一综治领域理论内部月刊《综治研究》。厚重的历史底蕴和充实的专业力量使得《蓝皮书》成为华东政法大学犯罪学学科建设团队的使命与责任担当。

时光荏苒,转瞬已是五年。华东政法大学项目团队在最高人民检察院、中国犯罪学学会等机构和专家学者的帮助下,经过持续不懈地努力,分别于 2019 年 10 月、2020 年 12 月、2021 年 11 月、2023 年 12 月发布第一部、第二部、第三部、第四部《蓝皮书》,为我国犯罪学理论研究人员持续提供了完整的数据,结束了我国犯罪学研究缺少数据的历史,开创了犯罪学实证研究的新局面。

而今,在中国犯罪学学会和国内多位犯罪学专家的指导下,历经数次专家论证、体例调整、内容修正,经过近一年时间努力和付出,终于完成本书即第五部《蓝皮书》的编纂工作,并得到学会的充分肯定。

经过四部《蓝皮书》积累的丰富经验,第五部《蓝皮书》的编纂团队更加专业,内容体系更加成熟,数据分析更加完善,特色更加鲜明,具体而言:

一是内容体系更加成熟,《蓝皮书》的研究范式得到进一步深化。第五部《蓝皮书》在充分总结前四部《蓝皮书》编纂经验,听取、吸收了一直以来收到的专家学者和读者的意见建议,依旧坚持以中国特色社会主义法治体系的进一步完善为导向,以犯罪数据的科学、客观统计分析为基础,以典型犯罪案例剖析为抓手,以总结评述犯罪学研究进展为依托,以年度犯罪治理研究专题为特色的研究范式,并得到了专家学者的充分肯定。

二是犯罪态势的分析更加成熟完善,犯罪治理指数模型的设计更加客观准确。犯罪实证研究对犯罪现象的准确、客观分析有着极高的要求。对于犯罪治理的评价是否客观准确,关系到犯罪治理研究的实践意义。第五部《蓝皮书》的数据处理和统计分析更为科学、完善,力求完整全面地反映出年度治理状况,为理论研究提供更为广泛的参考。同时,在犯罪治理指数模型的设计上,应用了模型数据归一化等多种方法,并对常用犯罪预测模型进行了比较分析和评价。

三是典型案例的选取更加聚焦对国家安全和社会稳定具有重大影响,以及人民群众广泛关注的典型案件。第五部《蓝皮书》优化了典型案件的选择标准,筛选出职务犯罪、性侵害未成年人犯罪、恶势力犯罪等呈现出犯罪新态势和社会关注度高的典型案件,具有重要的犯罪学研究和参考价值。

四是犯罪学年度研究内容涵盖更加广泛。在继续关注年度中国犯罪学学科发展动态的基础上,第五部《蓝皮书》专章总结和分析了当年犯罪学学术研究呈现的趋势与潮流，从犯罪本体、犯罪现象、犯罪原因、犯罪治理等多个角度，针对时空分布、行为要素等不同侧重点的各类犯罪学研究作出了较为系统的梳理与总结，为犯罪学研究者进行研究提供了系统化、条理化的参考。

本书的章节安排和作者分工如下：第一章：夏菲、虞浔、胡裕岭、严榕；第二章：王永全、王弈、廖根为、刘洋、罗逸捷、殷慧莎、孙怡雯、申佳辉、刘万婷、王宇、沈奕程、谢斯坦；第三章：倪铁、李士昊、刘宇哲、庞松洁、孙怡雯；第四章：栾时春、孙大明、高嘉宁、黄竣楠；第五章：王瑞山、徐瑶。

承蒙中国犯罪学学会各位同仁的看重和厚爱，中国犯罪学学会《蓝皮书》项目基地落户华东政法大学，这既是对华政犯罪学学科悠久历史和学术底蕴的充分肯定，更是对提升犯罪理论研究社会影响、助力犯罪学学科建设的殷切期盼。我们团队努力以打造精品、塑造品牌、形成风格为己任，力求汇聚、凝练国内目前最系统研究犯罪治理的成果，通过本书的出版对相关理论发展和实践进步有所推动和促进。同时，项目团队以高校教师、科研人员为主，兼职从事《蓝皮书》的研究与编纂工作，囿于研究能力和研究精力等问题，本书难免存在不足之处，衷心欢迎读者批评指正，以便日后进一步完善。

最后，我们要衷心地感谢中国犯罪学学会会长、《蓝皮书》主编万春同志一直以来对《蓝皮书》项目以及目前四部《蓝皮书》的亲切指导与有力支持，感谢学会其他领导专家对本书的充分论证和中肯建议。领导与专家们的指导支持是本书成功付梓、《蓝皮书》项目持续发展的重要保障。希望犯罪学研究在习近平法治思想引领下能够积极回应人民群众新要求、新期待，系统研究谋划和解决犯罪治理领域人民群众反映强烈的突出问题，完善社会治理体系，健全共建共治共享的社会治理制度，提升社会治理效能，畅通和规范群众诉求表达、利益协调、权益保障通道，建设人人有责、人人尽责、人人享有的社会治理共同体。

中国犯罪学学会副会长
中国犯罪学学会《蓝皮书》项目基地主任 应培礼
2024年4月22日

图书在版编目(CIP)数据

中国犯罪治理蓝皮书 ： 犯罪态势与研究报告. 2022 / 中国犯罪学学会组织编纂 ； 万春主编. -- 上海 ： 上海人民出版社，2024. -- ISBN 978-7-208-19016-0

Ⅰ. D917. 6

中国国家版本馆 CIP 数据核字第 2024J2M560 号

责任编辑 伍安洁

封面设计 夏 芳

中国犯罪治理蓝皮书：犯罪态势与研究报告(2022)

中国犯罪学学会 组织编纂

万 春 主编

应培礼 执行主编

王永全 徐 然 虞 浔 副主编

出 版 上海人民出版社

(201101 上海市闵行区号景路 159 弄 C 座)

发 行 上海人民出版社发行中心

印 刷 上海商务联西印刷有限公司

开 本 720×1000 1/16

印 张 25

插 页 2

字 数 396,000

版 次 2024 年 6 月第 1 版

印 次 2024 年 6 月第 1 次印刷

ISBN 978-7-208-19016-0/D·4355

定 价 90.00 元